跟我学SEO从入门到精通

张新星 编著

電子工業出版社
Publishing House of Electronics Industry
北京·BEIJING

内 容 简 介

本书从实战出发，少有理论，目的是让绝大多数 SEO 初学者及从业人员感觉有可操作性。书中穿插介绍作者在搜索引擎算法更新后的操作策略和对未来 SEO 的思考，能让 SEO 从业者在遇到危机的时候有一些参照。

本书读者对象主要是互联网从业者和喜欢互联网的大学生等。本书对一些企业网站负责人也有非常重要的意义，可以帮助企业网站负责人重新认识企业网站的价值。现阶段还有很多企业网站使用 Flash 制作首页，对于 SEO 来说这是致命的错误。本书中提到的每一个知识点都会通过各种角度阐述，而且是逐步推进，就算没有任何编程基础或者 SEO 基础的读者都能轻松入门。

图书在版编目（CIP）数据

跟我学 SEO 从入门到精通 / 张新星编著. —北京：电子工业出版社，2016.3
ISBN 978-7-121-28056-6

Ⅰ. ①跟…　Ⅱ. ①张…　Ⅲ. ①网络营销　Ⅳ. ①F713.36

中国版本图书馆 CIP 数据核字（2016）第 009890 号

责任编辑：张　毅　　文字编辑：徐　岩
印　　刷：三河市鑫金马印装有限公司
装　　订：三河市鑫金马印装有限公司
出版发行：电子工业出版社
北京市海淀区万寿路 173 信箱　邮编 100036
开　　本：720 × 1000　1/16　印张：23.75　字数：452 千字
版　　次：2016 年 3 月第 1 版
印　　次：2020 年 5 月第 13 次印刷
定　　价：55.00 元

凡所购买电子工业出版社图书有缺损问题，请向购买书店调换。若书店售缺，请与本社发行部联系，联系及邮购电话：（010）88254888，88258888。

质量投诉请发邮件至 zlts@phei.com.cn，盗版侵权举报请发邮件至 dbqq@phei.com.cn。

本书咨询联系方式：（010）57565890，meidipub@phei.com.cn。

前言

SEO 行业近些年发展非常迅速，但是市场上可供阅读的书籍非常少，互联网上关于 SEO 的内容也参差不齐，导致 SEO 初学者没有一个完整的学习体系。多数 SEO 行业书籍都是翻译外文而来，自然也是针对 Google 的 SEO 理论，SEO 初学者阅读这些书籍会非常困难，想要将书中的理论转化为实战的技术更是不容易。本书从需要了解的 SEO 基础知识开始讲解，书中所有知识点都紧密结合国内 SEO 优化现状，通过对 SEO 各种技能的讲解让读者更加具体地了解 SEO，并为读者呈现用十二个月打造一个成功网站的过程，一步一步地引导读者进入 SEO 行业。

本书特色

书中很多 SEO 理论都是被一些 SEO 培训机构认为是秘密的话题，作者将这些理论分享出来，希望能为推动 SEO 行业的良性发展做出一点贡献。直到今天，还有 SEOER 认为 SEO 就是作弊、欺骗搜索引擎等恶劣的手段，长久以来，这样的疑惑没有得到正确、合理的解答。一些 SEO 培训机构也故意将 SEO 传奇化，让 SEOER 越来越摸不着头脑。对这些问题，相信阅读完本书之后读者会找到答案。

本书首次将域名选择、服务器选择、CMS 选择、内容获取纳入 SEO 的书籍当中，全部理论都是从实战出发，清晰明了地引导读者进行 SEO 的学习。相比较而言，一些 SEO 书籍仅仅是谈理论，很少有实际操作指导。

在本书中，作者将多年累积的 SEO 经验和盘托出，完整讲述了 2012 年“6 ·28”百度搜索引擎屏蔽网站的经历和解决方案。高质量的内容已经被 SEO 行业公认为影响网站关键词排名的最重要因素。本书作者从文章的需求出发，深层次挖掘文章的撰写和编辑标准。这些内容，都是其他 SEO 书籍没有提到过的。“SEO 十万个为什么”一章更是直击很多 SEOER 的痛点。一直以来，很多 SEOER 都对 SEO 中的许多问题非常疑惑，但是没有办法找到清晰、完整的答案，本书则对这些疑难问题做了深入的剖析和解答，这在 SEO 书籍中尚属首次。书籍出版后，作者将在博客中开辟专门的平台，与读者进行在线的交流和答疑，这在 SEO 书籍中也是首次。

在本书中，站群内容单独为一章，这是其他同类书籍没有的。站群的操作一直以来被 SEO 行业认为是秘密，不愿意对外公开，相信这会是一个很大的卖点。第 10 章“SEO 十万个为什么”也是非常具有吸引力的，这是作者长久以来在大量 SEO 诊断过程中积累的真实案例，非常具有实战性，能帮助读者解决很多 SEO 中遇到的疑惑，这是同类型 SEO 书籍中没有出现过的。除此之外，本书的最大亮点是第 11 章“用 12 个月创造一个成功的网站”，作者从域名选择、服务器选择到 CMS 的选择和优化都做了深入的分析，手把手地指导读者用 12 个月创造一个成功的网站，每一步都是紧密结合实战，有极强的操作性，这些也都是同类书籍中没有的。

本书内容及体系结构

第 1 章　SEO 原来如此

本章中作者为各位读者简要地介绍了 SEO 是什么，以及一些在学习 SEO 过程中需要了解的名词和关系。这些对于初学者来说非常重要，建议读者要细心琢磨，务必做到充分地理解，这样在后面的学习中才能更加轻松。

第 2 章　理解搜索引擎的工作原理

本章中作者为大家介绍了搜索引擎的工作原理，也深入分析了搜索引擎中文分词及内容处理的知识，这对于后面的学习非常有帮助。后面对《百度搜索引擎网页质量白皮书》的深入解读能让读者了解搜索引擎到底是通过什么样的方法去判断网页的质量，这样我们才能明确 SEO 的方法和目标。SEO 绝非像某些 SEOER 想象的那样是欺骗搜索引擎，相反，我们的目的是迎合搜索引擎的喜好，而搜索引擎的喜好就是用户的喜好，这是一个网站的立身之本。

第 3 章　搜索指令介绍和常用站长工具使用指南

本章中作者为大家介绍了常用的搜索指令，以及收录量和索引量等数据的区别和联系，这些都是为实施 SEO 做准备，只有学会分析这些数据，才能在日后的 SEO 过程中懂得如何和搜索引擎进行沟通。后面我们重点讲述百度站长工具等一系列在 SEO 过程中常用的工具，这些都是我们在 SEO 中的左膀右臂，大家在阅读这部分的时候一定要亲自体验，这样才能更加深入地理解这些工具的使用技巧。

第 4 章　HTML、CSS 只须了解这么多

本章中作者对开始 SEO 之前需要了解的知识点进行了一次全景的介绍，从 HTML 入手讲述了 title 等重要标签的用法和注意事项，这些标签在 SEO 过程中扮演着重要的角色。读者一定要细心琢磨这些标签的使用方法。如果现在还不是特别清楚也不必要担心，只需要带着问题进行后面章节的阅读。本书的特点是每一个知识点都不是孤立存在的，前面提到的知识点会在后续章节中多次提到，通过不同角

度的讲解一定会让读者最终掌握。

第 5 章　建站是如此简单的事情

本章中我们从作者的亲身经历出发讲述了域名中包含关键词对 SEO 的影响，由此展开在 SEO 过程中应该如何选择域名和服务器。这是非常重要的工作。很多 SEOER 对于这一步骤不够重视，马马虎虎就开始建站，结果导致很多问题——有些域名在注册后几个月被删除，导致之前的 SEO 工作白做；有些服务器在运营几个月后崩溃或者是服务器商直接倒闭。这些事情都是作者亲身经历的事情，这也正是作者将域名和服务器的选择单独作为一章的原因。

第 6 章　从零开始学关键词优化

本章中作者阐述了一些 SEO 指导思想，让读者在开始 SEO 之前了解外链和内容的关系，接着又从关键词的选择出发，简要介绍了关键词优化的基本思路。这一切只是开始，作者一直认为 SEO 不仅仅是知道一些理论这样简单，接下来的第 7 章中作者将对内容部分展开详细的剖析，从各个角度帮助读者理解什么才是搜索引擎喜欢的内容，以及如何获取搜索引擎喜欢的内容。

第 7 章　何为“内容为王，外链为皇”

本章我们从内容的重要性出发，讲述了内容的获取方法，以及内容的编辑技巧等知识点。在 SEO 工作中这是极其重要的，作者希望读者要再三研读本章内容，务必做到融会贯通，尤其是仿写、聚合、扫描等思维大多数内容是作者第一次公开，具有非常高的实战性。

第 8 章　疯狂的权重

本章的标题是“疯狂的权重”，一方面我们希望网站关键词权重疯狂地提升，另一方面我们也应该为了 SEO 而“疯狂”起来。SEO 是一个需要敢想敢做的行业，这个行业没有固定的模式和方法，只有我们不断地突破自我、突破常规才能获得意想不到的收获。当然，要想突破常规我们首先需要熟悉常规，这也是我们为什么要多次提及 SEO 的基本操作要领的原因。本章的最后我们讲述了一些黑帽 SEO 的手法，这些手法绝非空穴来风，都是 SEO 高手通过研究得出的搜索引擎对于网站评价的标准。尽管这些黑帽方法可能会过时，也不是作者想推荐给大家使用的，但是这种研究的态度和方法是我们需要学习的。只有掌握了这个方法，才能在搜索引擎算法的不断调整中获取新的 SEO 方法。

第 9 章　站群不是简单地建设一群站

本章是本书最为重点的部分，也是全书的亮点所在。一直以来站群的操作都被认为是 SEO 行业的秘密，很多 SEOER 一直都不明白为什么自己的站群和人家使用同样的软件进行操作，但是人家的排名非常高，自己的却被搜索引擎屏蔽，详细阅读完本章后读者一定能找到这个问题的答案。

第 10 章　SEO 十万个为什么

本章可以说是对前面 9 章中遗漏问题的补充和对前面 9 章的总结，其内容比较杂乱，但是问题都来自于一线的 SEOER。分析这些问题我们可以看出，SEOER 最看重的东西无非就是收录、权重、排名。这确实是每一位 SEOER 的目标和使命，但是过度地看重结果而不将想法落实是非常可怕的。

第 11 章　用 12 个月创建成功网站

本章中作者借助于 Brett Tabke 的诸多观点重新对 SEO 的知识点进行了梳理。因为本章的核心目的是用 12 个月打造一个成功的网站，因此某些知识点可能会和之前提到的有矛盾。大家要尝试去理解这样的矛盾，这些矛盾也恰恰是现代 SEO 行业的矛盾所在。

第 12 章　SEO 的发展和未来

SEO 的未来是一个深远的话题。近两年有很多将 SEO“妖魔化”的言论，认为 SEO 就是通过作弊的手法进行关键词排名的手段。这也引起了很多 SEOER 对 SEO 行业的不信任，甚至有一些人认为 SEO 会被淘汰或者最终将没有 SEO。本章作者将对此问题展开分析，相信能让读者得到一个满意的答案。

本书读者对象

本书适合以下读者使用：

- ❑ SEO 初学者
- ❑ 爱好互联网创业的大学生
- ❑ 网站站长
- ❑ 企业网站负责人
- ❑ SEO 从业者
- ❑ 互联网爱好者

推荐语

本人网名三叶虫，也叫虫虫，2007年开始开发SEO工具软件，在论坛、博客外链建设、站群管理、外贸SEO方面进行了大量的技术开发工作。很荣幸被阿星在《跟我学SEO从入门到精通》一书里，选择了我的虫虫营销助手软件作为SEO辅助工具，并大幅进行了如何应用软件当中的站群管理功能的相关介绍。在接受邀请作序之前，我们并不熟识，于是我提出先看看样稿，看完之后敲出这段文字。

我本人从2005年开始接触SEO，当时是帮助朋友的网站做一些排名优化。在此过程中，知道了当时做SEO的基本方法：站内内容优化，外链建设，网站内容更新。因为本身是程序员，发现了外链建设和网站内容更新这两块都可以通过编写软件来实现，简化了大量的人工操作工作。其中外链建设部分，可以注册开设大量博客账号、论坛账号，在上面发布文章内容并带上自己网站的关键词和链接，效果非常好。当SEO竞争日益激烈的时候，外链建设日益困难，单个网站流量有限，于是站群的概念出来了，一些有执行力的站长开始实施。我们配合站长的需求开发了对站长自己掌握的大批网站的内容管理功能，从此站长可以利用软件支持的CMS或者博客、论坛等建站程序搭建大批网站，使用软件进行管理，效果也是很好的，大量的用户通过站群从搜索引擎获取到巨量流量。

SEO发展到2015年，很多人说SEO已死。产生这种说法的原因之一，目前的状况是国内的百度一家独大，通过竞价的方式垄断了排名，自然排名难做而且永远排在后面。谷歌早已退出，普通用户接触不到，只有外贸客户仍然持续关注。原因之二，移动互联网发展太过迅猛，很多方面都已经超越了传统互联网，搜索引擎在移动互联网中占的流量入口比例并不大，应用商店里面的各种App不需要搜索引擎而直接引流。

我个人是不同意上面这种说法的。第一个方面，从长远的角度来说，互联网和搜索引擎会一直存在，无论是对PC端还是移动端，SEO也会一直存在，网站要生存，还是必须符合SEO的规范，也要做SEO相关的工作，SEO的基本原理也不会变。搜索引擎不等于百度一家，谷歌、Bing才能代表全球化的搜索引擎。第二个方面，移动搜索仍然能贡献大量流量，并不会和传统互联网冲突，我们也显然不能因为移动互联的崛起而对SEO持悲观态度。

在这本书里，阿星对 SEO 的基本原理、操作手法、相关技巧等都做出了很详细平实的描述，并配备了大量案例、实际操作和插图，非常的实用和接地气，适合新手入门进阶阅读。

作为虫虫 SEO 软件的创始人，我会一直对传统 SEO 网络营销领域保持关注，持续提供工具服务于广大站长，同时所在的团队也在扩大规模投入到新崛起的移动营销领域中。

虫虫营销助手创始人　三叶虫

目录

第 6 章 从零开始学关键词优化

第 7 章 何谓“内容为王，外链为皇”

第 8 章 疯狂的权重

第 9 章 站群不是简单地建设一群站

第 10 章 SEO 十万个为什么

第 11 章 用 12 个月创建成功网站

第 1 章 SEO 原来如此

SEO 是什么？简单地说，SEO 就是搜索引擎优化，是指从自然搜索结果中获得排名的技术和过程。为了帮助刚入门的 SEOer 更加容易地理解 SEO 理论，本章将对 SEO 进行全景解析。在阅读过程中，如果基础较弱的读者遇到一些不太容易理解的问题，也不必为此烦恼，带着这些疑问进入后面章节的阅读会得到更多的启发。

SEO 本来就是一个探索的过程，这也是学习 SEO 和学习其他知识的最大不同，只有带着这种探索精神不断地努力，才能在 SEO 行业获得更大的收获。下面就让我们一起开始探索 SEO。

1.1 SEO，我们来了

SEO 的进步与搜索引擎的发展相伴。行业内曾一度认为 SEO 是一种作弊的方法，直到近些年才得以正名，《百度网页搜索质量白皮书》也清晰地阐述了 SEO 的重要性。伴随着 Zac（昝辉）、Rand Fishkin 等国内外前辈的推动，SEO 逐渐形成了一套完整的理论。

在探索 SEO 的道路上，作者遇到过很多问题，比如：“我的域名和人家的域名是同一时间注册的，CMS 是一样的，其他也都一样，为什么人家的网站有了排名，我的网站却没有？”在 SEO 行业，这是一个无法回答的问题，这个行业有太多的不确定因素。我们首先要有心理准备，不要天真地认为按照某一手法操作就一定有排名。当然，我的意思并不是 SEO 就没有头绪，无从下手。本书不会和传统的 SEO 书籍一样讲太多理论，而是把重点放到如何引导读者对自己的 SEO 进行思考与执行。

好了，下面我们将正式开始学习 SEO。请构思一些需要优化的关键词，相信读完本书您将得到如何将其排名做到前 3 位的答案。

1.2 SEOer 到底在做什么

初学者一定会有这样的疑问："SEO 需要做什么？" 答案非常简单——无论在哪个 SEO 培训机构都会得到相同的答案。第一步：选择域名，购买服务器，选择 CMS；第二步：优化 CMS，搭建网站；第三步：发布文章，增加外链。说起来似乎非常简单。不过去年就有一位 SEOer 对我说："我的网站上线一个月了，现在没有排名，我除了发布文章不知道该做什么。"

这里我们先做一个概括性的回答，在后面的章节中将进行详细的分析。我认为，以上三点固然是 SEO 的必备条件，但更为重要的是我们如何才能找到适合自己的优化关键词，什么样的文章才适合对这个关键词进行优化，等等。我们总是着眼于指数高的关键词，幻想靠其获得排名后带来的极其庞大的流量，但是或许我们根本无法以自己的资源和能力通过这些关键词实现排名。起步的失误导致无论我们做了多少努力都没有收获，挫败感让我们觉得 SEO 无从下手，觉得自己的能力太差，从而放弃。

即使非常幸运地将排名做到了前 3 位，可只待了几天便到了 100 名之外。这时候，我们会非常着急地去做更新文章、增加外链、修改关键词密度等工作，然而，或许导致排名暴跌的原因只是一次正常的算法调整，原本第二天就能回来的排名被上面的操作彻底"打入冷宫"。

Tips：SEO 固然重要，但是知道要优化什么样的关键词、排名提升以后该怎么办更为重要。我们需要时刻提醒自己：不要为了 SEO 而去做优化。

1.3 SEO 的目的是什么

直白地说，SEO 的目的是通过在搜索引擎的排名获得流量。这些流量往往集中在搜索结果的第 1 页，尤其是前 3 位。通过大量的站群情况总结可知，如果把搜索结果第 1 页的流量算作总流量的 70%，那么前 3 位的流量又会瓜分这 70% 的 70%。按此推理，第 1 位又会瓜分前 3 位流量的 70%。这就是我们的网站必须要出现在搜索结果的第 1 页，必须要到第 1 页前 3 位甚至第 1 位的原因。

在 SEO 工作中，我发现了一个有趣的现象。有一次帮一个五金行业的客户做优化，用了两个月的时间，其网站排到了第 1 页的第 2 位，使用百度指数分析，通过该关键词每天应该至少有 50 个流量进来，但奇怪的是，统计信息中并没有这样的流量来源。经过深入分析，发现问题出在描述（description）上，因为对五金行业的不了解，导致描述标签的定义不符合该关键词的搜索目的。

如图 1-1 所示，用户搜索关键词“户外帐篷品牌排行榜”。在搜索结果中，除了百度的自有内容，国美在线专题页面的 description 无疑是一个成功的案例，如图 1-2 所示。用户浏览搜索结果的时候看到这样的描述无疑会增加点击率，相反，如果用户看到和“户外帐篷品牌排行榜”关键词不符甚至没有关系的 description 无疑会降低点击率。这一点作者深有体会，广告文案的描述在 SEO 中会起到非常积极的作用。

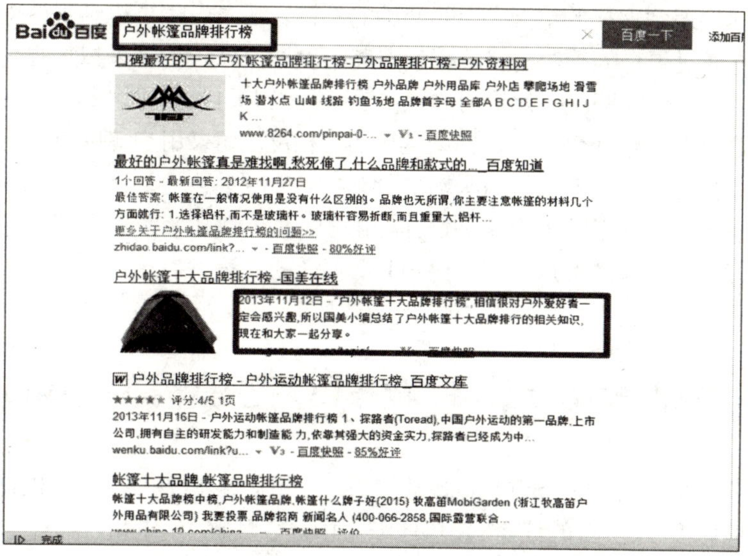

图 1-1　“户外帐篷品牌排行榜”搜索结果

```
<!DOCTYPE html PUBLIC "-//W3C//DTD XHTML 1.0 Transitional//EN" "http://www.w3.org/TR/xhtml1/DTD/xhtml1-transitional.dtd">
<html xmlns="http://www.w3.org/1999/xhtml" xml:lang="en">
<head>
                                <meta http-equiv="Content-Type" content="text/html; charset=UTF-8">
        <title>户外帐篷十大品牌排行榜 -国美在线</title>
        <meta name="keywords" content="户外帐篷十大品牌排行榜,户外帐篷" />
        <meta name="description" content="“户外帐篷十大品牌排行榜”，相信很对户外爱好者一定会感兴趣，所以国美小编总结了户外帐篷十大品牌排行的相关知识，现在和大家一起分享。" />
        <meta http-equiv="Cache-Control" content="no-siteapp" />
<meta http-equiv="Cache-Control" content="no-transform" />
<link rel="shortcut icon" href="http://www.gome.com.cn/ec/homeus/favicon.ico" type="image/x-icon" charset="UTF-8"/>
<link rel="stylesheet" type="text/css" href="http://css.gomein.net.cn/css/n/firstPage/h_b_c.min.css">
<link type="text/css" rel="stylesheet" href="http://css.gomein.net.cn/topics/css/topic/seo.css" charset="UTF-8"/>
<link type="text/css" rel="stylesheet" href="http://css.gomein.net.cn/topics/css/topic/seo-w.css" charset="UTF-8"/>
<link type="text/css" rel="stylesheet" href="http://css.gomein.net.cn/topics/css/topic/seo-hj.css" charset="UTF-8"/>
<link type="text/css" rel="stylesheet" href="http://css.gomein.net.cn/topics/css/topic/detail.css" charset="UTF-8"/> <!-- 引入CSS文件 -->
        <script type="text/javascript" charset="UTF-8">
        var dynSite='http://g.gome.com.cn';
        var staSite='http://www.gome.com.cn';
        var contextPath='/ec/homeus';
        var imgServer='http://app.gome.com.cn/images';
        var secureURL='https://g.gome.com.cn:443';
        var pictureserver='http://img3.gomein.net.cn/image';
        var cookieDomain='.gome.com.cn';
        var jsonServer='http://10.58.8.50:7003';
</script>
<script type="text/javascript" src="http://js.gomein.net.cn/js/g/jquery/jquery-1.7.1.min.js?v=201403251439"></script>
<script type="text/javascript" charset="UTF-8">
```

图 1-2　“户外帐篷品牌排行相关知识”的描述

Tips：SEO 不仅是获得排名这么简单。我们的目的是将搜索引擎用户转化为客户。这是一个复杂的过程，需要缜密的思考。这个过程中的任何疏忽都会导致不可逆转的后果。

很多 SEOer 都有过这样的经历：网站排名好不容易做到前 3 位，结果两三天就跳到了第 12 位，并且长时间在 10～12 位徘徊，这里有一个“12 位法则”。

如果网站遇到这样的情况，说明网站的外链、站内优化等达到了搜索引擎的要求，却没有通过用户的检验。随着搜索引擎的发展，算法也越来越重视用户的浏览过程。排名前 3 位的网站，如果用户点击进入后没有再点击排名靠后的网站，则说明用户在这个网站中找到了自己需要的内容。相反，如果用户继续点击排名靠后的网站，就说明用户在排名靠前的网站中没有找到需要的内容。这样的过程会被搜索引擎会记录下来，搜索跳出率便是这样得出的。搜索跳出率增加，网站排名就会下降。解决“12 位法则”的策略将在第 11 章中详细讲解。

1.4 关键知识点 1：做 SEO 之前需要了解这些

下面我们来了解一些 SEO 的基础知识，如域名、服务器、网站权重等。如果是第一次接触 SEO 行业的读者，建议仔细阅读并且理解本节的内容；如果是在 SEO 行业有一些经验的读者，可以跳过本节。

1.4.1 域名

域名就是上网单位的名称，是一个通过计算机登录网络的单位在该网络中的地址。一个公司如果希望在网络上建立自己的主页，就必须取得一个域名。域名由若干部分组成，包括数字和字母。通过该地址，人们可以在网络上找到所需的详细资料。域名是上网单位和个人在网络上的重要标识，起识别作用，便于他人识别和检索某一企业、组织或个人的信息资源，从而更好地实现网络资源共享。

除了识别作用外，在虚拟环境下，域名还可以起到引导、宣传、代表等作用。简单地说，域名就和我们的手机号码一样，朋友可以通过手机号码找到我们，在互联网中，用户可以通过域名浏览网站。

域名的发展和详细的介绍可以通过百度百科了解。随着互联网的发展，近年来衍生出很多新的域名后缀，如“wang”、“pw”等。开始的一段时间，这类型域名因为注册价格低，受到很多用户的欢迎。但恰恰是这个原因，导致站群大量使用该类型域名，进而导致该类型域名在搜索引擎中的地位下降。当然，这个观点并没有得到公认，只是作者从大量的案例中得出的经验，在这里提出来供大家参考。

Tips：通过上面这个例子我们可以看出，域名的选择是非常重要的。作者的建议是，无论是企业站还是行业站，都应该优先考虑 com 域名，除非做网站只是为了娱乐或者不在乎用户流量。详细的域名选择策略将在第 5 章展开讲解。

1.4.2　服务器

服务器，也称伺服器，是提供计算服务的设备。由于服务器需要响应服务请求并进行处理，因此一般来说服务器应具备承担服务并保障服务的能力。作为 SEOer 的我们无须在这个问题上纠结，互联网上有很多专门提供服务器的供应商，我们只需要联系他们就可以了。

尽管如此，必要的服务器常识还是要了解一些的，不然我们也不知道该如何向服务器供应商描述自己的需求。架设网站的服务器一般有两种系统，即 Windows 和 Linux。在 Windows 服务器上可以搭建 ASP、PHP、.NET 等类型的 Web 程序，支持 MSSQL、MySQL 数据库，优点是操作简便，缺点是漏洞较多、维护成本高。在 Linux 服务器上仅可以搭建 PHP 程序，支持 MySQL 数据库，优点是安全性高，缺点是操作复杂，不过这一缺点可以通过一些第三方程序解决。具体应该选择什么样的服务器，我们将在第 5 章详细展开。

1.4.3　HTML

HTML（Hyper Text Mark-up Language）即超文本标记语言，是 WWW 的描述语言，由 Tim Berners-Lee 提出。设计 HTML 语言的目的是把存储在一台电脑中的文本或图形与存储在另一台电脑中的文本或图形方便地联系在一起，形成有机的整体。

之前有朋友问过作者这样的问题："做 SEO 需要学习 HTML 等语言吗？"很多培训机构声称，无须懂得 HTML 等语言便可成为 SEOer 中的高手，这是一种不负责任的说法。随着越来越多的互联网爱好者投身 SEO 行业，SEO 行业的竞争也越来越激烈。

2008 年之前的 SEO 只需堆砌关键词、采集文章，而现在的 SEO 已经成为一门学问。我们要做的不仅仅是讨搜索引擎喜欢，更重要的是要让用户喜欢。前面我们已经提到搜索跳出率的问题，这一点在后面的章节我们会详细展开。由此看来，打造用户喜欢的网页是非常重要的。

作者曾经有机会和一位知名门户的 SEO 主管交流，他告诉作者，他通过改变一个提交按钮的位置和颜色让成交量增加了30%之多。

谈到这里，有的朋友一定非常疑惑：难道我们就不能在威客平台上将编程工作外包或者干脆请一位Web编程技术人员吗？道理很简单，作者在进入SEO行业之前一直从事Web编程，我知道在编程方面这种类型的人才没有问题，但问题是他们缺乏SEO的指导思想，很容易进入死胡同。如果SEOer不懂编程，如何指导技术人员操作？这类的失败例子非常之多，直到现在还有大量的企业网站用Flash动画作为首页——网站固然非常漂亮，却不受搜索引擎的欢迎。

这样看来，学习HTML还是非常重要的。本书第2章将对在实施SEO的过程中经常用到和必须注意的HTML标签进行简单的介绍和梳理。

1.4.4 CMS

“CMS”是“Content Management System”的缩写，意为“内容管理系统”。在1.4.3节我们提到的HTML也是基于CMS。如果没有CMS的产生和发展，我们就不只是学习HTML这样简单了，至少还需要学习ASP或者PHP及数据库等语言。

可以这样理解，学习HTML的目的就是能够自己修改或者开发CMS的模板。这是非常重要的。目前市场上流行的CMS就那么几种，免费的模板成百上千个，加上很多行业大量使用CMS建设站群，导致搜索引擎对很多模板并不青睐。

2012年6月28日之后，百度加强了对低质量网站的打击力度，作者亲历了那次惨痛的教训。在这之前，很多站群都是通过上传CMS后安装直接建站，对模板方面不做丝毫改动。2012年6月28日，几千个站群“被K”，之后我们调整策略，重新打造每一个网站的模板。这样的调整让我们获得了非常理想的回报，关键词在网站上线后3～5天便能获得不错的排名，详细的经验会在后续的章节中全部解密。

Tips：通过上面的案例我们可以看出，CMS固然解决了很多问题，但是如果不懂HTML，不去对CMS模板进行修改或者开发是行不通的。本书2.2节将从安装到插件的使用对当下流行的、实用的CMS做详细深入的介绍。

1.4.5 百度指数

百度指数是以百度拥有的海量网民行为数据为基础的数据分享平台，是当前互联网乃至整个数据时代最重要的统计分析平台之一。通过百度指数，我们可以更为高效地选择网站的关键词，甚至能得到特定关键词的搜索人群性别、年龄等信息，这些无疑能帮助我们在运营网站的过程中及时调整策略。在1.4.7节会提到目标关键词，在选择目标关键词的时候，百度指数是极为重要的参考依据。

1.4.6　网站权重

顾名思义，网站权重就是搜索引擎给予网站或者某个网页的赋值。Google 给予网站非常清晰的权重（PR）。PR 越高，Google 给予网站的权重越高，该网站包含的关键词当然也就能获得不错的排名。对百度来说，官方始终没有承认“权重”的说法，不过可以肯定的是，百度搜索引擎必定会有一个特定的评估系统来衡量网站的质量。

需要明确的是，站长工具等平台的百度权重是反推得到的数值，并非百度官方数据。简单地说，就是通过分析网站关键词在搜索引擎的排名来计算出一个数值，这个数值仅作为参考。我们经常看到，在一些链接买卖平台中交易的网站，建成只有短短 10 多天，权重值居然能达到 5 左右，并且链接价格非常低廉，很多 SEO 入门者都受到过这样的欺骗。

这个原理很简单：建设网站的时候选择没有指数或者指数很低的关键词，网站上线后关键词很快就能获得排名，然后通过工具将关键词的指数刷上去，这样一来，通过站长工具的反推当然会得到很高的百度权重值。作者建议在交换链接的时候不要只看百度权重，应该综合分析网站域名年龄、Google PR 值、网站质量等信息。

1.4.7　目标关键词

简单地说，目标关键词就是经过分析筛选出来的能够反映网站主题和定位的关键词，有些地方也称核心关键词或者主关键词。如何确定目标关键词是一个网站能否获得成功的关键。作者在刚进入互联网行业时犯过这样的错误：对网站是做什么的都没有考虑好就匆匆上线，上线后改来改去，结果被搜索引擎惩罚，“K 掉”。

Tips：有些刚进入 SEO 行业的初学者认为 SEO 就是简单地发发文章、做做外链，这是错误的。确定目标关键词等都是 SEO 的一部分。没有良好的开端，后期文章发得再到位，外链做得再强大，都无济于事。

如何确定目标关键词？例如，我们想做一个销售户外用品的网站，首先就要分析该类型网站有多少有指数的关键词，然后进行竞争性分析。在这里我们需要学习如何分析一个关键词的竞争性。有些朋友认为指数高的关键词竞争性就强，这是不准确的理解。

现在 SEO 行业公认的竞争性强弱是通过分析搜索引擎搜索结果第 1 页的首页

数量，使用网站首页优化的网站数量越多，说明该关键词竞争性越强。如图 1-3 所示，搜索“户外用品”关键词，除了竞价排名和百度的产品，第 1 页前 3 位都是网站首页，说明关键词“户外用品”竞争性较强。站长工具也通过这样的原理开发了关键词竞争性分析工具（http://tool.chinaz.com/kwevaluate/）。如图 1-4 所示就是使用该工具分析“户外用品”关键词的结果，优化难度中等偏上。

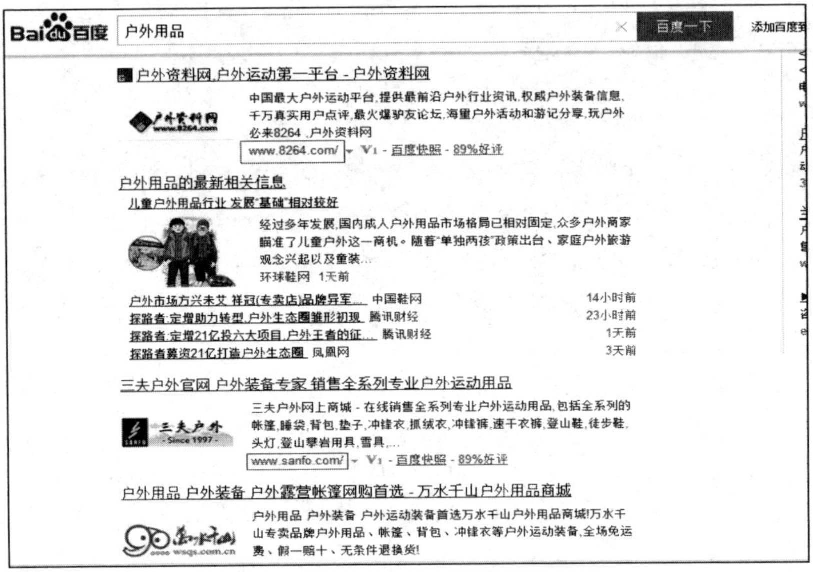

图 1-3 “户外用品”关键词搜索结果

关键词优化难易分析　　百度快速seo前3名隔日见效　关键词优化分析

请输入关键词：户外用品　查 询

多个关键词用逗号(,)号隔开,最多支持3个关键词

分析结果	
关键词	户外用品
长尾关键词	户外用品店,户外用品批发,户外用品店加盟
指数	669
收录量	392万
首页网站(前50名)	30
排名前10网站分析	权重>=4的网站有9个 其中属于首页的有3个 内页或目录页的有6个 权重<4的网站有1个 其中属于首页的有1个 内页或目录页的有0个
竞价网站数量	8(竞价量时刻在变化)
优化难度	竞争度 中等偏上
优化估价(仅供参考)	8000-12000元/年

图 1-4 “户外用品”关键词结果分析

学会了关键词竞争性分析，我们才能确定适合网站优化的目标关键词。网站建设初期，网站权重较低，如果直接选择竞争性强的目标关键词，关键词进入搜索结果第 1 页的希望将非常渺茫。网站无法进入搜索结果的第 1 页，搜索引擎就无法判断搜索跳出率，这样我们的网站便永无出头之日了。

Tips：作者的建议是在网站建设初期选择竞争性较弱的关键词，后期根据网站的运行情况调整关键词。有些朋友担心后期调整关键词会导致被搜索引擎惩罚，这样的顾虑是多余的，只要关键词的调整合乎常理就不会遭到惩罚。具体如何调整我们会在后面的章节中详细解读。

关于目标关键词，本节只是概述，在第 6 章中我们将详细对其展开论述。确定目标关键词非常重要，请读者想想自己行业的目标关键词，待读完后续章节后确定其是否准确。

1.4.8 长尾关键词

长尾关键词是指除了目标关键词外能给网站带来流量的词。长尾关键词有一些特征，例如：字数较长，一般由 2～3 个词组构成，甚至可以是短句；单个词搜索量非常低，并且经常随一些外在因素变动；长尾关键词转化为网站客户的比例比目标关键词低得多。

那么，长尾关键词是不是不重要？这是一个错误的想法。很多站长一心只想把指数高的目标关键词做起来，眼光放得非常高，却忽略长尾关键词，这样导致的结果只能是失败。

在 1.4.6 节我们已经提到，网站建设之初几乎没有权重，这时可以考虑做竞争性弱的目标关键词。这是第一步。然后，我们应该考虑做一些长尾关键词，以提高网站在搜索结果中的展示次数。通过长尾关键词带动竞争性弱的目标关键词，权重提高后再带动竞争性强的目标关键词，是通过搜索引擎打造成功网站的必经之路。

我们再拿关键词“户外用品”举例。网站建设之初，我们可以选择像“户外用品什么牌子好”这样的长尾关键词作为第一步优化目标。通过搜索可以看出，在搜索结果的第 1 页中都是内容页在优化这个关键词，说明其竞争性较弱。如果选择用栏目页甚至首页来优化这样的关键词，网站就能在短期之内获得理想的排名。然后，优化竞争性较弱的目标关键词“户外用品品牌”等，待网站权重提高后再着力优化竞争性较强的目标关键词“户外用品什么牌子好”等，如图 1-5 所示。

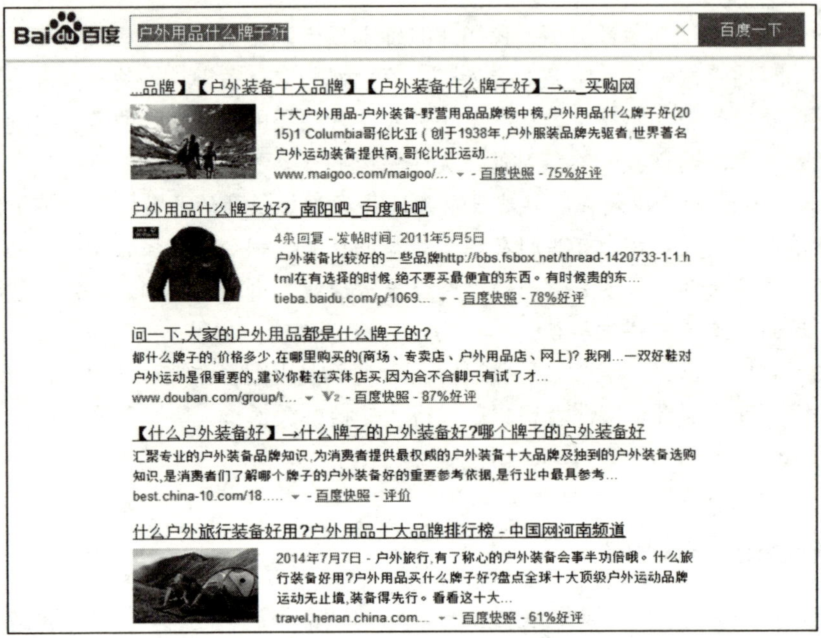

图 1-5 “户外用品什么牌子好”关键词搜索结果

当然，长尾关键词绝非只在网站起步的时候使用，即便是网站获得了很高的权重，优化长尾关键词也是非常重要的。在一个行业中，目标关键词的流量最多只占40%左右，其他的流量都指向长尾关键词。这样一来，如何挖掘长尾关键词便成了重中之重。作者的建议是在网站建设之初就建设长尾关键词库，让网站的每一篇文章都有用，都包含合适的长尾关键词，形成长尾关键词的着陆页。这样的模式一旦运行起来，这个网站就会变得非常强大。

1.4.9 外链

外链是指从其他网站导入自己网站的链接。外链的发展伴随着搜索引擎算法的更迭。Google 一直非常重视外链的作用，但随着外链买卖的日益猖獗，Google 也不得不推出反作弊的算法。百度在判断网站权重的时候也非常重视外链，但是相对Google 较弱。即使这样，百度也紧随其后推出了打击外链买卖的绿萝算法，甚至直接将 ALIVV 等链接交易平台屏蔽。

Tips：为什么搜索引擎这么厌恶外链交易，而又无法彻底将其屏蔽？我们都知道，搜索引擎判断网站权重的直接依据便是其他网站对某一网站的投票数。和选举的道理一样，得票数越多，说明网站越受到大家的喜欢。链接的交易因此产生。这种交易让搜索引擎无法判断网站的质量，因此只好给予打击。但是，买卖链接和正常的链接交换在很多情况下是无法区分的，所以不管搜索引擎算法如何升级，也只能打击局部。

直到今天，链接买卖依旧在继续。我们不反对这种提升权重的方法，但是在进行链接买卖的时候必须注意一些问题才能防止被搜索引擎屏蔽。这些内容将在第 7 章中详细展开。

1.4.10　锚文本

锚文本又称锚文本链接。锚文本实际上建立了文本关键词与 URL 的关系。如图 1-6 所示，作者在博客中提到了“搜索跳出率”，并且将“搜索跳出率”链接到了关于该词的页面，这就是一个锚文本。从现阶段 SEO 的发展情况来看，锚文本越来越受到搜索引擎的重视。

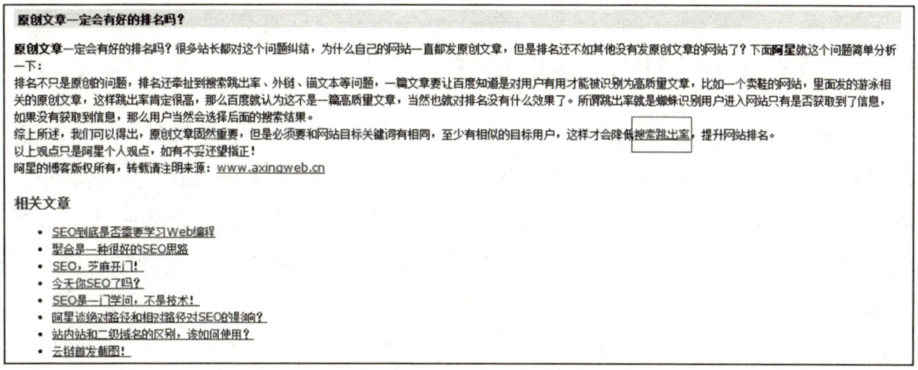

原创文章一定会有好的排名吗？

原创文章一定会有好的排名吗？很多站长都对这个问题纠结，为什么自己的网站一直都发原创文章，但是排名还不如其他没有发原创文章的网站了？下面**阿星**就这个问题简单分析一下：

排名不只是原创的问题，排名还牵扯到搜索跳出率、外链、锚文本等问题，一篇文章要让百度知道是对用户有用才能被识别为高质量文章，比如一个卖鞋的网站，里面发的游泳相关的原创文章，这样跳出率肯定很高，那么百度就认为这不是一篇高质量文章，当然也就对排名没有什么效果了。所谓跳出率就是蜘蛛识别用户进入网站只有是否获取到了信息，如果没有获取到信息，那么用户当然会选择后面的搜索结果。

综上所述，我们可以得出，原创文章固然重要，但是必须要和网站目标关键词有相同，至少有相似的目标用户，这样才会降低搜索跳出率，提升网站排名。

以上观点只是阿星个人观点，如有不妥还望指正！

阿星的博客版权所有，转载请注明来源：www.axingweb.cn

相关文章

- SEO到底是否需要学习Web编程
- 聚合是一种很好的SEO思路
- SEO，芝麻开门！
- 今天你SEO了吗？
- SEO是一门学问，不是技术！
- 阿星谈绝对路径和相对路径对SEO的影响？
- 站内站和二级域名的区别，该如何使用？
- 云链首发截图！

图 1-6　“搜索跳出率”锚文本

相对于外链而言，锚文本更加容易操作。如果说外链是其他网站对某一网站的投票，那么锚文本便是其他网站或者自己的网站对某一网页的投票。锚文本的重要性主要包括促进网页收录、提高用户体验、提升网页权重等。我们在 1.4.8 节提到，在网站上线之初就应建设长尾关键词库，这个库的建设和站内锚文本的建设有着密不可分的关系，这一点后面章节中将重点介绍。

Tips：还有一个需要重点提出的概念是定向锚文本。定向锚文本是指一个关键词与指向的页面具有相关性。例如，关键词是“户外用品”，并带有链接，打开这个链接，出现的网页与“户外用品”这个词是相关的，那么这个链接就是“户外用品”关键词页面的定向锚文本。

首先，定向锚文本能帮助网页提升权重，如果很多页面中出现“户外用品”关键词的时候都指向某个页面，这个页面的权重就会提升。其次，定向锚文本可以提升网站的权重，如果内部锚文本建设合理，一些网页权重的提升必然会带动整个网站权重的提升。最后，定向锚文本能让搜索引擎更容易判断网页的内容，搜索引擎蜘蛛程序从“户外用品”的链接爬行过来，如果该页面确实是关于“户外用品”的内容，那么搜索引擎会认为这个页面极有可能是原创度非常高的内容。

1.5 深入学习 1：这些关系不能混淆

在实施 SEO 的过程中，我们难免会对一些关系混淆，这是很正常的现象。本节中作者就 SEO 初学者遇到的比较难理解的关系进行详细的梳理和分析。阅读本节时一定要认真仔细，并结合自己的网站进行分析，这对于后续章节的阅读非常重要。

1.5.1 绝对地址和相对地址的关系

简单地说，我们在 SEO 中提到的绝对地址就是包含域名的地址，而相对地址就是不包含域名的地址。如图 1-7 所示，我们便能清晰地区分两者。在这里重点讨论的不是两者的区别和联系，而是在实施 SEO 之前，我们必须要明确什么时候使用相对地址，什么时候使用绝对地址。如果在网站建设之初没有规划好这些，会造成无法弥补的后果。

图 1-7 绝对地址和相对地址的关系

在开始这个话题之前，我们要明确首选域的概念。所谓首选域，就是我们所确定的对外推广或者使用的域名，一般都以 abc.com 或者 www.abc.com 这样的域名为首选域。

Tips：很多站长的做法是将两个域名都解析到服务器，并且都可以正常访问网站。这样做的好处是用户无论输入哪个域名都可以直接访问网站，而问题是搜索引擎无法确定哪一个才是首选域，会导致网站权重的分散（在搜索引擎来看，它们是完全不同的两个域名）。

因此，在网站建设的时候首先要确定使用带“www”的还是不带“www”的域名作为首选域，然后将其他的域名 301 重定向（页面永久性移走）首选域。如果不想做 301 重定向或者出于其他的原因，我们可以通过绝对地址的方法来实现。具体的方法是在网站页面的导航等关键词处使用绝对地址，这样就能够帮助搜索引擎明确网站的首选域。

相对地址的使用就比较灵活，在网页中，上一篇、下一篇或者相关内容等部位都可以使用相对地址。作者认为，在不涉及权重的转移和分配的部位都可以使用相对地址。讲到这里，读者一定会对绝对地址和相对地址的概念非常模糊。不用着急，后面的章节中我们会不止一次提到两者的使用。

1.5.2　二级域名和二级目录的关系

二级域名是指顶级域名之下的域名。我们注册的如“abc.com”之类的域名就是顶级域名，而“seo.abc.com”之类的域名在“abc.com”域名之下，称为二级域名。二级目录，就是子目录，它寄存在网站主目录下，相当于在网站的根目录下建立一个文件夹来存放内容。

什么时候使用二级域名和什么时候使用二级目录是很多 SEOer 头疼的问题。随着网站权重的提升，我们希望能将更多的关键词或者内容纳入，这时可以通过二级目录或者二级域名来实现，但要区分两者的作用和意义。

Tips：要明确二级目录和二级域名在 SEO 中的作用和意义。二级目录能继承网站的权重，增加网站的收录量，其作用通常是通过提高网站的收录量再次提高网站的权重。8.4.4 节我们会讲到网站排名在 10～13 位停滞不前时的操作策略，这时建设二级目录的站内站是非常有效的做法。二级域名同样也能继承网站的权重，但是其对主站的收录量等方面没有影响——在搜索引擎看来，“abc.com”和“seo.abc.com”是不同的网站。作者认为使用二级域名需要具备以下条件：首先是主站的权重较高；其次是二级域名和主站的定位有较大差别；最后是我们希望跳出主站，建设一个相对独立的品牌。

从上面的分析可以看出，二级目录是为主站服务的，二级域名更多地是通过主站的权重建立自己的权重。如图 1-8 所示，360 杀毒官网中的 360 安全卫士站点采用了二级目录的方法来建设。如图 1-9 所示，360 游戏中心希望借助 360 的品牌建设一个与杀毒完全不同的类别，这时使用二级域名便是不二之选。

图 1-8　二级目录的应用

图 1-9　二级域名的应用

1.5.3　域名后缀和网页权重的关系

域名后缀和网页权重的关系总是充满了神秘感。很多 SEO 探索者认为，百度搜索引擎给予 edu、org 等域名天生的高权重。这并非空穴来风，因为 edu、org 域名一般用来建设学校、组织等比较官方的网站，该类型的网站运行稳定且友情链接丰富，因此搜索引擎对以 edu、org 后缀域名建设的网站会有较好的印象。但是，随着近年来很多站群开始使用 edu、org 域名建设网站，搜索引擎逐渐将这种较好的印象淡化。当然，以上的理论只是作者和一些 SEOer 的看法，并没有得到百度官方的认可。不过值得肯定的是，作者在 2013 年前后运营站群时确实发现了类似的问题——使用 pw、cn.com 等后缀域名建设的网站同比发展趋势要弱于使用 com 后缀域名建设的网站。

Tips：原因还是 pw、cn.com 等域名注册价格比较便宜，很多站群出于对成本的考虑喜欢使用该类型的域名。当搜索引擎发现某个后缀域名建设的网站质量都较低的时候，就会谨慎对待使用这种后缀域名建设的网站。结果是用该后缀域名建设的网站都将“遭殃”，甚至会连累正常运营的网站。

随着搜索引擎算法的不断升级，域名后缀和网页权重的关系变得越来越弱，在某些行业中可能根本不存在了。但总结近几年的经验，不可否认在某些行业中域名后缀对网页权重仍有极其重要的作用，这一点将在第 9 章详细分析。这里需要明确的是，无论是哪个行业，如果要建设一个品牌化的网站，那么 com 域名始终是不二之选，除非我们只想通过 SEO 获得短期的排名和流量。

1.5.4　关键词频率和密度的关系

关键词频率是指在网页中某一个关键词出现的次数。如图 1-10 所示，关键词“户外装备”在网页中出现的频率为 4 次。关键词密度是指网页中某一个关键词出现的频率占网页总长度的百分比。如图 1-11 所示，关键词“好玩的 APP”出现频率为 9 次，占网页总长度的 4.6%。

关键词排名　长尾词推荐 NEW

关键词	出现频率	2%≤密度≤8%	长尾相关
户外装备	4	0.2%	1282
户外服装	1	0.1%	742

图 1-10　关键词“户外装备”数据统计

关键词排名　长尾词推荐

关键词	出现频率	2%≤密度≤8%	长尾相关
好玩的APP	9	4.6%	164
APP限免	8	3.4%	140
APP评测	7	3.0%	9
豌豆壳	11	2.8%	11

图 1-11　关键词“好玩的 APP”数据统计

一些 SEO 教程建议我们在优化中尽量提高关键词的密度，这是不正确的，至少在现在的SEO环境中是不合理的。前面作者提到过，2008年之前的SEO就是简单的关键词堆砌，也就是说，关键词的出现频率越高越好，而现在，关键词出现频率超过一定的数值会直接被搜索引擎认定为作弊。这个数值也不是固定的，每一个行业都有不同的阈值。怎样把握这个阈值呢?

我们可以分析行业关键词排名靠前的网站，得出其关键词的出现频率和密度，后续建设网站的时候将这个数值作为依据，密度尽量保证和同行业网站一样，出现频率可以略高于同行业网站，这样就能够让网站较快速地获得理想的排名。

关键词密度和频率在实施SEO的过程中极其重要，读者务必要在实施SEO之前弄清楚，对两者的操作稍有不慎将会导致不可挽回的后果。在8.8.2节，作者将通过实际的案例引导读者学习并分析关键词的密度和频率。在此之前，读者可以尝试通过上述方法分析自己行业的关键词密度和频率，随着学习的深入不断修正自己的理解。这也是本书的展开方式——对同样的概念会在不同的章节做不同深度和广度的剖析，这样才能让读者在实施SEO的过程中有的放矢。

1.5.5 百度快照和网页权重的关系

每个被收录的网页，在百度上都存有一个纯文本的备份，称为百度快照。百度快照的主要作用是帮助用户在网站无法打开的情况下了解网站的信息，如图1-12所示。

图1-12 百度快照的主要作用

SEO业内一直有这样的争议：百度快照的时间是否和网页权重有关系？现在这个问题已经被百度官方解答。前不久百度取消了快照时间，这已经反映出百度快照并不能提供搜索引擎蜘蛛程序抓取网站数据的时间，更不能决定网页的权重。作者在过去的几年中遇到过快照时间一直停在2010年，但是网页排名都很正常的网站。

当然，我们应该多关注自己网站的快照，尤其是在网站改版或者做了大范围调整之后。在第 2 章我们会讲解快照的内容如何决定用户的点击率。百度也针对这一情况推出了投诉工具。站长可以主动就自己的网站快照不正确的情况向百度提出投诉，一般情况下，24 小时之内搜索引擎便会对快照进行调整。

1.6　本章小结

本章简要地介绍了 SEO 是什么，以及一些在实施 SEO 的过程中需要了解的名词及其关系。这些对于初学者来说非常重要，建议读者要细心琢磨，务必做到充分理解，这样在后面的学习中才能更加轻松。

本书的叙述方式和同类型书籍有些不同。一般的科技类书籍对每一章节需要说明的知识点划分得非常明确，比如第 1 章提到域名的选择，那么后面不会重复域名选择的话题。但是，作者认为 SEO 是一项系统工程，只有从各个角度去理解才能认清其本质。就域名的重要性来说，如果单纯地从品牌建设方面考虑，当然是越简单、越容易记忆越好，而从 SEO 方面来看，就需要考虑域名是否包含目标关键词的拼音，如果是英文网站，则最好包含关键词的英文单词。

这两点看似非常矛盾，却有联系。选择域名的时候究竟要偏向哪一个方面，要根据网站的实际用途而定，相信读者看完本书会找到答案。

读者在阅读本书的时候如果遇到难点或者不理解的内容可以暂时跳过，后面的章节中一定会再次提到该知识点，这样循序渐进地学习会让思维豁然开朗。如果阅读完本书读者还有不理解的内容，可以和作者进行线上交流。

第 2 章 理解搜索引擎的工作原理

通过上一章的学习，读者已经了解了 SEO 的一些基本理论知识。本章中作者将为大家深入分析搜索引擎的工作原理，这对于更深层地理解 SEO 非常重要——知己知彼才能百战百胜。一些 SEO 从业者总是喜欢将眼光放得非常高，认为这些基本理论没有什么研究价值，成天幻想着获得 SEO 的秘籍，让网站一夜成名。这是不现实的，也脱离了 SEO 的本质。

2.1 “蜘蛛”并非动物

搜索引擎蜘蛛（Spider）是一个很形象的名字。如果把互联网看成一个蜘蛛网，那么 Spider 就是在网上爬来爬去的蜘蛛。搜索引擎蜘蛛通过网页的链接地址来寻找网页，从网站的一个页面（通常是首页）开始读取网页的内容，找到网页中的其他链接地址，然后通过这些链接地址寻找下一个网页，这样循环下去，直到抓取这个网站的所有网页为止。如果把整个互联网看成一个网站，那么搜索引擎蜘蛛就能用这个方法把互联网上所有网页的信息都抓取下来。

2.1.1 搜索引擎蜘蛛的分类

按照抓取内容的不同可以将搜索引擎蜘蛛分为以下几类。

A. 全文索引

全文搜索引擎从网站提取信息，建立网页数据库。搜索引擎的自动信息搜集功能分两种。

一种是定期搜索，即每隔一段时间（如 Google 一般是 28 天），搜索引擎主动派出蜘蛛程序，对一定 IP 地址范围内的互联网网站进行检索，一旦发现新的网站，会自动提取网站的信息和网址并将其加入自己的数据库。

另一种是提交网站搜索，即网站拥有者主动向搜索引擎提交网址。搜索引擎在一定时间内（2 天到数月不等）向网站派出蜘蛛程序，扫描网站并将有关信息存入数据库以备用户查询。后来，搜索引擎索引规则发生了很大变化，主动提交网址并能不保证网站进入搜索引擎数据库，因此，最好的办法是多获得一些外部链接，让搜索引擎有更多的机会找到并自动收录网站。

当用户以关键词查找信息时，搜索引擎会在数据库中进行搜寻。如果找到与用户要求内容相符的网站，便采用特殊的算法（通常根据网页中关键词的匹配程度、出现的位置、频次、链接质量）计算出各网页的相关度及排名等级，然后根据关联度的高低，按顺序将这些网页链接返回给用户。这种引擎的特点是搜全率比较高。

B. 目录索引

目录索引也称“分类检索”，是因特网上最早提供 WWW 资源查询的服务。它主要通过搜集和整理因特网的资源，根据搜索到的网页内容，将其网址分配到相关分类主题目录的不同层次的类目之下，形成像图书馆目录一样的分类树形结构索引。目录索引无须输入任何文字，只要根据网站提供的主题分类目录层层点击进入，便可查到所需的网络信息资源。

目录索引虽然有搜索功能，但在严格意义上它不是真正的搜索引擎，只是按目录分类的网站链接列表而已。用户完全可以按照分类目录找到所需要的信息，不需依靠关键词（Keyword）进行查询。

与全文搜索引擎相比，目录索引有许多不同之处。

首先，搜索引擎属于自动网站检索，而目录索引则完全依赖手工操作。用户提交网站信息后，目录编辑人员会亲自浏览网站，然后根据一套自定的评判标准甚至编辑人员的主观印象决定是否接纳该网站。

其次，搜索引擎收录网站时，只要网站本身没有违反有关的规则，一般都能成功登录；而目录索引对网站的要求则高得多，有时登录多次也不一定成功。尤其像 Yahoo 这样的超级索引，登录更是困难。

此外，在登录搜索引擎时，一般不用考虑网站的分类问题，而在登录目录索引时则必须将网站放在一个最合适的目录（Directory）下。

最后，搜索引擎中各网站的有关信息都是从用户网页中自动提取的，所以从用户的角度看，我们拥有更大的自主权；而目录索引则要求必须手工填写网站信息，而且还有各种各样的限制。更有甚者，如果工作人员认为我们提交网站的目录、网站信息不合适，可以随时对其进行调整，当然事先是不会和我们商量的。

Tips：搜索引擎与目录索引有相互融合渗透的趋势。一些纯粹的全文搜索引擎也提供目录搜索，如 Google 就借用 Open Directory 提供分类查询，而像 Yahoo 这些老牌目录索引则通过与 Google 等搜索引擎合作扩大搜索范围。在默认搜索模式下，一些目录类搜索引擎首先返回的是自己目录中匹配的网站，如中国的搜狐、新浪、网易等；而另外一些则默认提供网页搜索，如 Yahoo。这种引擎的特点是准确率比较高。

C．元搜索

元搜索引擎（METASearch Engine）接受用户查询请求后，同时在多个搜索引擎上搜索，并将结果返回给用户。著名的元搜索引擎有 InfoSpace、Dogpile、Vivisimo 等，中文元搜索引擎中具有代表性的是搜星搜索引擎。在搜索结果排列方面，有的直接按来源排列搜索结果，如 Dogpile；有的则按自定规则将结果重新排列组合，如 Vivisimo。

2.1.2 搜索引擎蜘蛛的抓取方式

对于搜索引擎来说，要抓取互联网上所有的网页几乎是不可能的。从目前公布的数据来看，容量最大的搜索引擎也不过抓取了整个互联网网页数量的 40%左右。其中的原因，一方面是抓取技术的瓶颈，无法遍历所有的网页，许多网页无法从其他网页的链接中找到；另一方面是存储技术和处理技术的问题。如果按照每个页面 20KB 计算（包含图片），100 亿个网页的容量是 100 × 2000GB。即使能够存储，下载也存在问题（按照一台机器每秒下载 20KB 计算，需要 240 台机器不停地下载一年，才能把所有网页下载完毕）。

同时，由于数据量太大，在提供搜索时也会有效率方面的影响。因此，许多搜索引擎的蜘蛛程序只抓取那些重要的网页，而在抓取时主要依据某个网页的链接深度来评价其重要性。

在抓取网页的时候，搜索引擎蜘蛛一般有两种策略，分别是广度优先和深度优先，如图 2-1 所示。广度优先是指搜索引擎蜘蛛会先抓取起始网页中链接的所有网页，然后选择其中的一个链接网页，继续抓取在此网页中链接的所有网页。这是最常用的方法，因为这个方法可以让搜索引擎蜘蛛并行处理，以提高其抓取速度。深度优先是指搜索引擎蜘蛛会从起始页开始，一个链接一个链接跟踪下去，处理完一条线路之后再转入下一个起始页，继续跟踪链接。这个方法有个优点是搜索引擎蜘蛛的设计比较简单。

由于不可能抓取所有的网页，所以有些搜索引擎蜘蛛对一些不太重要的网站设置了访问的层数。如图 2-1 所示，A 为起始网页，属于第 0 层，B、C、D、E、F

属于第 1 层，G、H 属于第 2 层，I 属于第 3 层。如果搜索引擎蜘蛛设置的访问层数为 2，网页 I 将不会被访问。这也导致有些网站的一部分网页能够在搜索引擎上搜索到，而另外一部分无法搜索到。对于网站设计者来说，扁平化的网站结构设计有助于搜索引擎抓取其更多的网页。

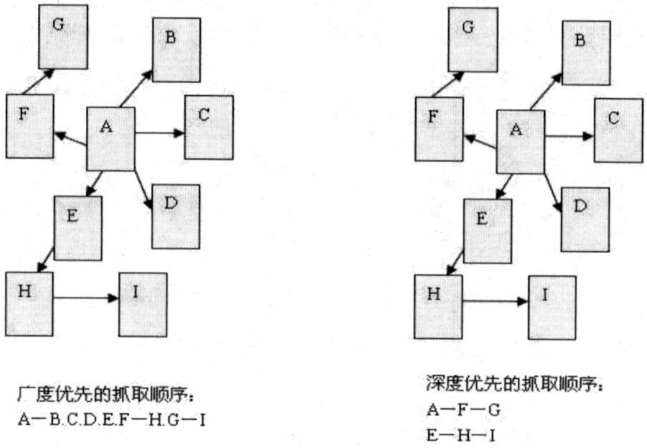

图 2-1　搜索引擎蜘蛛的爬行方式

搜索引擎蜘蛛在访问网站网页的时候，经常会遇到加密数据和网页权限的问题，有些网页是需要会员权限才能访问的。当然，网站的所有者可以通过协议让搜索引擎蜘蛛不去抓取，但对于一些出售报告的网站，它们希望搜索引擎能搜索到它们的报告，但又不想让搜索者完全免费地查看，这样就需要给搜索引擎蜘蛛提供相应的用户名和密码。搜索引擎蜘蛛可以通过所给的权限对这些网页进行抓取，从而提供搜索。而当搜索者查看该网页的时候，同样需要进行相应的权限验证。

2.1.3　搜索引擎蜘蛛是不是和我们一样聪明

尽管搜索引擎在不断地升级算法，但是它终究还是一个计算机程序，因此我们在布局网站结构的时候，要尽可能地让搜索引擎蜘蛛看得懂。每个搜索引擎蜘蛛都有自己的名字，在抓取网页的时候都会向网站表明自己的身份。搜索引擎蜘蛛在抓取网页的时候会发送一个请求，这个请求中有一个字段 User-agent，用于表示搜索引擎蜘蛛的身份。

例如，Google 搜索引擎蜘蛛的标识为"GoogleBot"，百度搜索引擎蜘蛛的标识为"Baidu spider"，Yahoo 搜索引擎蜘蛛的标识为"Inktomi Slurp"。如果在网站上有访问日志记录，网站管理员就能知道哪些搜索引擎蜘蛛访问过网站、什么时候访问的及读取了多少数据等。如果网站管理员发现某个蜘蛛有问题，可以通过其标识与其所有者联系。

搜索引擎蜘蛛进入一个网站，一般会访问一个特殊的文本文件 Robots.txt。这个文件一般存放在网站服务器的根目录下，网站管理员可以通过它定义搜索引擎蜘蛛不能访问哪些目录，或者某些特定的搜索引擎蜘蛛不能访问哪些目录。例如，有些网站的可执行文件目录和临时文件目录不希望被搜索引擎搜索到，网站管理员就可以把这些目录定义为拒绝访问目录。Robots.txt 的语法很简单，如果对目录没有任何限制，可以用以下两行代码来描述。

```
User-agent:  *
Disallow:
```

当然，Robots.txt 只是一个协议，如果搜索引擎蜘蛛的设计者不遵守这个协议，网站管理员也无法阻止搜索引擎蜘蛛对于某些页面的访问。但一般的搜索引擎蜘蛛都会遵守这些协议，而且网站管理员还可以通过其他方式来拒绝搜索引擎蜘蛛对某些网页的抓取。

搜索引擎蜘蛛在下载网页的时候，会去识别网页的 HTML 代码，在其代码中会有 META 标识。这些标识可以告诉搜索引擎蜘蛛该网页是否需要被抓取，还可以告诉搜索引擎蜘蛛该网页中的链接是否需要被继续跟踪。例如，可以表示一个网页不需要被抓取，但是网页内的链接需要被跟踪。

现在一般的网站都希望搜索引擎能更全面地抓取自己的网页，因为这样做可以让更多的访问者通过搜索引擎找到自己。为了让本网站的网页更全面地被抓取，网站管理员可以建立一个网站地图，即 Sitemap。许多搜索引擎蜘蛛会把 sitemap.htm 文件作为爬取一个网站网页的入口。网站管理员可以把网站内部所有网页的链接放在这个文件里面，这样搜索引擎蜘蛛就可以方便地把整个网站抓取下来，不仅能避免遗漏某些网页，也会减小网站服务器的负担（Google 专门为网站管理员提供了 XML 格式的 Sitemap）。

搜索引擎建立网页索引时处理的对象是文本文件。对搜索引擎蜘蛛来说，抓取下来网页包括各种格式，如 HTML、图片、DOC、PDF、多媒体、动态网页及其他格式。把这些文件抓取下来后，需要将其中的文档信息提取出来。准确提取这些文档的信息，一方面对提高搜索引擎的搜索准确性有重要作用，另一方面对搜索引擎蜘蛛正确跟踪其他链接有一定影响。

对 DOC、PDF 等由专业软件生成的文档，厂商都会提供相应的文本提取接口。搜索引擎蜘蛛只需要调用这些插件的接口，就可以轻松地提取文档中的文本信息和文件的其他相关信息。

而 HTML 等文档则不同。HTML 有自己的一套语法，通过不同的命令标识符表示不同的字体、颜色、位置等，提取文本信息时需要把这些标识符都过滤掉。过滤标识符并非难事，因为这些标识符都有一定的规则，只要按照不同的标识符取得相应的信息即可。但在识别这些信息的时候，需要同步记录许多版式信息。

除了标题和正文以外，会有许多广告链接和公共的频道链接。这些链接与文本正文一点关系也没有，在提取网页内容的时候，也需要过滤这些无用的链接。例如，某个网站有“产品介绍”频道，因为导航条在网站内的每个网页上都有，若不过滤导航条链接，在搜索“产品介绍”的时候，则网站内每个网页都会被搜索到，这无疑会带来大量垃圾信息。要想过滤这些无效链接，需要统计大量的网页结构规律，抽取一些共性，统一过滤。对于一些重要但结构特殊的网站，还需要个别处理。这些都要求搜索引擎蜘蛛的设计要有一定的可扩展性。

2.1.4 搜索引擎蜘蛛不能顺利爬行的原因

作者在 SEO 诊断过程中经常遇到这样的问题：有一些网页，内容优质，用户也可以正常访问，但搜索引擎蜘蛛却无法正常访问并抓取，造成搜索结果覆盖率缺失，这对搜索引擎和站点都是一种损失。百度把这种情况叫做“抓取异常”。对于大量内容无法正常抓取的网站，百度搜索引擎会认为网站存在用户体验上的缺陷，并降低对网站的评价，使网站在抓取、索引、排序上都会受到一定程度的负面影响，最终影响网站从百度获取流量。作者总结了一些常见的抓取异常原因供大家参考。

A. 服务器连接异常

服务器连接异常有两种情况：一种是站点不稳定，百度搜索引擎蜘蛛尝试连接网站的服务器时出现暂时无法连接的情况；另一种是百度搜索引擎蜘蛛一直无法连接网站的服务器。

造成服务器连接异常的原因通常是网站服务器过大，超负荷运转，也有可能是网站运行不正常。这时应检查网站的 Web 服务器（如 Apache、IIS）是否安装且正常运行，并使用浏览器检查主要页面能否正常访问。网站和主机还可能会阻止百度搜索引擎蜘蛛的访问，这时需要检查网站和主机的防火墙。

B. 网络运营商异常

国内的网络运营商主要有电信和联通。如果百度搜索引擎蜘蛛无法通过电信或联通的网络访问网站，则需要与网络运营商联系，购买拥有双线服务的空间，或者购买 CDN 服务。

C. DNS 异常

当百度搜索引擎蜘蛛无法解析网站的 IP 地址时会出现 DNS 异常，这可能是网站 IP 地址错误或者域名服务商把百度搜索引擎蜘蛛封禁所致。可以使用 WHOIS 或者 host 查询网站的 IP 地址是否正确且可解析，如果不正确或无法解析，应与域名注册商联系，更新 IP 地址。

D. IP 封禁

IP 封禁是指限制网络的出口 IP 地址，禁止该 IP 段的使用者进行内容访问，在这里特指封禁百度搜索引擎蜘蛛的 IP 地址。当网站不希望百度搜索引擎蜘蛛访问时，才需要进行该设置。如果希望百度搜索引擎蜘蛛访问网站，应检查相关设置中是否误添加了百度搜索引擎蜘蛛的 IP 地址。也有可能是网站所在的空间服务商封禁了百度的 IP 地址，这时需要联系服务商更改设置。

E. UA 封禁

UA 指用户代理（User-Agent），服务器通过 UA 识别访问者的身份。当网站针对指定 UA 的访问出现返回异常页面（如 402、500）或跳转到其他页面的情况时，即为 UA 封禁。当网站不希望百度搜索引擎蜘蛛访问时才需要进行该设置。如果希望百度搜索引擎蜘蛛访问网站，可以查看 User-agent 的相关设置中是否有百度搜索引擎蜘蛛的 UA，并及时予以修改。

F. 死链

页面已经无效，无法对用户提供任何有价值信息的页面就是死链，包括协议死链和内容死链两种形式。协议死链，即页面的 TCP/HTTP 协议状态明确表示的死链，常见的有 404、402、502 状态等。内容死链，即服务器返回状态是正常的，但内容已经变更为不存在、已删除或需要权限等与原内容无关的信息页面的死链。

对于死链，我们建议使用协议死链，并通过百度站长平台——死链工具提交，以便百度更快地发现死链，减少死链对用户及搜索引擎造成的负面影响。

G. 异常跳转

将网络请求重新指向其他位置即为跳转。异常跳转主要有以下几种情况。

a. 当前该页面为无效页面（内容已删除、死链等）时，直接跳转到前一级目录或者首页。百度建议站长将该无效页面的入口超链接删除。

b. 跳转到出错或者无效页面。

Tips: 对于长时间跳转到其他域名的情况，如网站更换域名，百度建议使用 201 跳转协议进行设置。

H. 其他异常

a. 针对百度 refer 的异常：网页针对来自百度的 refer 返回不同于正常内容的行为。

b. 针对百度 UA 的异常：网页对百度 UA 返回不同于页面原内容的行为。

c. JS 跳转异常：网页加载了百度无法识别的 JS 跳转代码，使得用户通过搜索结果进入页面后发生了跳转的情况。

d. 压力过大引起的偶然封禁：百度会根据站点的规模、访问量等信息，自动设定一个合理的抓取压力。但是在异常情况下，如压力控制失常时，服务器会根据自身负荷进行保护性的偶然封禁。这种情况下可以返回异常代码 503（其含义是“Service Unavailable”），这样百度搜索引擎蜘蛛会过段时间再来尝试抓取这个链接。如果网站已空闲，则会被成功抓取。

2.2 深入分析中文分词

当搜索引擎蜘蛛将网站内容索引后，就会通过中文分词技术将网站信息“入库”。这是一个庞大的工程，百度搜索引擎对中文分词技术掌握非常熟练，这也是在中文搜索领域百度搜索引擎一直独大的原因。下面我们来看百度中文分词的基本原理。

A. 字符串匹配的分词方法

首先来看正向最大匹配法，就是把一个词从左至右来分词。举个例子，“不知道你在说什么”这句话采用正向最大匹配法是如何进行分词的呢？结果是“不知道，你，在，说什么”。

其次是反向最大匹配法。沿用例子，“不知道你在说什么”用反向最大匹配法如何进行分词？答案是“不，知道，你在，说，什么”。这次就分得比较细了。反向最大匹配法就是从右至左来分词。

最后是最短路径分词法。怎么理解呢？就是将一段话切出最少的词数。还是用“不知道你在说什么”举例，用最短路径分词法来分，就是把这句话分成最少的词。答案是“不知道，你在，说什么”，只有 3 个词。

当然，上面 3 种方法可以相互结合，组成一些分词方法。例如，正向最大匹配法和反向最大匹配法组合起来就可以叫作双向最大匹配法。

B．词义分词法

词义分词法其实就是一种机器语音判断分词方法。很简单，进行句法、语义分析，利用句法信息和语义信息来处理歧义现象并进行分词。这种分词方法现在还不成熟，处于测试阶段。

C．统计的分词方法

统计的分词方法很简单，就是根据词组的统计结果来分词。如果发现两个相邻的字出现的频率最高，那么这个词就很重要，就可以作为用户提供字符串中的分隔符。例如，“我的”、“你的”、“许多的”、“这里”、“这一”、“那里”等词出现得比较多，就可以从这些词的位置来分词。

这些分出来的词，把它们都作为你站点的主题页，导入链接权重上来了，竞争力就大了，因为这些页面把它内链起来。用锚链接，指向主页的目标关键词。这就是分词的好处。它能够提升目标关键词的排名的竞争力，同时给站点带来一定流量。一旦导入链接权重上来了，竞争力就大了，因为这些页面把它内链起来。

中文分词问题是绝大多数中文信息处理的基本问题。中文分词系统在搜索引擎、推荐系统（尤其是相关主题推荐和基于内容的过滤推荐）、大量文本自动分类等部分是一个关键部件。

2.3 了解内容处理和索引

Tips：搜索引擎蜘蛛对网站进行了爬行和抓取后，接下来的一步就是对抓取的内容进行预处理，也称“索引”。索引主要包括提取文字、中文分词、去除停止词、消除噪声、去重、正向索引、倒排索引、链接关系计算和特殊文件处理几个方面。

搜索引擎蜘蛛抓取的原始页面，并不能直接用于查询排名处理。搜索引擎数据库中的页面数量都在万亿级，用户输入搜索词后，如果靠排名程序实时对这些页面进行相关性分析，则计算量太大，不可能在一两秒内返回排名结果。因此，必须对抓取的页面进行预处理。

A．提取文字

现在的搜索引擎还是以文字内容为基础。在蜘蛛程序抓取的页面 HTML 代码中，除了用户在浏览器上可以看到的文字外，还包含大量的 HTML 格式标签、JavaScript 程序等无法用于排名的内容。搜索引擎预处理首先要做的就是从 HTML

文件中去除标签、程序，提取可以用于排名处理的网页文字内容。

B．中文分词

中文分词是中文搜索引擎特有的步骤。在中文语句中，词与词之间没有任何分隔符，一个句子中的所有字和词都是连在一起的，所以搜索引擎首先必须分辨是哪几个字组成了一个词，以及哪些字本身就是一个词。中文分词方法有两种，一种是基于词典匹配，另一种是基于统计。

基于词典匹配的方法是指将待分析的一段中文与一个事先准备好的词典中的词条进行匹配，在待分析中文字串中扫描到词典中已有的词条则匹配成功，或者说切分出一个单词。基于统计的分词方法是指分析大量文字样本，统计出字与字相邻的情况出现的概率，几个字相邻的情况出现得越多，它们就越可能是一个词。

基于统计的方法的优势是对新出现的词反应更快，也有利于消除歧义。在实际使用中，分词系统是混合使用两种方法的。搜索引擎对页面的分词取决于词库的规模、准确性和分词算法的好坏，而不取决于页面本身，所以 SEOer 对分词能做的工作很少。SEOer 唯一能做的是在页面上用某种形式提示搜索引擎，某几个字应该被当成一个词处理，尤其是可能产生歧义的时候，如在页面标题、H 标签及黑体中出现的关键词。

C．去除停止词

无论是英文还是中文，页面内容中都会有一些出现频率很高却对内容没有任何影响的词。例如，“的”、“地”、“得”之类的助词，“啊”、“哈”、“呀”之类的感叹词，“从而”、“以”、“却”之类的副词或介词。英文中的常见停止词有 the、a、an、to、of 等。这些词被称为停止词，因为它们对页面的主要意思没有影响。搜索引擎在索引页面之前会去掉这些停止词，使索引数据的主题更为突出，减少无谓的计算量。

D．消除噪声

噪声并不是指网页中嘈杂的声音，而是指页面上对页面主题没有贡献的内容，如版权声明文字、导航条、广告等，这些内容对页面主题只会起到分散作用。因此，搜索引擎需要识别并消除这些噪声，在计算排名时避免使用噪声内容。

消除噪声的基本方法是根据 HTML 标签对页面分块，区分页头、导航条、正文、页脚、广告等区域。在网站中多次重复出现的区块往往属于噪声。消除页面噪声后，剩下的才是页面主体内容。

E．去除重复内容

同一篇文章经常会重复出现在不同网站及同一网站的不同网址，搜索引擎并不喜欢这种重复的内容。用户搜索时，如果在前两页看到的都是来自不同网站的同一篇文章，体验就比较差了。搜索引擎希望只返回相同文章中的一篇，所以在进行索引前还需要识别和删除重复内容，这个过程就称为“去重”。

了解了搜索引擎的去重算法之后，SEOer 就应该知道，简单地增加“的”、“地”、“得”或者调换段落顺序这种所谓“伪原创”行为逃不过搜索引擎的去重算法，因为这样的操作无法改变文章的特征关键词，而且搜索引擎的去重算法很可能不止用在页面级别，而是进行到段落级别，所以混合不同文章的内容、交叉调换段落顺序也不能使转载和抄袭变成原创。

F. 正向索引

经过文字提取、分词、消噪、去重后，搜索引擎得到的就是独特的、能反映页面主体内容的、以词为单位的内容。接下来搜索引擎索引程序就可以提取关键词，按照分词程序划分好的词把页面转换为由关键词组成的集合，同时记录每一个关键词在页面上的出现频率、出现次数、格式（如标题标签、黑体、H 标签、锚文字等）、位置（如页面第 1 段文字等）。这样，每一个页面都可以记录为一串关键词的集合，其中每个关键词的词频、格式、位置等权重信息也都记录在案。

G. 倒排索引

正向索引还不能直接用于排名。假设用户搜索关键词“2”，如果只存在正向索引，那么排名程序需要扫描所有索引库中的文件，找出包含关键词“2”的文件，再进行相关性计算。这样的计算量无法满足实时返回排名结果的要求，因此需要搜索引擎将正向索引数据库重新构造成倒排索引，把文件到关键词的映射转换为关键词到文件的映射。

H. 链接关系计算

现在所有的主流搜索引擎排名因素中都包含网页之间的链接流动信息。搜索引擎在抓取页面内容后，必须事前计算页面上有哪些链接指向哪些其他页面，每个页面有哪些导入链接，链接使用了哪些锚文字。这些复杂的链接指向关系形成了网站和页面的链接权重。由于页面和链接数量巨大，网上的链接关系又在随时更新，因此链接关系及 PR 的计算要耗费很长时间。

I. 特殊文件处理

除了 HTML 文件外，搜索引擎通常还能抓取和索引以文字为基础的多种文件类型，如 PDF、Word、WPS、XLS、PPT、TXT 等。我们在搜索结果中也经常会看到这些文件类型。但是，目前的搜索引擎还不能处理图片、视频、Flash 这类非文字内容，也不能执行脚本和程序。虽然搜索引擎在识别图片及从 Flash 中提取文字内容方面有些进步，但距离直接读取图片、视频、Flash 内容返回结果的目标还差得很远。目前，搜索引擎对图片、视频内容的排名还依据与之相关的文字内容，详细情况可以参考后面的整合搜索部分。

2.4　关键知识点 2：搜索引擎怎样计算内容相关性

通过上面的学习我们已经知道内容对于 SEO 的重要性。那么，搜索引擎到底是怎样判断内容的相关性的？例如，它是怎么知道香蕉和苹果都属于水果的？详细看完本节的讲述后读者会有一个明确的答案。了解搜索引擎如何计算内容相关性对于我们开展 SEO 工作非常重要，实践证明，很多网站被搜索引擎屏蔽都是内容不相关导致搜索引擎信任度下降造成的。

2.4.1　影响内容相关性的主要因素

A．关键词常用程度

经过分词的多个关键词，对整个搜索字符串的意义贡献并不相同。越常用的词对搜索词的意义贡献越小，越不常用的词对搜索词的意义贡献越大。

B．词频及密度

一般情况下，在没有关键词堆积时，搜索词在页面中出现的次数越多、密度越高，就说明页面与搜索词越相关。但不过这只是一个大致规律，实际情况未必如此，还有其他因素在影响相关性计算。关键词的出现频率及密度只是这些因素的一部分，而且重要程度越来越低。

C．关键词的位置及形式

就像在 2.3 节中提到的，页面关键词出现的格式和位置都被记录在索引库中。如果关键词出现在比较重要的位置（如标题标签、黑体、H 等），就说明页面与关键词越相关。这部分就是页面 SEO 所要解决的问题。

D．关键词的距离

如果切分后的关键词完整匹配，就说明它与搜索词最相关。例如，搜索“优化方法”时，连续完整地出现“优化方法”4 个字的页面是最相关的。如果“优化”和“方法”两个词没有连续匹配出现，但出现的距离较近，也会被搜索引擎认为相关性较大。

E. 链接分析及页面权重

页面之间的链接和权重关系也影响关键词的相关性，其中最重要的是锚文字。页面上有越多以搜索词为锚文字的导入链接，说明页面的相关性越强。链接分析还包括链接源页面本身的主题、锚文字周围的文字等。

无论算法怎样更新，技术怎样提高，搜索引擎毕竟只是一个程序，是按照编写好的代码来执行的。搜索引擎排名的基础之一就是关键词与网页的相关性。作为一个 SEOer，我们必须对搜索引擎排名算法有一定的理解，才能真正做到“淡优化”，做到不为 SEO 而 SEO。

2.4.2 语义分析和网页权重的关系

人工智能语义分析（也叫语义索引）是针对网页文字进行概括分析的一种技术。它通过对网页文字的读取，提取关键内容，并针对此内容提供延伸阅读。在得出网页的中心内容和思想方面，机器的语义分析是不可以从感性出发来实现的。例如，当我们看到“杏子”这个词的时候会联想到酸的味道，但搜索引擎没办法知道“杏子”是“酸”的。搜索引擎需要通过对文中“杏子”这个关键词上下文的关键词来判断，然后通过一定量的数据分析得出“杏子”跟“酸”是有关的这个结论。

搜索引擎还可通过潜在语义分析（Latent Semantic Indexing，LSI）算法来发现作弊页面。LSI 算法是信息检索领域一种古老的算法，1988 年由 S.T. Dumais 等人提出，主要用于自然语言理解，通过统计的方法对文档进行语义分析，发掘同义词、相关词组等。用过伪原创工具的读者会有很深的感触：伪原创仅换下同义词或相近的词，就算可以做到语句通顺，在搜索引擎数据库里面已经收录了很多内容相近文章的情况下，还是没有办法得到搜索引擎的重视，网站的权重值依然上不去。

A. 语义分析对关键词排名起到支撑作用

有些文章中虽然出现大量主关键词，但缺少其他支撑词，排名往往不高。记得在几年前，搜索引擎排名有一个现象：用户搜索某个关键词，排在前面的网页有时甚至并不含有该关键词，这很有可能是潜在语义索引在起作用。

用“旅游”这个词举例。搜索引擎发现这个关键词的周边出现很多类似“康辉旅游”、“中国国旅”的关键词，搜索引擎收录页面之后，发现这些关键词出现在一起的次数很多，可以形成共同的话题，就把这些词归纳为语义相关的词。当许多语义相关性的词一起出现，形成共同话题的时候，不仅会对页面核心关键词的相关性起到增强的作用，也会使排名得到提升。

B．搜索引擎通过语义分析判断锚文本内容的相关性

Tips：很多 SEOer 都知道搜索引擎越来越强调外链锚文本内容的相关性。如果一个销售婴儿用品的网站出现两个外链，一个是在描述中国旅游的内容，另一个是中国亲子网的内容，那么这两个外链的质量会相差很远。搜索引擎可以根据外链网站的主题内容或对应锚文本文章的主题内容给予页面相应的权重值。

外链如此，网站的关键词结构布局也是如此。对整个网站关键词布局，我们喜欢比喻为“金字塔”关系，从塔顶到塔底，从首页到详细页，关键词按照难易程度和包含关系，从行业词到精准词，层叠性地安排展示，形成共同的话题。这样下来，整个网站结构关键词布局就会比较清晰，搜索引擎识别起来也会比较容易。如果文章这样布局，内容会比较紧凑，围绕着核心主题展开。语义分析归根到底还是回到最基础的语文写作上，围绕“中心思想”来写。

C．搜索引擎如何判断网页中关键词的权重

很多 SEOer 都知道关键词要出现在标题中，之后最好在描述里面也出现 2～3 次。虽然我们不可能知道一个页面的权重值具体是由哪些方面计算得出的，但是我们知道关键词的密度是可以影响搜索引擎给予页面的权重的。

在避免关键词堆积的情况下如何提高权重呢？其中一个方式就是了解搜索引擎的语义分析，即了解搜索引擎是怎样识别网页中的关键词然后给予权重的。在避免关键词堆积的前提下，用层叠性的方式展示核心词，一来可以增加关键词密度，二来用长尾词来强化核心词，会对核心词的排名起到多次强化的作用，使权重有效地集中在核心词上。不过值得注意的是，这种写作方式在 2009 年前后很有效，现在建议在正文里面展现语义相关的词，这样会更加安全、有效。

2.5　关键知识点 3：搜索引擎如何判断低质量内容

搜索引擎是如何判断一个网站内容质量高低的？接下来作者就来介绍一下网站内容质量和搜索引擎权重的关系。

a．用户在搜索结果页对于某个网站的点击率。

b．用户来到网站的访问时长、访问页数及跳出率。

c．网站内容被转载和分享的次数。

Tips：原创内容对于网站权重的提升是很有好处的。这一点大家一定要清楚地知道。搜索引擎在进入一个网站之后，首先看的是网站内容的质量，其次才会看网站内容是否是原创的。只有这样，当用户搜索某个相关关键词时，我们的内容才有机会展现给用户。一个成熟的 SEOer 往往会研究大量的长尾关键词，并根据这些关键词为网站编写内容，这种方法往往能为网站带来大量的精准用户。

我们在规划网站内容时，一定要把握一个核心原则，就是保持网站内容的高度相关性。因此，我们要把不同主题的内容放到不同的频道或导航栏下，这样既有利于用户快速找到自己需要的内容，也有利于网站排名的优化。这也是搜索引擎偏爱一些新闻网站的专题，并给予这样的专题很高的权重和很好的排名的原因。在这样的专题中，页面内容往往拥有高度的相关性，能够很好地满足用户获取某一类信息的需求。

如果原创和高质量只能做好一样，那就先把网站的内容质量做上去，再做好原创内容。原创内容就是独一无二的内容，以前没有在其他网站出现过的内容。这样的内容往往能够凸显与其他网站的差异，让自己从众多的竞争对手中脱颖而出。搜索引擎往往能较好地判断哪些网站属于互联网的内容源，并给予这种网站一个较高的权重。

无论是从 SEO 的角度出发，还是从用户的角度出发，我们首先应该了解用户的搜索习惯，知道用户经常用哪些词搜索相关的主题。因此，我们一定要很好地利用百度关键词推荐工具、百度指数、百度相关搜索和 Google Adwords 关键词工具来了解用户的搜索习惯，并在我们的网站内容中布局这些关键词。

网站的长尾关键词非常重要。有段时间某网站有一个关键词非常火热，每天的流量有 2 万多，总 IP 有 5 万多，但是好景不长，大概过了几个月，那个关键词就从首页消失了，导致整个网站的 IP 量大幅下滑。以作者的经验来看，还是要在长尾关键词上多花功夫，只要流量稳步提升，排名就不会遭遇很大的变化。

关于如何编辑高质量的、搜索引擎喜欢的内容，将在第 7 章详细展开，这一点也是本书的核心所在。在搜索引擎算法不断升级的今天，使用外链的风险已经非常之大，现阶段 SEO 最高效的手法就是在文章质量上下功夫，打造搜索引擎认为有价值的网站。

2.6 关键知识点 4：反作弊和人工干预意在去除什么样的内容

随着近些年互联网信息量的不断增加，现阶段搜索引擎的算法已经不能满足用户的需求，在日常搜索中我们不难发现，搜索结果中充斥着大量的垃圾内容，设法屏蔽这些垃圾内容已经成为各大搜索引擎的重要任务。

几乎所有的搜索引擎都反对 SEO 的作弊行为。搜索引擎垃圾技术（SPAM）破坏了搜索引擎赖以生存的关键，即每天数以亿计的用户搜索体验，它在干扰竞价排名及相关广告的同时损害了搜索引擎获得收益的主要来源。为了打击这种作弊行为，搜索引擎的算法也在不断更新。搜索引擎反作弊的行为类似于互联网反病毒，搜索引擎会删除或惩罚作弊网站。百度和 Google 等已经给出了作弊行为的界定规则，并对这些作弊行为给出了相应的惩罚措施。

在这样的情况下，想仅仅通过作弊行为吸引并留住浏览者是不可能的，如果网站没有高质量的内容，最终是会被用户抛弃的。所以从长远的角度看，作弊不仅损害了搜索引擎拥有者的利益，也给网站带来了隐患。在技术层面，搜索引擎作弊行为是不可能被完全消除的，但可以有效地减少。

A．网络爬虫隐身

无论是隐形页面、偷换页面还是重定向，都会对网站当前的访问者进行判断，从而对网络爬虫和普通用户作出不同的反应。搜索引擎应该让一部分网络爬虫隐身，装扮成普通用户来访问网站，对网站进行测试，便可以有效杜绝这种类型的作弊行为。

B．加强对页面内容的智能判断

对于关键词堆砌和虚假关键词这两种作弊行为，应加强智能判断。例如，从页面部分提取，而非从〈title〉〈/title〉或者〈meta〉〈/meta〉部分提取，判断关键词是否仅在某一段落内重复，以去除恶意重复现象。

C．网站评级

一般来说，好的网站其链接质量也会很高，而一些垃圾网站的链接则多是与其相似的网站。也就是说，网站也是聚类生存的。因此，可以对网站进行评级归类，以有效预防通过垃圾链接作弊的网站。

D．网站历史记录

记录网站的页面变更历史。一般来说，一个网站的非内容部分的页面变化是很小的，如网站目录结构、页面结构、很多特殊链接都不是经常变化的。如果某一个网站变化较大，就有必要对此网站做进一步的审核。这样做可以杜绝偷换网页这一作弊方法，并提高人工审核的效率。

利用以上几种方法，可以很好地预防 SEO 作弊，但不能完全消除 SEO 作弊。要想提高搜索引擎反作弊的能力，还需要人为使用各种方法进行分层审查。

第一层是提高技术手段。例如，加强页面的智能分析和网络爬虫的抓取能力，增加爬虫隐身能力。其目的是进行最底层的反作弊判断，判断的对象是页面，由计算机进行海量的重复性作业。

第二层是网站分析。通过网站的历史记录与网站评级系统，对网站进行分析评价。目的是从中筛选合法的网站，找出有 SEO 作弊嫌疑的网站，判断的对象是网站，由计算机和人进行比较筛选。

第三层是最终评审。由人对筛选出的嫌疑网站进行试用、评审。判断的对象是网站，完全由人完成，并得出最终结论。通过计算机与人的合作作业，可以基本上杜绝搜索引擎优化中的作弊行为，使搜索结果更符合浏览者的需要。

2.7 深入学习 2：搜索引擎算法研究

通过前面的学习我们已经了解了搜索引擎的工作原理，那么搜索引擎是依靠什么方法进行内容的筛选和排序的？这就涉及算法。本节将为大家深入介绍绿萝算法等算法的主要打击对象和目的。

2.7.1 绿萝算法分析

2012 年 6 月 28 日是很多站长无法忘记的一天，因为就在这一天，百度“K”掉了互联网上大约 18 万个网站，让站长们诚惶诚恐、人人自危。本次百度算法的大更新，主要是针对没有原创页面的复制网站。本次大更新也是百度对互联网的一次大清理，目的是为用户提供高品质的搜索结果，确保互联网生态系统的健康发展。对此，我们应该支持。

2012 年 2 月，绿萝算法 1.0 的主要打击对象是超链中介和出卖链接的网站。对购买链接的网站，百度的官方公告如图 2-2 所示。2012 年 7 月发布的绿萝算法 2.0，主要针对通过一些大型网站的二级域名卖软文的平台。但这里不是针对全部的软文。优质的软文，用户喜欢，还乐意传播；只有垃圾软文，广告性质十分明显，才会伤害用户体验，强迫用户阅读。

百度和 Google 一样，也有类似 Google PR 的标准，我们称之为百度权重，只是百度官方暂时还未公布百度权重值的计算方法。

1、超链中介

超链本应是互联网上相对优质的推荐，是普通用户及网站之间对页面内容、网站价值的肯定，但是现在种种超链作弊行为使得真实的肯定变成了一些人谋取利益的垫脚石，用户无法根据链接的推荐找到需要的优质资源，并且严重干扰搜索引擎对网站的评价。超链中介便是这畸形的超链市场下形成的恶之花，我们有义务维护超链的纯净维护用户利益，也有责任引导站长朋友们不再支出无谓的花销，所以超链中介将在我们的目标范围内。

2、出卖链接的网站

一个站点有许多种盈利方式，利用优质的原创内容吸引固定用户，引进优质广告资源，甚至举办线下活动，这些盈利方式都是我们乐于见到的，是一个网站的真正价值所在。但是一些网站内容基本采集自网络，以出卖超链位置为生；一些机构类网站或被链接中介所租用进行链接位置出售，使得超链市场泡沫越吹越多。此次的调整对这类站点同样将有所影响。

3、购买链接的网站

一直以来，百度对优质站点都会加以保护和扶植，这是从用户需求以及创业站长的角度出发的必然结果。而部分站长不将精力用在提升网站质量上，而选择钻营取巧，以金钱换取超链，欺骗搜索引擎进而欺骗用户。对于没有太多资源和金钱用于此类开销的创业站长来说，也是一种无形的伤害，如果不进行遏制，劣币驱逐良币，势必导致互联网环境愈加恶劣。此次调整这类站点本身也将受到影响。

图 2-2　绿萝算法百度官方公告

a．链接 title 与所指向页面内容索引的相关性分析更加智能，不局限于网站的标题、meta 及内容等。绿萝算法针对外链的传递，综合了 A 站点内容与 B 站点内容的相关性、A 站点及 B 站点页面内容品质、网站更新频率、网站违规历史记录、网站的总权重值，综合判断 A 页面到 B 页面链接的权重传递是否有效。当大量的权重传递失效后，网站的整站权重必然下降，关键词排名消失在所难免。

b．权重传递失效，购买链接无效，量变必定引发质变。当蜘蛛程序发现大量的不良外链导出，即权重输出时，必定会降低该站点的权重值。绿萝算法的调整加大了 PR 输出对整站影响的幅度。

百度绿萝算法的两次更新，让站长们明白了需要回归网站本身，更多地了解什么叫用户体验。所谓用户体验，是指一种用户在使用产品过程中建立起来的纯主观感受。很多网站为了盈利而不考虑用户体验，甚至采用一些作弊的手段。对百度来说，当算法越来越成熟的时候，只会把这类站“K”掉。所以，站长要更加注重网站内容的建设，要针对所面向的客户进行内容建设，包括内容页、专题等。只有内容满足用户的需求，网站才能吸引更多的用户。而且，这样的网站也是搜索引擎喜欢的网站。所以，我们在以后的网站建设中要注意几个要点。

a．链接分析

b．高质量外链

c．外链原则

d. 吸引外链

Tips: 绿萝算法的外链建设建议，SEO 在引导用户分享内容时，可以与同行业优质网站进行友情链接交换，并且适当地购买优质的外链。购买外链一定要注意质量和数量，还要注意外链的上线和下线时间，购买的周期不要过短。

只要坚持做有价值的网站，百度无论推出什么算法，我们的网站都不会有问题。其实，优化一个网站就如同在一张白纸上画画，要在上面勾勒出美丽的画面是需要过程和时间的，不可能一下子完成。百度推出绿萝算法无非是想告诉 SEOer，踏实建站优化才是正途。

2.7.2 石榴算法分析

2012 年 5 月 17 日下午，百度网页搜索反作弊团队在百度站长平台发布公告：将于一星期后正式推出新的算法“石榴算法”。新算法前期将重点整顿含有大量妨碍用户正常浏览的恶劣广告的页面。

百度称此举是为了尊重用户，净化互联网生态环境。石榴算法第 1 期针对含有大量低质弹窗广告及大量混淆页面主体内容等的垃圾广告的页面进行算法升级。百度官方原文公告如图 2-3 所示。

> 石榴算法—低质量页面终结者
>
> 亲爱的站长朋友们：
>
> 大家好！
>
> 一直以来，我们本着为用户提供最优质直接的信息的原则，不断优化算法、升级系统。保护优质页面与打压低质页面是一直都运用的两种方式。
>
> 本次想向各位站长朋友传达，我们将针对低质量页面进行一系列调整，我们称之为石榴算法。
>
> 第一期将对此类页面生效：含有大量妨碍用户正常浏览的恶劣广告的页面，尤其以弹出大量低质弹窗广告、混淆页面主体内容的垃圾广告页面为代表。
>
> 从整个互联网生态环境看，泛滥的低质量广告越来越多的被加诸于大量网站的各个角落，无处不在，这已经严重影响了正常用户的浏览体验。想象一下，当你打开一个网页，看到的不是感兴趣的内容反而是一个个垃圾弹窗广告或者混淆、掩盖住主体内容的大面积广告，你的感受如何？不言自明。

图 2-3　石榴算法百度官方公告

石榴算法上线后，广告少、无弹窗的优质页面排序有所提升，相应地，含有恶劣弹窗、大量混淆页面主体内容等垃圾广告的页面排序大幅下降。

根据百度官方的公告不难推测，这次公布的石榴算法应该只是 1.0 版本，接下来可能会有一系列的动作。

那么，除了恶意弹窗广告会影响网站整体的排名之外，还有哪些内容在不久的将来也可能会被石榴算法“击中”呢？以下作者谈谈自己的看法，供大家参考。

A．模板信息过多

一个网页上几乎全是模板内容——右边栏，左边栏，主导航，底部导航。这种页面的信噪比过低，对用户不会产生直接的帮助，同时会造成对搜索引擎资源的浪费。

B．采集、抄袭、伪原创

一直以来，百度对原创内容没有很好的识别机制，当大站转载小站的原创内容后，很可能会认定后者是抄袭者。百度多次声明会改善这样的机制，否则，没有人愿意去写高质量的文章，对百度来说也没有好处。而且，目前 360 势头很猛。一旦 360 先行一步，研发出这样的识别机制，势必会赢得更多站长的芳心，这对百度来说打击无疑是很大的。

所以，在之后推出的石榴算法中可能会对一些恶意采集、抄袭和伪原创的内容采取相应的措施，在后面的章节中作者将对伪原创和原创等内容进行深入的分析。这里我们首先需要明白，原创内容不一定是搜索引擎喜欢的内容，搜索引擎的目的毕竟是帮助用户找到信息，因此这些内容必须是对用户有价值的。

C．大量无价值翻页

大型网站由于内容过多，势必会有一些翻页机制。有些翻页由于程序本身的问题会返回空内容，而这些空内容页面很可能权重不低。因为翻页链接是全站的，所以这个页面很可能收到许多其他页面指向的链接。另一种翻页是把一篇完整的文章分成很多页。当然，利用翻页机制将过长的文章分页固然有利于用户体验，但是有些别有用心的站长则完全为了增加页面收录量而把一些很短的文章分成很多页显示。这样的体验对用户而言是非常糟糕的，搜索引擎最终也会对其进行惩罚。

D．相似内容过多

这个现象在论坛里面出现得比较多一点。有些用户为了获得积分，在论坛中大量复制粘贴其他人发表的文章，这样会造成搜索引擎收录过多重复内容从而对网站进行惩罚。所以，对论坛的监控还是比较重要的，最好采用邀请机制，通过程序设置尽量避免刷帖事件的发生，也不要鼓励用户通过提高发帖数量来提升自己在论坛中的地位或等级。内容多没有用，内容精才是王道。

E．自动回复页面

很多博客、论坛为了刷人气，往往会在新内容生成的时候用机器人自动回帖、顶贴，给人一种很热闹的感觉。但是仔细观察我们会发现，其实这些所谓的评论都是事先设定好的。把这些评论放到搜索引擎中搜索一下，会出现大量雷同信息。这些为了骗取关注度或者吸引蜘蛛资源而生成的内容，一定会受到百度新算法的惩罚。

2.7.3 Google 熊猫算法分析

2011 年 2 月 24 日，Google 发布了“熊猫算法”，此次算法升级令整个 SEO 业界为之震动。而且，此算法还在不断升级优化，目前已经称为“企鹅算法”。可以看出，Google 在这一点上要早于百度两年之久，因此我们在进行百度搜索引擎优化的时候，应该时刻将 Google 搜索引擎的优化作为标尺。

Tips：熊猫算法最初的名字叫“农场”，主要针对那些使用大量低质量内容获取较好排名的“内容农场”网站，后来根据该算法小组某位成员的名字改为“熊猫”。和百度不同，Google 在该算法发布之初，并没有明确指出其针对的网站。Google 反垃圾负责人 Matt 只是在其博客上含糊其辞地说道：“我想大家会对受该算法影响的网站类型有所了解。”的确，一些 SEO 研究公司通过对比，很快就发现了该算法的指向。

搜索引擎优化的竞争，同样是此消彼长，有网站受到了影响排名下降，就意味着有网站因此获益进而获得较好的排名。熊猫算法公布两年之后，著名的 SEO 网站 Search Engine Land（以下简称“SEL”）和其他 SEO 公司联合对当时受影响较大的网站做了一次回顾。在列出的 20 多个网站中，大部分网站仍然没有恢复当初的排名，其中完全恢复的只有 2 家。

2012 年 2 月 19 日，百度发布了绿萝算法。这次升级虽然有跟风模仿行为（后面表述），但仍是对 SEO 作出的一项重要的公平举措。尽管国内尚未有类似 SM 这样专门的搜索引擎数据分析公司进行详细的数据对比，但是从一些站长及 SEO 论坛中，大家还是可以了解到，此次升级的影响是相当广泛的。

2.8 深入学习 3：解读《百度搜索引擎网页质量白皮书》

2014 年 8 月 7 日，百度站长平台发布《百度搜索引擎网页质量白皮书》，这是百度官方首次就搜索引擎优化公布的重要信息。长久以来我们都知道，页面质量是决定搜索的关键排名因素之一，但是如何来评判页面质量的好坏并没有官方的说明，SEOer 只能凭借经验或者感觉来操作。《百度搜索引擎网页质量白皮书》的发布让我们可以清晰地了解百度搜索引擎是如何来评价一篇文章的质量的。下面作者详细地为大家展开分析。

首先我们来看《百度搜索引擎网页质量白皮书》的“序”，如图 2-4 所示。仔细阅读我们可以看到一个细节，百度搜索引擎提出目前互联网上的网页仅有 7%可以达到高质量的标准。这是一个非常可怕的数据，也意味着现在 SEO 处于起步阶段。

> 对于搜索引擎来说，给用户呈现的网页质量直接影响了最终的搜索效果和用户的需求满足；而对于广大的站长来说，整体网页质量的提高有助于在搜索引擎中获得良好的排序和展现，从而吸引更多用户，获得更多流量。
>
> 百度搜索综合用户对不同网页的实际感受，制定了一套评判网页质量的标准，基于这个标准，在百度搜索的收录、排序、展现环境进行调整，给高质量的网页更多的收录、展现机会，同时对一些影响用户体验、欺骗搜索引擎的恶劣低质网页进行打压。
>
> 目前互联网上的网页，仅有 7%可以达到高质量标准，百度作为最大的中文搜索引擎，

图 2-4　《百度搜索引擎网页质量白皮书》（1）

出于这样的考虑，本书将内容的来源和编辑标准单独作为一章进行讲述。作者认为，未来的 SEO 内容是至关重要的因素。尽管业内有“内容为王，外链外皇”的说法，但是从网站长远发展的角度出发，内容始终是不可或缺的，原因是无论外链怎样强大，无论通过何种手段让网站关键词获得高排名，一旦用户进入网站却发现没有自己需要的信息，一定会遗弃这样的网站，网站最终也难逃被搜索引擎遗弃的结果。

《百度搜索引擎网页质量白皮书》提到了百度搜索引擎衡量网页质量的 3 个维度，如图 2-5 所示，分别是内容质量、浏览体验、可访问性。一个访问流畅、内容质量高且浏览体验好的网页具有较高的质量；反之，任何一个维度出现问题，都会影响网页的整体质量。

2 衡量网页质量的维度

百度搜索引擎在衡量网页质量时，会从以下三个维度综合考虑给出一个质量打分。下面会一一介绍这些影响网页质量判断的维度特征：

- 内容质量
- 浏览体验
- 可访问性

图 2-5 《百度搜索引擎网页质量白皮书》（2）

首先我们来看内容质量，如图 2-6 所示。我们注意到，百度搜索引擎对不同页面的内容判断标准是不一样的。首页最重要的职能是显示各栏目的链接等信息，因此链接是否清晰有效便成为判断首页质量高低的标准。文章页主要是提供清晰完整的内容，图文并茂。这里需要重点说一下“图文并茂”，这是非常重要的信息点。互联网的发展已经让用户越来越喜欢内容丰富的页面，单纯的文字已经无法满足用户的需求，因此在编辑文章的时候插入相应的图片会受到用户更多的喜欢。后面的章节中我们将详细为大家介绍文章的编辑技巧。

不同类型网页的主体内容不同，百度搜索引擎判断不同网页的内容价值时，需要关注的点也有区别，如：

- **首页：**导航链接和推荐内容是否清晰、有效。
- **文章页：**能否提供清晰完整的内容，图文并茂更佳。
- **商品页：**是否提供了完整真实的商品信息和有效的购买入口。
- **问答页：**是否提供了有参考价值的答案。
- **下载页：**是否提供下载入口，是否有权限限制，资源是否有效。
- **文档页：**是否可供用户阅读，是否有权限限制。
- **搜索结果页：**搜索出来的结果是否与标题相关。

图 2-6 《百度搜索引擎网页质量白皮书》（3）

接着我们来看商品页。商品页的重点是为用户提供可以购买的商品。如果一个网站的商品页面没有购买链接，就会被搜索引擎认为是质量低下的网页。

其他的页面我们这里不再一一展开分析。

总之，百度搜索引擎考量网页内容质量的维度非常多，最为重要的是成本、内容完整、信息真实有效及安全。一个网页的建设成本越大，说明其质量越高。简单地说，一篇 800～1000 字的文章如果由编辑撰写，需要 20～60 分钟的时间，但是如果使用采集、伪原创的方式，或许 1 分钟都用不了，这就是成本的区别。

接下来我们来看浏览体验对网页质量的影响。如图 2-7 所示，浏览体验主要通过内容排版和广告影响来进行质量的判断。很多 SEOer 认为只要是原创文章即可，怎样发布到网站都无所谓，这是错误的观点。作者在实际操作中得出这样的结论：同样一篇文章，尽管精细地编辑发布和直接发布的效果是完全不同的，但现在的互联网是一个快餐式阅读的时代，文章的句子过长或者段落很长都会让用户感到乏味。当然，这样的文章也是搜索引擎反感的，即使这是一篇价值很高的原创文章。

2.2 衡量网页质量的维度——浏览体验

不同质量的网页带给用户的浏览体验会有很大差距，一个优质的网页给用户的浏览体验应该是正向的。用户希望看到干净、易阅读的网页，排版混乱、广告过多会影响用户对网页主体内容的获取。在百度搜索引擎网页质量体系中，用户对网页主体内容的获取成本与浏览体验呈反比，即获取成本越高，浏览体验越低。面对内容质量相近的网页，浏览体验佳者更容易获得更高的排位，而对于浏览体验差的网页，百度搜索引擎会视情况降低其展现的机率甚至拒绝收录。

影响用户浏览体验好坏的因素很多，目前百度搜索引擎主要从内容排版、广告影响两方面对网页进行考量。

内容排版

用户进入网页第一眼看到的就是内容排版，排版决定了用户对网页的第一印象，也 决定了用户对内容获取的成本。

广告影响

百度搜索引擎理解网站的生存发展需要资金支持，对网页上放置正当广告持支持态 度。网页应该以满足用户需求为主旨，最佳状态即"主体内容与广告一起满足用户 需求，内容为主，广告为辅"，而不应让广告成为网页主体。

下面我们通过举例来感受一下百度搜索引擎是如何对网页的浏览体验进行分类的，站长 可以据此对比检验自己站点的浏览体验如何：

1、浏览体验好：

页面布局合理，用户获取主体内容成本低，一般具有以下特征：

排版合理，版式美观，易于阅读和浏览；

用户需要的内容占据网页最重要位置；

图 2-7　《百度搜索引擎网页质量白皮书》（4）

关于文章的编辑，后面的章节中作者会进行深入详细的讲解，这里读者只需了解其重要性即可。

Tips：为了获取更多的利益，一些 SEOer 将广告插入文章之中。有些情况下，广告会直接将网页内容遮挡起来，或者必须点击广告才能继续浏览内容等，这样会导致非常差的用户体验。

当然，每一个网站都是为了盈利。我们这里并不是说不能在网站悬挂广告，需要明确的是广告的位置一定不要影响网站的用户体验，如图 2-8 所示。我们在浏览网页的过程中经常遇到这样的问题：有些网站为了增加广告点击率，设置了网站内容的访问权限，要么是点击广告才能继续浏览，要么是需要注册会员等，这样的操作会影响用户的正常使用。百度搜索引擎认为，不能直接获取主体内容的网页对用户是不友好的，会视情况调整其展现概率。

1、可正常访问的网页

无权限限制，能直接访问所有主体内容的网页。

2、有权限限制的网页

此类网页分为两种：打开权限和资源获取权限

1)打开权限

指打开网页都需要登录权限，没有权限完全无法看到具体内容，普通用户无法获取或获取成本很高，百度搜索引擎会降低其展现机率。不包括以登录为主要功能的网页。

2)资源获取权限

指获取网页主要内容，如文档、软件、视频等，需要权限或者需要安装插件才能获得完 整内容。此时会分三种情况：

提供优质、正版内容的网站，由于内容建设成本很高，尽管查看全文或下载时需要权限或安装插件，但属于用户预期之内，百度搜索引擎也不认为权限行为对用户造成伤害，给予与正常可访问页面相同的对待。

对于一些非优质、非正版的资源，来自于用户转载甚至机器采集，本身成本较低，内容也不独特，用户获取资源还有权限限制——需要用户注册登录或者付费查看，百度搜索引擎会根据具体情况决定是否调整其展现。

还有一些视频、下载资源页，也许自身资源质量并不差，但需要安装非常冷门的插件才能正常访问，比如要求安装“xx 大片播放器”，百度搜索引擎会怀疑其有恶意倾向。

3、失效网页

往往指死链和主体资源失效的网页。百度搜索引擎认为这部分网页无法提供有价值信息，如果站点中此类网页过多，也会影响百度搜索引擎对其的收录和评级。建议站长对此类网页 进行相应设置，并及时登录百度站长平台，使用死链提交工具告知百度搜索引擎。

失效网页包括但不仅限于：

404、403、503 等网页；

程序代码报错网页；

图 2-8 《百度搜索引擎网页质量白皮书》（5）

如图 2-9 所示，目前低质网页中最严重的问题包括因广告过多、占据网页主要位置及超预期弹窗带来的浏览体验差，而内容空短、网页需要权限才能获取资源和过期信息也是低质网页的重要组成部分。因此，我们在建设网站和发布文章的时候一定要时刻谨记这些内容。即使《百度搜索引擎网页质量白皮书》对网页质量的判断规则说得如此清楚，还是有一些 SEOer 冒险试水，其原因就是不愿意付出就想获得丰厚的回报。其实，在实施 SEO 的过程中，我们只要清楚“成本”的概念便可以清晰地认识很多问题。

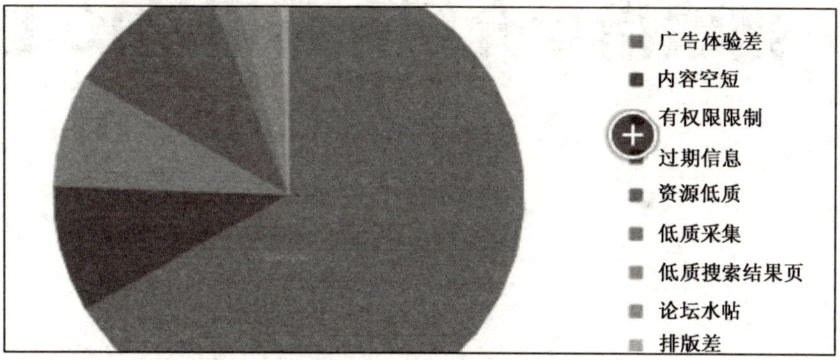

图 2-9　《百度搜索引擎网页质量白皮书》（6）

2.9　本章小结

本章中作者为大家介绍了搜索引擎的工作原理，深入分析了搜索引擎中文分词及内容处理的知识，这对于后面的学习非常有帮助。对《百度搜索引擎网页质量白皮书》的深入解读能让我们了解搜索引擎到底是通过什么方法去判断网页质量的，这样我们才能明确 SEO 的方法和目标。SEO 绝非像某些 SEOer 想象的那样去欺骗搜索引擎，相反，我们的目的是要迎合搜索引擎的喜好，而搜索引擎的喜好就是用户的喜好，这是一个网站的立身之本。

下面的章节中作者将对一些常用的搜索指令进行简要的介绍，这些指令能帮助我们在实施 SEO 的过程中分析各种数据。除此之外，我们还将对爱站网等常用的站长工具进行介绍，这是也非常有必要的，因为这些工具能帮助我们更加高效地分析网站的 SEO 信息。

第 3 章 搜索指令介绍和常用站长工具使用指南

通过前面的学习，读者了解了一些基本的搜索引擎工作原理。这些知识的学习让我们知道搜索引擎并非想象中那样无所不能，它也会犯错误，也在不断地自我完善。本章中作者将为读者介绍一些常用的搜索指令，这些指令在实施 SEO 的过程中非常有用，能够帮助我们更加清晰地了解网站权重和关键词排名的发展趋势。除此之外，一些站长工具提供了比搜索指令更加完善的 SEO 分析工具，了解这些站长工具的使用也是非常有意义的。

3.1 误区 1：索引量不是收录量

一直以来我们都将百度收录量作为 SEO 的参考依据。如图 3-1 所示，使用 site 指令查询到的收录条数就是收录量。百度站长工具上线之后推出了索引量查询工具，如图 3-2 所示。两者的数据存在一些差异，这样的差异让很多 SEOer 摸不着头脑，不知道究竟应该参考哪个数据，下面作者就这个问题为大家做深入的解读。

Tips：收录量是指搜索引擎对网站页面的收录数据。结合索引来理解，就是蜘蛛爬取网站，建立一个索引库，放出的页面数量就是收录量。一般使用 site 命令查询出来的数据结果就是收录的数据，这个数据不是非常准确，但可以作为参考指标。收录意味着每个页面至少对应 1 个网页快照，快照页面是参与 SEO 排名的，所以收录量越多，参与 SEO 排名的页面也就越多，相对来说获得流量的范围就越大。当然，能获得多少 SEO 流量还是要看页面的排名和关键词的热度。

图 3-1　豌豆壳 site 指令结果

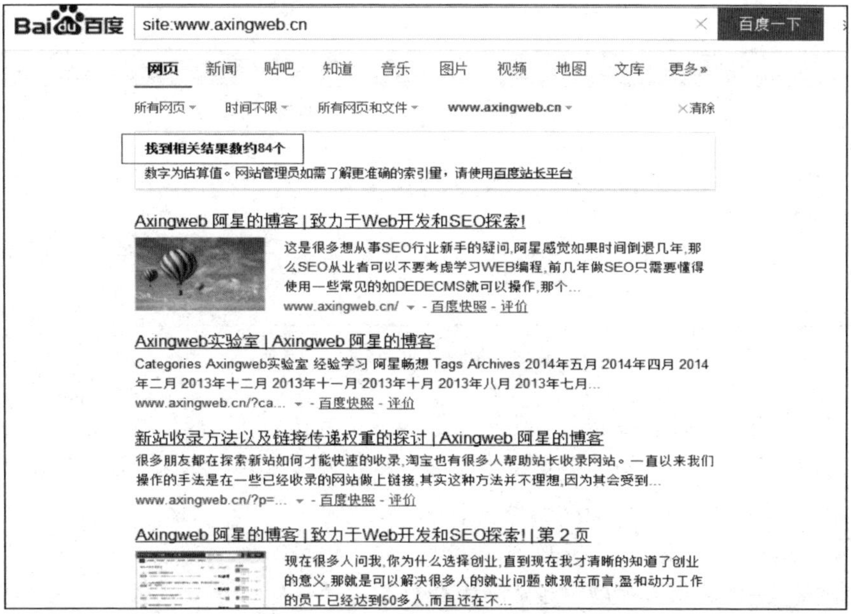

图 3-2　axingweb site 指令结果

由此可以看出，收录量是索引量的子集，搜索引擎蜘蛛爬行页面就会对网页进行索引，而索引之后并不一定会将索引的结果放出来。如果网站的收录量长时间和索引量有很大的差距，就说明网站应该注意内容的质量了。作者在 SEO 诊断中经常遇到这样的问题，一些站长的网站蜘蛛爬行非常迅速，文章发布后几分钟就能进入索引库，但是这些索引只有很少的部分被放出来。分析后发现，文章都是采集而来，仅经过简单的伪原创就发布出去，这就是收录量一直无法提升的原因。

所以，对比收录量和索引量就能分析出网站内容是否合格。如图 3-2 所示是作者个人网站的收录量，如图 3-3 所示是索引量，可以看出收录量和索引量完全相同，说明作者发布的每一篇文章都被搜索引擎顺利抓取了。

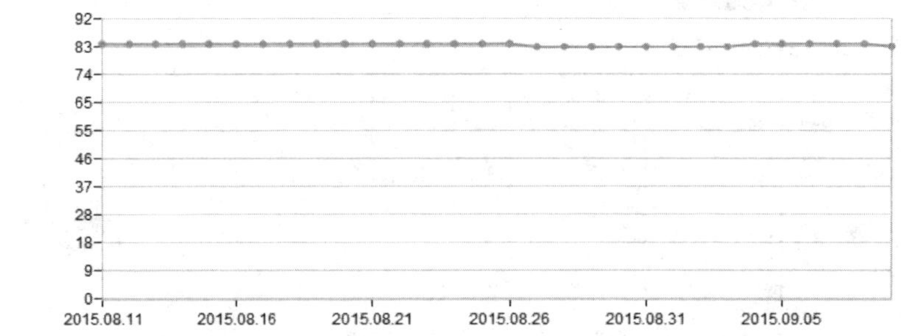

日期	索引量	变化
2015.09.09	83	↓-1
2015.09.08	84	0
2015.09.07	84	0

图 3-3　百度站长工具索引量（1）

关于百度索引量，百度官方给出的解释是：索引量仅指被百度搜索引擎建立了索引的网页总量，表示网站中有多少页面可以作为搜索候选结果，不同网页因内容重要性、稀缺性不同，被展现的概率有很大差别。

索引量是蜘蛛对一个网站内容页面的抓取、整理所形成的一个数据库，网站的页面越多，这个数据库就应该越大。现在百度已经有官方的工具可以查询网站的索引量数据了，这个数据相对来说是比较准确的。索引量和 SEO 虽然没有直接的关联，不过对于收录还是有一定的指导作用。

从 SEO 的角度来说，索引量是第一步，蜘蛛抓取网站，建立索引页面；收录是第二步，蜘蛛根据页面内容和权重等因素放出网站的快照页面，从而参与关键词的排名；第三步就是关键词排名优化，争取获得更多的 SEO 流量。

一般来说，索引量数据大于收录数据，如图 3-4 所示。特别是对新站来说，开始时面临一个审核周期，索引数据不断增加，而收录很难增长。当索引量高于收录量很多的时候就要注意，应该是文章内容的问题。这时应该增加原创文章的更新，尽量减少转载，特别是对一些低质量内容的转载。

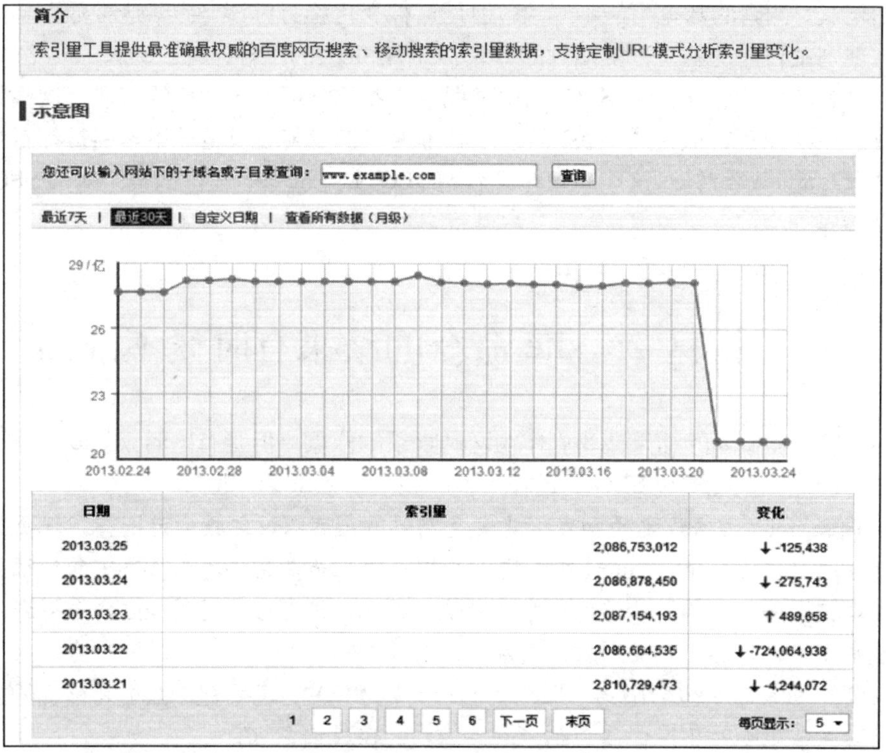

图 3-4　百度站长工具索引量（2）

也有不少情况是索引量低于收录量的。作者的这个网站现在就是这种表现，索引量 4000 左右，收录量快到 5000 了。这有可能是数据的不准确造成的，也有可能是索引的页面放出情况良好，对应了多个快照页面，造成收录量高于索引量。要注意的是，这两个数据应该相差不多，相差太多的话一般都是网站出现了问题。如果网站的索引量和收录量完全一致，是不是就不存在问题呢？其实，收录数据（site 命令）是实时变动的，不是非常准确，如果索引量和收录量完全一致的话，只能说是巧合。

Tips：索引量和收录数据能够在一定程度上反映蜘蛛对网站的喜好和信任程度。单纯地看这两个数据是不够的，还要结合网站的页面数量、快照的更新时间及网页的收录时间等。我们可以通过综合的数据表现，发现网站的潜在问题，评估工作内容的效果和下一步的工作重点。

索引量的多少一般由网站页面数量决定。要想使索引量不断增加，就需要创造高质量的页面内容，不断吸引蜘蛛爬取。如果索引量数据出现了大的波动，蜘蛛抓取的次数和频率也会有相应的变化。这种变化是关联的，收录量会随着索引量的增加而增长。两者的数据可能不一致，但是这种变化趋势应该一致。这种数据趋势可以体现网站目前的状态，对后续的 SEO 工作有很大的指导作用。

作者建议读者在日常 SEO 优化过程中要养成分析这些数据的习惯，这些数据的背后往往隐藏着很大的问题。收录量高于索引量或者收录量低于索引量都对应着网站存在的问题，针对这些问题在日后的 SEO 实施过程中进行调整，才是 SEO 的最高境界。

3.2 误区 2：site 命令的结果有时候不准确

尽管 site 命令的结果被我们作为网站收录的依据，但是有些时候 site 命令也会犯错，因此我们在实施 SEO 的过程中不能完全依赖 site 的数据。

Tips：site 语法设定的初衷，其实是期望用户可以设定搜索范围，实现更加精准的搜索。这同 intitle、inurl 在本质上是相同的。而在这些高级语法下的结果数，和常规搜索一样，都是估值，而非精确值。因此，很有可能通过 site 命令得到的结果数减少了，实际上被索引数却增加了。

既然 site 命令也会出错，那么我们在实施 SEO 的过程有什么更为精确的方法作为参考依据呢？下面作者总结了一些方法，供读者参考。

a. 对来自搜索引擎的流量进行监控，这是最直接和最根本的。如果流量没有大的波动，而通过 site 命令得到的数值却发生了巨大的波动，只能说明 site 搜索结果数的不精确性。如果流量没有大的波动，但实际上新的页面已经被收录，只是因为排名不好，所以并没有流量过来，这样也不能说 site 命令得到的结果不准，只能说权重不够高。因为一个新站在前期一定有一个积累的过程，可能流量并不是那么重要，但是收录量还是很重要的。

b. 对站内 URL 进行抽样监控。有些 URL 已经被搜索引擎收录了，那么取出一个集合，作为收录状态监控集；每天的新 URL 尚未被收录，也可以对其进行索引状态的监控。脚本是很容易写的，这种基于抽样的评估也是很有效的。

c. 百度统计中提供的收录数据是比较精确的。

d. 其实 site 命令让站长心里有了一个底，可以用一个脚本来替换进而得到更准确的值，而且可以通过流量统计后台来实现对成效的检验。但是有一点可能被我们忽略了，site 命令使用最多的场合不是自用，而是在交换友情链接的时候。估计很少有人会因为交换一个友情链接而去动用脚本来检测索引对方网站的具体数据。这个问题如何更好地解决呢？索引结果数肯定不会是一个网站在搜索引擎中的站点评级指标。

e. 将 site 命令的结果和索引量进行对比。前面我们已经讲述了索引量和收录量的关系和区别。如果 site 命令的结果数出现错误，我们不妨看看索引量，相对来说，索引量更加准确。

3.3 关键知识点 5：site 结果和网站权重有何关系

作者在 SEO 诊断过程中经常遇到这样的问题，一些站长的网站在运行搜索引擎 site 命令的时候发现首页不在第 1 位，这时候站长会想是不是网站出问题了，到处询问自己的网站是否被降权了——也许是站长对 site 命令过于重视，也许是站长对 site 命令还不够了解，下面作者就此问题进行深入的分析。

A. site 命令查询的数据反映了什么

网站刚上线的时候，我们要想知道网站是否被搜索引擎收录了，通常都是直接搜索我们的域名。如果需要查询具体收录了哪些页面，则会使用 site 命令，搜索结果显示的数量便是我们的网站被当前搜索引擎收录的数据。对于百度来说，虽然在使用 site 命令查询网站收录数量的时候会提示我们“此数字是估算值，网站管理员如需了解更准确的收录量，请使用百度统计”，但是在大家都遵守这一数据标准的时候，收录数量也常作为评定网站百度权重的参考数据。

B. site 域名不在首位是什么原因导致的

这也是大家关注比较多的现象，因为我们通常会以 site 域名是否在首位来判断网站是否正常。这个出发点没错，但是凡事没有绝对，总有特殊情况出现的时候。例如，每次百度更新算法后就大面积出现 site 域名不在首位的情况，但这不能说明这些网站都降权了，需要有针对性地对待。

但是，网站有不正常表现也会引发 site 域名不在首位的情况，下面整理几种容易引发网站 site 域名不在首位的情况。

a. 网站服务器的稳定性较差

这一点最容易引起网站降权。一台好的主机是网站运营的重要保障，很多网站经常因为主机不稳定，不时地导致网站无法访问，这样的情况持续几天之后网站很容易出现 site 域名首页下降、首页被“K”。

b. 网站相关性降低

这一点也是比较容易被忽视的。例如，一个 SEO 网站经常更新一些和 SEO 毫不相关的内容，自然会降低网站的相关性，随之降低搜索引擎的友好度。搜索引擎通过不断改进，也是很容易识别网站类型和网站主题的，这对做过不同类型网站的 SEOer 来说应该有所体会，其中的具体缘由也有点“只可意会，不可言传”的感觉。

c. 网站改版

网站不管是大改还是小改，甚至是改头换面，都是对搜索引擎不友好的。尽管有的时候改版是为了提高用户体验，但因改版而导致首页下沉甚至被“K”等都是有可能的。这也是我们经常强调的一点——不到万不得已，尽量不要改版。如果非要改版，建议使用百度站长工具进行改版申请。如图 3-5 和图 3-6 所示，只需要将 URL 的变化规律提交给搜索引擎即可，这样做会将因改版造成的权重流失降到最低。

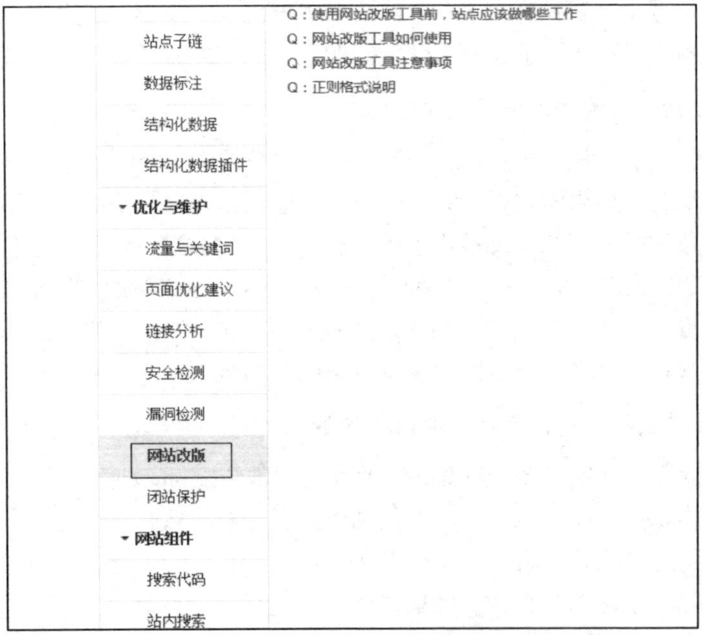

图 3-5　百度站长工具网站改版工具（1）

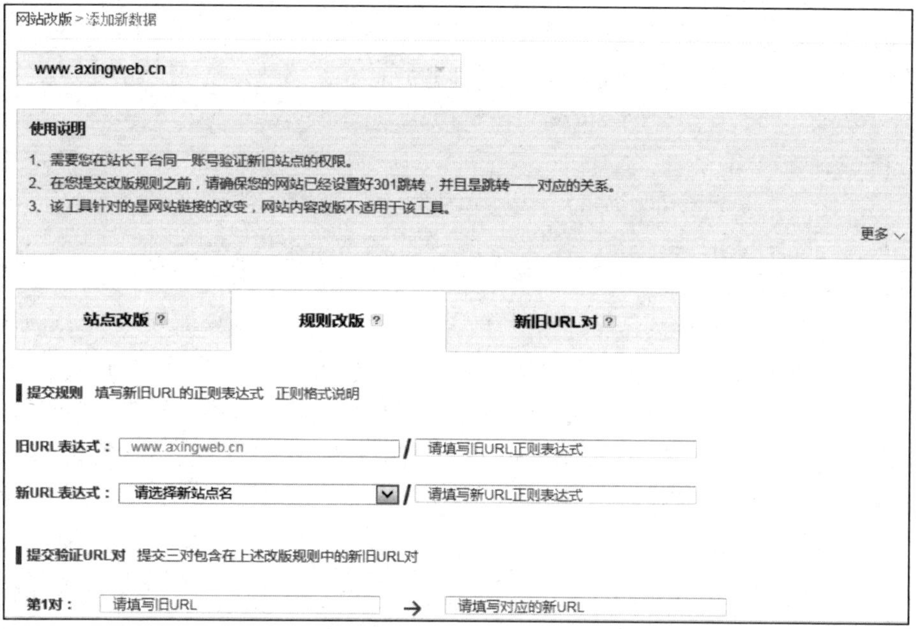

图 3-6　百度站长工具网站改版工具（2）

d. 网站降权

这也是我们会经常用 site 域名不在首位来判断网站是否降权的主要依据。虽然首页下沉并不一定就是网站被降权，但是出现了这个情况还是需要分析一下网站各方面是否存在问题，如友链牵连、优化过度甚至作弊等操作。

e. 百度数据调整

就如上图所示的 A5 和站长之家的 site 首页结果，这两大站长门户的 site 首页不在首位，很明显不是因为降权所致，而且在更新过后大面积出现该现象，这就是百度的数据问题了。

C. site 域名只有首页是什么情况

Tips：如果 site 域名只有首页，一般认为是被搜索引擎惩罚了。当然，对于新站百度一般会先收录首页，再收录内页，这个时候会出现 site 域名只有首页的情况。但这不是降权，这个过程一般需要 7～30 天的时间，如果超过这个时间收录的还是首页的话，就要考虑网站结构是否合理、文章质量是否过关等因素了。

D. site 收录为 0

这也是站长最为担心的事情，当然也分几种情况。

a. 新站

对于刚上线的网站，一般需要一段时间的审核期。例如，一般新站需要半个月才会被收录，那么在这之前 site 结果自然为 0。

b. 网站被 “K”

这一点自然是针对非新站而言。网站因为一些违背搜索引擎原则的操作而导致被 “K” 是常有的事。既然被 “K” 了，那么收录自然为 0。

c. 特殊情况

前面提到过网站收录为 0 但有关键词排名的情况，这就是数据更新不及时所致。但这样的情况并不常见，所以作者称之为特殊情况。

搜索引擎推出这个查询命令，是为了让我们更好地应对网站运营中的数据分析，方便我们更好地让网站健康发展。所以，我们对 site 查询的数据不需要过分看重，site 数量少不代表网站做得差或者网站权重低，需要认真对比分析。更好地理解 site 命令，也能帮助我们对这类问题进行分析。

3.4 关键知识点 6：domain 结果和反链接的关系

需要明确的是，link 和 domain 在不同的搜索引擎中代表了不同的含义。下面我们一起看看在不同搜索引擎中两者的区别。

首先来看 link。

在百度搜索引擎中 link 并不代表一个指令，只是一个普通的关键字。“link:www.axingweb.cn” 的搜索结果是包含该关键字（link:www.axingweb.cn）词组的所有网页。如图 3-7 所示，与其他普通关键词的搜索一样，并不是查找反向链接。

而在 Google 搜索引擎中，link 查找的是反向链接，但只包含网站所有反向链接的一小部分。我们推荐使用 Google 网站管理员工具查找网站的所有反向链接。

在 Yahoo 搜索引擎中，link 查找的也是反向链接，但需要在域名前加 “http://”，如 “link:http://www.axingweb.cn”（注意：域名加与不加 “www” 结果是不一样的）。

接下来我们来看 domain。

在百度搜索引擎中，domain 用于查询网页中是否包含某关键词。例如，“domain:www.axingweb.cn” 的搜索结果是包含关键字词组 “www.axingweb.cn” 的所有网页，如图 3-8 所示。同理，“domain:SEO” 指的是包含 “SEO” 的所有网页，与直接搜索 “SEO” 相似。如果要查找有多少个网页内容中包含我们的网址，domain 可以派上用场。

在 Google 搜索引擎中，domain 并不是一个指令，只是一个普通的关键字。

在 Yahoo 搜索引擎中，与 site 一样，domain 用于查找域名下所有收录的网页。

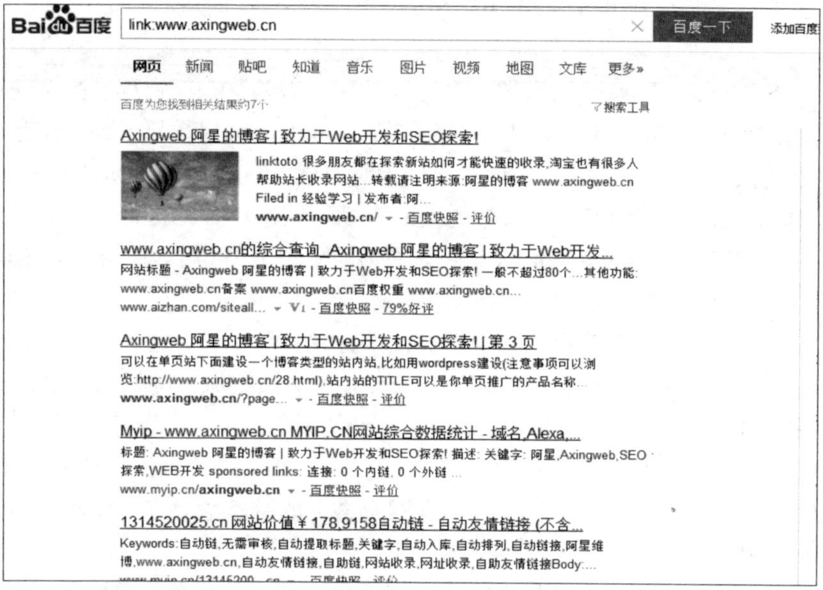

图 3-7　axingweb link 指令结果

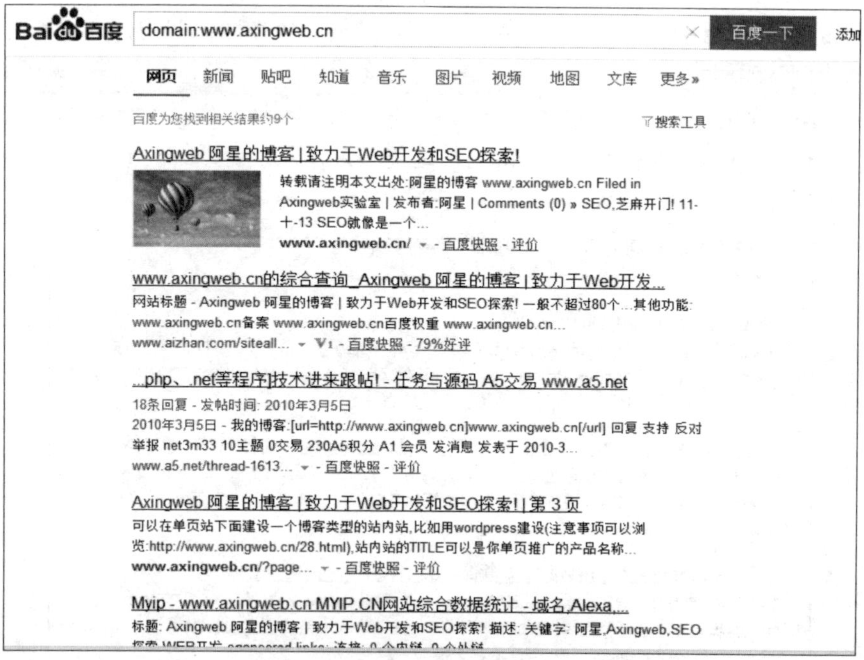

图 3-8　axingweb domain 指令结果

3.5 快速提升 domain 结果数

很多 SEOer 对 domain 结果数一直比较重视，因为这在一定程度上反映了百度反链数量。而 domain 结果数并非和外链等同，domain 结果数只是检索出包含我们网站网址的网页，这包括以文字形式出现但没有链接的页面。现阶段在实施 SEO 的过程中我们发现，domain 结果数的提升有助于网站权重的提升。相对于外链的风险，适当程度地提升 domain 结果数成了一种比较实用的手法。那么，如何提升 domain 结果数呢？作者总结了一些经验供大家参考。

a. domain 一般会对网页的 3 个标签，即标题、关键词、描述进行检索。如果我们网站所有页面的标题或描述标签能添加本网站顶级域名的后缀，就可以提升 domain 的结果数。

b. 可以通过增加网站收录量的办法来提升 domain 结果数，因为 domain 可以对 URL 进行检索。收录量上去了，包含网站域名的链接数就自然多了，结果数当然会有所反映。

c. domain 能够检索页面的内容，我们可在所有文章的底部增加一个文本或超链接形式的 URL（锚文本不行）。当然，在每个页面的页脚处也可添加一个本网站的文本链接。这能从一定程度上弥补上一点的不足，因为收录量再高，也不可能包含网站的所有页面。

d. 将网站的页面批量提交到站长工具并查询。如图 3-9 所示就是通过这样的方法增加了 domain 结果数。这样的方法还能帮助新站快速收录，这一点在后面的章节中作者将会详细地为大家介绍。

图 3-9　豌豆壳 domain 指令结果（1）

e. 到百度文库、豆丁网等发布一些软文，软文中要包含我们网站的 URL。如图 3-10 所示就是通过这种方法增加了 domain 结果数。如果自己没有精力去做，可以到威客平台发布任务，费用也不是很高。

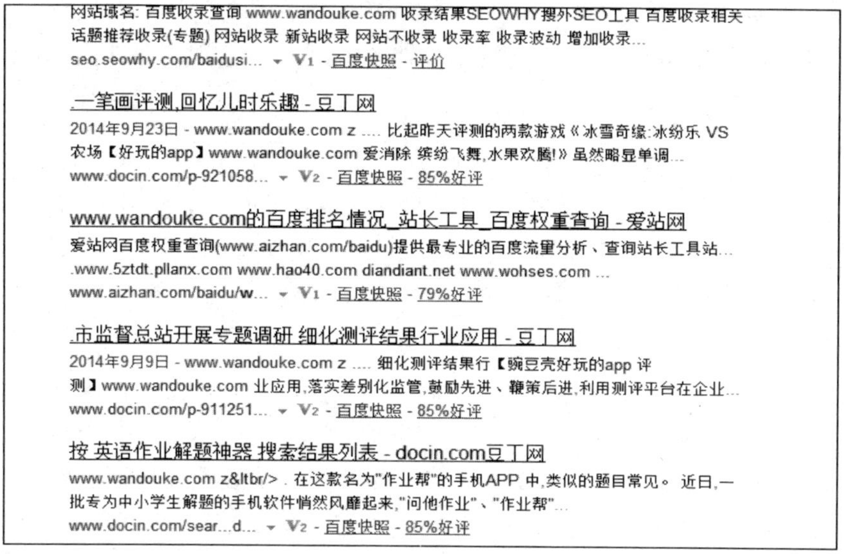
网站域名: 百度收录查询 www.wandouke.com 收录结果SEOWHY搜外SEO工具 百度收录相关话题推荐收录(专题) 网站收录 新站收录 网站不收录 收录率 收录波动 增加收录...
seo.seowhy.com/baidusi... V1 - 百度快照 - 评价

一笔画评测,回忆儿时乐趣 - 豆丁网
2014年9月23日 - www.wandouke.com z .... 比起昨天评测的两款游戏《冰雪奇缘:冰纷乐 VS 农场【好玩的app】www.wandouke.com 爱消除 缤纷飞舞,水果欢腾!》虽然略显单调...
www.docin.com/p-921058... V2 - 百度快照 - 85%好评

www.wandouke.com的百度排名情况_站长工具_百度权重查询 - 爱站网
爱站网百度权重查询(www.aizhan.com/baidu)提供最专业的百度流量分析、查询站长工具站... .www.5ztdt.pllanx.com www.hao40.com diandiant.net www.wohses.com ...
www.aizhan.com/baidu/w... V1 - 百度快照 - 79%好评

市监督总站开展专题调研 细化测评结果行业应用 - 豆丁网
2014年9月9日 - www.wandouke.com z .... 细化测评结果行【豌豆壳好玩的app 评测】www.wandouke.com 业应用,落实差别化监管,鼓励先进、鞭策后进,利用测评平台在企业...
www.docin.com/p-911251... V2 - 百度快照 - 85%好评

按 英语作业解题神器 搜索结果列表 - docin.com豆丁网
www.wandouke.com z&ltbr/> . 在这款名为"作业帮"的手机APP 中,类似的题目常见。 近日,一批专为中小学生解题的手机软件悄然风靡起来,"问他作业"、"作业帮"...
www.docin.com/sear...d... V2 - 百度快照 - 85%好评

图 3-10　豌豆壳 domain 指令结果（2）

3.6　其他搜索指令

除了上面讲述的搜索指令，搜索引擎还有一些搜索指令，了解这些搜索指令的用法有助于我们在实施 SEO 的过程中分析数据。

A. 双引号

把搜索词汇放在双引号中，代表完全匹配搜索，也就是说，搜索出来的结果页面都包含双引号中出现的所有词汇，连顺序也是完全匹配的。百度和 Google 都是支持这个指令的。

例如，我们在百度搜索引擎中输入“敦煌旅游”，搜索结果中大多数页面出现的关键词并不是完整的“敦煌旅游”，有的页面中“敦煌”与“旅游”在不同的地方，中间有间隔，顺序也不完全相同。给“敦煌旅游”加上双引号再搜索，出现的页面都是带有完整词汇和正确顺序的“敦煌旅游”。所以，使用双引号搜索可以更准确地找到特定关键词，更容易找到我们想要的资源。

B．减号

减号代表搜索引擎显示不包括减号后面词汇的页面。使用这个指令时，减号前面必须有空格，减号后面没有空格，并且要紧跟着需要排除的词。Google 和百度都支持这个指令。

使用减号高级指令可以更加准确地找到需要的文件，尤其是某些词语有多重意义的时候。

C．星号

Tips：星号是常用的通配符，也可以用在搜索引擎中。百度不支持星号指令。

例如，在 Google 中搜索“敦煌*游”，其中“*”代表任意文字，出现的结果就不仅仅是包含“敦煌旅游”的页面了。

D．inurl

inurl 指令用于搜索查询词出现在 URL 中的页面。百度和 Google 都是支持 inurl 指令的。inurl 指令不仅支持英文，还支持中文。

例如，搜索“inurl:wandouke.com”，出现的页面都是由于关键词出现在了 URL 中，而作者的博客正是因为域名带有“wandouke.com”的关系，占据了这个关键词搜索结果的前几位。

如果是做 SEO，那么 inurl 指令会很有用，因为使用它可以快速找到竞争对手（关键词出现在 URL 中对排名会有一定的影响）。

E．inanchor

使用 inanchor 指令搜索的结果是导入链接锚文字中包含搜索词的页面。百度不支持该指令。由于该指令不常用，作者就不过多地介绍了。

F．intitle

使用 intitle 指令搜索返回的是页面 title 中包含关键词的页面。百度和 Google 都支持 intitle 指令。title 是目前页面优化最重要的因素。无论是什么网站，都会把关键词放入 title 中。使用“intitle:”指令找到的是更准确的竞争对手页面。如果关键词只是出现在页面可见文字中，并没有出现在 title 中，大部分情况是没有对这个关键词进行有针对性的优化。

G．alilintitle

使用 alilintitle 指令搜索返回的是页面标题中包含多个关键词的文件，多个关键词之间用空格分开。例如，“alilintitle:豌豆壳 APP 评测”就相当于“intitle:豌豆壳 intitle: APP intitle: 评测”，出现的搜索页面都是标题中既包含“豌豆壳”也包含“APP”

和“评测”的页面。

H. allinurl

allinurl 指令与 alilintitle 指令类似。

I. filetype

filetype 指令在搜索特定格式文件的时候使用。例如，搜索“filetype:pdf 豌豆壳”，显示的是包含“豌豆壳”的所有 PDF 文件。filetype 指令可以用来搜索特定的资源，如 PDF 电子书、Word 文件等。Google 和百度都支持 filetype 指令。

3.7 百度站长平台使用指南

SEO 不是一个闭门造车的过程。在实施 SEO 的过程中，我们需要不断地对网站的各项数据进行分析研究，得出下一步的调整方案。这些数据的分析离不开工具。接下来作者将为大家介绍一些经常使用的站长工具，有了这些工具的帮助，我们的 SEO 过程才能更加如鱼得水。

百度站长平台于 2010 年 3 月推出。百度站长平台的推出意味着百度搜索引擎开始认识到应该学会和站长进行沟通，这样才能建设和谐发展的互联网环境。在这之前，很多数据都是通过第三方工具来分析判断，百度一直没有一个官方的数据分析平台。随着百度站长平台的发布，这些问题都迎刃而解。

例如，之前我们想要改版的话简直就是噩梦，网站一旦改版，权重将会迅速下降。这个问题现在只需要通过百度站长平台的网站改版工具就可以解决。正是因为这样，作者觉得有必要将百度站长平台的各项功能给大家做一个全面的介绍。

开始使用百度站长工具之前要添加网站。如图 3-11 和图 3-12 所示，验证方式有文件验证、HTML 标签验证、CANME 验证 3 种，可以按照自己的需要进行设置。验证完成后就可以使用站长工具提供的各种服务了。下面我们详细看看百度站长工具有哪些功能。

A. 消息提醒

如图 3-13 所示，通过此功能可以检测网站的异常情况。当我们设定联系方式之后，如果网站出现异常，百度站长工具会第一时间发送消息，我们可以根据此消息进行查询和修改。

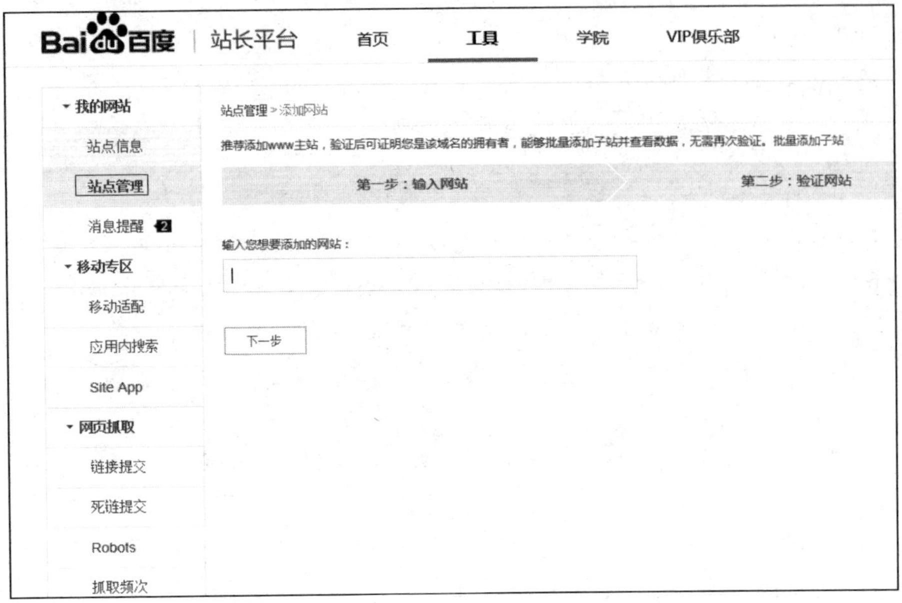

图 3-11　百度站长工具——添加网站

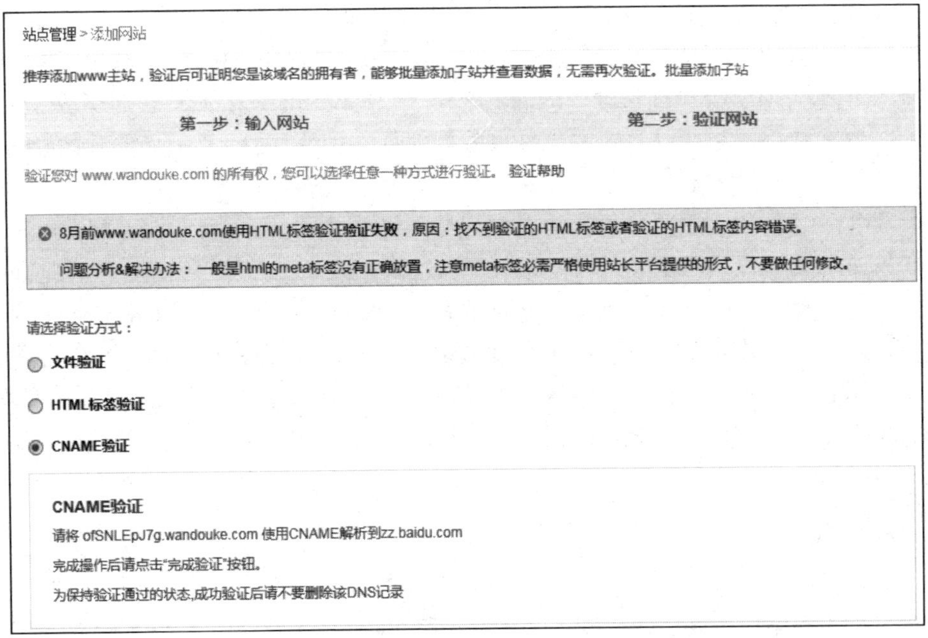

图 3-12　百度站长工具——添加网站验证方法

图 3-13　百度站长工具——消息提醒

B．sitemap 提交

如图 3-14 所示，我们可以将制作好的网站地图（sitemap）提交给百度，这样百度可以第一时间抓取，有利于网站的收录。

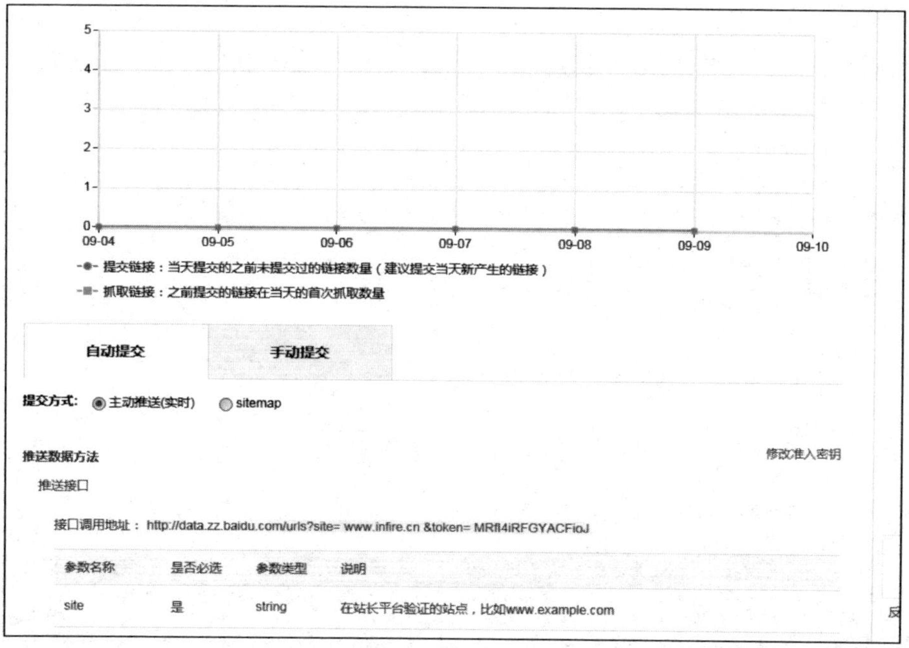

图 3-14　百度站长工具——网站地图提交

Tips：如果网站程序没有自带的网站地图，可以借助第三方提供的工具，如百度搜索网站地图生成器，按照说明填写网址生成即可，如图 3-15 所示。

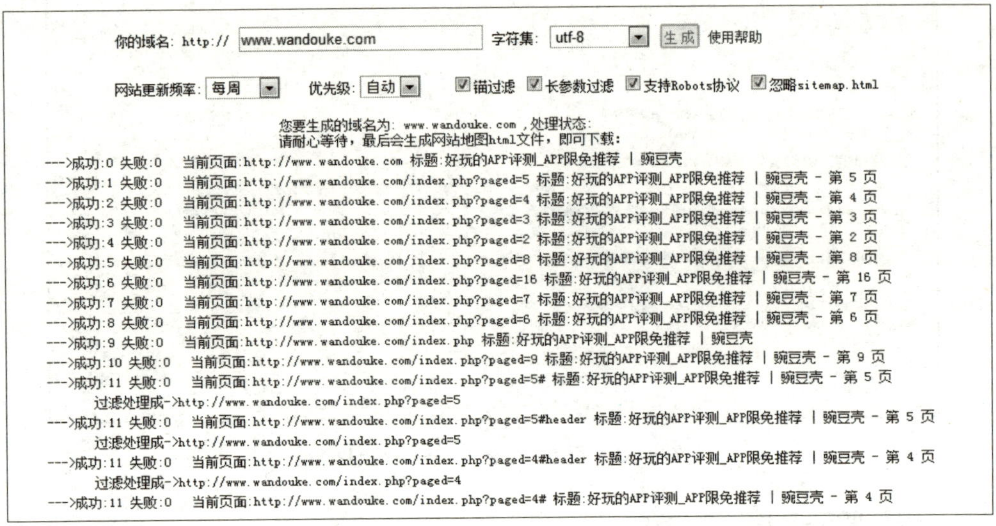

图 3-15　生成网站地图工具

C．结构化数据

如图 3-16 所示，此工具是百度快速引入结构化数据的入口。对于优质的数据资源，可应用于索引、排序、摘要展现等环节，提高索引量并以结构化摘要样式展现给用户。

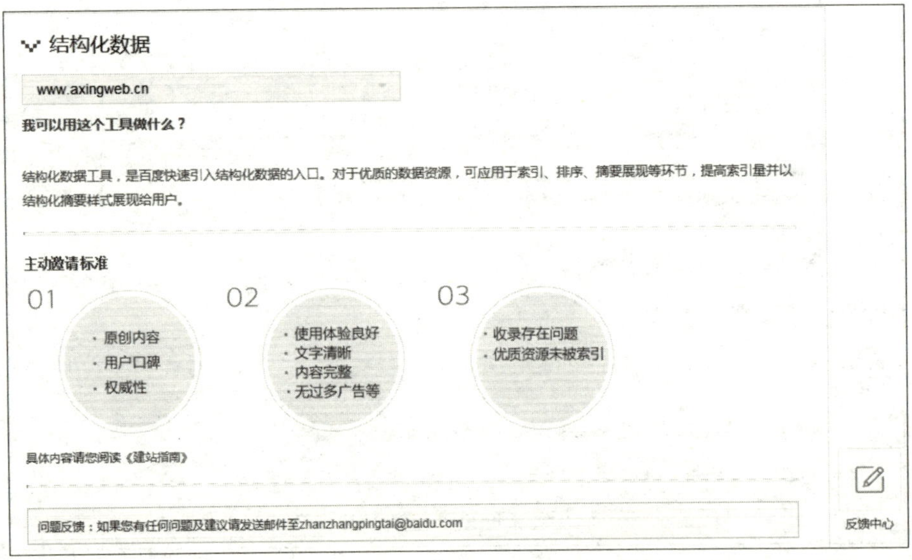

图 3-16　百度站长工具——结构化数据

D．结构化数据插件

如图 3-17 所示，百度现在只针对 WordPress 及 Discuz! 推出两款插件。使用这两款程序的用户有福了，应用这个插件可以提升用户点击率，同时可以自动推送 sitemap 和加快收录。

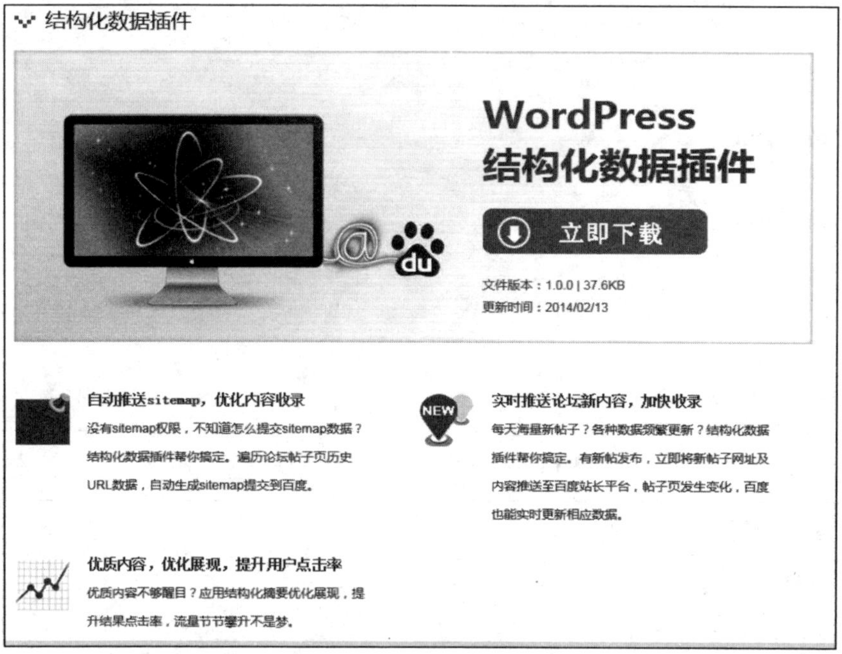

图 3-17　结构化数据插件

E．死链提交

如图 3-18 所示，此工具是处理网站死链的。对死链的处理结果与 404 页面类似。死链列表文件可以与 sitemap 类似。百度也提供了帮助文档，大家可以参照此文档进行制作。

F．链接提交

如图 3-19 所示，此工具与之前的搜索引擎提交入口功能相同，可以简单理解为：将网站 URL 提交给百度，百度接收信息后进行抓取和收录。

G．网站改版

如图 3-20 所示，此工具是为了网站改版而推出的，以减少网站因为改版而降低收录、外链等情况的发生。对于改版的网站来说，这个功能确实非常实用。

图 3-18　百度站长工具——死链提交

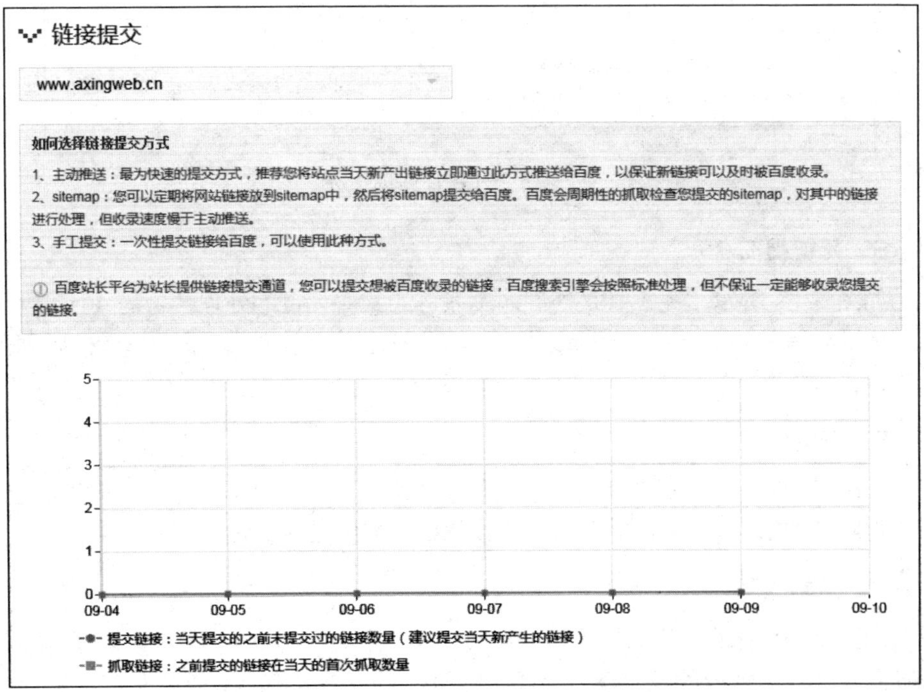

图 3-19　百度站长工具——链接提交

图 3-20　百度站长工具——网站改版

H. 索引量

如图 3-21 所示，此工具是为了体现网站有多少待选内容。此内容并不是直接抓取的，而是候选的内容。

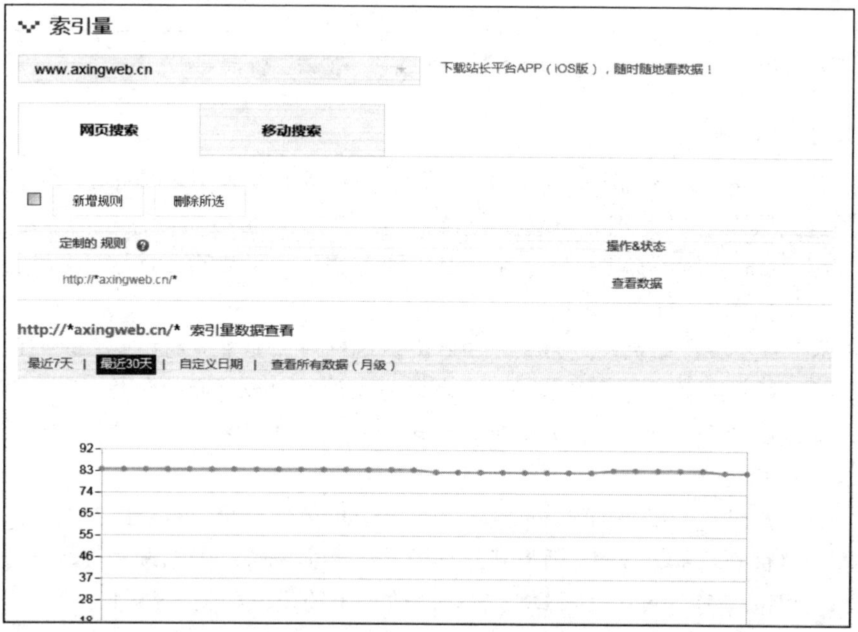

图 3-21　百度站长工具——索引量

Tips：百度也为我们提供了更新时间，一般为 1 天到 1 周不等，我们可以根据网站的实际情况进行索引。关于索引量和收录量的问题，作者在前面进行了详细说明，有疑问的读者可以再次阅读相关章节。

I. 搜索关键词

如图 3-22 所示，搜索关键词将全面体现百度大数据的特征。通过此工具可以查看点击数量及热门关键词，指导站长进行有方向性的优化。

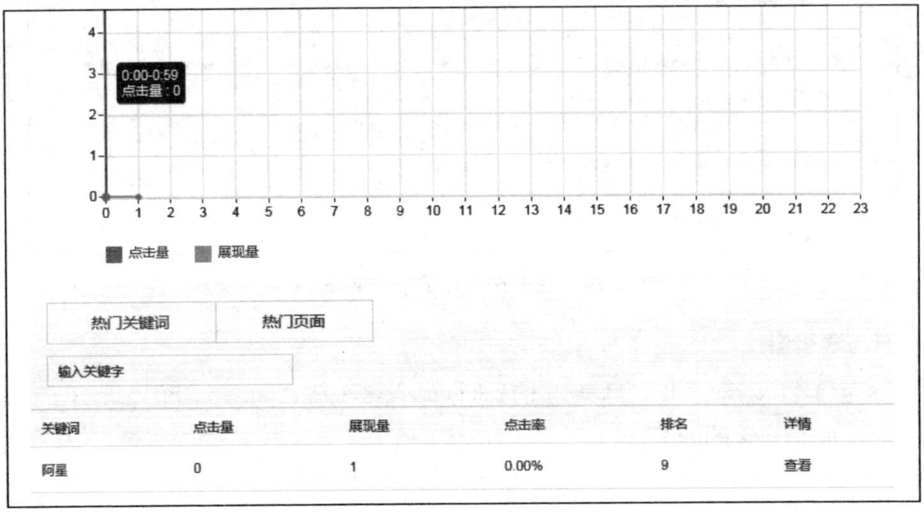

图 3-22　百度站长工具——搜索关键词

J. 抓取诊断

此工具非常棒，指引站长查看用户可以正常访问而搜索引擎蜘蛛无法抓取的原因。通过此原因，站长可以不断优化网站结构、数据、链接、内容等。

如图 3-23 所示，抓取诊断这个工具是非常实用和重要的工具，对于站长来说起到事半功倍的作用。

Tips：百度将诊断次数定为每月 300 次，这对内容非常多的网站来说可能有些不够，但是对一般的网站是足够的。它不仅可以诊断内容页面的相关问题，而且可以快速实现收录和抓取。有一段时间，作者测试这个工具发现，只要内容原创，就可实现“秒收”。

还有一点就是，如果网站收录不正常或者 site 不到首页，都可以使用该工具进行诊断。这很有可能是 DNS 数据不对导致的搜索引擎蜘蛛无法顺利爬行。如果发现问题，可以点击报错，直到 DNS 数据修改正确为止，如图 3-24 所示。

图 3-23　百度站长工具——抓取诊断

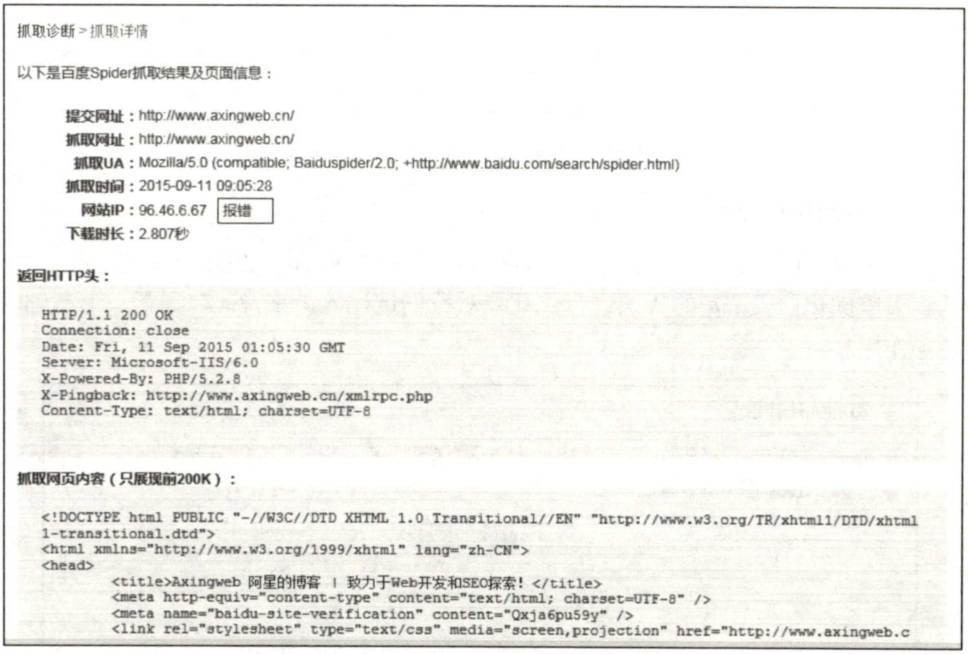

图 3-24　百度站长工具——抓取诊断报错

K. 链接分析

如图 3-25 所示，外链分析同样是非常重要的工具。此工具可以真实反映网站外链数量，而非用 domain 命令得到的数值。

Tips：不仅如此，百度在此工具中还加入了拒绝外链管理功能。拒绝外链管理功能可以很好地通过查看外链来拒绝垃圾外链，让网站外链更加健康，还可以通过此数据了解网站安全情况。只要有垃圾文件嵌入网站并被百度抓取，那么垃圾外链就会显示出来，我们通过此工具就可以找出网站的危险根源。

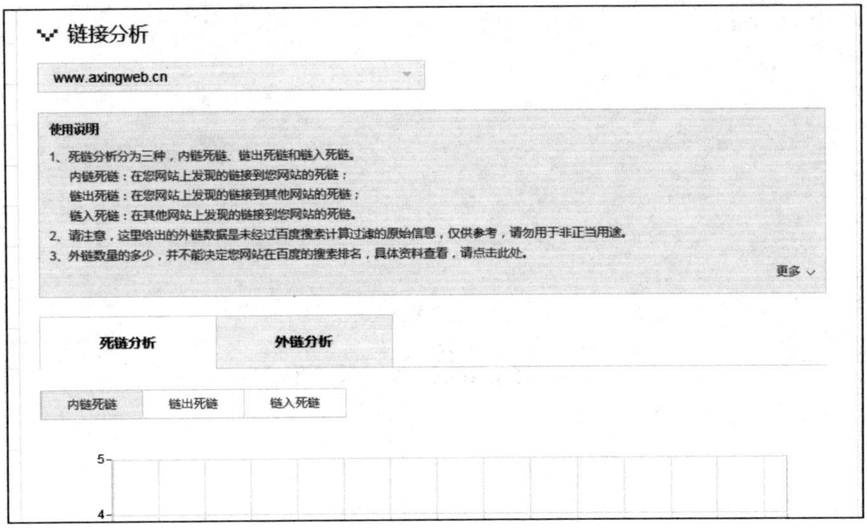

图 3-25　百度站长工具——链接分析

L．页面优化建议

如图 3-26 所示，此功能主要提醒我们一些有关网站优化的问题，根据《百度搜索引擎优化白皮书》的描述进行优化。对我们优化人员来说，起到了一个基础的指导作用。

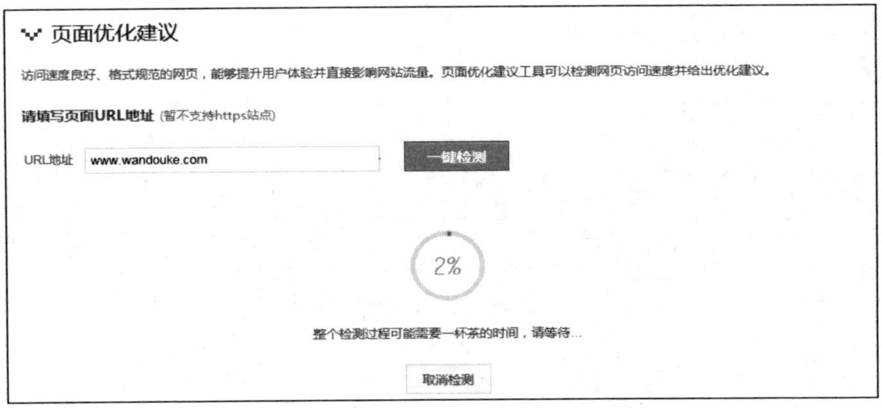

图 3-26　百度站长工具——页面优化建议

M．抓取频次

如图 3-27 所示，抓取频次代表百度每天对服务器抓取的次数。为了不给服务器造成较大的压力，可以通过此工具调节抓取频次及关闭保护等。

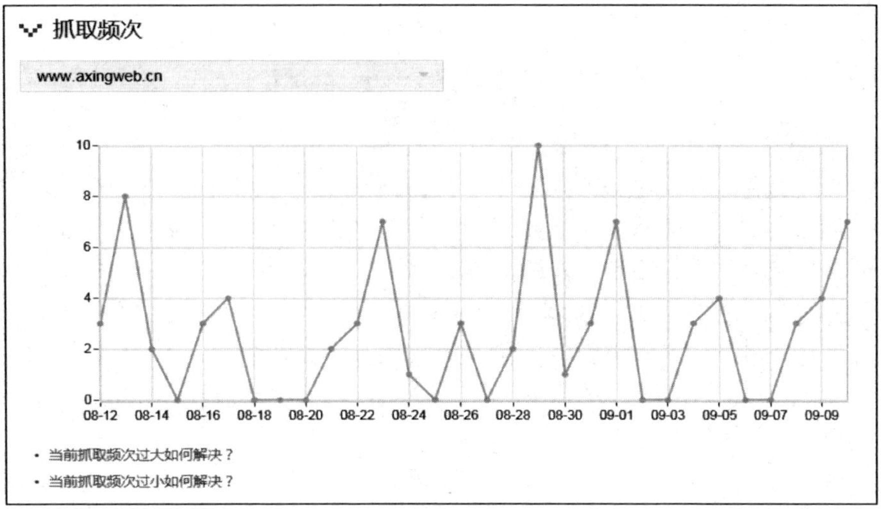

图 3-27　百度站工具——抓取频次

N. Robots

如图 3-28 所示，此工具用于更新及生成 Robots 等。

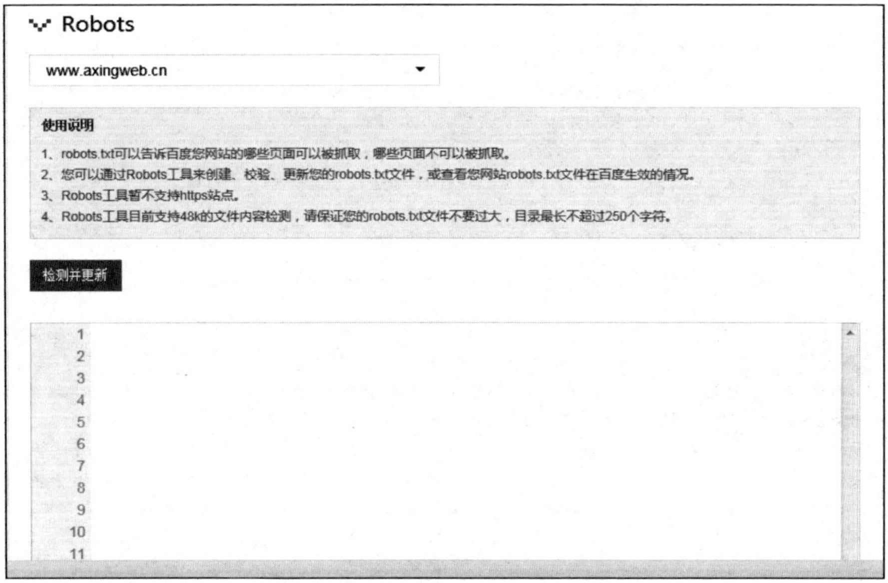

图 3-28　百度站长工具——Robots

掌握这些工具的使用能帮助我们得到很多有效的数据，通过分析这些数据可以调整下一步的优化方案。

3.8 站长之家站长工具使用指南

站长之家站长工具（以下简称“站长工具”）是一款非常受欢迎的站长工具，这一点可以通过在百度搜索引擎搜索“SEO”关键词的排名看出，如图 3-29 所示。一个单纯的工具页面，没有过多的内容支撑，可以将“SEO”关键词做到百度搜索引擎搜索结果自然排名第 2 位就是依靠用户的力量。这一点也为我们的 SEO 过程提出了一个新的思路，那就是网站最终能否获得成功最重要的因素就是对用户是否有价值。下面作者为大家介绍一下站长工具，让我们一起看看它为什么如此受到站长的青睐。

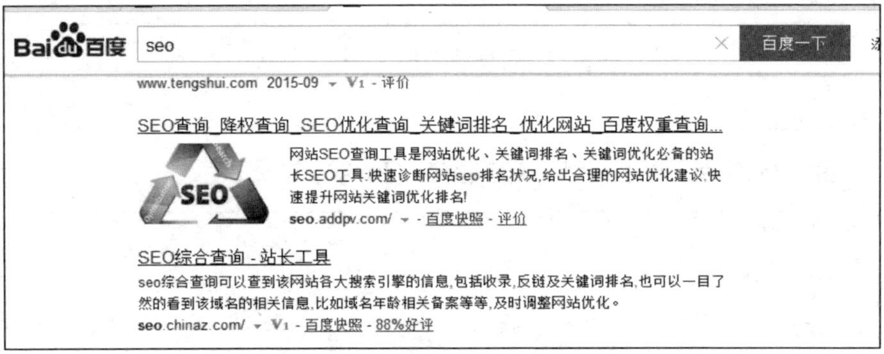

图 3-29 站长之家站长工具——搜索排名

站长工具中有非常多的工具，如图 3-30 所示。本节中作者重点对 SEO 综合查询工具进行说明，读者可以自行测试体验其他工具，这里不再一一介绍。

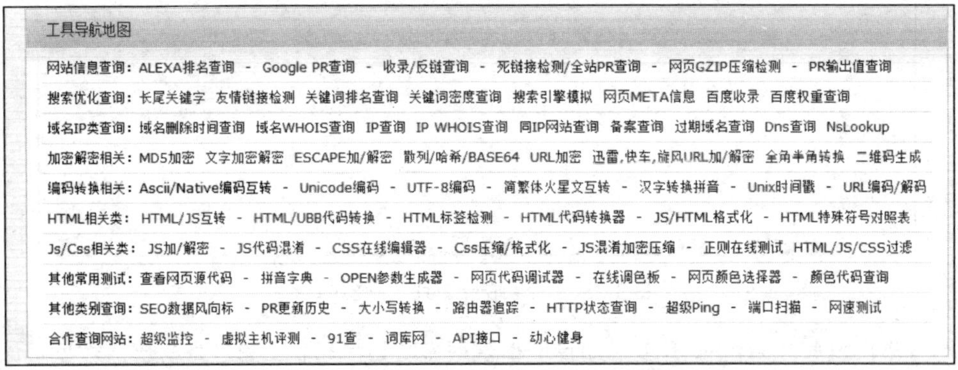

图 3-30 站长之家站长工具介绍

SEO 综合查询工具的使用非常简单。如图 3-31 所示，用户只需要输入网址查询即可。得到的数据信息主要包括：网站基本信息、百度相关、网站收录反链（如图 3-32 所示）、历史收录、SEO 收录、网站标题、关键词、描述信息、关键词排名信息（如图 3-33 所示）、服务器信息、Alexa 信息（如图 3-34 所示）等。还有一个功能非常实用——长尾词推荐。如图 3-35 所示，系统会依据我们的网站关键词推荐一些可以优化的长尾关键词，将这些长尾关键词纳入后续的 SEO 优化对网站的权重提升有很大的帮助。

图 3-31　站长之家站长工具——SEO 综合查询

图 3-32　站长之家站长工具——网站收录反链

历史收录 | seo收录 | 更多»

日期	百度收录	百度索引量	Google收录	360收录	搜狗收录	百度反链
2015-09-10	237	239	--	97	33	3790
2015-09-09	238	240	--	97	--	641
2015-09-08	240	240	--	97	33	646
2015-09-07	277	240	--	97	32	1230
2015-09-06	239	240	--	97	29	646

标签	内容长度	内容	优化建议
标题（Title）	22 个字符	好玩的APP评测_APP限免推荐 | 豌豆壳	一般不超过80个字符
关键词（KeyWords）	22 个字符	好玩的APP,APP限免,APP评测,豌豆壳	一般不超过100个字符
描述（Description）	80 个字符	豌豆壳是一个APP评测网站，基于客观的APP评测为用户提供好玩的APP推荐和APP限免提醒服务。豌豆壳非常乐意和APP开发者合作，共同创造移动互联网时代的精彩！	一般不超过200个字符

IP地址查询 - PR查询 - 域名Whois查询 - 网站收录查询 - Alexa排名查询 - 友情链接查询 - 百度权重查询 - 备案查询 - IP反查 - 网站历史记录

关键词排名 | 长尾词推荐 NEW | ✚添加关键词

关键词	PC指数	移动指数	360指数	百度排名[历史]	排名变化	预估带来流量(IP)
好玩的APP	162	417	58	12	↑ 25	2
APP限免	81	76	0	28	↑ 19	0
APP评测	0	0	0	4	↑ 2	0
豌豆壳	0	0	0	2,43	-	0

服务器信息 | 网页压缩检测

图 3-33　站长之家站长工具——关键词排名信息

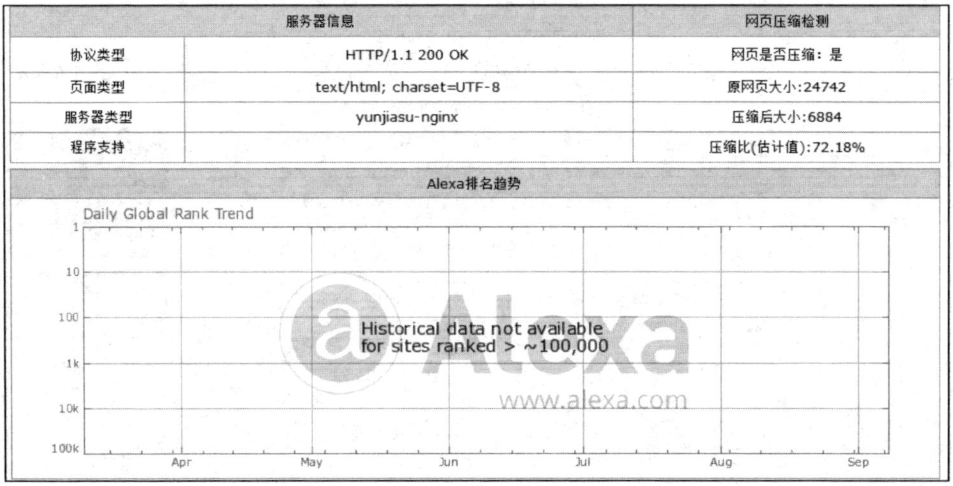

服务器信息		网页压缩检测
协议类型	HTTP/1.1 200 OK	网页是否压缩：是
页面类型	text/html; charset=UTF-8	原网页大小:24742
服务器类型	yunjiasu-nginx	压缩后大小:6884
程序支持		压缩比(估计值):72.18%

图 3-34　站长之家站长工具——Alexa 信息

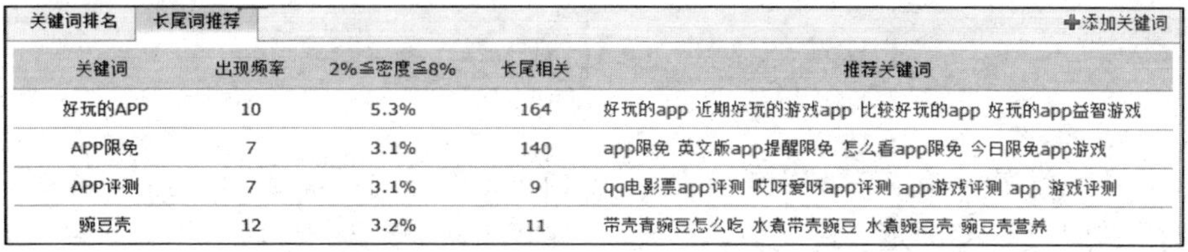

关键词排名　长尾词推荐　添加关键词

关键词	出现频率	2%≤密度≤8%	长尾相关	推荐关键词
好玩的APP	10	5.3%	164	好玩的app 近期好玩的游戏app 比较好玩的app 好玩的app益智游戏
APP限免	7	3.1%	140	app限免 英文版app提醒限免 怎么看app限免 今日限免app游戏
APP评测	7	3.1%	9	qq电影票app评测 哎呀爱呀app评测 app游戏评测 app 游戏评测
豌豆壳	12	3.2%	11	带壳青豌豆怎么吃 水煮带壳豌豆 水煮豌豆壳 豌豆壳营养

图 3-35　站长之家站长工具——长尾词推荐

站长工具可以按照需要分类查询各种信息，准确度比较高，友情链接查询也较为完整。对于用户体验来说，速度、设计都挺好，广告也不多。唯一有点体验不好的是查询的分类较多，导航还使用下拉框，这样一项一项查起来比较费时，不过对于大部分朋友来说，习惯了一切都还好。

除了站长之家站长工具外，爱站网站长工具（以下简称“爱站工具”）也是非常不错的，尤其是它的首页反链查询工具，如图 3-36 所示，能让我们清晰地了解哪些网站悬挂了外链。需要注意的一点是，站长工具和爱站工具查询的百度搜索引擎关键词排名很多时候都有差异。如图 3-37 所示，对比前面的站长工具查询结果，我们可以看出排名不尽相同，这个主要是地区不同所致。各种原因都会导致百度搜索引擎搜索结果在各地区有差异。

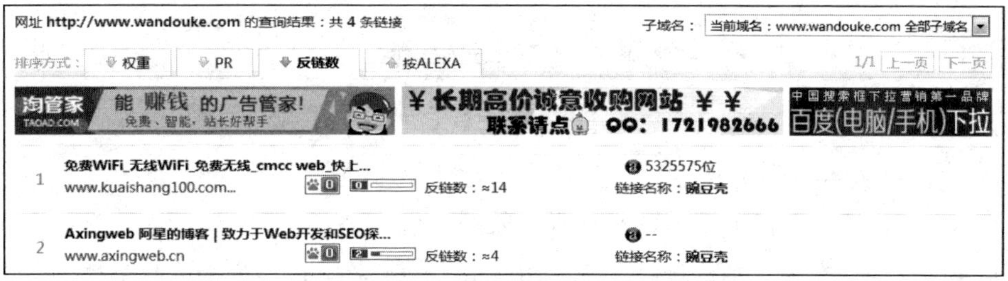

图 3-36　爱站网站长工具——反链查询

Tips：日常 SEO 过程中，这个问题也需要重视。如果各地区关键词排名差异太大，说明网站肯定存在一些问题，要尽快寻求解决方法。

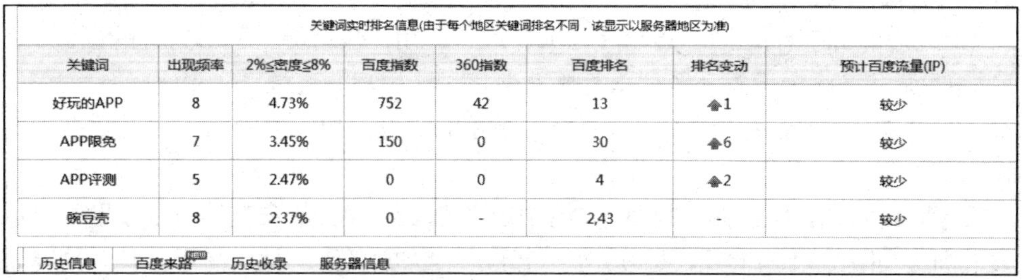

关键词实时排名信息(由于每个地区关键词排名不同，该显示以服务器地区为准)

关键词	出现频率	2%≤密度≤8%	百度指数	360指数	百度排名	排名变动	预计百度流量(IP)
好玩的APP	8	4.73%	752	42	13	↑1	较少
APP限免	7	3.45%	150	0	30	↑6	较少
APP评测	5	2.47%	0	0	4	↑2	较少
豌豆壳	8	2.37%	0	-	2,43	-	较少

历史信息　百度来路　历史收录　服务器信息

图 3-37　爱站网站长工具——关键词排名

3.9 非常好用的买链帮手

买链帮手是一款非常好用的工具，界面如图 3-38 所示，这个工具对运营站群非常有效。批量查询是其最显著的特点，可同时查询上千个网站的各类参数，查询的功能包括一些常用的参数，有 PR 值、快照、ICP 备案号、建站日期、百度权重，功能丰富，是经常买链、检查友链的站长值得收藏的好工具。

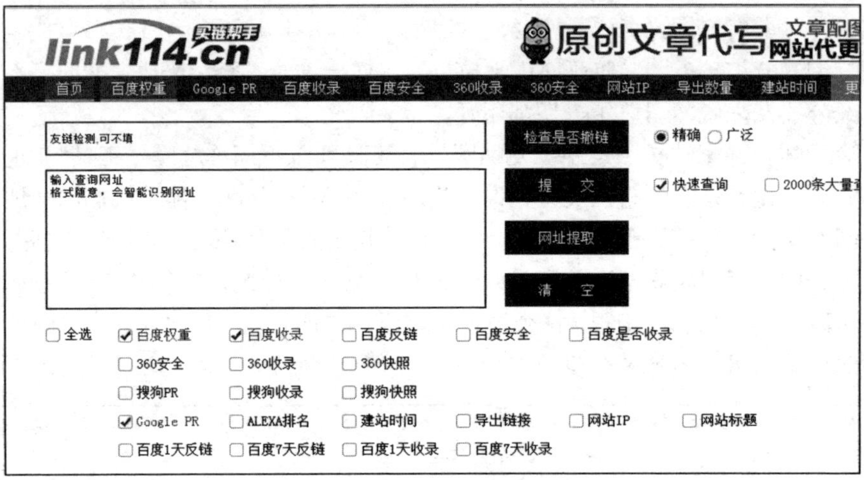

图 3-38 买链帮手界面

买链帮手的特色如下。

a. 批量查询。可批量查询各种常见参数。

b. 查询速度快。用最优的代码、最优的方法，将查询速度提升到最快。

c. 专为买链人设计。网站设计和功能设计都是从买链人的角度出发。

d. 能根据 PR、权重由高到低排序。能排序的都可以排序，让用户一目了然。

e. 为方便买链人挑选网站，具有选中网址功能。被选中的网址会显示在页面最下方。用户反映其非常实用。

f. 界面功能全部由 JavaScript 写成，一点即用，没有等待网页打开的烦恼。

g. 紧贴潮流。所有功能紧跟互联网变化，让用户的查询与时俱进。

h. 只提供最优的结果。凡是有官方数据的，只采用官方数据，保证数据的准确性。

下面我们看看什么样的场景适合使用这个工具。例如，我们运营很多网站，每天查询这些网站的 SEO 信息便成为一个非常费力的工作，如果使用站长工具等需要耗费大量的精力和时间，如果使用买链帮手会方便很多。

还有一点很实用的功能是买链帮手可以在混乱的信息中提取网址。例如，我们要分析关键词的竞争力，在搜索引擎中搜索“旅游”，一般情况下，我们是将这些网址记录下来，逐个进行查询分析，如果借助买链帮手就非常方便，可以直接将搜索结果的源码复制出来，粘贴到买链帮手中，如图 3-39 所示，然后单击“网址提取”按钮，系统会自动将所有的网址提取出来，再单击“提交”按钮，便可以将这些网址的权重等信息查询出来，如图 3-40 所示。还有一些非常好用的功能，这里不一一讲述，感兴趣的读者可以亲自体验。总归记住一点：涉及站群等大规模的网站查询信息就想到买链帮手是没错的。

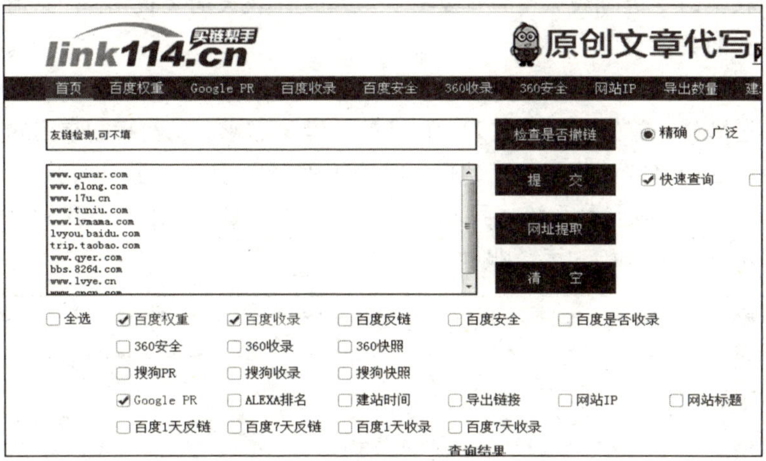

图 3-39　买链帮手——提取网址

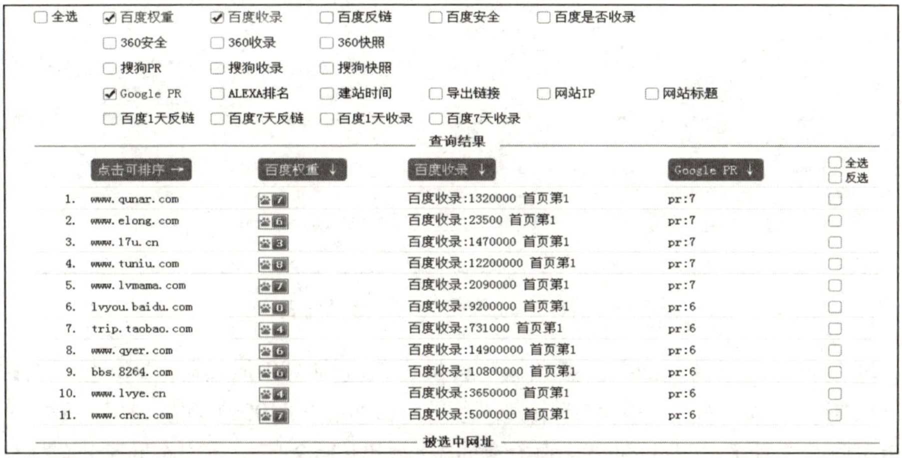

图 3-40　买链帮手——批量查询

3.10 词库网使用指南

Tips：词库网提供专业的关键词挖掘服务，目前包含了六大功能：长尾词挖掘、网站词库、新词库、热词库、热词预测、行业词库。长尾词挖掘可以帮助用户快速找到有搜索量的相关关键词。网站词库可以帮助用户找到该域名下有搜索量、有排名的关键词。新词库主要收集最近搜索量比较大的实时热词及近期搜索指数持续攀升的热词。热词库主要收集搜索量大于一定值的关键词（如搜索量大于500的词）。热词预测收集的是近期搜索量持续攀升并且跨度比较大的关键词。行业词库收集的是某个行业的关键词。

学会利用词库网进行关键词筛选对于网站SEO非常有用。例如，我们计划建设一个旅游网站，首先需要研究旅游行业的关键词需求。之前我们常用的方法是到一些行业论坛或者网站收集整理数据，但是现在我们可以借助词库网进行筛选。如图3-41所示，可以看到系统将我们需要的信息清晰地罗列出来，我们只需要依据网站的需求进行关键词的选择即可。

关键词	PC指数	移动指数	360指数	趋势	搜索结果	第一位网站（页面）	长尾相关
途牛旅游网	17329	9313	9616		8150000	www.tuniu.com ...旅游_旅游网_旅游线路_自助游_自驾游_公司旅游_途...	W
格式：关键词［热度］ 途牛［16577］ 去哪儿［49203］ 携程旅行网［57749］ 穷游网［9895］ 旅游网［6439］ 驴妈妈旅游网［5884］ 途牛旅游网官网［1239］ 同程网［18486］ 途牛网旅游团购［0］							
同程旅游	12311	0	4543		81300000	www.ly.com 爸爸去哪儿3官方指定旅游网站-同程旅游_旅游_旅游网_景点门票_...	W
厦门旅游攻略	3423	7298	4711		10200000	lvyou.baidu.com 2015超实用厦门旅游攻略_百度旅游_带你玩转厦门	W
旅游	6555	4075	4678		100000000	lvyou.baidu.com 旅游攻略_旅游自助游攻略_旅游景点大全——百度旅游,让旅行更...	W
杭州旅游攻略	2939	7032	3860		13500000	lvyou.baidu.com 2015超实用杭州旅游攻略_百度旅游_带你玩转杭州	W
青岛旅游攻略	2287	6385	2565		18100000	lvyou.baidu.com 2015超实用青岛旅游攻略_百度旅游_带你玩转青岛	W
南京旅游景点大全	357	7358	278		6140000	lvyou.baidu.com 2015超实用南京旅游攻略_百度旅游_带你玩转南京	W
						lvyou.baidu.com	

图3-41 词库网——关键词列表

现在非会员可以查询200条数据，会员可以查询400条数据，VIP会员可以直接导出所有数据。对于一般用户来说，会员可以查询的400条数据已经足够了。我们也可以直接输入网址查询网站的关键词库，如图3-42所示，这有助于我们了解行业竞争对手的优化策略和方向。

图 3-42　词库网——关键词分析

3.11　本章小结

本章中作者为大家介绍了常用的搜索指令，以及收录量和索引量等数据的区别和联系，这些都是为后续实施 SEO 做准备。只有学会分析这些数据，才能在日后的 SEO 实施过程中懂得如何与搜索引擎进行沟通。然后，作者重点讲述了百度站长工具等一系列 SEO 常用工具，这些都是我们的左膀右臂，大家在阅读这部分的时候一定要一边体验一边学习，才能更加深入地理解这些工具的使用技巧。

下一章我们将正式开始 SEO 理论的学习。首先将从域名、服务器和 CMS 开始讲解，因为这些是 SEO 的基础。一些 SEOer 简单地认为 SEO 就是发外链等，这是错误的想法。SEO 是一个系统的工程，要求我们对每一个细节都把握清楚。

对细节的忽略往往是导致 SEO 最终失败的原因。作者在 SEO 诊断过程中遇到过很多这样的问题。有些 SEOer 注册域名的时候随随便便，结果导致在网站运行几个月后域名被停止或者被别人偷走。有些 SEOer 选择服务器的时候马马虎虎，结果导致网站关键词获得排名之后服务器突然崩溃，网站数据全部丢失，几个月的辛苦就这样白白浪费了。这些都是 SEO 行业存在的真实案例，因此作者在本书中将域名、服务器、CMS 单独放在一章进行讲解，目的就是让大家在进入 SEO 行业之后不要犯这样的错误。

第 4 章 HTML、CSS 只需了解这么多

通过前面 3 章的学习，读者已经对 SEO 有了一定的认识。本章我们将正式开始 SEO 的学习。看到这里有些读者或许有这样的疑问：我们不是要学习 SEO 吗，为什么还要讲解 HTML 的知识？这就要从 SEO 是做什么的来解释。前面我们已经提到 SEO 是一个通过优化网站将关键词排名提升的过程，SEO 的前提是需要一个网站。

过去的几年中 SEOer 都习惯用现成的模板直接搭建网站，但是随着搜索引擎算法的不断升级，这样搭建的网站在同等条件下会更容易被搜索引擎所屏蔽。这一点作者在大量的站群操作经历中有很深的认知，后续的章节中作者也会对此问题单独展开阐述。

4.1 HTML 是这样一步步走来的

超文本标记语言（HyperText Markup Language，HTML）是为网页创建和其他可在网页浏览器中看到的信息设计的一种标记语言。HTML 被用来结构化信息，如标题、段落和列表等，也可用来在一定程度上描述文档的外观和语义。

由蒂姆·伯纳斯-李（Tim Berners-Lee）给出原始定义，由 IETF 用简化的 SGML（标准通用标记语言）语法进行进一步发展的 HTML，后来成为国际标准，由万维网联盟（W3C）维护。包含 HTML 内容的文件最常用的扩展名是 html，但由于像 DOS 这样的旧操作系统限制扩展名为最多 3 个字符，所以 htm 扩展名被使用。虽然现在使用得比较少一些了，但是 htm 扩展名仍旧普遍被支持。

自从 1999 年发布 HTML4 以来，很多人都认为 HTML 无须升级，直到 2007 年 W3C 立项 HTML5。经过长达 8 年的制订工作，2014 年 10 月，这个新规范终于正式封稿。目前 Web 页面大多还是使用 HTML4 标准，本书也是基于 HTML4 标准展开的。由于篇幅所限，后续作者只对在 SEO 中经常遇到和需要注意的 HTML 知识进行梳理。

4.2　这些标签对 SEO 非常重要

很多 SEOer 认为 SEO 就是简单的发文章、增加外链，对于网页代码本身没有提起足够的重视，甚至有 SEOer 认为关键词、描述标签已经过时，搜索引擎对这些标签的内容不再重视，这是完全错误的理解。作者在大量的站群操作实战中发现，标签对 SEO 影响非常大，本章中作者将为大家深入剖析这些标签的重要性和写法。

4.2.1　标题标签<title>

Tips：在 SEO 中，<title>是至关重要的 HTML 标签，搜索引擎对一个网页的内容识别在很大程度上依靠<title>标签中的内容。尽管这些年搜索引擎也越来越重视文本内容，但是相对其他因素，<title>依旧起到决定性作用。之前的很长一段时间，SEOer 都是将关键词堆砌到<title>中，这样做能获得非常不错的排名。

<title>标签的用法非常简单，如图 4-1 所示。难点在于如何用简练的、搜索引擎喜欢的文字将网页内容表达出来，并且包含对应的关键词。作者的一位朋友为网站优化了 3 个关键词，其中两个在<title>标签中出现，一个没有出现，除此之外，所有地方的优化都一样。3 个月后，出现在标题中的两个关键词都有了排名，唯独没有出现的那个关键词一直没有排名。这位朋友非常苦恼，后来根据作者的建议将这个关键词巧妙地融入标题，结果第二天就有了排名。

说到底，书写标题的难点在于平衡品牌词和关键词的关系。如图 4-1 所示，品牌词是“豌豆荚”，关键词有“APP 评测”、“APP 限免”、“好玩的 APP”、“APP 推荐”。如何将品牌词和关键词连接起来便是该网站标题的重点。简单的方法是写成“豌豆荚-APP 评测，APP 限免，好玩的 APP，APP 推荐”。尽管看起来非常简单明了，但会让人觉得非常啰嗦。我们注意到，这几个词都包含“APP”，那么能否通过“APP”将这些词连接起来呢？例如，“好玩的 APP”和“APP 评测”连接成“好玩的 APP 评测”，“APP 限免”和“APP 推荐”连接成“APP 限免推荐”。

至于品牌词“豌豆荚”的出现位置，作者的建议是：网站建设之初主要流量来源是搜索引擎，所以尽量将较好的位置留给关键词；经过一段时间运行，网站权重逐渐提升，用户也有了一定程度的品牌认知，这时候再将品牌词放置到标题最前面。这样一来，我们的标题便产生了。

```
<html lang="zh-CN">
<html xmlns:wb="http://open.weibo.com/wb">
<head>
<meta charset="UTF-8">

<title>好玩的APP评测_APP限免推荐 | 豌豆荚</title>


<!-- wp_header -->
<!-- DX-Seo plugin start -->
<meta name="keywords" content="好玩的APP,APP限免,APP评测,豌豆荚" />
<meta name="description" content="豌豆荚是一个APP评测网站，基于客观的APP评测
<link rel="shortcut icon" href="/favicon.ico" />
```

图 4-1　title 的写法

后续的章节中作者还会不断渗透讲解<title>标签的书写方法，现在读者不妨先在脑海中构思一个自己行业网站的标题，等后面的学习结束后看看是否和自己构思的一样。

4.2.2　关键词标签 keywords

过去的很多年中，keywords 标签一直是搜索引擎判断网页内容和主题的重要依据，写法如图 4-2 所示。正是因为搜索引擎看中这一点，导致大量的黑帽 SEO 采用关键词堆砌的方式书写 keywords。一时间，搜索结果中出现了大量的低质量网页，搜索引擎只能调整算法。近几年，keywords 已不像从前那样受重视，除了 keywords 标签，搜索引擎会依靠更多的因素来判断网页内容和主题，如锚文本等。

```
<!doctype html>
<html lang="zh-CN">
<html xmlns:wb="http://open.weibo.com/wb">
<head>
<meta charset="UTF-8">

<title>妙途评测，旅行遇到爱！ - 豌豆荚</title>


<!-- wp_header -->
<!-- DX-Seo plugin start -->
<meta name="keywords" content="妙途,妙途评测" />
<meta name="description" content="《妙途》是一款场景式交友APP，通过《妙途》你可以找到你心动的那个TA
一起去旅行，解决了用户无法面对面沟通、交友的难题，今天豌豆荚大家带来《妙途》的详细评测。登陆苹果官
方应用市场APPstore搜索《妙途》，安装，APP大小：10.2MB..." />
```

图 4-2　keywords 的写法

需要注意的是，这并不代表 keywords 不重要了。站长论坛中很多朋友都提出这样的疑问：既然搜索引擎已经不重视 keywords 标签，那么是否可以胡乱书写甚至不写？这个想法显然是错误的。不可否认 keywords 标签的重要程度的确不如前些年，但它还是有举足轻重的地位，尤其是在新站上线时。

keywords 标签能让搜索引擎更加迅速地识别网站内容，这样一来，keywords

标签的书写便成为重中之重。作者建议：不要堆砌关键词，关键词要做到能准确描述网页内容，而不是选择指数高的关键词。这无疑是一门学问。通常我们应该这样操作：建站之初首先确定关键词或者长尾关键词，后续为这些关键词添加着陆页，也就是拿着关键词找内容，而不是和很多站长那样胡乱找一些内容，硬生生地将关键词嵌进去（这样的网页自然不会被搜索引擎喜欢）。

实施 SEO 的过程中需要明确一点，无论是单站还是站群模式，无论是首页还是栏目页、文章页，我们都应该做到让 keywords 等标签如实描述网页内容。这是搜索引擎喜欢的，也是搜索者喜欢的。

4.2.3　描述标签 description

相对于 keywords 标签，description 标签直到今天依然被搜索引擎重视。一些站长随意在文中找一段话，甚至找一些和网页没有关联的内容作为 description 标签内容，这样的做法很容易使网站被搜索引擎作为垃圾网站屏蔽。正确的做法如图 4-3 所示。

```
<!doctype html>
<html lang="zh-CN">
<html xmlns:wb="http://open.weibo.com/wb">
<head>
<meta charset="UTF-8">

<title>骨头宠物评测，快来做萌宠的粉丝吧 - 豌豆壳</title>


<!-- wp_header -->
<!-- DX-Seo plugin start -->
<meta name="keywords" content="骨头宠物评测,骨头宠物" />
<meta name="description" content="《宠物骨头》是一款基于宠物照片分享社交应用，每天打开APP看看别人家的宠物，记录一下自己家的宠物，确实有很多的乐趣。下面开始我们今天的评测，让我们深入地了解一下《宠物骨头》是如何受到千千万万萌宠粑粑麻麻的青睐的？" />
```

图 4-3　description 的写法

Tips：description 标签内容应该如实反映网页内容，就如同作文的中心思想或者论文的概要一样。当然，description 标签内容中一定要穿插适当的关键词。如图 4-3 所示，需要优化“骨头宠物评测”这个关键词，那么在 description 描述中理所应当要出现“骨头宠物评测”关键词。大量实践证明，主关键词出现 2～3 次，长尾关键词出现 1～2 次是最理想的状态。

搜索关键词“骨头宠物评测”，结果如图 4-4 所示，可以看出搜索引擎将该网页的描述进行了完整的索引。索引结果中出现网页关键词会提升网站点击率。作者曾经做过这样的实验：将一个已经有排名的网站的描述标签换掉，一时间网站的排名没有什么变化，但是进入网站的用户却减少了三分之一，原因在于用户看到和关键词不符的索引内容时会进行识别，很多用户会认为这样的网页是低质量网页，即使打开页面也无法找到自己需要的内容。搜索引擎算法在进步，用户的选择也在不断进步。

图 4-4 “骨头宠物评测”关键词搜索结果

前面我们提到，网站如何选择域名后缀也存在类似的问题。如果某个后缀的域名经常被用于垃圾网站的建设，那么久而久之用户就会对使用这种域名的网站敬而远之，这样一来，即使网站有不错的排名也无济于事了。

在第 9 章我们会提到，即使是做站群，description 标签也是不容忽视的，胡乱书写 description 标签是导致诸多站群失败的原因。如图 4-5 所示就是不负责任的写法，该网页只是简单地将关键词叠加到 description 标签，如果能多花一些精力，排名一定会有所提升。该网站还存在 keywords 标签书写不合理的问题，作者建议在首页应该至少选择 3～5 个关键词，并且关键词要有难易之分，这样更容易让网站获得排名。

```
<html xmlns="http://www.w3.org/1999/xhtml">
    <head>
        <meta http-equiv="Content-Type" content="text/html; charset=gb2312" />
        <title>山地车大全 | 买什么品牌的山地车最好_高手保养维修技巧</title>
        <meta name="description" content="山地车大全网，骑行爱好者基地，资深玩家分享各种品牌山地车
        <meta name="keywords" content="山地车大全" />
```

图 4-5 description 标签书写不合理案例

4.2.4 超链接标签<a>

<a>标签非常重要，外链和定向锚文本都是依靠其发挥作用的，其完整格式是“<a href="http://www.abc.com">链接文字</a>”。“href”后面可以是外链，也可以是“href="/a/abc"”类型的站内链接。链接文字看似简单，其实也是一门学问。

例如，我们计划建设一个与 SEO 相关的网站，之前我们都是用“<a href="http://www.abc.com">SEO</a>”对所有的外链使用同样的链接文字。随着百度算法的更新，这样的链接将被打击。现在作者建议的链接方式是尽可能使用丰富的链接文字。例如，我们可以使用“<a href="http://www.abc.com">全景 SEO</a>”、“<a href=

"http://www.abc.com">阿星全景 SEO</a>” 等。熟练地掌握外链的建设和站内锚文本的建设将是本书后续内容的重点。

4.2.5　图像标签<img>

前些年 SEO 大师告诉我们：网页越简单越好。这主要是受限于当时的互联网环境，如网速、上网设备等。现在这些已经不成问题，所以现在我们的建议是：网页越丰富越好。怎样让网页丰富起来？这就需要图片等元素的加入。作者在一项测试中发现，标题中有“图片”等文字的页面的点击率是普通网页的 2～3 倍。这一点充分说明图片在用户点击行为中起到了积极的作用。

<img>标签使用非常简单，如图 4-6 所示。我们只需要在 src 属性后面添加图片地址即可，显示效果如图 4-7 所示。了解这一点，我们便可以在发布文章的时候添加图片，让网页变得丰富起来。现在百度搜索引擎已经将图片索引在搜索结果中展示出来，如图 4-8 所示。因此，学会合理地将图片穿插在网页文字当中非常有用。我们可以设想，搜索一个关键词，如“户外帐篷”，搜索结果如图 4-9 所示。相对于没有图片索引的结果，我们是不是更喜欢或者愿意点击显示了帐篷图片的结果？

```
<!DOCTYPE html PUBLIC "-//W3C//DTD XHTML 1.0 Transitional//EN" "http://www.w3
<html xmlns="http://www.w3.org/1999/xhtml">
<head>
<meta http-equiv="Content-Type" content="text/html; charset=gb2312" />
<!-- TemplateBeginEditable name="doctitle" -->
<title>无标题文档</title>
<!-- TemplateEndEditable -->
<!-- TemplateBeginEditable name="head" -->
<!-- TemplateEndEditable -->
</head>

<body>
<img src="quanjing-2.1.2.jpg" />
</body>
</html>
```

图 4-6　<img>标签的使用方法

图 4-7　<img>标签的显示效果

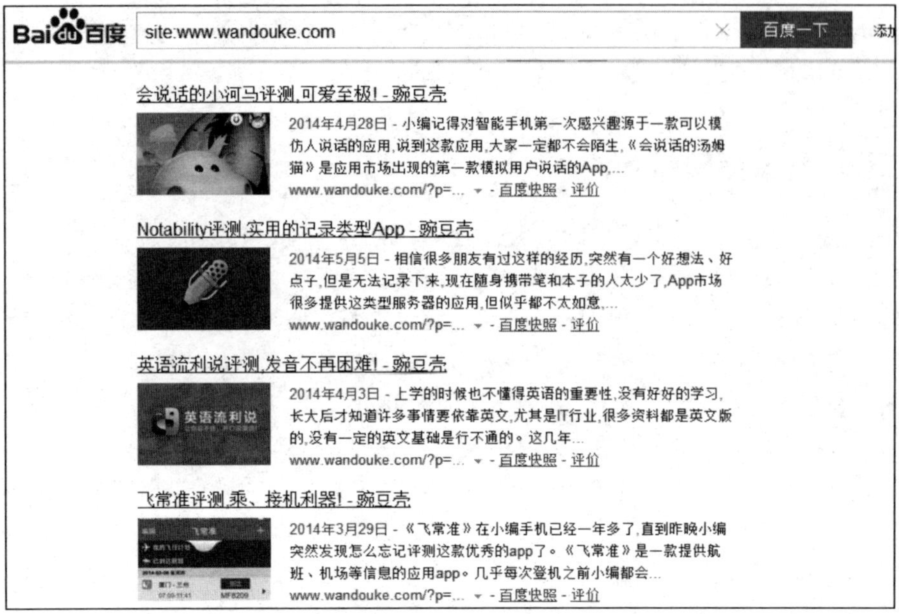

图 4-8　百度搜索引擎搜索结果图文展示

图 4-9　关键词“户外帐篷”的搜索结果

Tips：ALT 属性也非常重要。ALT 属性的目的是让用户在图片无法访问的时候可以了解图片的内容。这一点也被搜索引擎所注意。一般认为搜索引擎是无法读取图片内容的，尽管现在有一些新的技术在尝试，但终究还是没有大范围应用。这样来看，ALT 成了搜索引擎了解图片甚至网页的重要信息来源，所以，学会书写 ALT 属性也是实施 SEO 时必须掌握的。

作者认为，首先需要注意的就是真实描述图片内容，如图 4-10 所示。恶意的 ALT 属性可能会欺骗搜索引擎，但是无法欺骗访问者。如果我们将这幅图片描述为“沙滩上的鱼”，用户通过搜索“沙滩上的鱼”关键词进入网页，结果看到的是海星，那么可想而知，用户会跳出网页。前面我们提到，这个过程会被搜索引擎记录下来。随着搜索跳出率的增加，该网页的排名会下降，直到消失在用户无法找到的位置。还需要注意语言的组织，在真实描述图片的同时要学会融入关键词，否则就算描述得再真实，没有用户的访问也是失败的 SEO。

```
<!DOCTYPE html PUBLIC "-//W3C//DTD XHTML 1.0 Transitional//EN" "http://www.w
<html xmlns="http://www.w3.org/1999/xhtml">
<head>
<meta http-equiv="Content-Type" content="text/html; charset=gb2312" />
<!-- TemplateBeginEditable name="doctitle" -->
<title>无标题文档</title>
<!-- TemplateEndEditable -->
<!-- TemplateBeginEditable name="head" -->
<!-- TemplateEndEditable -->
</head>

<body>
<img src="quanjing-2.1.2.jpg" alt="沙滩上的海星" />
</body>
</html>
```

图 4-10　ALT 属性的真实描述

4.2.6　<nofollow>标签

Tips: <nofollow>标签对 SEO 的意义是告诉搜索引擎“不要追踪此网页上的链接”或“不要追踪此特定链接”。目前各大搜索引擎都支持该标签，这对防止权重的分散有重大意义，如联系页面、在线咨询等超链接都可以利用<nofollow>标签进行处理。当然，有时候为了更好地引导用户，会建立诸多引导链接，如“更多”、“详情”等页面都可以采用<nofollow>标签进行合理的处理。

我们都知道，交换友情链接并不是为了从对方网站获得那么丁点的流量，而是为了提高网站权重。有些站长会在友情链接部分加上<nofollow>标签，导致该友情链接失去本来的意义。这种行为属于欺骗行为。当然，有些站长在和我们交换友情链接的时候没有使用<nofollow>标签，而是等一段时间偷偷地加上。要避免这种情况，就要隔一段时间将与自己交换友情链接的网站好好地检查一遍，如果遇到这种情况必须果断撤掉对方的链接。

例如，我们网站的页面上有 5 个外部链接，那么每个外部链接得到的权重为1/5，而我们在其中一个外部链接上添加了<nofollow>标签，使得蜘蛛不爬取这个链接，那么剩余的 4 个外部链接得到的权重还是 1/5。页面的权重一样会分给这 5 个链接，只是其中被设置了<nofollow>标签的链接所获得的权重丢失而没有形成传递。这看似是一种“损人不利己”的行为，但还是有好处的，因为这样做可以引导蜘蛛的爬行，让有带宽限制的蜘蛛在有限的时间爬取更多的页面。

4.2.7 <H>标签

<H>是网页 HTML 中对文本标题进行强调的一种标签。早些年很多 SEOer 已经发现搜索引擎对<H>标签的重视，从而导致无休止地添加<H>标签，一个 HTML 网页中经常出现很多<H>标签。这样的做法或许短期内能让排名获得提升，但是从长远考虑，这样的做法对搜索引擎极其不友好。

我们可以这样思考。搜索引擎蜘蛛检索网页后通过各种方法识别网页的内容和主题，<H>标签的内容也包含在内。搜索引擎认为<H1>标签包含的内容极其重要，通常都是该网页的主题等信息。如果网页中多次出现<H1>标签，那么搜索引擎便无从判断哪个<H1>标签所包含的内容是最重要的，这样很容易导致搜索引擎对网页的索引失真。

作者认为，在一个 HTML 页面中<H1>标签应该只出现 1 次，并且包含的内容必须能代表该页面的主题，最好是包含需要优化的长尾关键词。<H2>、<H3>标签可以多次出现。一般情况下，<H2>标签中包含指向其他页面的链接等元素，<H3>标签中包含次导航等元素。

<H>标惩治的具体使用在不同情况下不尽相同，后续的章节中我们还会详细展开。

4.2.8 <STRONG>标签

<STRONG>标签用于强调文本。在一个 HTML 网页中，除了<H1>标签包含的内容是重点之外，我们还想告诉搜索引擎更多的重点，这样的情况下<STRONG>标签就该出场了。

2012 年前后，作者负责一个站群项目，当时几个朋友一起做模板开发，一个月之后我们发现，有一位朋友做的模板总能获得不错的排名。对比模板发现，这位朋友在模板中使用了<STRONG>标签。尽管在之前我们也了解<STRONG>标签的重要性，但一直无法获得详细的数据。因为在网页排名过程中有很多不确定因素，只有站群操作的时候在大量的数据中通过比对、筛选才能获得线索。之后大家都在

模板中添加了<STRONG>标签，优化效果也得到了提升。

需要注意的是，在不同时期，各种标签的重要性会有所变化，这和搜索引擎算法的调整有很大的关系。在白帽手法操作的过程中，我们不必太在意某个标签的重要性，只要做到合理使用便可。当然，如果遇到特殊情况，如网页在某个排名很长时间不变，我们就可以有目的地使用<H1>、<STRONG>等标签。这一点在第 8 章中会详述。

4.3　误区 3：keywords、description 不重要了吗？

一些站长社区中经常有讨论 keywords、description 标签重要性的帖子，不少 SEOer 认为近年来搜索引擎开始忽略 keywords、description 标签。事实真的如此吗？

Tips：*毋庸置疑，这几年百度搜索引擎频繁更新算法，keywords、description 标签的地位确实有所下降。但是无论算法怎么样调整，keywords、description 标签都是搜索引擎识别网页内容的重要依据。尤其是使用白帽手法的时候，keywords、description 标签显得尤为重要。*

可以这样理解，keywords、description 标签在搜索引擎中地位的淡化和大量地使用黑帽手法的垃圾站有很大的关系。2008 年前后，所谓的搜索引擎优化就是在网页中大量堆积关键词，keywords、description 标签中被插入大量关键词，一时间让大量的垃圾网站充斥在搜索结果中。这样的混乱让搜索引擎不得不采用更多的算法来判断一个网页的质量。

在作者诊断的大量案例中，遇到过很多网站没有书写 keywords、description 标签的情况，通过和站长的沟通得知，他们认为 keywords、description 标签不重要，甚至有 SEO 圈子的朋友告诉他们，写 keywords、description 标签反而会导致权重的下降，并且举例某知名网站也没有书写 keywords、description 标签。后面经过作者的指导，他们慎重地书写了 keywords、description 标签，关键词排名有了很大的改善。值得肯定的是，keywords、description 标签目前还是极其重要的，如何合理地书写 keywords、description 标签也是实施 SEO 的重点，keywords、description 标签的写法作者会在后面的章节详细介绍。

4.4 关键知识点 7：这样理解标题更合理

我们都知道，在一个网站当中首页的权重是最高的，虽然我们也在极力优化网站的终端页面和列表页面，但是我们最想要的 SEO 排名还是网站首页排名。因为首页是网站的“面子”，首页决定了 80%消费者的认可和接受程度，所以我们在做网站优化的时候，网站首页是最关键的，特别是对国内的企业网站而言。

我们的网站标题到底该如何设置？标题设置秘籍：标题一定要设置关键词，越靠前的关键词权重越高，排名越好。

A. 按品牌设置关键词

企业的品牌是第一要素。很多企业其实不需要太多乱七八糟的流量，只需要消费者在搜索引擎中搜索企业品牌时能找到公司网站即可，而不是输入公司品牌在搜索引擎里面找不到自己的企业网站或者排在其他非品牌网站的后面——这种情况对于做推广、做 SEO 的人来说是最大的失败。

例如，我们的品牌名称叫“某某”，公司名称叫“北京某某科技有限公司”，主要从事媒体广告和 SEO 优化，那么我们网站首页的标题设置应该是这样的：某某_某某官网_某某 SEO_某某广告_北京某某科技有限公司。为什么要这样设置？我们的品牌“某某”一定是<title>的第一个词。同时我们添加了第二个关键词“某某官网”。因为是品牌网站，所以为了推广自己的品牌，不让消费者找错网站，从优化的角度和消费者识别的角度，这个关键词设置都非常有必要。

我们在关键词之间加了分隔符“_”，当然也可以加“|”。作者认为加下画线更容易让消费者从视觉上清晰地识别一些他想要看到的关键词。再看第三个和第四个关键词，是奔着企业产品去的。换句话说，我们不能因为品牌关键词而忘记我们的业务关键词，它是对品牌的诠释，也是对产品关键词的优化，它非常重要。最后加上了公司名称，一个企业网站要证明自己是一家公司，公司名称必须要有。这一方面与消费者信任有关，另外一方面也是从搜索排名的角度考虑。消费者会搜索公司名称来更多地了解公司信息，品牌和公司名称是紧密相连的。

B. 按需求设置关键词

这里的需求是指企业需求，也是消费者需求，这个关键词的设置其实和我们常说的精准营销是一个道理。怎么理解呢？企业设置这些关键词是奔着消费者的需求去的，通过工具和数据了解消费者的需求，知道他们在搜索引擎里面会搜索哪些和企业有关的关键词，然后设置相应的关键词，但是这个关键词主要偏重业务关键词和产品关键词，而不是品牌关键词。

例如，我们的业务是 SEO 优化，公司名称叫“北京某某科技有限公司”，那么网站首页的标题就是“SEO 优化_SEO 顾问_北京 SEO 优化_北京某某科技有限公司”。首先确定公司的主要经营业务是什么。如果仅一项业务就比较简单，如果有几项业务想在一个网站表现出来，关键词优化就比较困难。我们可以考虑用多个网站来实现多个业务的关键词排名。这里假设只有 SEO 优化业务，所以“SEO 优化”关键词肯定是第一个，并且贯穿于整个<title>。第二～四个关键词都是用户需求关键词，甚至带有长尾关键词的味道，如“北京 SEO 优化”，加了“北京”两个字。

后面几个关键词其实不是随便想出来的，而是通过工具查询得到的。作者推荐使用词库网（ciku5.com）进行查询分析，如图 4-11 所示。这些关键词都是根据搜索的指数排列的，搜索指数越高的排位越靠前。因为作者研究的是百度搜索引擎，所以基本上都是先通过百度指数来判断关键词的热度，再通过百度搜索引擎下拉关键词来判断和确定应该使用哪些相关的关键词、设置顺序如何。这个很有讲究，这些关键词绝对不是凭空想出来的或想当然的，而是有数据依据的。这样的关键词设置就是奔着消费者需求去的。消费者可能不了解我们的品牌，也不知道我们的公司，但是他需要这样的产品和服务。有了这样的关键词入口，才有了后面的成交可能。

郑州百度seo	--	--	--		--
seo外链论坛	--	--	--		--
xinxiang-seo.com	1	0	0		38400
www.seo700.com	9	8	0		604
seo优化	1114	172	241		14000000
seo查询	940	234	131		61600000
seo是什么意思	283	680	28		10400000
北京seo邢云涛	84	759	0		71
www.seo-px.cn	1	0	0		148000
seo是什么	603	90	436		1420000

图 4-11　词库网 SEO 关键词分析

C. 做本地长尾关键词

Tips：本地长尾关键词有两个核心，一个是本地，一个是长尾。如果把第二条"按需求设置关键词"作为全国市场的泛关键词来理解的话，那么本地长尾关键词就是区域化的精准关键词。这种关键词设置带来的流量可能不会很高，关键词指数也比较低，但转化率却是最高的。不过，这种关键词设置会受到区域的限制，所以针对的企业最好是区域性的企业，如家政、婚纱摄影等。

例如，我们的企业是做家政服务的，地区是西安市雁塔区，公司名称叫"某某家政服务有限公司"，网站标题就是"西安家政服务_西安雁塔区家政服务_西安最好的家政服务_西安雁塔区最好的家政服务_某某家政服务有限公司"。很明显，我们在需求关键词前面加了一个地区名称，甚至小到某个商圈、某个街道和小区，这叫做区域长尾关键词。

道理很简单，家政服务不可能做全国市场，上海的客户不太可能跑到西安来消费，西安其他区的消费者也不太可能为了需要家政服务而奔波于两个区之间。当然也有例外情况，但是此类消费者很少。一般类似于家政、婚纱摄影、餐饮等服务类企业都是做商圈经济，客户群体会受到地域的限制，所以本地长尾关键词适合于这些类别的中小企业。

作者建议，本地长尾关键词区域越具体越好，范围越小越好，并且要设置一些相关的常用长尾词，如"最好的"、"最便宜的"、"最好吃的"、"最安静的"、"最受欢迎的"等。本地长尾关键词也是很多企业容易忽略的一个关键点，不要贪大贪多，让关键词太泛太大。获得排名本来就不容易，这样就算获取客户，也不是精准的客户，转化率也非常低。此类网站首页关键词设置非常符合开展本地化业务的中小企业和项目。

以上 3 种网站首页标题关键词设置，需要根据企业的具体情况和具体需求来选择。SEO 做的就是关键词排名，关键词排名做的就是网站流量，网站流量做的就是消费者。做消费者要的就是精准的消费者——消费者越精准，我们的营销成本就越低，转化率就越高。这才是我们做 SEO 的最终目的。

4.5 关键知识点 8：title、keywords、description 的写法

我们在实施 SEO 的过程中经常提到 title、keywords、description 这 3 个标签，作者也在本书中一再强调这 3 个标签对于 SEO 的重要性。为了使读者更清晰地了解 title、keywords、description 的写法和用途，下面将对其展开深入的分析和说明。

4.5.1　什么是 title、keywords、description

title，也叫网站标题，显示在浏览器上框，一般方便用户了解这个页面的内容。对搜索引擎来说，这里是它们判定网页内容的主要根据。拿陈中平的博客举例，其 title 是“网络推广方法咨询-网络推广案例探讨-陈中平的博客”。一般网站的 title 以 3 个最为适宜。

keywords，我们称它为关键词。keywords 与 title 不同的是，title 是可以让用户看到的，而 keywords 如果不查看源程序是看不到的。keywords 的主要作用是简单地概述页面内容。例如，一篇关于 title、keywords、description 的文章，这 3 个词就是这篇文章的关键词，要写在 keywords 中方便搜索引擎查阅。现在的主流搜索引擎 Google、百度、Yahoo 等都将 keywords 密度作为其排名算法考虑因素之一，但每个搜索引擎都有不同的算法来计算密度比例，从而得出排名。作者认为，关键词密度最好控制在 5%左右。

description 也是用来让搜索引擎判断整个页面内容的，要写入的内容是网站页面内容的简介。description 标签出现在网页的<meta>标签之间，可称为“内容标签”、“描述标签”或“内容摘要”。

4.5.2　title、keywords、description 的写法

一个网站如果想推广成功，首先要明确网站的主要方向，然后确定网站栏目页和分类列表页的名称，这些名称最好用关键词来定义。例如，新闻资讯板块最好用“新闻资讯”，而不要起一个乱七八糟的名字，如“新闻风向标”、“新闻独家”等，也不要给新闻加上一些特殊符号。这些写法虽然可以突出网站的个性，却会让网站在某些领域处于下风。

首先我们来看网站首页 title、keywords、description 的写法。

a. 首页 keywords 的写法。一般写首页 keywords 时，按照上面说的方法，在首页的 keywords 中加入网站名称、栏目名称和一两个比较重要的关键词就可以了。

b. 首页 title 的写法。首页 title 的写法比较简单，一般的格式是“网站标题_网站关键词”。这里的关键词不要加太多，最好和 keywords 中的相同。

c. 首页 description 的写法。description 的写法就是将首页的标题、关键词和一些特殊栏目的内容融合，写成简单的介绍。不要只写关键词，因为这是搜索引擎收录首页后显示出来的简介。

接下来我们来看栏目页 title、keywords、description 的写法。

d. 栏目页 title 的写法。一般栏目页 title 的写法有两种。如果按照之前的建议，

用关键词名称命名栏目页的话，可以是“栏目名称_网站名称”。如果不按作者的建议用关键词命名，title 就要换种写法了，大概写法是“栏目名称_栏目关键词_网站名称”，这样可以帮助栏目获得排名。

e. 栏目页 keywords 的写法。栏目页的 keywords 可以将其栏目下所有分类列表的名称列出，再加上栏目关键词，一般写法是“栏目名称，栏目关键字，栏目分类列表名称”。这样可以帮助搜索引擎更好地分辨这个页面，从而让网站在同类网站的权重竞争中取得一些优势。

f. 栏目页 description 的写法。将栏目的标题、关键字、分类列表名称尽量写入 description 中，但切忌只写关键词，建议尽量写成介绍的形式。这对用户在搜索引擎中的浏览有好处，由此也可以提高一些权重优势。

最后我们来看分类列表页 title、keywords 的写法。

g. 分类列表页 title 的写法。比较简单，只需要用关键词为这个栏目起名，然后按照下列顺序填写即可——“分类列表页名称_栏目名称_网站名称”。这里不要添加乱七八糟的内容，因为简单一些的内容对排名更有好处。

h. 分类列表页 keywords 的写法也比较简单，就是将栏目中的主要关键词写入，不要写太多，3～4 个最佳。因为现在的搜索引擎会由于存在太多的关键词而分散网站的权重。

4.6 简单了解 CSS

前面已经提到 HTML 中的很多标签对于 SEO 的重要性，除了这些，我们还应该了解一些 CSS 的基础知识，对这些知识的了解有助于我们在实施 SEO 的过程中更加自如地调整网页结构。现阶段 SEO 的发展已经不仅仅是提升关键词排名，更重要的是在关键词获得排名后将流量转化为客户，这一点就涉及网页的调整和布局。

4.6.1 CSS 概述

CSS（Cascading Style Sheet，可译为“层叠样式表”或“级联样式表”）是一组格式设置规则，用于控制 Web 页面的外观。通过使用 CSS 样式设置页面的格式，可将页面的内容与表现形式分离。页面内容存放在 HTML 文档中，而用于定义表现形式的 CSS 规则则存放在另一个文件中或作为 HTML 文档的一部分存在（通常为文件头部分）。将内容与表现形式分离，不仅可以使维护站点的外观更加容易，还可以使 HTML 文档代码更加简练，缩短浏览器的加载时间。

HTML 标签原本被设计为用于定义文档内容。HTML 的初衷是通过使用<h1>、<p>、<table>这样的标签，表达“这是标题”、“这是段落”、“这是表格”之类的信息。文档的布局由浏览器来完成，而不使用任何的格式化标签。

由于两种主要的浏览器（Netscape 和 Internet Explorer）不断地将新的 HTML 标签和属性（比如字体标签和颜色属性）添加到 HTML 规范中，创建文档内容清晰地独立于文档表现层的站点变得越来越困难。

为了解决这个问题，万维网联盟（W3C）这个非营利的标准化联盟肩负起 HTML 标准化的使命，并在 HTML 4.0 之外创造了样式（Style）。

样式表定义如何显示 HTML 元素，就像 HTML 3.2 的字体标签和颜色属性所起的作用那样。样式通常保存在外部的 CSS 文件中。通过编辑一个简单的 CSS 文档，外部样式表使我们有能力同时改变站点中所有页面的布局和外观。

由于允许同时控制多重页面的样式和布局，CSS 成为 Web 设计领域的一个突破。作为网站开发者，我们能够为每个 HTML 元素定义样式，并将之应用于我们所希望的任意页面。如需进行全局更新，只需简单地改变样式，网站中的所有元素就会自动更新。

4.6.2 CSS 的历史

1994 年，哈坤 · 利提出了 CSS 的最初建议，而伯特 · 波斯当时正在设计一个叫作 Argo 的浏览器，于是他们决定一起合作设计 CSS。

当时已经有一些关于样式表语言的建议了，但 CSS 是第一个含有“层叠”概念的。在 CSS 中，一个文件的样式可以从其他的样式表中继承。读者在一些地方可以使用自己更喜欢的样式，而在其他地方可以继承样式，或者“层叠”作者的样式。这种层叠的方式使网页的作者和读者都可以灵活地加入自己的设计，满足自己的爱好。

哈坤于 1994 年在芝加哥的一次会议上第一次提出了 CSS 的建议，1995 年他与波斯一起再次提出这个建议。当时 W3C 刚刚建立。W3C 对 CSS 的发展很感兴趣，并为此组织了一次讨论会。哈坤、波斯和其他人（如微软的托马斯 · 雷尔登）是这个项目的主要技术负责人。1996 年年底，CSS 设计完成。1996 年 12 月，CSS 规范的第一版出版。

1997 年年初，W3C 内部组织了专管 CSS 的工作组，其负责人是克里斯 · 里雷。这个工作组开始讨论第一版中没有涉及的问题，于 1998 年 5 月出版了 CSS 规范的第二版。

4.6.3 CSS 布局相对于传统的 table 网页布局的显著优势

A. 表现和内容分离

将设计部分剥离出来放在一个独立的样式文件中，HTML 文件中只存放文本信息。这样的页面对搜索引擎更加友好。

B. 提高页面浏览速度

对于同一个页面视觉效果，采用 CSS 布局的页面容量要比 table 编码的页面文件容量小得多（前者一般只有后者的 1/2），浏览器也不用去编译冗长的标签。

C. 易于维护和改版

只要简单地修改几个 CSS 文件就可以重新设计整个网站的页面。

D. 使用 CSS 布局更符合现在的 W3C 标准

Tips：W3C 组织并不是 ISO 国际标准组织的成员。

a. 基础学习

HTML 和 CSS 都是很简单的东西，不涉及算法，不涉及数据库，只要搞清楚含义就可以。有了基础，其实很多问题都会迎刃而解，真的遇到了不明白的，再问也不迟。

b. 明白自己要问什么

经常有人问“为什么这个没有效果”，然后给一个截图。页面是由代码来表现的，不给代码，再聪明的人也没法猜。

c. 善于使用搜索引擎

明白问题出在什么地方，形成了直接的问题，这时学习效率最高的方法是搜索引擎。对于初学者来说，问题一般都是其他人问过很多遍的，因此，通常已经有人针对这些问题进行了详细的解释。到搜索引擎中找找看，得到的结果比别人在论坛或者 QQ 上随便给出的回答更能提高自己的水平。

d. 关注别人的问题

别人提的问题，可能现在用不到，但是也许某一天就会用到。多关注别人提的问题，当要用的时候，可以快速找到解决方法。多看别人的回答也许能让自己更进一步，同时，回答别人的问题，也能巩固自己的知识，有时候还能让自己发现新的东西。每个人都有自己看待问题的视角，解决问题的过程不一样，产生的结果可能也不一样。

4.6.4　CSS 的限制

A．使用“完整”的 CSS 的缺点

a．浏览器支持的不一致性。浏览器的漏洞或缺乏支持的 CSS 功能，会导致不同的浏览器显示出不同的 CSS 版面编排。例如，Internet Explorer 6.0 执行了许多自己的 CSS 4.0 属性，曲解了很多重要的属性，如 width、height 和 float。CSS 人员必须在最热门的或常用的浏览器中实现一致的版面编排。在不同的浏览器中，要达到像素精准的版面编排有时候是不可能的。

b．CSS 没有父层选择器。CSS 选择器无法提供元素的父层或继承性，以符合某种程度的标准。先进的选择器（如 XPath）有助于设计复杂的样式。然而，浏览器的性能和增加彩现的问题关系着父层选择器，却是 CSS 的工作群组拒绝建议的主要原因。

c．不能明确地指定继承性。样式的继承性建立在浏览器中 DOM 元素的层级和具体的规则上。

d．垂直控制的局限。元素的水平放置普遍易于控制，垂直控制则是非凭直觉性的、较迂回的甚至是不可能的。例如，垂直地围绕一个元素、页尾的放置不能高于可见视窗（viewport，视窗或屏幕的可见范围）的底部，需要复杂而非凭直觉性的样式规则，或者简单但不被广泛支持的规则。

e. 显示的缺乏。目前的 CSS 无法明确又简单地显示属性值，如“margin-left:10%-3em+4px;”。这在很多情况下都是非常有用的，如总字段中计算字段的尺寸限制。CSS WG 发表了 CSS 局限性的草案，而 Internet Explorer 5 以后的版本支持相似功能的语法显示。

f．缺乏正交性。同样的效果可以用不同的属性来实现，这经常会造成困扰。例如，position、display 与 float 定义了不同的配置方式，而且不能有效地交替使用。再如，一个“display: table-cell”元素不能指定 float 或是“position: relative”，因为指定“float:left”的元素不应该受到 display 效果的影响。此外，就是没有考虑新建立属性所造成的影响。例如，在表格中应该使用 border-spacing 而不是 margin-*.来指定表格元素，这是因为依照 CSS 准则，表格内部元素是没有边界（margin）的。

B．XHTML+CSS 的结构

你正在学习 CSS 布局吗？你是不是不能完全掌握纯 CSS 布局？通常有两种情况会阻碍我们的学习。

第一种情况是还没有理解 CSS 处理页面的原理。在考虑页面整体表现效果前，应当考虑内容的语义和结构，再针对语义和结构添加 CSS。下面将介绍怎样把

HTML 结构化。

第二种情况是对那些非常熟悉的表现层属性（如 cellpadding、hspace、align="left"等）束手无策，不知道该转换成什么样的 CSS 语句。

当我们解决了第一个问题，知道了如何结构化 HTML，作者会给出一个列表，详细列出原来的表现属性可以用哪些 CSS 代替。

C. 结构化 HTML

我们在刚学习网页制作时，总是先考虑怎么设计，考虑图片、字体、颜色及布局方案，然后用 Photoshop 或者 Fireworks 画将它们出来，再切割成小图，最后通过编辑 HTML 将所有设计还原在页面上。

如果我们希望 HTML 页面用 CSS 布局（是 CSS-friendly 的），就需要重来。先不考虑"外观"，而是先思考页面内容的语义和结构。

外观并不是最重要的。一个结构良好的 HTML 页面可以以任何外观表现出来，CSS Zen Garden 就是一个典型的例子，可以帮助我们认识 CSS 的强大力量。

HTML 页面不仅能在计算机屏幕上阅读。用 Photoshop 精心设计的画面可能不能显示在 PDA、移动电话和屏幕阅读机上，但是一个结构良好的 HTML 页面可以通过 CSS 的不同定义显示在任何地方、任何网络设备上。

D. 开始思考

首先要学习什么是"结构"，一些人也称之为"语义"。这个术语的意思是我们需要分析自己的内容块，以及每块内容的目的，再根据这些内容目的建立相应的 HTML 结构。

如果仔细分析和规划页面结构，可能得到类似这样的几块：

标志和站点名称

主页面内容

站点导航（主菜单）

子菜单

搜索框

功能区（如购物车、收银台）

页脚（版权和有关法律声明）

我们通常采用 DIV 元素将这些结构定义出来，类似这样：

```
<div id="header"></div>
<div id="content"></div>
<div id="globalnav"></div>
<div id="subnav"></div>
```

```
<div id="search"></div>
<div id="shop"></div>
<div id="footer"></div>
```

这不是布局，而是结构。这是一个对内容块的语义说明。当我们理解了这种结构，就可以在 DIV 上加对应的 ID。DIV 容器中可以包含任何内容块，也可以嵌套另一个 DIV。内容块中可以包含任意的 HTML 元素，如标题、段落、图片、表格、列表等。

我们已经知道如何结构化 HTML 了，现在就可以进行布局和样式定义了。每一个内容块都可以放在页面的任何地方，再指定这个块的颜色、字体、边框、背景及对齐属性等。

a. 使用选择器是件美妙的事

ID 的名称是控制某一内容块的手段。通过给这个内容块套上 DIV 并加上唯一的 ID，就可以用 CSS 选择器来精确定义每一个页面元素的外观表现，包括标题、列表、图片、链接或者段落等。例如，为 #header 写一个 CSS 规则，就可以完全不同于 #content 里的图片规则。

另外一个例子是：可以通过不同规则来定义不同内容块里的链接样式，类似于“#globalnav a:link”、“#subnava:link”或者“#content a:link”；也可以为不同内容块中的相同元素定义不一样的样式。例如，通过“#content p”和“#footer p”分别定义 #content 和 #footer 中 p 的样式。从结构上讲，页面是由图片、链接、列表、段落等组成的，这些元素本身并不会因为显示在不同的网络设备中（不管是 PDA、手机或者网络电视）而受到影响，它们可以被定义为任何的外观。

一个经过细致结构化的 HTML 页面非常简单，每一个元素都被用于结构中。如果想缩进一个段落，不需要使用 blockquote 标签，只要使用 p 标签，并对 p 加一个 CSS 的 margin 规则就可以实现。p 是结构化标签，margin 是表现属性，前者属于 HTML，后者属于 CSS。这就是结构与表现的分离。

Tips：结构良好的 HTML 页面里几乎没有表现属性的标签，代码简洁。例如，原先的代码“<tablewidth="80%" cellpadding="3" border="2"align="left">”，现在可以只在 HTML 中写 table，将所有控制表现的东西都写到 CSS 中去。在结构化的 HTML 中，table 就是表格，而不是其他什么（例如，被用来布局和定位）东西。

b. 亲自实践结构化

上面说的只是最基本的结构，实际应用中，可以根据需要来调整内容块。常常会出现 DIV 嵌套的情况，我们会看到 container 层中又有其他层，结构类似这样：

```
<div id="navcontainer">
<div id="globalnav">
```

```
<ul>a list</ul>
</div>
<div id="subnav">
<ul>another list</ul>
</div>
</div>
```

嵌套的 DIV 元素允许定义更多的 CSS 规则来控制表现。例如，可以给 #navcontainer 一个规则让列表居右，给 #globalnav 一个规则让列表居左，给 #subnav 的 list 另一个完全不同的表现。

c. 用 CSS 替换传统方法

下面的列表将帮助我们用 CSS 替换传统方法：

HTML 属性及相对应的 CSS 方法

HTML 属性

CSS 方法说明如下：

```
align="left"
align="right" float: left;
float: right;
```

使用 CSS 可以浮动任何元素，包括图片、段落、div、标题、表格、列表等。

如果使用 float 属性，必须给这个浮动元素定义一个宽度，如 “marginwidth="0" leftmargin="0" marginheight="0" topmargin="0" margin:0; ”。CSS、margin 可以设置在任何元素上，而不仅仅是 body 元素上。更重要的是，可以分别指定元素的 top、right、bottom 和 left 的 margin 值。

```
vlink="#333399" alink="#000000" link="#3333FF" a:link #3ff;
a:visited: #339;
a:hover: #999;
a:active: #00f;
```

在 HTML 中，链接的颜色作为 body 的一个属性值定义，整个页面的链接风格都一样。使用 CSS 的选择器，页面不同部分的链接样式可以不一样。

bgcolor="#FFFFFF" background-color: #fff; ——在 CSS 中，任何元素都可以定义背景颜色，不仅仅局限于 body 和 table 元素。

bordercolor="#FFFFFF" border-color: #fff; ——任何元素都可以设置边框（boeder），可以分别定义 top、right、bottom 和 left。

border="3" cellspacing="3" border-width: 3px; ——用 CSS 可以定义 table 的边框为统一样式，也可以分别定义 top、right、bottom 和 left 边框的颜色、尺寸和

样式。

d. 可以使用 table、td、th 这些选择器

如果需要设置无边框效果，可以使用 CSS 定义“border-collapse: collapse; ”。

```
<br clear="left">
<br clear="right">
<br clear="all">
clear: left;
clear: right;
clear: both;
```

许多 2 列或者 3 列布局都使用 float 属性来定位。如果在浮动层中定义了背景颜色或者背景图片，可以使用 clear 属性。

```
cellpadding="3"
vspace="3"
hspace="3" padding: 3px;
```

使用 CSS，任何元素都可以设定 padding 属性。同样，padding 可以分别设置 top、right、bottom、left。padding 是透明的。

```
align="center" text-align: center;
margin-right: auto; margin-left: auto;
```

text-align 只适用于文本。像 div、p 这样的块级可以通过“margin-right: auto; ”和“margin-left: auto; ”来水平居中。

e. 一些令人遗憾的技巧和工作环境

由于浏览器对 CSS 支持的不完善，我们有时候不得不采取一些技巧（hacks）或建立一种环境（Workarounds）来让 CSS 实现与传统方法同样的效果。例如，块级元素有时候需要使用水平居中的技巧、盒模型 bug 的技巧等。所有这些技巧都在 MollyHolzschlag 的文章 *Integrated Web Design: Strategies for Long-Term CSS HackManagement* 中有详细说明。

另外一个关于 CSS 技巧的资源站点是 Big John 和 Holly Bergevin 的“Position is Everything”。

f. 理解浮动行为

Eric Meyer 的 *ContainingFloats* 将帮助我们掌握如何使用 float 属性布局。float 元素有时候需要清除（clear），阅读 *How To Clear FloatsWithout Structural Markup* 将非常有帮助。

4.7 关键知识点 9：DIV+CSS 对 SEO 的影响

使用 DIV+CSS 设计的网站有助于提升搜索引擎蜘蛛的爬行效率。DIV+CSS 的代码精简是 table 无法比拟的，即使是 DIV+CSS 的 HTML 加上对应的 CSS 文件，其容量也一般都小于 table 的 HTML 文件。DIV+CSS 实现了样式和布局完全分离，前台垃圾代码大量减少，内容更加突出，蜘蛛在网站上的爬行速度更快。

Tips：使用 DIV+CSS 设计能显著提高网页打开速度。大家都知道，用户是网站生存最重要的因素，搜索引擎也一样，搜索引擎会优先抓取客户体验比较好的网站。真正的 SEOer 不只是为了追求收录、排名，快速的响应速度是提高用户体验的基础。

试想一下，如果我们打开某个网站需要 1 分钟以上，下次还会来这个网站吗？DIV+CSS 布局较 table 布局减少了页面代码，加载速度得到很大的提高，这对蜘蛛的爬行非常有利。过多的页面代码可能造成爬行超时，蜘蛛就会认为这个页面无法访问，从而影响收录及权重。

讲到这里我们有必要了解一下 table 布局的页面打开原理。一般 table 布局的页面是大表格套中表格，中表格套小表格，小表格再套小小表格，要将第一个表格（最外边的）读取完才能显示页面，读取大表格的同时又要读取大表格中的小表格，大大放缓了网页打开速度。浏览器加载 table 页面时候通常是从加载<table>开始，等加载完</table>才将内容显示给浏览者，这样通常会让浏览者感到等待时间过长。

最后我们来看使用 DIV+CSS 设计的网站对搜索引擎排名的影响。基于 XHTML 标准的 DIV+CSS 布局，一般在设计完成后会尽可能地完善到能通过 W3C 验证。截至目前，没有搜索引擎表示排名规则会倾向于符合 W3C 标准的网站或页面，但事实证明，使用 XHTML 架构的网站排名状况一般都不错。DIV+CSS 对网页的整体控制性很强，通过简单的代码修改即可大幅度对网站进行代码优化改版。很多人感觉 CSS 虽然对排名很有利，但是影响排名的因素还有很多，没有基础的用户仍然可以利用表格，但是表格不要超过 3 层。

4.8 本章小结

本章从 HTML 入手讲述了 title 等重要标签的用法和注意事项，这些标签在 SEO 过程中扮演着重要的角色。读者一定要细心琢磨这些标签的使用方法。如果现在还不是特别清楚也不必担心，只需要带着这些问题进行后面章节的阅读。

作者在 SEO 诊断过程中遇到过这样的问题：一些 SEOer 疑惑，学习 SEO 到底需不需要学习编程？这里作者就此问题给出自己的观点。做 SEO 到底是否需要学习 Web 编程，这是很多想从事 SEO 行业的新手的疑问。作者感觉，如果时间倒退几年，SEO 从业者可以不考虑学习 Web 编程。前几年做 SEO 只需要懂得使用一些常见的工具（如 DedeCMS）就可以操作。那个时代更注重的是黑帽方法，如关键词堆砌、大量的锚文本链接等。随着搜索引擎算法的进步和站群的大量出现，很多团队用 CMS 搭建了成千上万相似的网站，导致搜索引擎对于该类型网站的惩罚力度加大。这个过程中当然会牵连使用该类型 CMS 的其他网站。

因此，作者现在的建议是至少要掌握 HTML，能够对已有的模板做差异化的修改，避免上文提到的牵连惩罚。作者相信，未来的 SEO 行业会更加艰难，站长自己开发的程序会越来越受欢迎。说到底，搜索引擎对垃圾网站最简单的判断方法就是成本，相对于 50 元左右的 com 域名，10 元甚至免费的域名更容易受到惩罚。一样的道理，用 CMS 建设的网站也会比定制开发的程序更容易受到惩罚。由此看来，如果想长远地在 SEO 行业发展，还是应该尝试学习 ASP、PHP 等语言。

本书因为篇幅有限，没有办法将 CMS 模板的制作和一些编程知识引入，读者可以在搜索引擎中搜索相应的教程自学。后续作者会针对模板的开发和编程撰写专门的书籍，请各位读者多多关注。当然，如果读者对此有疑问，欢迎线上联系作者进行交流。

下一章将为大家讲述搜索引擎的工作原理，了解这些基础的工作原理对于我们进行 SEO 工作非常有利。后面作者还会对《百度搜索引擎网页质量白皮书》进行深入的解读，帮助读者更深入地理解 SEO。

第 5 章 建站是如此简单的事情

前面我们已经学习了 HTML 和 CSS 的一些基础知识，这些知识对于 SEO 实战中进行网站的内部优化非常重要。接下来作者将为大家介绍如何快速、高效地建设一个符合 SEO 要求的网站，这一点在 SEO 过程中起到了决定性的作用。没有一个好的开头，什么事情做起来都会更加困难，SEO 也是如此。如果网站建设一开始就存在问题，那么后面即使我们付出比其他网站更多的努力，也无法达到理想的效果。

5.1 关键知识点 10：域名中包含关键词全拼对 SEO 的影响

第 1 章中作者已经提到域名对于 SEO 的重要性。那么，究竟该如何选择域名？本章将展开深入的分析。大量的事实证明，成功的 SEO 绝非偶然，只有注意方方面面的细节才能获得理想的排名。

在 2013 年的一个站群项目中作者发现了这样的问题：域名中包含关键词全拼的网站排名要好于其他网站。类似的问题在之前就有 SEO 从业者提出，但是大多数建议是包含英文关键词有必要，而中文全拼是没有意义的。为此，作者还在各大 SEO 社区发起讨论，大家的回帖意见不一，很少有 SEOer 认为包含全拼会对排名产生影响。在这里，作者将第一次全方位阐述这一事实。

2013 年作者建设的站群数量为 8000 个左右，供域名包含全拼是否对排名产生影响的为 1000 个，其中 500 个网站域名包含关键词全拼。30 天的时候包含全拼关键词的域名网站目标关键词进入搜索结果前 10 位的比率是 70%，而不包含关键词全拼域名的网站进入搜索结果前 10 位的比率是 55%。实验对象的域名注册时间相同，服务器相同，CMS 模板相同，目标关键词竞争性分析也相同。

2013 年的站群项目实验绝非偶然，后面作者还做了多次类似实验，结果都证明了域名中包含全拼关键词的重要性。

除了对排名的影响，还有一点非常值得重视：经过统计，很多用户搜索的时候习惯输入拼音。例如，搜索“三亚旅游”，很多用户会输入“sanyalvyou”，这时域名中包含全拼关键词的网站排名会占绝对的优势。如图 5-1 所示，在百度搜索引擎中输入“sanyalvyou”，排名第 2 位的域名中便包含“三亚旅游”关键词的全拼。讲到这里肯定有读者会问：现实生活中使用拼音进行搜索的用户估计很少吧？

图 5-1　“sanyalvyou”的搜索结果

回答这个问题首先要讲解 SEO 的价值。后面我们将会提到目标关键词的筛选和长尾关键词的筛选，SEO 过程绝不是盲目地和竞争对手一决高下。试想一下，对手的网站或许已经运行几年，无论是外链还是内容都远远高于我们的网站，如果一开始我们就针锋相对，那无疑是选择了失败。这时候我们不妨考虑一下其他的方法，做一些对手不在乎的事情，优化一些对手不乐意优化的关键词。通过这样的手法和关键词得来的流量或许确实无法和指数高的关键词相比，但是只要让自己的网站有了原始的用户，就会加快搜索引擎对网站质量的判断过程，这对于后期权重的提升有积极的作用。

作者在写作本书之前做过这样的试验。使用两个雷同的域名建设了两个类似的网站，一个定位指数 200 的关键词，另一个定位指数 50 的关键词。定位高的当然需要外链、文章的支撑才能获得排名，一个月的投入预计 3000 元左右；定位低的只需要每天发几篇文章，没有做外链，一个月的投入预计 500 元左右。定位低的 10 天便有了排名，并且相当稳定，每天大概有 30～50 个 IP 流量，这样一个月下来有 600～1000 个 IP。定位高的，累死累活地做了 25 天才有了排名，并且极其不稳定，有几天有，有几天没有，一个月下来流量才 500～800 个 IP。

这样的事实告诉我们，SEO 过程切忌眼高手低，但这当然不是说我们就不能做高指数的关键词。作者深知 SEO 是一个乏味的过程，更了解通过互联网创业的朋友的艰辛，一次的失败可能导致放弃，正确的方向往往能从精神到现实鼓励我们不断前行。后期网站获得一定的权重，我们也积累了一些经验后，便可以向对手发起挑战了。

5.2 抢注过期域名应该注意什么

域名注册是有期限的，当其域名所有者在域名到期后没有或忘记对该域名续费，域名将被删除，需重新注册。例如，A 域名到期时间为 2016 年 3 月 1 日，从 2016 年 3 月 2 日开始，域名的 NS 将会被系统自动删除，用户可以在 30 天的期限内续费。如果在 30 天期限内没有续费，从 2016 年 3 月 31 日开始，该域名将变成 RedemptionPeriod 状态，该状态将会保持 30 天。在此期间，该域名不会被删除，但是除了 restore 命令以外的所有命令对此域名无效。域名在 RedemptionPeriod 状态下可以 restore，但每一次 restore 都需要支付费用。如果域名在 RedemptionPeriod 状态下的 30 天内没有 restore，从 2016 年 4 月 29 日开始域名变成 PendingDelete 状态（5 天），2016 年 5 月 4 日该域名将被删除。

Tips：抢注过期域名对 SEO 是非常有帮助的。过期域名的优点在于域名存在时间长，域名的年龄也在一定程度上影响关键词的排名，还有就是过期域名可能有一定的外链，甚至带有权重。

该如何选择这些过期的域名？首先需要注意的是域名之前建设的网站是否属于灰色行业，这个可以通过一些网站历史查询工具了解。在百度中输入“网站历史”便能找到很多类似的工具。其次是域名是否被搜索引擎屏蔽。一般情况下，在搜索引擎中直接输入域名便可以查出。如果域名已经被收录，说明可以使用；如果没有收录，那么只能结合第一点作出判断。最后需要注意的是外链和权重。如果抢注到一个外链不错，并且带着权重的域名，那么可以肯定，你今天的运气不错！对外链和权重的查询可以利用站长工具完成，在百度中输入“站长工具”即可。

除了以上 3 点，使用过期域名还应该注意之前的网站是否和自己现在计划建设的网站类似，或者至少有类似的目标群体。如果我们想建设一个亲子类型的网站，而过期的域名之前是做五金行业的，那么选择这样的域名时其 SEO 过程同比费力很多。亲子类型的网站可以选择学前教育、女性服装等类型的国企域名，因为这些网站有类似的目标群体。

下面我们来实际操作一下。例如，我们想建设一个户外用品的网站，计划选择一个过期的域名。结合 5.1 节提到的建议域名中包含关键词全拼，我们应该优先选择包含“huwai”的域名。查询最近过期的域名，输入“huwai”关键词，如图 5-2 所示。

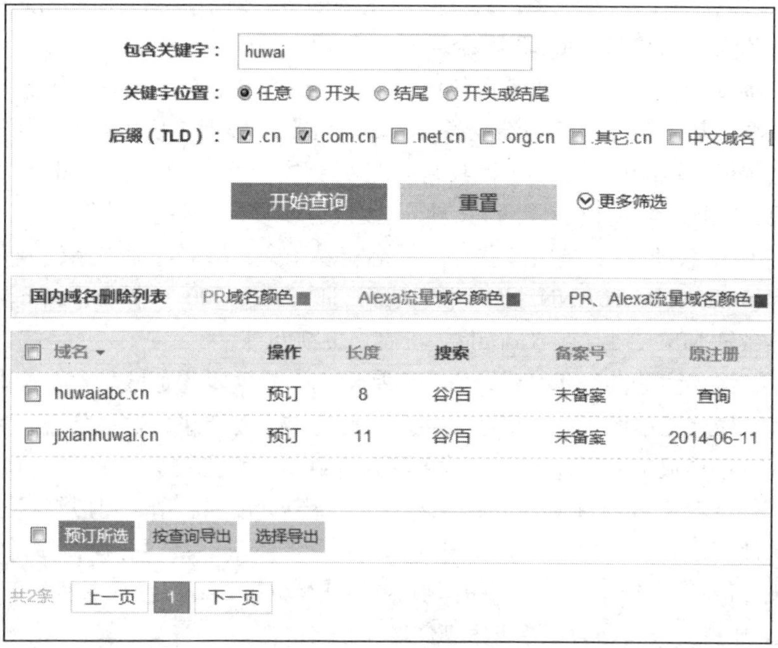

图 5-2　包含“huwai”的过期域名搜索结果

“huwaiabc.cn”似乎是不错的选择。分析该域名后得知其之前没有建设网站。相较于之前建设的网站目标群体与我们不同或者是灰色行业，没有建站的域名也是不错的选择。选择的时候要考虑现实情况，切忌生搬硬套。需要注意，如果是品相差的域名，可以自己抢注，品相好的域名最好借助第三方的力量。在百度中搜索“域名抢注”可以找到很多这样的服务商。

5.3 国内外知名注册商

对域名注册商的选择非常重要。在 2006 年左右，域名注册商鱼龙混杂，万网这样的注册商和普通的注册商价格差异很大。对于刚进入互联网的我们而言，每一分钱都显得尤为重要，出于这样的考虑，作者便选择了一家不知名的注册商。开始的几个月还可以，但后面经常出现 DNS 错误的问题。一年之后注册商网站停止运营，导致域名无法续费，作者用心维护一年的网站也随之关闭。正是因为有这样的教训，作者在本书中才单独将域名注册商的选择作为一节叙述。

现在域名注册商非常之多，近几年也正规很多，但是就实用性和稳定性来说，作者只推荐国外的 Go Daddy 和国内的易名中国。

Go Daddy 是一家提供域名注册和互联网主机服务的美国公司，服务产品涉及域名主机领域基础业务。其基础业务有：域名注册、虚拟主机、VPS、独立主机，以及域名主机领域的衍生业务。其域名主机领域的衍生业务有：独立 IP、SSL 证书、网站建设、邮箱、相册、速成网站、加速搜索引擎收录、网站分析等。

易名中国（eName）是中国最大的域名交易中介、域名注册申请、域名查询网站，通过了 CNNIC、ICANN 双重顶级认证，拥有超过 300 万个 cn、com 域名，大客户包括微软 MSN、百度、Google、新浪、央视网等。

这两家域名注册商的 DNS 服务都非常稳定，最重要的是域名安全性很高。我们注意到，最近几年域名盗窃屡屡发生，一般的域名无所谓，如果是短数字或者双拼域名，价格动辄上万元，因此，域名的安全确实不容忽视。

还有一点就是 Go Daddy 和易名中国都支持免费过户，用户可以轻松地将域名转移到其他用户名下，其他一些注册商要么转移非常复杂，要么在转移时要收费。Go Daddy 目前不支持中文，读者可以到百度搜索“Go Daddy 注册教程”获得帮助。Go Daddy 支持支付宝付款，费用按照当天汇率计算。

除了 Go Daddy 和易名中国，万网、22.cn 等也是不错的选择。选择时要注意是否有“ICANN 认证域名注册服务机构”等认证，如果无法确定可以到各大站长社区咨询。

5.4 误区 4：服务器和 SEO 的关系

前面我们已经提到域名对于 SEO 的重要性。和域名一样，服务器对于 SEO 来说也有着不容忽视的作用。这里暂时不区分空间和服务器。服务器的选择需要考虑以下两个方面的因素：第一，服务器所在机房要足够安全、稳定；第二，服务器要有足够的带宽，这是保证能够访问全球各地网站的关键。

如果网站连最起码的访问都无法保证，何谈 SEO？作者在帮一位站长做 SEO 诊断的时候遇到过这样的问题：这位站长的网站访问正常，上线一个多月，经过诊断分析得知网站结构和内容都没有问题，但是一直没有被搜索引擎收录，也没有蜘蛛爬行的日志。开始几天我们百思不得其解，后来检测全球访问节点发现百度搜索引擎蜘蛛所在地区居然无法访问该网站。最来和服务器提供商协商，问题得以解决。

这个经验告诉我们，在网站上线后一定要做各地区访问测试。如果使用空间或者云服务器，需要注意同一服务器上是否有违法、垃圾网站的存在。该类型的网站一方面会导致服务器经常受到攻击，另一方面如果搜索引擎屏蔽垃圾网站 IP 段，我们的网站很容易会受到牵连。

Tips：如果把域名比作网站的脸面，那么服务器便是网站的大脑。有好的脸面才能够引起搜索引擎和用户的青睐，这是赢得比赛的第一步。而如果没有健康、稳定的大脑，SEO 最终还是无法获得成功。事实证明，更换服务器、更换 IP 地址对关键词排名有很大的影响。

尽管百度站长工具针对这一问题专门推出了工具帮助站长更换 IP 地址，但我们将问题解决在萌芽阶段不是更好吗？网站建设之初，服务器的选择如果实在无法决断，读者可以多多请教前辈或者到各大站长论坛咨询。

5.5　深入学习 4：Windows 服务器的选择、配置及安全设置

一些 SEOer 认为服务器的配置等不是 SEOer 需要了解的知识。在大量的 SEO 诊断过程中作者遇到过很多这样的问题：网站关键词已经有了排名，但是服务器出现了问题，网站几天都无法打开，SEOer 找服务器技术人员却拖拖拉拉不解决，自己又没有这方面的知识，非常无奈。因此，作者建议 SEOer 了解一些服务器配置和安全方面的知识。

5.5.1　Windows 服务器介绍

目前很多用户和服务器提供商依旧选择 Windows Server 2003 系统，原因是 Windows Server 2003 为用户提供了五大价值。

A．便于部署、管理和使用

熟悉的 Windows 界面让 Windows Server 2003 容易上手。有效的向导简化了特定服务器角色的安装和日常服务器管理任务，即便没有专职的系统管理员，也一样容易管理。另外，系统管理员还有一些新增和改进的功能设计，让部署活动目录更为容易。

B．安全的基础结构

Windows Server 2003 使企业可以利用现有 IT 投资的优势，并通过部署关键功能，如 Active Directory 服务中的交叉林信任及 .NET Passport 集成等，将这些优势扩展到合作伙伴、顾客和供应商。Active Directory 中标识的管理范围跨越整个网络，有助于确保整个企业的安全。

C．企业级可靠性、可用性、可伸缩性和性能

通过一连串的新功能和改进功能，包括内存镜像、热添加内存及 Internet 信息服务（IIS）6.0 中的状态检测等，增强了可靠性。为了寻求更高的可用性，Microsoft 群集服务目前支持高达 8 个节点的群集及地理位置分散的节点，并支持从单处理器到 32 位系统的多种系统。

D．采用新技术，降低了 TCO

Windows Server 2003 提供了许多技术，以帮助企业降低拥有总成本（TCO）。例如，Windows 资源管理器使管理员可以设置服务器应用程序的资源使用情况（处理器和内存），并通过组策略设置来管理。网络附加存储（NAS）可以帮助用户合并文件服务。

E．便于创建动态 Intranet 和 Internet Web 站点

IIS 6.0 是 Windows Server 2003 中内置的 Web 服务器，它提供增强的安全性和可靠的结构。该结构提供对应用程序的隔离，并极大地提高了性能。

5.5.2 Windows 服务器的配置

服务器的配置大都由服务器提供商完成，我们只需要知道自己的 CMS 需要什么样的服务器配置，将其告诉服务器提供商即可。第 1 章中作者已经提到 Windows 服务器可以运行 ASP、ASP.NET、PHP 等几乎所有 Web 程序，而 Linux 服务器仅能运行 PHP 程序。这样一来，除了 PHP 之外的 CMS 便只能选择 Windows 了。服务器配置工作服务器技术人员几乎都能搞定，这里我们不再赘述，不过还是需要说明一下如何搭建网站和进行安全设置。

Windows 2003 服务器 IIS 网站配置步骤如下。

①把源程序上传到服务器的硬盘里面，需要注意的是源程序所在盘务必和系统盘区分。如果系统发生崩溃，源程序数据至少能够找回。当然，网站使用的 MSSQL 或者 MySQL 数据库也一定不能放在系统盘，这样的错误导致的损失将无法挽回。

②打开 Windows 服务器里面的 IIS，按照如图 5-3 所示新增网站。

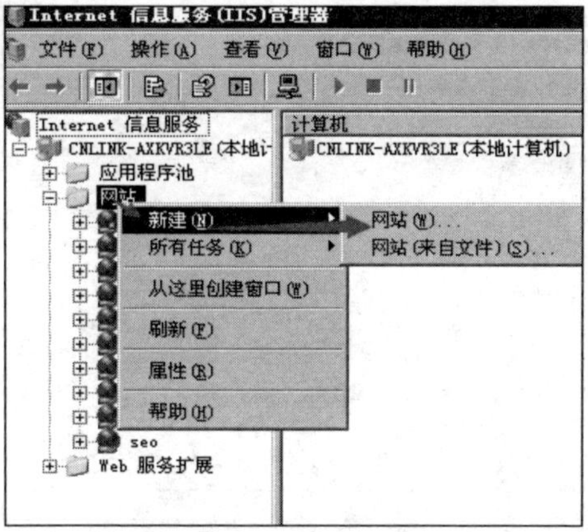

图 5-3　Windows 服务器新建网站（1）

③右击“网站”选项，在弹出的快捷菜单中依次选择“新建”→“网站”选项。

④填写描述。这里建议和存放在硬盘里面的源文件名保持一致，以便以后浏览和修改。如图 5-4 所示，这里命名为“seo”。

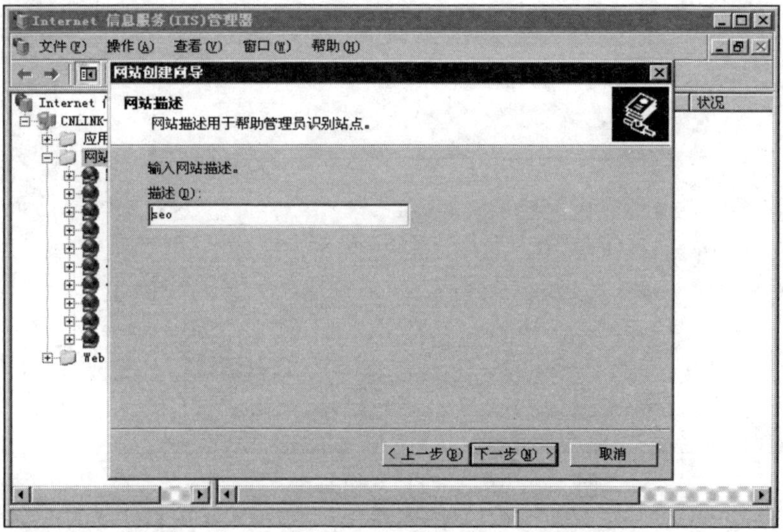

图 5-4　Windows 服务器新建网站（2）

⑤网站 IP 地址。选择要对应的 IP 地址，主机头默认留空，如图 5-5 所示。如果添加带“www”的域名，则需要将主机头填写为“www”。设置其他二级域名的方法一样。

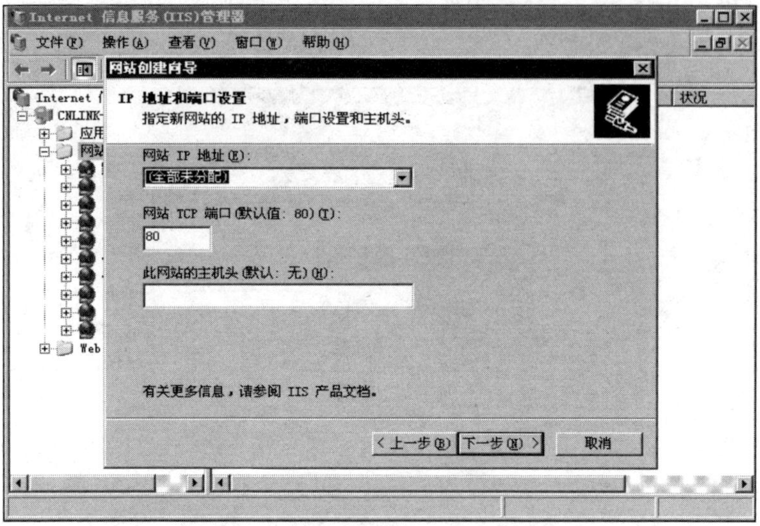

图 5-5 Windows 服务器新建网站（3）

⑥选择硬盘里相对应的路径，如图 5-6 所示。

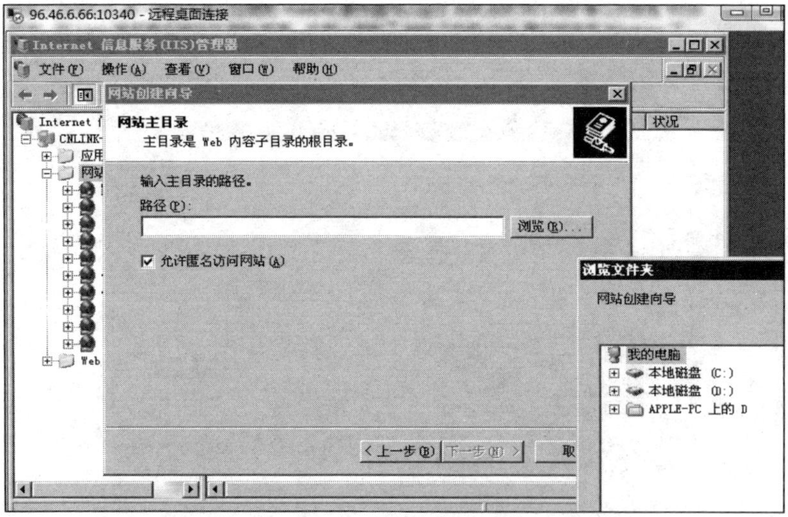

图 5-6 Windows 服务器新建网站（4）

⑦在如图 5-7 所示的界面勾选“运行脚本”和“执行”复选框。

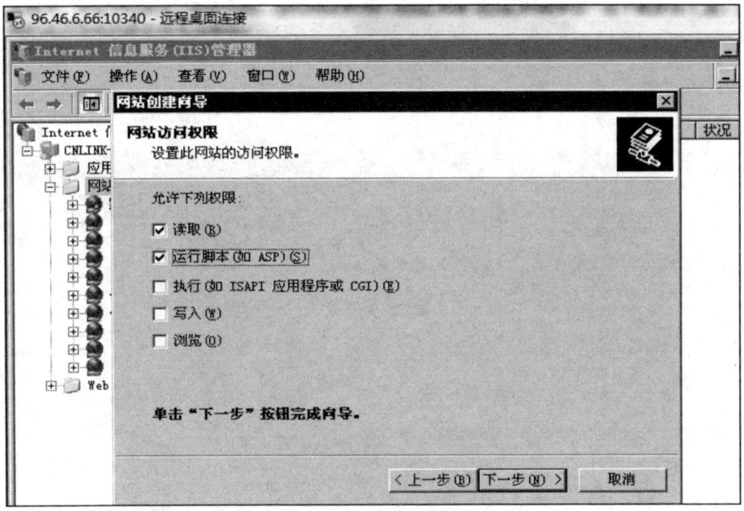

图 5-7　Windows 服务器新建网站（5）

⑧完成就可以把网站配置到 IIS 里面了。

接下来还需要设置相关网站的权限，这样才能让访客成功地浏览网站。

⑨选择相应的网站，然后右击，选择“权限”选项。

⑩单击“添加”按钮，在输入框中输入“e”，单击旁边的“检查姓名”选项，出现“everyone”字样，选择“确定”按钮，然后勾选“完全控制”复选框，如图 5-8 所示。

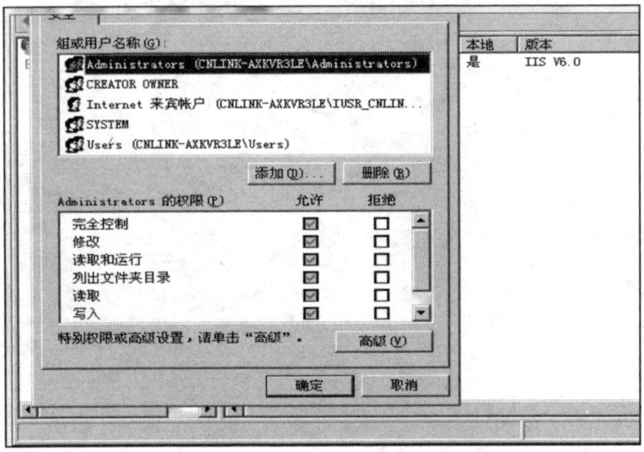

图 5-8　Windows 服务器新建网站（6）

⑪设置相关网站的属性。

⑫选择相应的网站，然后右击，选择“属性”选项。

⑬选择“主目录”选项卡，勾选“脚本资源访问”复选框，然后单击“配置”按钮。

⑭选择“选项”选项卡，勾选“启用父路径”复选框，如图 5-9 所示。

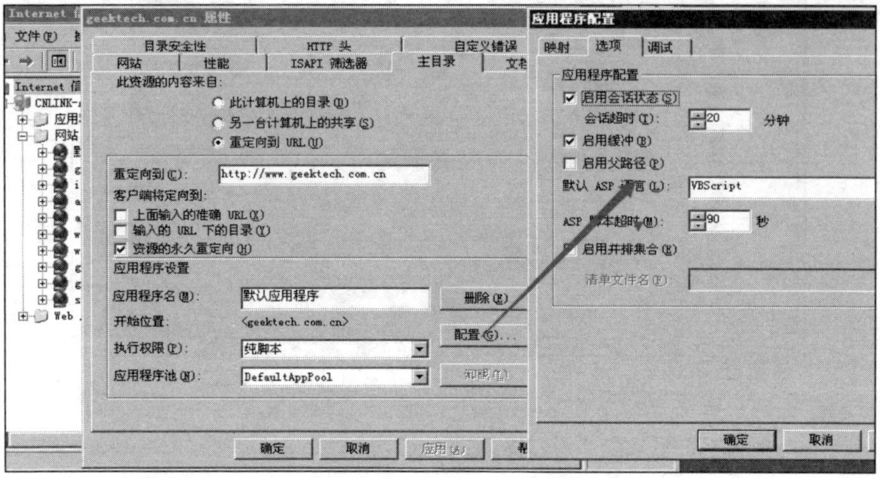

图 5-9　Windows 服务器新建网站（7）

⑮切换至“文档”选项卡，单击“添加”按钮添加“index.htm”。

⑯把添加的 index.htm“上移”到最顶端即可，这个是默认读取的首页文档，如图 5-10 所示。

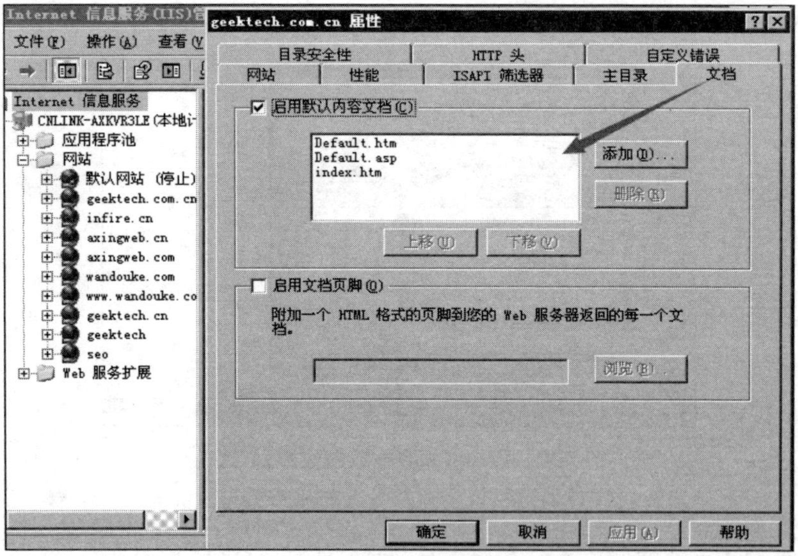

图 5-10　Windows 服务器新建网站（8）

5.5.3　安全狗配置之主动防御

Windows 服务器安全设置曾经是一个让人非常头疼的问题，经常需要由专门的技术人员完成。现在这一切我们都可以依靠安全狗来完成，操作非常简单。下面我们简要介绍一下安全狗的使用。

A．文件及目录保护作用

Tips：服务器安全狗文件及目录保护功能，其作用主要是保护用户服务器重要的文件与目录不被篡改与删除。建议用户安装服务器安全狗后，开启文件及目录保护功能，以保障文件与目录的安全。

B．文件及目录保护设置

文件及目录保护规则主要分为系统保护规则、网站规则和其他保护规则 3 种。这 3 种方式主要区别如下。

a．系统保护规则主要是禁止修改服务器安全狗安装目录下的相应文件类型的文件，并对文件目录进行必要的权限设置。它主要保护安全狗产品安装目录下的扩展名为 ini、xml、db、exe、dll 等的文件，该文件的操作规则是禁止写入与禁止删除。系统保护规则包含新增规则、修改规则、删除规则、导入规则与导出规则，如图 5-11 所示。

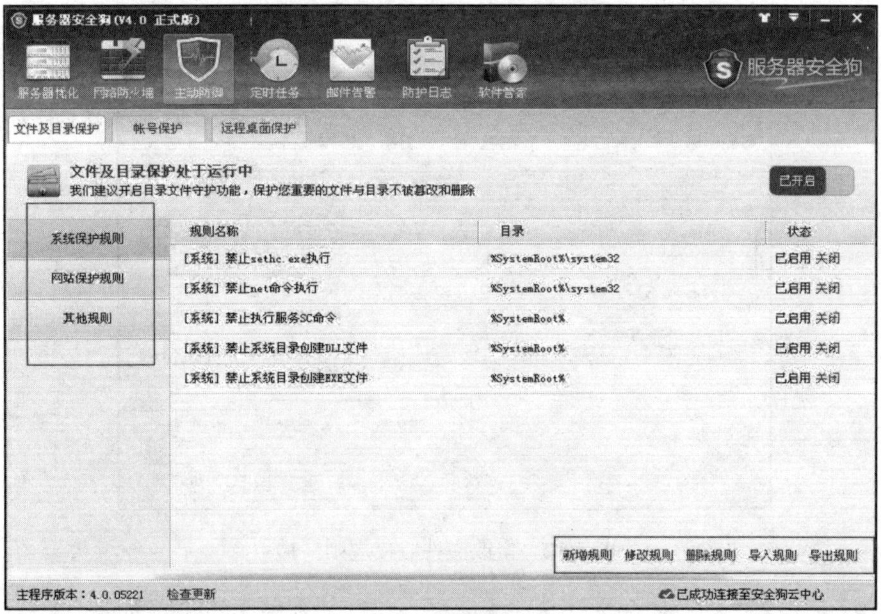

图 5-11　系统保护规则

（1）新增规则、修改规则

规则的设置分为 3 个步骤：设置目录→设置扩展名规则→设置进程名规则。

系统保护规则设置各参数的意义如下。

- 规则名称：即用户定义规则所取的名字。
- 监控路径：用户需要进行保护的文件目录。根据提示进行相应设置，支持几个类似环境变量的路径：%all% 表示全盘；%SystemRoot% 表示系统，Windows 目录。
- 文件操作规则：对于满足以上所述各种限制条件的文件或者文件夹，要采取的限制类型，如禁止删除、禁止写入等操作，可以根据实际需要设置。
- 路径白名单或文件白名单：根据实际情况，对路径下不需要限制的文件或目录，可通过“新增文件”、“新增目录”进行添加，对已添加的可以单击“删除”按钮进行修改，如图 5-12 所示。

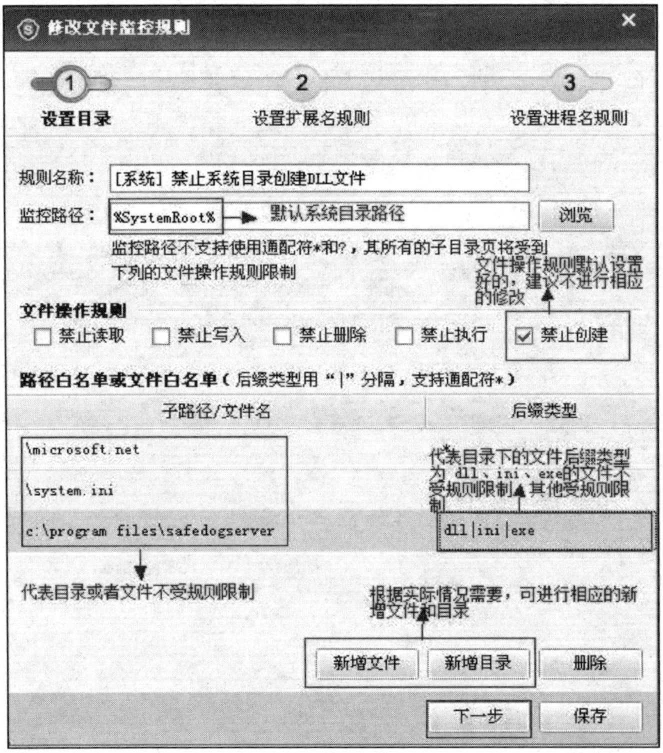

图 5-12　修改文件监控规则（1）

- 文件名规则：假如文件名或者路径中包括文本框内的任何文字，那么该文件夹或者文件就受到当前这条规则的限制，其他的文件或者文件夹不受当前规则的限制。“*”代表所有字符。

- 文件扩展名规则：只有扩展名为文本框里所写的内容才会受到本规则的限制。例如，设置“dll”就代表只有 DLL 文件受到本规则限制。文件扩展名不支持通配符，如图 5-13 所示。

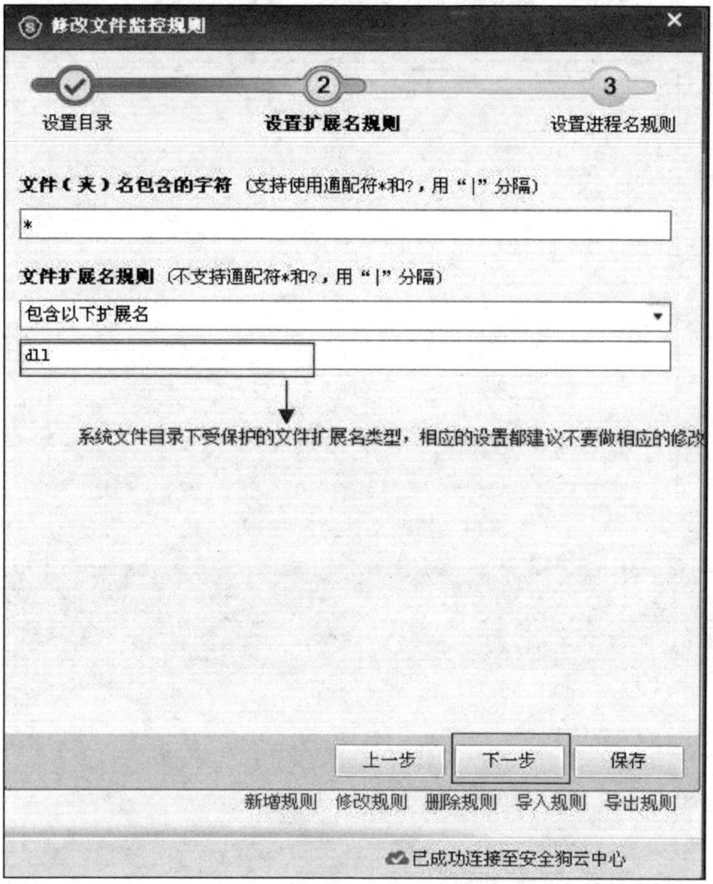

图 5-13　修改文件监控规则（2）

- 进程名规则：白名单模式下，出现在进程名规则框名单中的进程名所在的进程不受当前设置规则的影响；黑名单模式下，只有出现在名单框中的进程名所在的进程受规则影响，其他进程不受这条规则的影响限制。“*”代表所有进程，如图 5-14 所示。

（2）删除规则

当用户想将某条已定义的规则删除，只需在选中该规则后，选择“删除规则”选项，在弹出的对话框中单击“是”按钮，如图 5-15 所示。

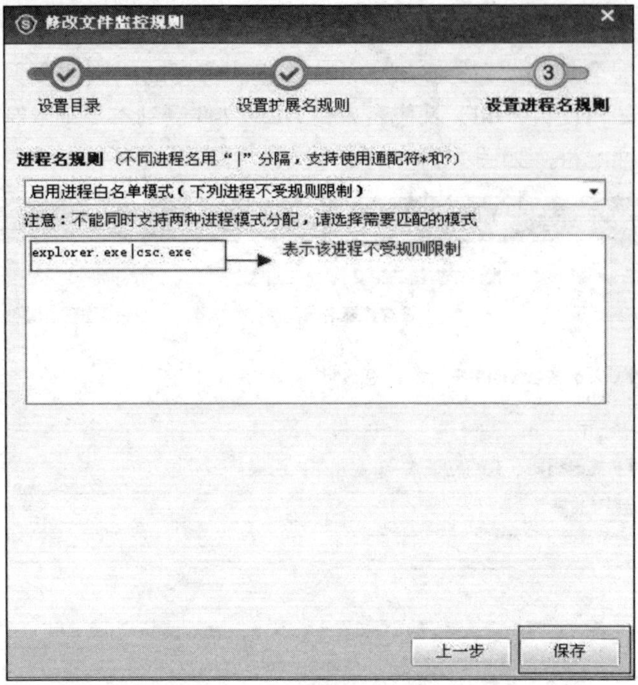

图 5-14　修改文件监控规则（3）

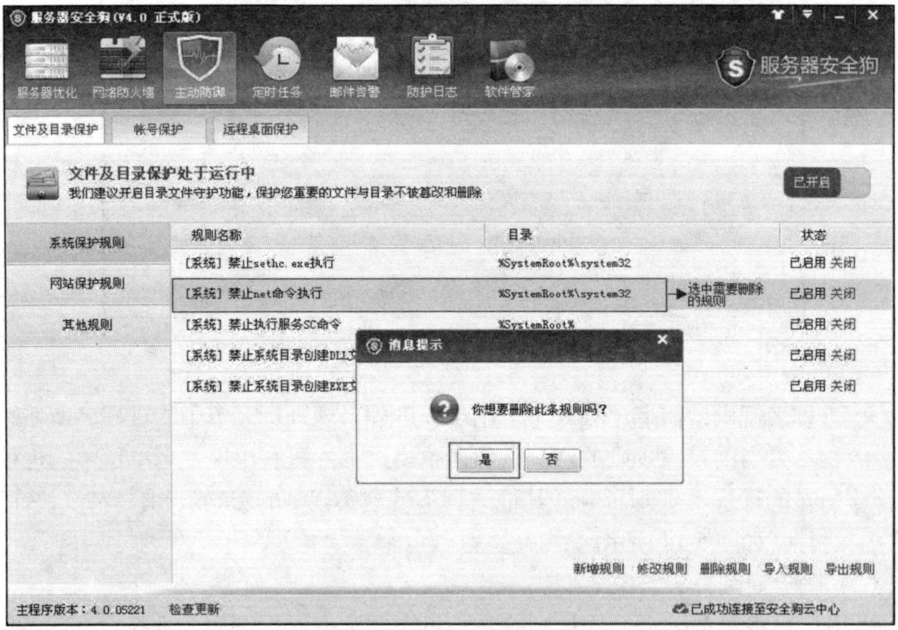

图 5-15　删除文件监控规则

（3）导入规则

当用户定义的系统规则被修改或者想恢复成以前某时间所设置的规则，则可以选择“导入规则”选项将原先的规则导入。前提是：原先的设置规则要有备份，扩展名为 xml，如图 5-16 所示。

图 5-16　导入规则

（4）导出规则

当用户想对自定义的系统规则进行备份存档，可以选择“导出规则”选项，将自定义的规则保存到电脑中，以后要恢复时再导入相应规则，如图 5-17 所示。

b. 网站保护规则允许用户通过对文件目录进行权限设置来保证网站的安全。

Tips：与系统保护规则相同的是，在网站保护规则中，用户也可以进行新增规则、修改规则、删除规则、导入规则、导出规则等操作。它们的设置原理相同。用户可以参考系统保护规则中的相应教程，根据实际情况对网站保护规则进行设置，此处就不再一一介绍了。

规则设置完成之后，启用“已启用”按钮，使定义的网站保护规则生效，界面如图 5-18 所示。

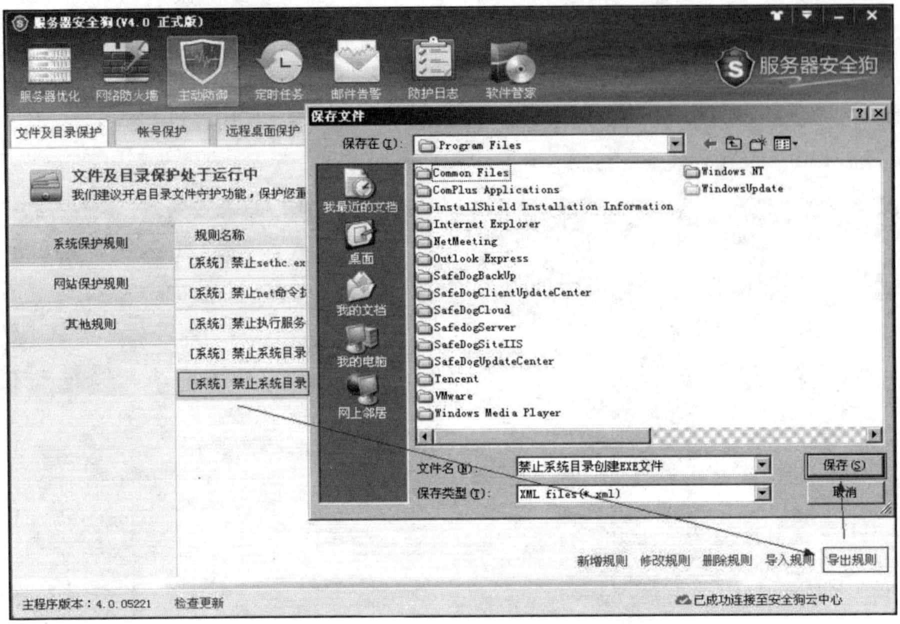

图 5-17　导出规则

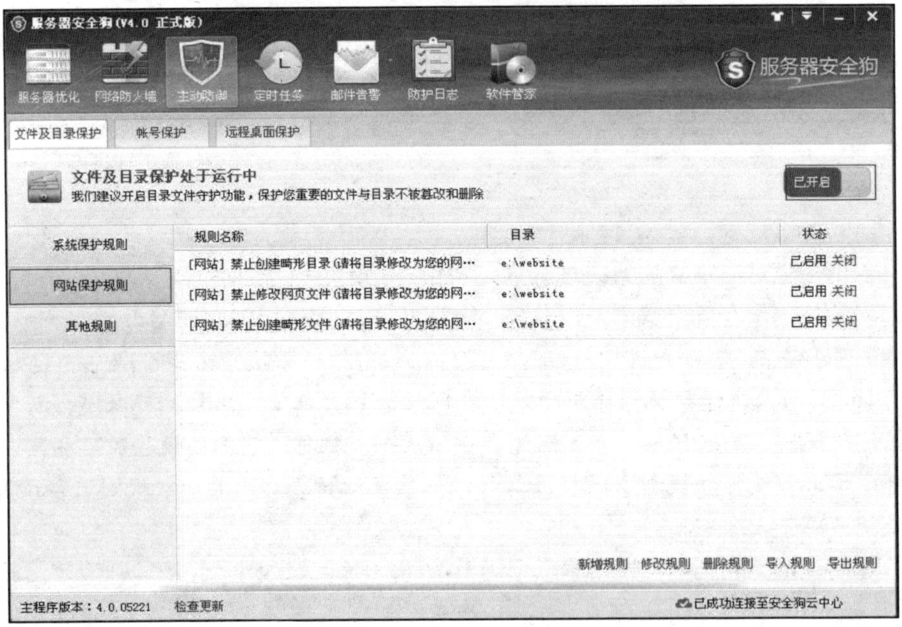

图 5-18　开启网站规则

c．其他规则。

用户可以根据实际情况与需求设置除系统保护与网站保护外的规则。该模块功能包括新增规则、修改规则、删除规则、导入规则、导出规则。用户也可以参考系统保护规则中的相应教程进行设置。

当规则设置完成后，启用“已启用”按钮使定义的网站保护规则生效，界面如图 5-19 所示。

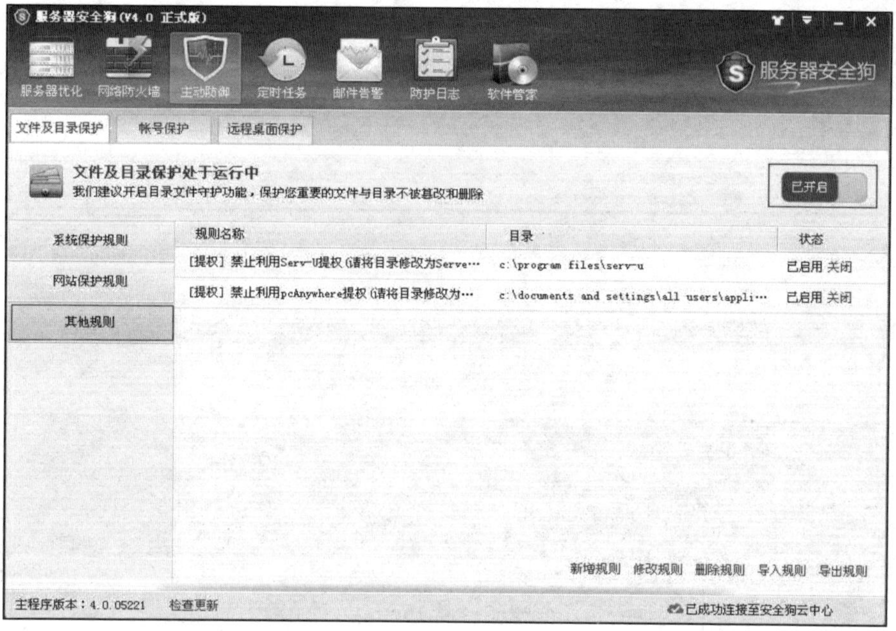

图 5-19　开启其他规则

5.5.4　安全狗设置之安全策略

Tips：安全策略功能通过执行具体的端口保护规则，限制或者允许进程对端口的连接请求，从而保护服务器安全。

用户可以直接使用服务器安全狗默认设置的 11 条端口规则，如图 5-20 所示，也可以根据实际需要自行设置。建议新手或者对端口原理不熟悉的用户直接使用服务器安全狗提供的端口保护规则。

用户可以通过单击操作界面右上方的“开启”/“停止”按钮来开启/停止安全策略功能。用户必须开启安全策略功能端口保护规则才会生效，否则所有关于端口的设置都将无效，如图 5-21 所示。

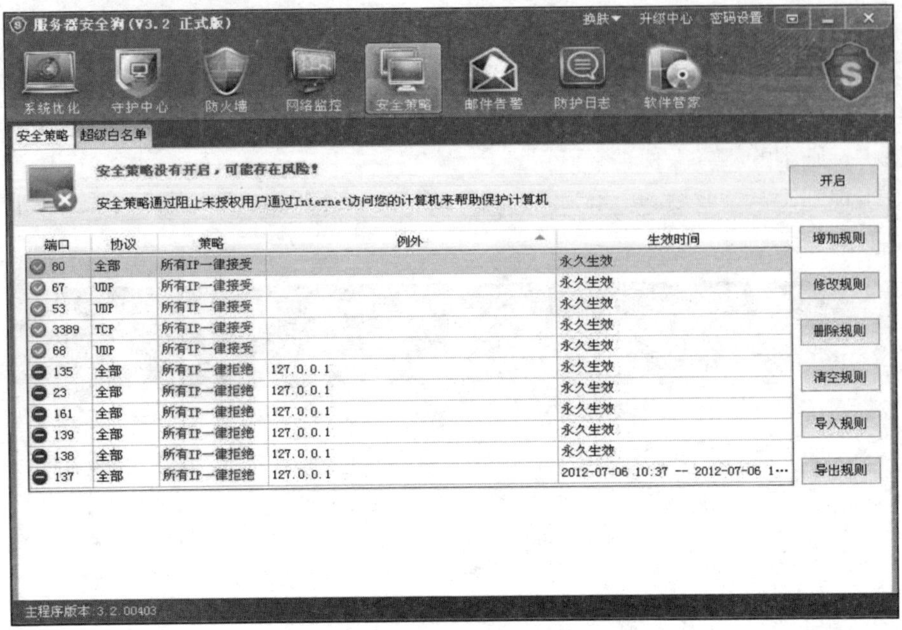

图 5-20 安全策略端口保护规则列表

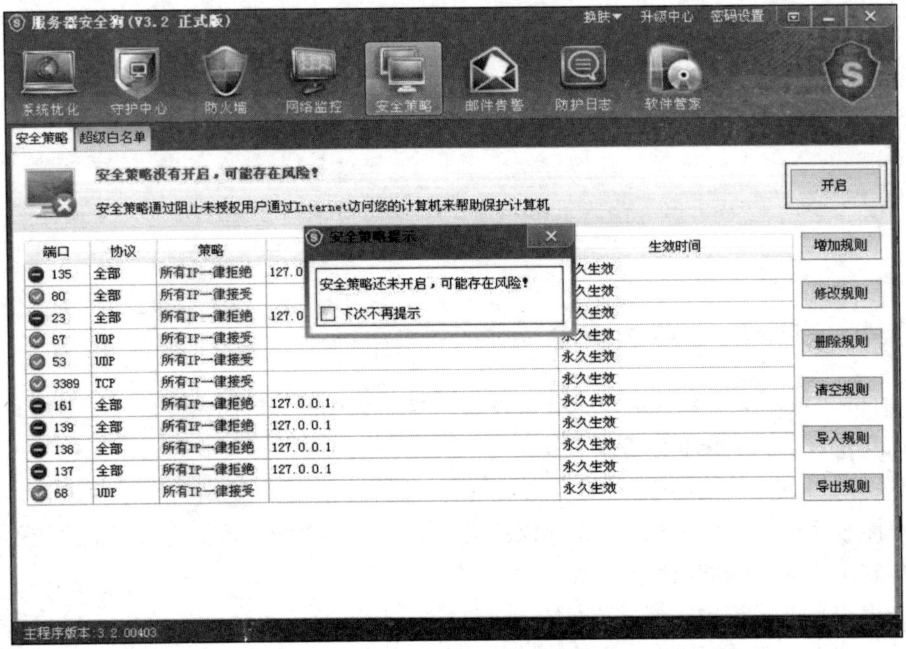

图 5-21 开启安全策略功能

A. 安全策略模式选择

选择“开启”安全策略功能，如图 5-22 所示，系统会要求用户选择安全策略模式。安全策略模式的选择非常重要，如果误操作，可能会引起包括远程桌面登录在内的部分服务被禁止。建议用户在开启安全策略功能之前，开启守护中心的远程桌面守护功能。

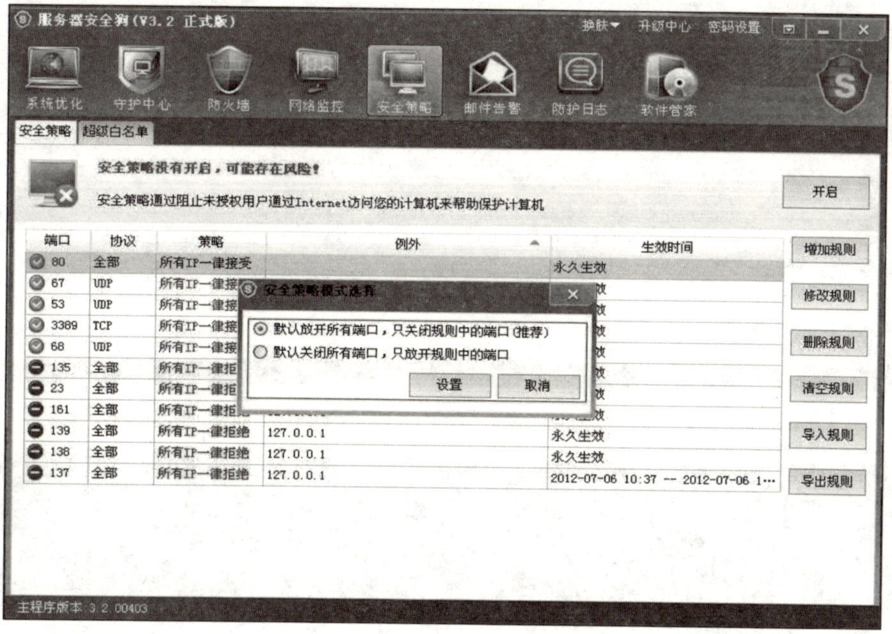

图 5-22　安全策略模式选择

开启安全策略之后，用户有可能因为设置不当导致的问题如下。

- FTP 连接失败：FTP 服务需要开启 20、21 两个端口，用户服务器如果提供 FTP 服务，则应该在开启安全策略之前确认 20、21 两个端口的保护规则设置正确，如图 5-23 所示。
- 网站访问失败：提供网站访问，最基本的是开启 80 端口。用户服务器如果有架构网站，则应该在开启安全策略之前确认 80 端口的保护规则设置正确。

如果用户在开启安全策略功能之后，遇到远程桌面登录失败或者部分服务被禁止的情况，建议用户暂停安全策略功能，检查安全策略模式及端口保护规则设置，对被禁止服务的相应端口规则进行重新设置。

“默认放开所有端口，只关闭规则中的端口”表示端口保护规则以外的所有端口均为开放端口，而对规则中的端口，系统将根据相应规则判断是否开放该端口及是否开放例外 IP 访问，如图 5-24 所示。

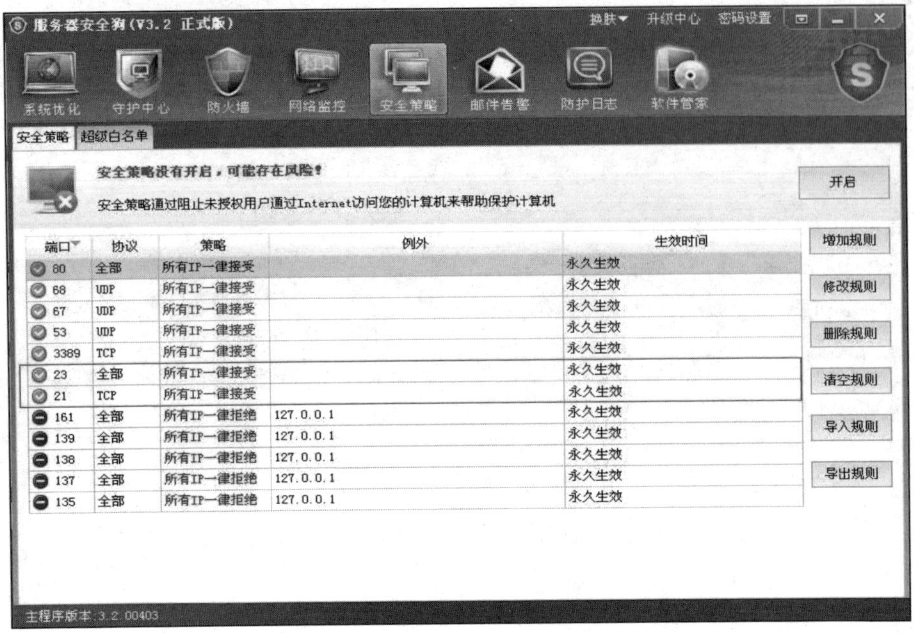

图 5-23　FTP 端口设置

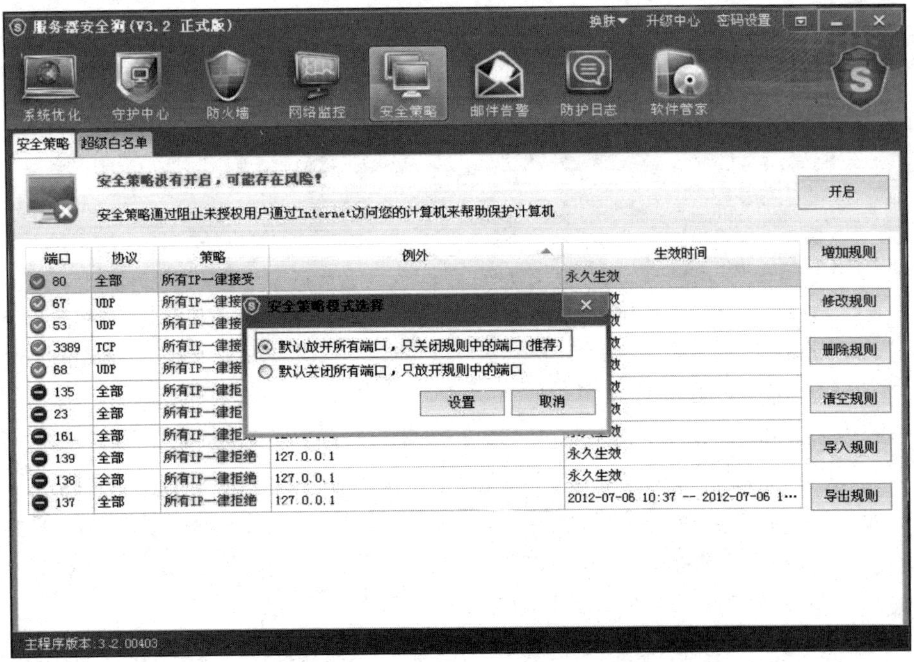

图 5-24　默认放开所有端口，只关闭规则中的端口

简单来讲，选择此种模式系统只能判断端口保护规则列表中的端口是否需要限制，对端口保护规则列表以外的端口不进行任何判断。

对新手用户，在不熟悉端口原理的情况下，建议选择系统推荐的“默认放开所有端口，只关闭规则中的端口”选项。

Tips：“默认关闭所有端口，只放开规则中的端口”表示其他端口均为非安全端口，将被完全禁止访问，如图 5-25 所示。而对规则中的端口，系统将根据相应规则判断是否开放该端口及是否开放例外 IP 访问。选择此种模式，系统会关闭所有端口来保护规则以外的端口，并且根据端口保护规则的设置，对端口保护规则列表中的端口进行限制。

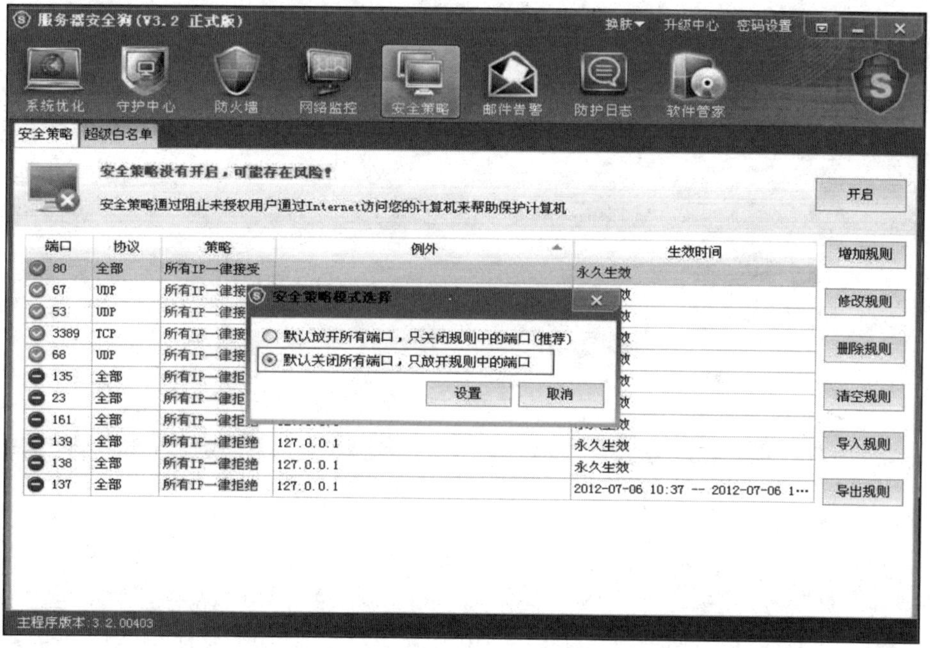

图 5-25　默认关闭所有端口，只放开规则中的端口

“默认关闭所有端口，只放开规则中的端口”安全策略模式提供了更高的服务器端口安全性，还可以起到完全封锁 UDP 数据包的作用。但是建议用户在选择该模式之前确认包括远程桌面登录端口在内的需要开放的端口不会因为安全策略的开启而被禁止。

B．安全策略模式与端口保护规则的特殊用法

a．IP 黑白名单设置

用户通过安全策略模式选择端口保护规则设置，可以实现针对某个端口的 IP

黑白名单功能。下面是在两种不同安全策略模式下 135 端口黑白名单的设置实例。

(1) 第一种安全策略模式下的黑名单实现

在“默认放开所有端口，只关闭规则中的端口”安全策略模式下，如果端口保护规则为“所有 IP 一律接受”，则例外 IP 实质上与 IP 黑名单功能相同。在例外 IP 处添加需要禁止访问的 IP 或者 IP 段，即可实现 IP 黑名单功能，如图 5-26 所示。

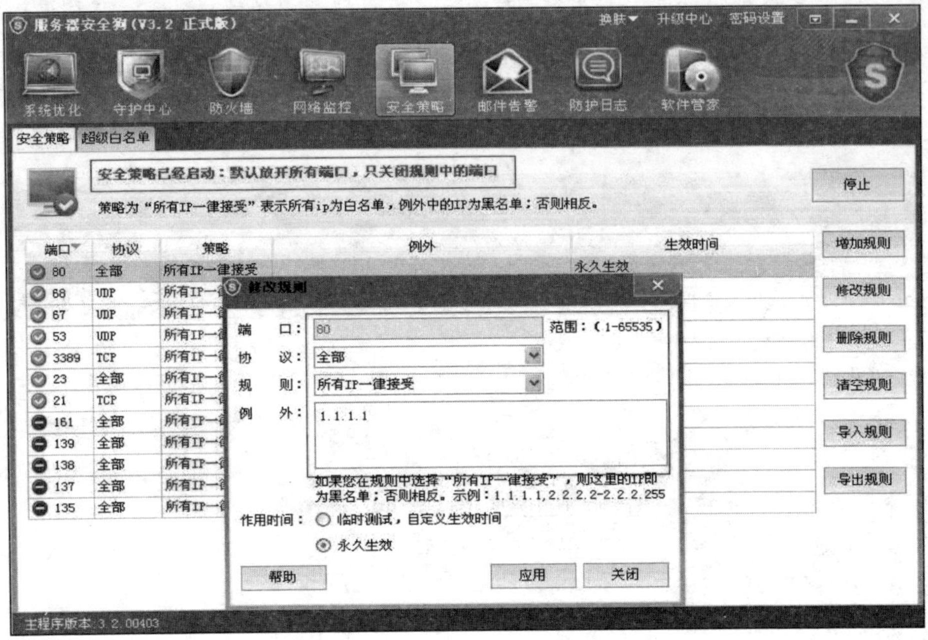

图 5-26 通过例外 IP 设置黑名单功能

(2) 第一种安全策略模式下的白名单实现

在“默认放开所有端口，只关闭规则中的端口”安全策略模式下，如果端口保护规则为“所有 IP 一律拒绝”，则例外 IP 实质上与 IP 白名单功能相同。如图 5-27 所示，在例外 IP 处添加需要允许访问的 IP 或者 IP 段，即可实现 IP 白名单功能。

Tips: 通过类似设置，在第二种安全策略模式下，也能够实现 IP 黑白名单功能。

b. 禁止 ping 服务器

通过端口保护规则设置，用户可以实现禁止 ping 服务器。

用户如果希望禁止 ping 服务器，可以在设置端口保护规则的时候选择 ICMP 协议类型，如图 5-28 所示，其他选项使用系统默认，不需要填写“端口”内容。

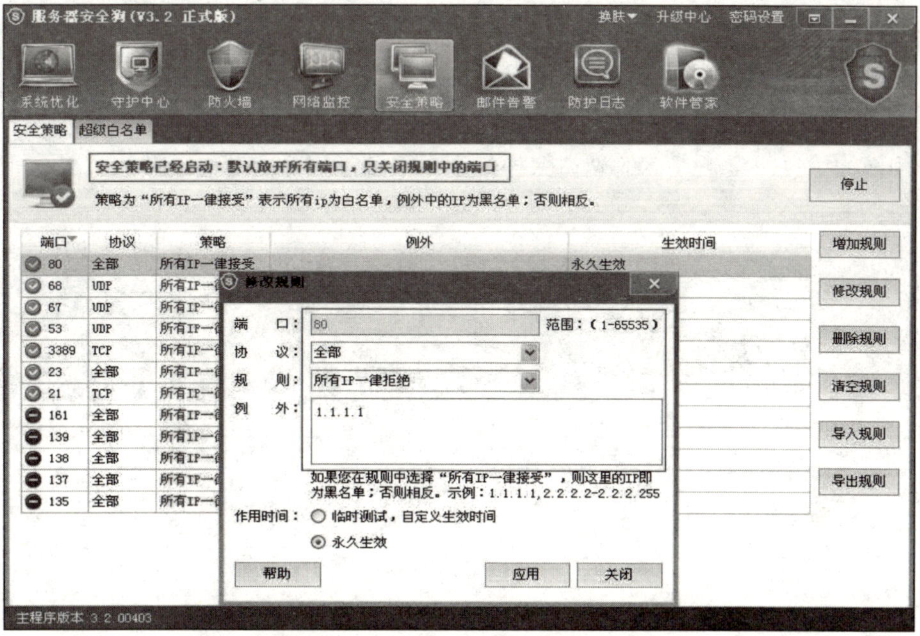

图 5-27　通过例外 IP 设置白名单功能

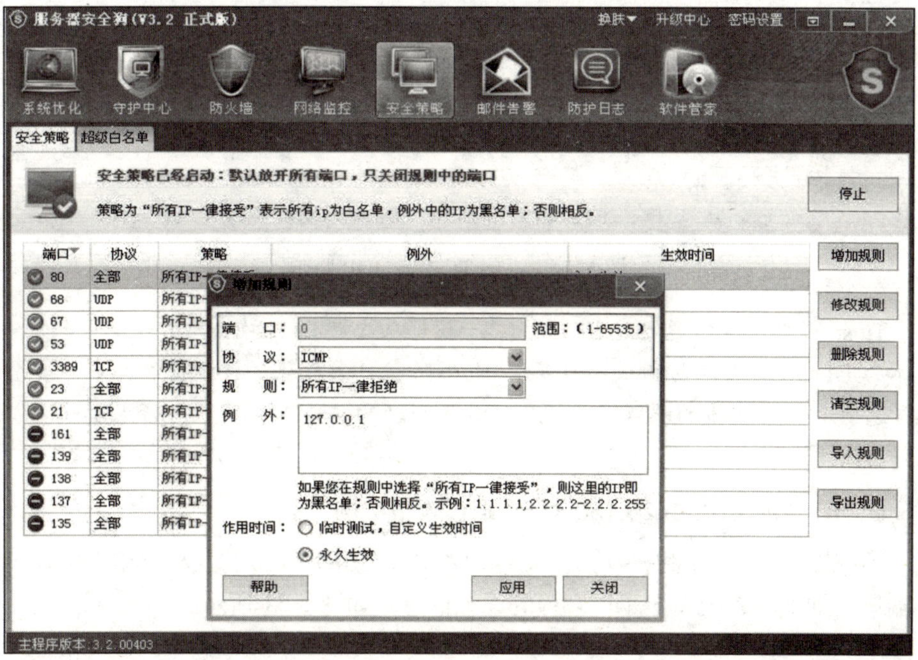

图 5-28　端口保护规则 ICMP 协议选择

C. 端口保护规则设置实例

用户通过查看“当前 TCP 与 UDP 监听”选项卡，可以获得实时的进程连接信息及相应进程开启的端口信息。用户可以利用“当前 TCP 与 UDP 监听”选项卡提供的详细信息，设置具体的端口保护规则，限制进程开启端口以保护服务器，如图 5-29 所示。

图 5-29 当前 TCP 与 UDP 监听

Tips: 用户还可以通过查看防护日志，获得攻击者 IP 及攻击目的端口（如图 5-30 所示为 DDOS 防火墙防御成功日志）。利用防护日志提供的详细信息，在“安全策略”选项卡设置具体的端口保护规则，对访问者的端口连接请求进行限制或者添加信任。

D. IP 地址 218.75.20.150 对 80 端口攻击实例

系统提供端口说明提示功能，对端口不熟悉的用户可以将光标停留在需要了解的端口规则上，系统将显示该端口的详细信息，如图 5-31 所示。

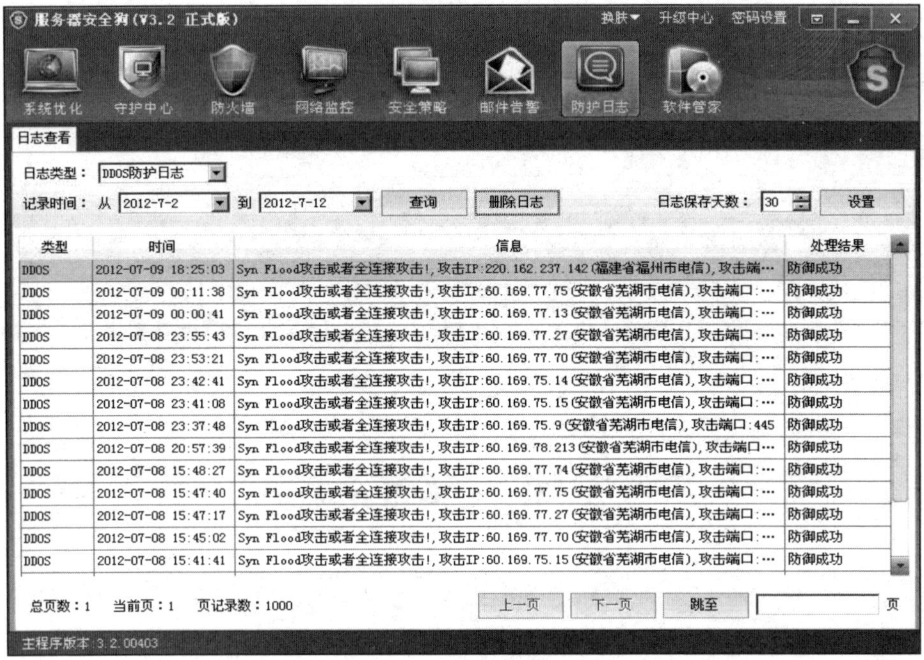

图 5-30　防护日志

图 5-31　端口说明提示功能

从端口保护规则列表中选取需要修改的规则，如图 5-32 所示，用户可以在“修改规则”窗口设置端口保护规则。因为服务器安全狗已经提供了 80 端口保护规则，所以这里我们单击“修改规则”按钮，如果用户需要设置的端口不在端口保护规则列表中，则可以单击“增加规则”按钮后进行相应设置。

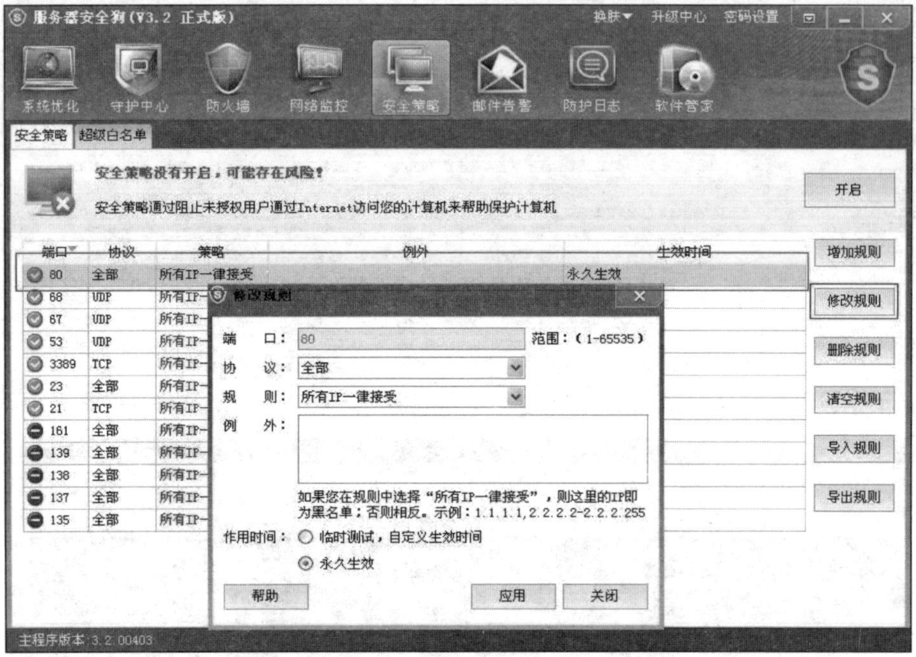

图 5-32　修改端口保护规则

选择相应的协议类型，可以屏蔽相应类型的访问请求。80 端口属于 TCP 端口，所以此处我们选择 TCP 协议类型，如图 5-33 所示。

Tips:“规则”的选择，应该根据实际情况来决定。本例因为服务器上有网站，我们只是为了禁止部分恶意 IP 访问，所以选择“所有 IP 一律接受”选项，之后在“例外”中设置需要屏蔽的 IP，如图 5-34 所示。这样就等于放行所有 IP，仅限制“例外”中的 IP 访问。

“例外” IP 支持单独的 IP，也支持 IP 段，IP 或者 IP 段之间以“,”（半角）分隔，如“218.75.20.1,218.75.20.2,218.75.20.3”，“218.75.20.1-218.75.20.255,118.75.20.1-118.75.20.255”，如图 5-35 所示。

注：系统最多允许添加 5 个单独例外 IP 或者例外 IP 组。

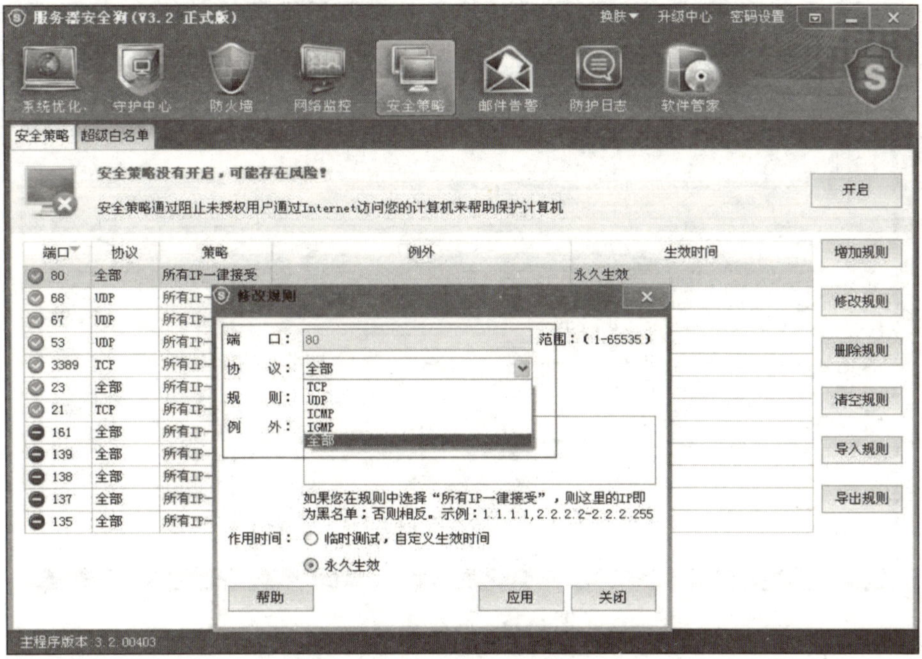

图 5-33　端口保护规则协议选择

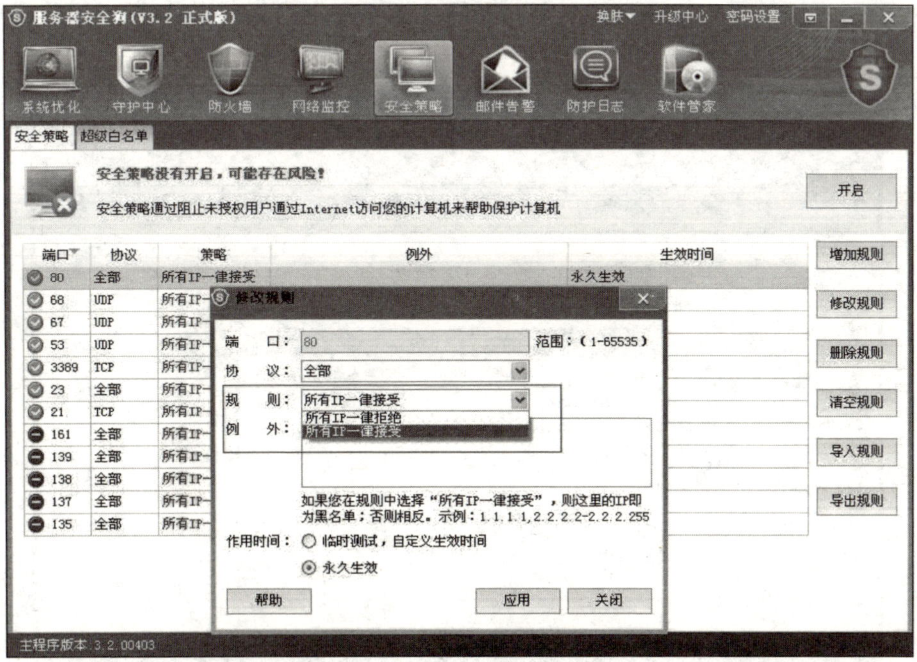

图 5-34　IP 访问规则设定

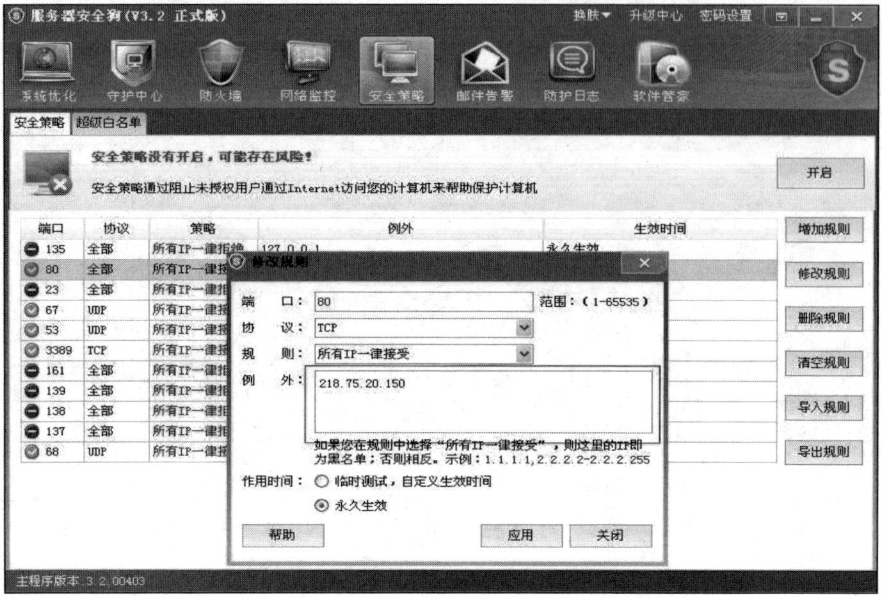

图 5-35　例外 IP 设置

端口保护规则可以设置作用时间。用户在不太熟悉端口保护规则设置或者仅为测试使用的情况下，可以选中“临时测试，自定义生效时间”单选项设置端口保护规则的作用时间，如图 5-36 所示。

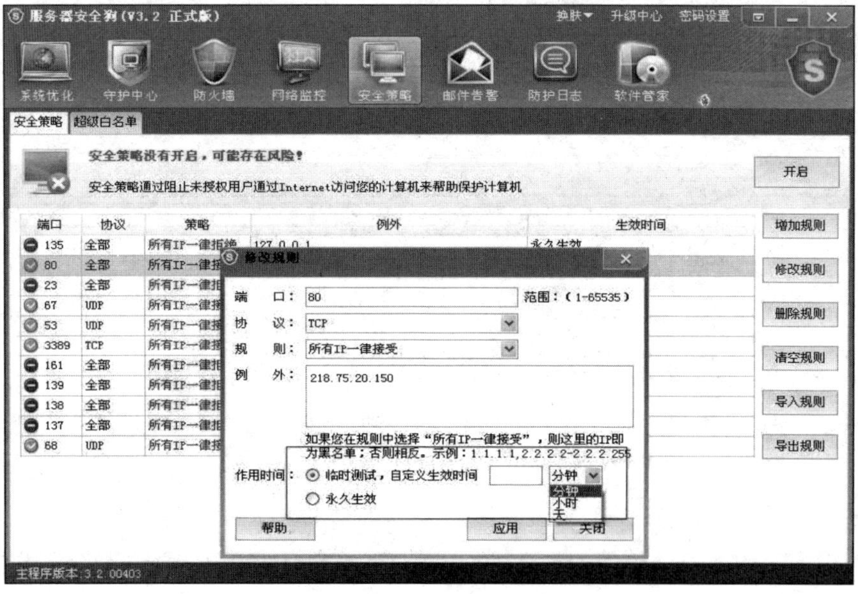

图 5-36　作用时间设置

完成具体的端口保护规则设置后，规则列表中将显示详细的端口保护规则信息。用户可以选择其他设置选项继续相应的端口保护规则设置，也可以直接启动安全策略功能，如图 5-37 所示。

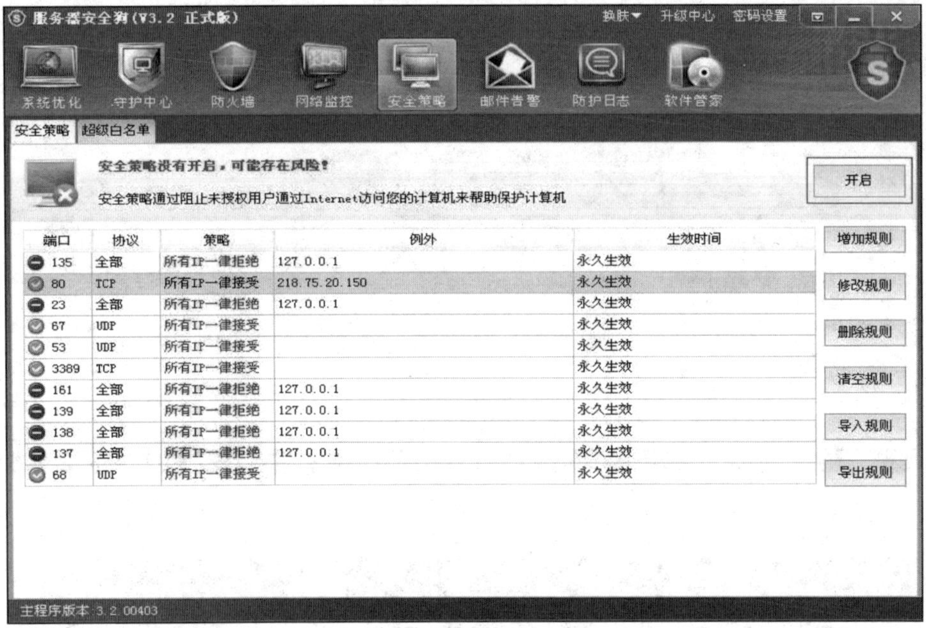

图 5-37　安全策略功能开启

本例我们选择系统推荐的第一种安全策略模式，用户在实际使用过程中可以根据自身的需要选择安全策略模式，如图 5-38 所示。

如果需要继续添加端口保护规则，可以选择“是”，也可以直接选择“否”。开启安全策略功能之后，如图 5-39 所示，在安全策略功能界面直接进行其他相应的操作。

Tips：建议用户开启安全策略功能之前，再次确认远程登录端口及服务器各项服务相关端口的规则设置正确，以确保安全策略功能开启之后各项服务正常，如图 5-40 所示。

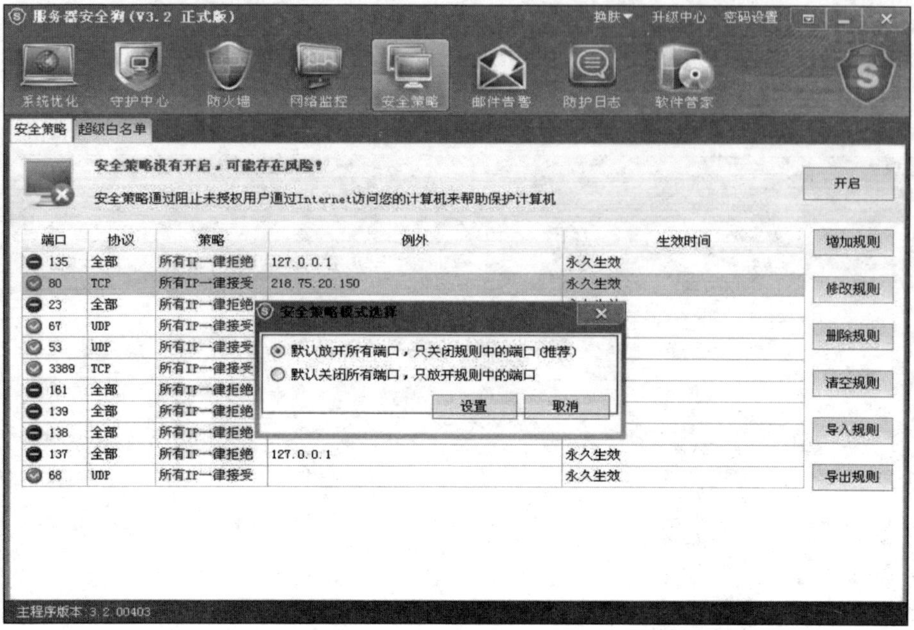

图 5-38　安全策略模式选择

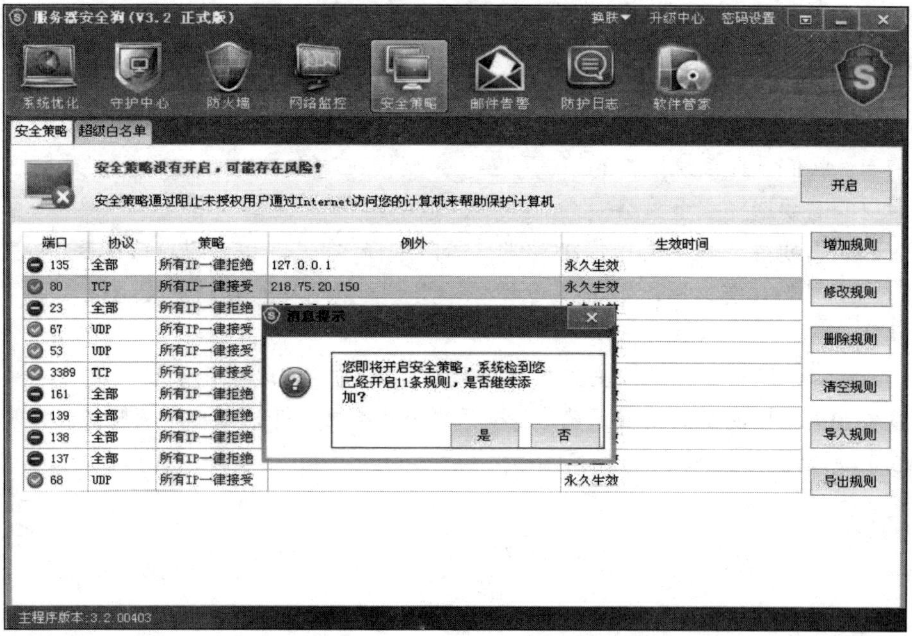

图 5-39　是否继续添加端口保护规则

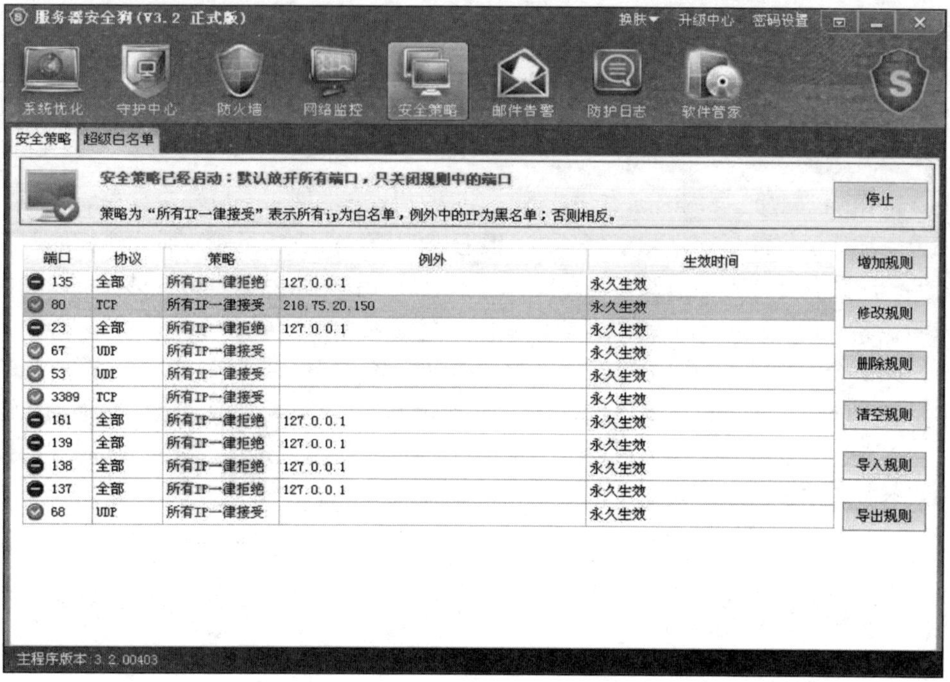

图 5-40　安全策略功能开启/停止

5.6　企业网站建站全攻略

网站的建设是一个综合性的工程。一些站长觉得域名、服务器等都是不重要的事情，随便到一个平台注册域名，随意购买服务器，结果发现域名一年到期之后找不到域名商，无法续费，导致无法挽回的后果。因此，作者特意将域名、服务器的选择单独作为一节进行讲解。

5.6.1　企业网站选择什么样的域名

前面我们已经提到了域名对于 SEO 的重要性，本节我们重点分析企业网站应该选择什么样的域名。相对于行业网站，企业网站对域名的要求相对较低，原因是很多企业不是利用网站来营利，网站仅仅是企业用于展示产品或者文化的窗口。

Tips：对于企业网站，作者建议优先考虑域名中包含企业名称或者企业英文名称等字母的。对于用户而言，这样的域名和企业名称对应起来，便于记忆。搜索引擎对该类型域名也是比较友好的。这一点我们在 5.1 节已经做了详细分析。

后缀方面企业网站最好使用 com。com 域名无论是稳定性还是品牌认知度都要高于其他域名。如果 com 后缀实在无法选择，可以考虑 net 域名，其他后缀域名一般不要考虑。

例如，我们为“祥瑞国际文化艺术公司”建设网站，域名中最好包含“xiangrui”。如果能注册这样的域名当然最好不过，但遗憾的是现在已经无法注册到这样的双拼域名，从域名投资者手中购买也需要一笔不小的开销。如果企业预算足够可以考虑购买域名，购买域名的渠道作者建议采用易名中国。

如果企业预算不足，可以考虑在后面添加一些字符。企业网站经常选择添加的字符有“net”、“wang”、“5”等，如图 5-41 所示。对于域名来说，这样的添加或许并不美观，但是域名的一个重要指标是易于记忆，在全拼域名无法注册的时候选择相对容易记忆的域名是很重要的。

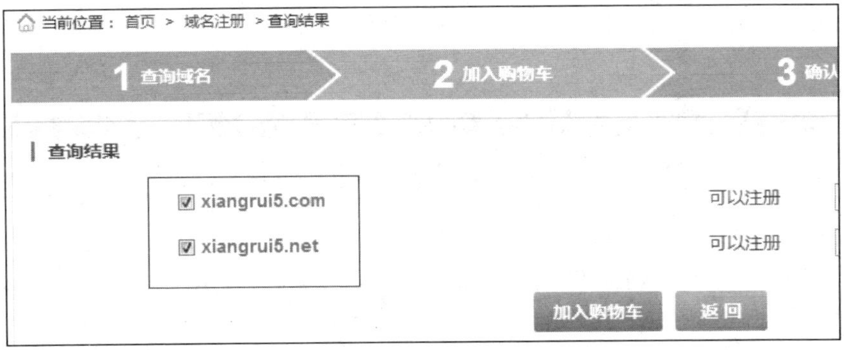

图 5-41　企业网站域名选择查询

作者在 SEO 诊断过程中和很多企业网站负责人沟通过，总结出企业建设网站的目的是希望用户在百度等搜索引擎中搜索企业名称的时候能找到企业信息。这样对企业来说也是一种肯定，就如同营业执照一样。从这样的诉求出发，企业网站也需要优质的 SEO。作者遇到过很多企业网站首页是 Flash，看起来相当绚丽，但我们都知道目前为止搜索引擎无法抓取 Flash 内容——网页根本无法被索引，何谈排名？这也正是本书将企业网站的 SEO 单独讲解的原因。

5.6.2　企业网站选择什么样的服务器

相对于行业网站，企业网站在选择服务器方面要更加谨慎。因为在大多数企业中没有专门负责网站的技术人员，顶多就是文员登录后台发发文章，服务器一旦出问题将导致很大的麻烦。尽管能找到帮助企业制作网站的开发者，但是不一定能第一时间解决问题，长时间的访问故障会导致网站排名丢失。

企业网站对服务器的选择应该遵循以下几点：首先是服务器要稳定，带宽不一定要高，因为企业网站访问量不会太高；其次是空间要大，企业网站经常需要发布一些图片甚至视频到网站；最后是服务器提供商要可靠，不要运行几个月就倒闭，对于有技术人员维护的企业来说这样的问题尚可解决，但是没有技术人员的企业网站遇到这种情况将会有很大的损失。

5.6.3 企业网站选择什么样的 CMS

企业网站的建设有很多 CMS 可以选择，如 DedeCMS、YIQICMS、WordPress 等都可以为企业网站提供所需的服务。作者推荐使用 YIQICMS。

相对于其他 CMS，YIQICMS 有着诸多优点。首先是程序 100% 开放源代码。免费开源这一点很方便进行二次开发。其次是后台管理操作简单易行，这对于没有技术人员的企业来说也非常重要，简单的后台操作可以让网站的运行变得异常简单。最后是模板 DIV+CSS 标准设计，符合 W3C 标准，兼容主流浏览器。

在程序 SEO 优化方面，YIQICMS 有着得天独厚的优势。YIQICMS 本身就来自国内知名 SEO 网站 SEOWHY，从基础代码开发起完全符合 SEOWHY 的 SEO 规范，让企业网站更容易获得优质的排名。

如果企业网站有更高的要求，可以考虑使用 DedeCMS。DedeCMS 的优点在于已经运营多年，程序非常完善和成熟，能够与诸多程序进行整合。举个例子，如果公司除了官方网站还想运营一个论坛，论坛程序当然最好是选择 Discuz! 。如果使用 DedeCMS 建设官方网站，那么整合起来就相当方便了。

还有一种情况是企业网站需要多语言发布。随着全球经济一体化的发展，很多国内企业都希望把自己的品牌推向全球。这样的情况下，作者建议使用 WordPress。WordPress 来自国外的开发团队，对全球语言的支持非常不错，就 SEO 而言也是非常理想的。经过多年的发展，WordPress 拥有诸多的插件，可以帮助网站实现很多功能，如图 5-42 所示的微信公众插件、评分插件等都是非常不错的。

图 5-42　WordPress 插件

5.7　行业网站建站全攻略

前面我们了解了企业网站建站在域名、服务器等方面需要注意的问题。相对于企业网站，行业网站域名、服务器等有更高的标准，本节中作者将对此进行深入的讲述。读者务必仔细阅读，并结合自己的行业进行理解。

5.7.1　行业网站选择什么样的域名

对一个行业网站来说，前期能否选择一个适合的域名，很大程度上关乎这个网站的成败。

首先，域名要“简短”。这里的“简短”主要是说域名的位数。大家都有这样的共识：好网站域名都不会太长，就像京东、腾讯、阿里巴巴一样，域名非常简短。这样，当我们第一次看到这个域名的时候就会有深刻的记忆了，再次访问的时候输入也不容易出错。因此，“简短”是衡量域名好坏的重要标准之一。

其次是域名要“单纯”。这里的“单纯”主要是从域名的组合方式上来说的，好的域名组合方式比较单一。域名选择，首选纯数字的，其次选纯字母的，再次选数字与字母组合的域名，最后才选带有符号的域名。选择“单纯”的域名，一方面相对比较容易记忆和书写，另一方面对搜索引擎比较友好。不过，近些年随着互联网的发展，类型的域名几乎已经无法注册，4 位数字域名已经炒到了 3 万元以上，双拼域名稍微好一点的价格在 5 万元以上。现在的互联网创业已经不单单是拼技术，最根本的还是资金的较量。

最后是域名要“符合”。这里的“符合”主要是说符合中国人的拼写习惯，也就是拼音域名。就像百度一样，域名就是品牌的拼音，非常符合中国人的输入习惯，同样也便于记忆书写。就目前的域名市场来看，如果没有充足的资金预算，三拼域名是一个不错的选择。就连豌豆荚在早期创业的时候都不得不选择“wandoujia”作为官方域名。近两年用三拼域名建设的成功网站比比皆是。

5.7.2 行业网站选择什么样的服务器

前面我们提到企业网站对服务器的要求主要是稳定，要选择易于管理的服务器。行业网站选择服务器时，要求要远远高于企业网站。

Tips：行业网站往往要实现很多功能，不像企业网站那样只是简单地展示产品等。某些功能的实现对服务器的要求非常苛刻，如果之前没有弄清楚，后续会有很大的麻烦。

作者的一位朋友做了一个视频类型的行业网站。由于前期没有考虑清楚，后面随着用户数量增加需要增加带宽，结果服务器提供商告诉他机房带宽只有 10Mb/s，无法增加，如果要增加的话需要支付高额的费用。虽然后来他选择了另外一家服务器提供商，但是程序和数据的转移足足让他忙活了一个多月，最后网站排名也下降好多。因此，行业网站在建设之初就应该考虑使用什么样的程序，程序需要哪些组件的支持，占用带宽怎么样，空间有什么要求，等等。

作者就行业网站服务器的选择做了一些总结梳理，供大家参考。

首先是服务器的健康状况。服务器健康状况主要是从同服务器共 IP 网段的其他网站来考虑的。同一个服务器同一个 IP 网段的一些网站因为使用黑帽作弊导致网站被降权，如果这个时候我们的网站也在这个服务器上，就算没有使用过任何的作弊手段，没有任何的不良记录，也可能因深受牵连而被同时降权。

之前有过这样的案例，一个一直都很正常的网站突然快照回档到一个月前并且收录停止，在确定网站的外部链接和网站内容没有问题之后，将问题锁定在服务器上。检查同服务器网站，发现因为有大量的私服、六合彩这样的网站而遭到降权。我们都知道，这种类型的网站一般都会采用一些黑帽手段来快速达到目的，也是最容易受到惩罚的。所以，我们选择网站服务器的时候一定要看一看 IDC 是否同意放置这一类型的网站，同时检查要购买的 IP 网段是否存在这样类型的网站，以及是否有大量遭到降权处罚的网站，以避免自己的网站受到牵连。

其次是服务器的稳定性。服务器的稳定性也是非常重要的，如果服务器空间经常打不开，对于网站必然是巨大的打击。如果搜索引擎蜘蛛爬行网站的时候经常出现突然无法爬行的情况，肯定会让网站不被信任，并会大大减少搜索引擎蜘蛛的爬行与抓取，网站页面的收录肯定会受到影响。特别是对一个没有任何权重的新站来说，搜索引擎会认为网站没有准备好，甚至认为网站已经关闭了网站。

作者自己曾经使用过一些免费的空间，就经常出现这样的情况，网站三天两头打不开，问题又不能很快得到解决，所以直接导致网站被“K”，只剩下首页，同时网站快照回到了几个月以前，到现在依然没有恢复，搜索引擎只收录了 3 个页面。所以，我们在选择空间的时候不能看什么便宜买什么，一定要考量主机的稳定性，看一看口碑如何，最好能试用一段时间。

再次是服务器的访问速度。为了避免网站备案的麻烦，现在国内很多站长都选择境外的主机来放置自己的网站。很多劣质的服务器空间在国内打开的速度实在太慢，这严重影响了网站的用户体验。当我们打开一个网页但反应太慢的时候，往往会直接关闭这个网站，这样就大大地增加了网站的跳出率。

同时，搜索引擎蜘蛛抓取网页的时候也是以游客的身份来访问我们的网站。当蜘蛛爬行抓取网页受到阻碍的时候，可能会放弃爬行，这个时候网站的收录会受到影响。搜索引擎的最终目的是服务用户，访问速度慢、跳出率高对于网站肯定是不利的。所以，我们在选择服务器空间的时候一定要选择访问速度快的优质空间。例如，作者的博客选择的就是香港的主机，访问速度还算不错。

最后是服务器的功能支持。服务器的功能支持包含很多方面，当然是越完善越好。是否支持 URL 静态化就是一个非常重要的功能，无论是 Linux 主机还是 Windows 主机都可以支持这个功能，做好 URL 静态化对于 SEO 来说也是非常有帮助的。有的主机也会支持 301 跳转和 404 页面，可以直接在主机后台进行设置，使用起来非常方便。还有一些主机是不支持服务器日志的，这对于我们了解网站情况是不利的，最好选择能够支持服务器日志的服务器，这样我们就可以通过查看服务器日志来了解网站的准确状况。

5.7.3 行业网站选择什么样的 CMS

行业网站 CMS 的选择非常广泛，常用的有 DedeCMS、帝国 CMS、PHPCMS、ZCMS 等。如果是建设门户型行业网站，作者建议优先考虑 DedeCMS。其功能非常丰富，能满足门户型网站的所有需求，后台操作也简单明了。重要的是，DedeCMS

能全局生成 HTML 静态页面，这一点对于当下的 SEO 而言非常重要。

如果建设商城类型的行业网站，作者优先建议使用 ZCMS，如图 5-43 所示。ZCMS 商城系统界面大气美观，功能非常实用，完全能满足一般的 B2C 网站需求。其后台管理也很实用，如图 5-44 所示，自带的数据管理和分析系统能帮助商家了解访客和销量情况，如图 5-45 所示。当然，PHPCMS 和帝国 CMS 也是很多行业网站的首选，PHPCMS 拥有诸多的模板和插件，而且都是免费的。

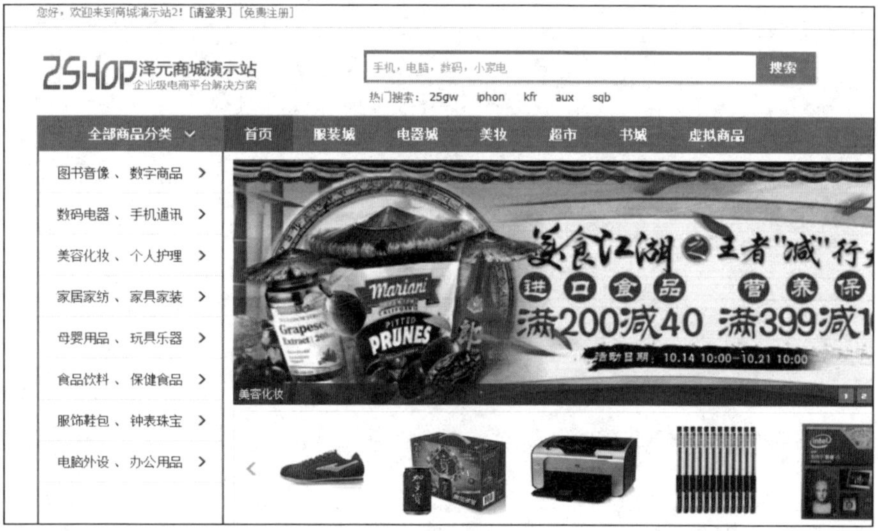

图 5-43　ZCMS 前台

图 5-44　ZCMS 后台（1）

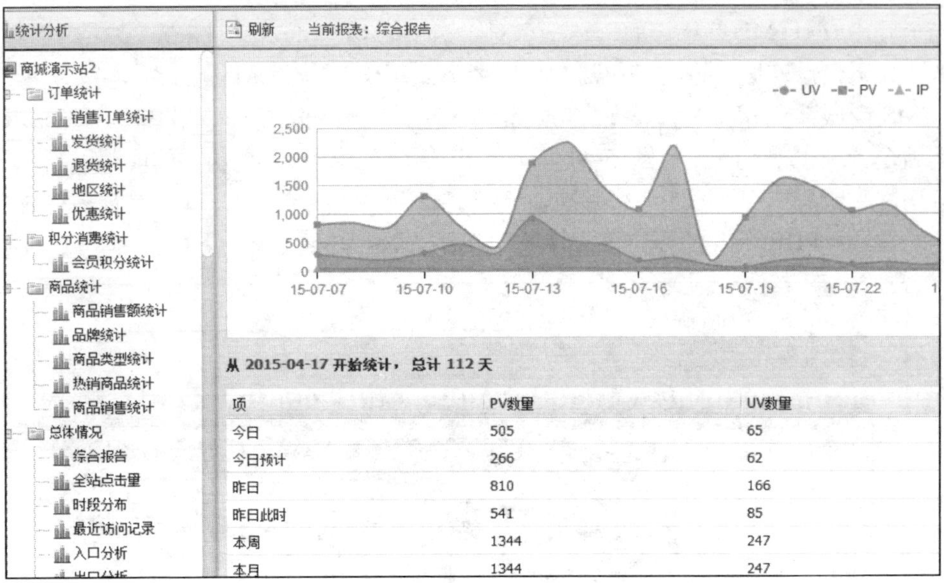

图 5-45　ZCMS 后台（2）

Tips：免费的 CMS 确实为互联网创业作出了许多贡献，我们在免费使用的同时应该向这些默默奉献的开发者致敬。

5.8　DedeCMS 介绍

首先我们需要知道什么是 DedeCMS。织梦内容管理系统（DedeCMS）是一个集内容发布、编辑、管理检索等于一体的网站管理系统（Web CMS），前台界面如图 5-46～图 5-48 所示，后台界面如图 5-49～图 5-51 所示。DedeCMS 除了拥有国外 CMS 的众多特点之外，还结合中国用户的需要，对内容管理系统概念进行了明确的分析和定位。

Tips：作为国内第一个开源的内容管理系统，DedeCMS 从创建以来都在摸索中国互联网内容管理系统的道路。程序最初是个人作品，现已组建团队，在提升用户服务、提高产品质量的同时，对网站内容管理系统进行研究，成为目前市场上最受欢迎的内容管理系统。

图 5-46　DedeCMS 首页模板

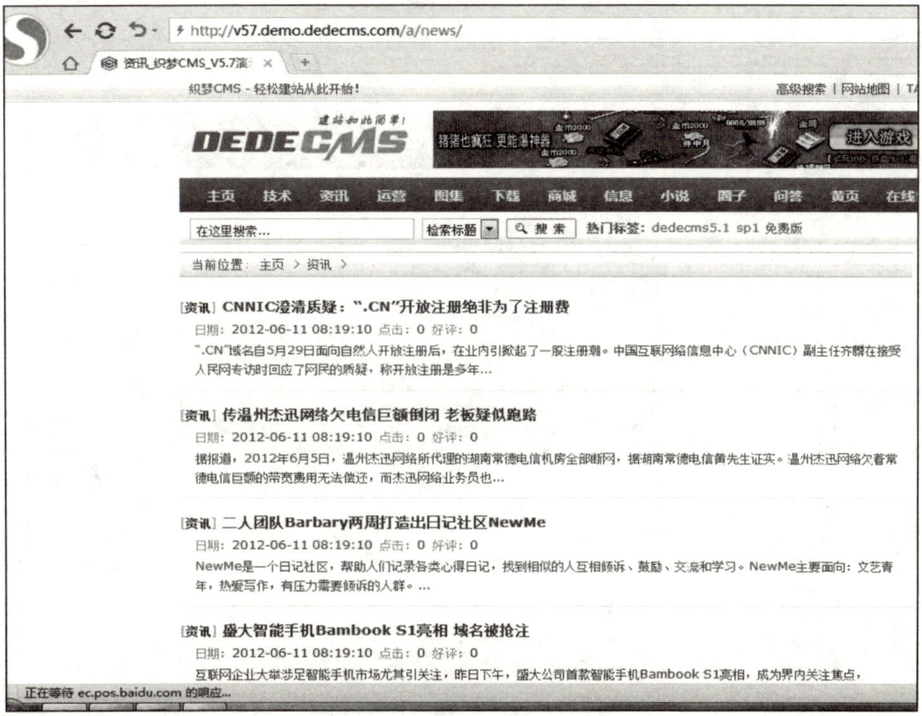

图 5-47　DedeCMS 栏目页

图 5-48　DedeCMS 文章页

图 5-49　DedeCMS 后台（1）

图 5-50　DedeCMS 后台（2）

图 5-51　DedeCMS 后台（3）

接下来我们来看 DedeCMS 能为我们做什么。前面我们了解了内容管理系统的概念，大家可能还不知道 DedeCMS 作为国内首个开源内容管理系统能够为我们做些什么，下面我们通过 5 个方面来进一步了解 DedeCMS。

A. 自由地管理网站的内容结构

如图 5-52 所示，独创灵活的站点管理机制、独创的内容模型机制、强大的自定义插件管理机制、所见即所得的编辑器、自定义专题等内容管理模式，处处体现自由的功能，帮助用户更方便地管理、维护网站。

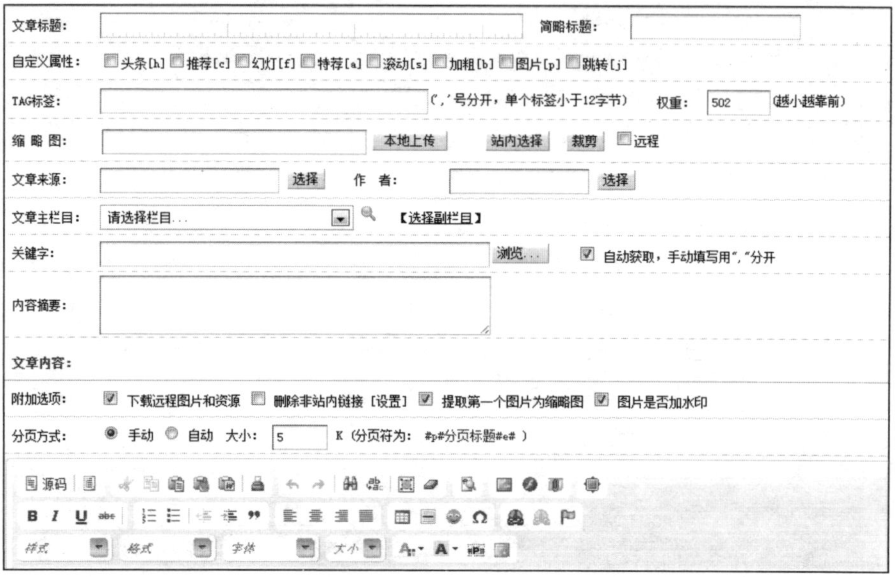

图 5-52　DedeCMS 后台（4）

B. 自由地设计与表现网站的风格

如图 5-53 所示，灵活的模板设计与管理体系，能结合个性内容框架的模板机制，让用户不断扩展个性独创的网站风格表现。简单的模板制作过程结合强大的模板定义机制，无论是打造简洁的还是复杂的网站风格都很方便，自由地设计出充满个性魅力表现的网页，真正实现只要想到就能做到的要求。

C. 自由地获取并搜集整理网站需要的内容信息

如图 5-54 所示，把复杂的处理技术用简单的方式表现给用户，让用户能够轻松获取所需信息，并根据需要汇集网站的精华，形成专题内容展示出来，节省管理内容的时间，快速获得建立高质量内容门户网站的资源。

图 5-53　DedeCMS 后台（5）

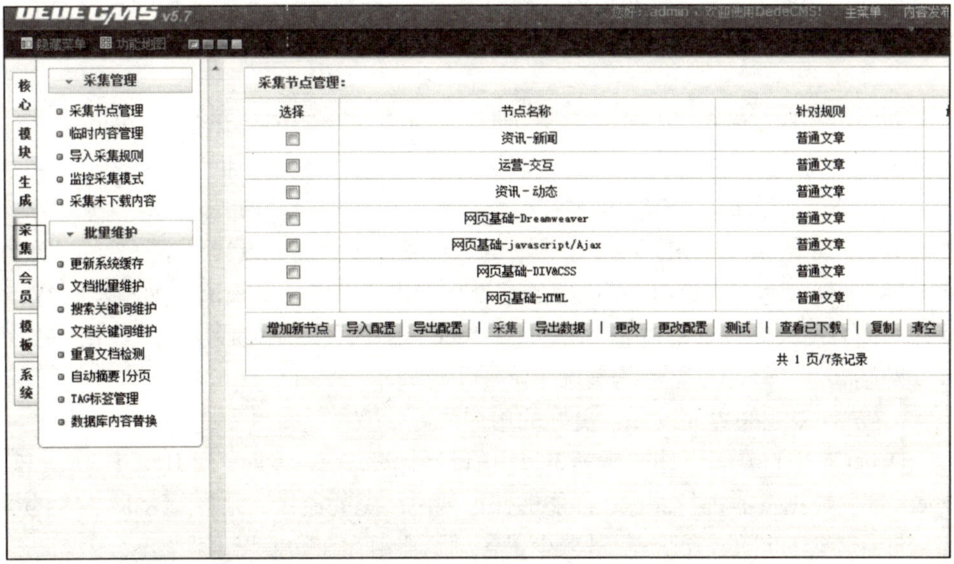

图 5-54　DedeCMS 后台（6）

D. 自由地组织网站的内容和信息

灵巧好用的站点，结合内容关联分类机制，可以让用户轻松组织具有复杂内容关联的网站结构，并可以简单而自由地组织内容数据的归类以表现不同的风格，结合自由的模板表现让用户更加随心所欲地组织网站内容，建立内容表现和层次丰富的网站门户。

E. 自由的系统扩展功能

自由开放的系统结构及分层系统处理技术构建了高效稳定的系统平台、开放的插件扩展方式、简单的模板扩展定制功能，让用户可以不断根据需求的变化扩展系统功能，还能结合其应用系统一起工作。自由管理和自由扩展的机制使用户在需要改版升级网站时，只要设计新的内容项目与风格即可完成。

Tips：DedeCMS是国内知名的内容管理系统，经超过20万站长级用户群长达4年之久的广泛应用和复杂化环境的检测，DedeCMS在安全性、稳定性、易用性方面具有较高的声誉，备受广大站长推崇。

DedeCMS采用PHP+MySQL技术开发，程序源代码完全开放，在尊重版权的前提下能极大满足站长对于网站程序进行二次开发的需求。DedeCMS是国内第一个开源的内容管理系统，自诞生以来始终坚持开源、免费的原则。众所周知，开源程序对代码规范性、程序安全性有着较高的要求，DedeCMS拥有4年的开源经验，其灵活的产品架构、极强的可扩展性和可伸缩性能最大化满足站长目前及今后的应用需求。

a. 低维护成本

开发一个网站需要动用大量的人力物力，不仅开发时需要耗费，后期维护升级也需要。因为硬件投入必不可少，这时只有有效控制开发、维护成本，才能让用户的总成本降低。DedeCMS独创模板引擎技术、自定义标签功能，实现网站程序和界面分离的平台搭建效果，改变了传统的“功能开发→页面设计→整合”的制作方式，达到降低人力成本的目的。内置的可视化编辑器可以让录入信息如同操作Word软件一样方便快捷，上手也非常容易。DedeCMS这种网站建设流程，让用户在不改变网站高效、轻便等特性的情况下降低了总成本。

b. 流畅专业的界面设计，良好的用户体验

DedeCMS的界面设计遵循W3C网页设计标准。在开发时，用IE6、IE7、火狐、Opera等主流浏览器进行测试，都能够保证网站浏览的流畅、完整。DedeCMS的页面设计在遵循标准的情况下尽量减少了各浏览器中存在的差异，系统不会因为不同的浏览器而受到限制。优秀的页面设计能够让网站提高用户体验及亲和力。

c. 国际语言支持

DedeCMS 从 5.3 版本开始，以 UTF-8 国际编码为基准进行开发，让网站可以扩展任意一种语言。

d. 灵活的模块组合，让网站更丰富

一个网站通过单一的内容发布系统往往不能满足用户的需求，尤其在 Web 4.0 提倡互动、分享的大趋势下，用户非常希望在传统的内容信息网站中加入问答、圈子等互动型的功能。但如果基于原来的系统进行开发，整个系统的易用性会受到影响，如果使用别的系统，整个网站就不能进行一体化管理。在这种情况下，DedeCMS 推出了模块的功能，用户可以像安装软件一样下载相应的模块进行安装，网站就会增加这些特殊的功能，更加方便用户对网站进行扩展，达到自己满意的效果。

e. 简单易用的模板引擎，网站界面想换就换

DedeCMS 的模板引擎简单、易用，采用了 XML 标记风格，只要懂 HTML 就可以修改和制作模板。很多用户都为网站改版费尽苦心，因为按照老式的网站制作流程，改版需要修改的不单单是一个界面，还要涉及程序。进行一次改版，几乎等于重构网站。DedeCMS 解决了这一系列的问题，只需要了解一些 DedeCMS 的模板标记，只要懂 HTML，就能随意对模板文件进行修改，而且每次升级只需要更新模板文件即可，很大程度上实现了程序和页面的分离。

f. 便捷的自定义模型

DedeCMS 为用户提供了方便快捷的用户自定义模型，用户可以使用这个功能根据自身需求来创建各式各样的站点。如果用户了解部分二次开发知识，那么只要能想到，就能做到。

5.9 WordPress 介绍

首先我们来看什么是 WordPress。WordPress 是一种使用 PHP 语言和 MySQL 数据库开发的开源、免费的 Blog（博客，网志）程序，用户可以在支持 PHP 和 MySQL 数据库的服务器上建立自己的 Blog。WordPress 是一个功能非常强大的博客系统，插件众多，易于扩充功能，安装和使用都非常方便。目前 WordPress 已经成为主流的 Blog 搭建平台。

接下来我们来分析为什么要选择 WordPress。

a. WordPress 从 2005 年发布第一个版本以来，目前已经历了 7 年多的开发，产品的成熟度可想而知。

b. WordPress 拥有众多插件和主题，安装和使用都非常方便，即使我们不懂代码，也可以很方便地使用它搭建出漂亮且强大的网站。

c. 目前 WordPress 已不再是一个简单的 Blog 程序，我们不仅可以使用它来搭建个人博客，还可以搭建其他常见类型的网站，如门户、下载站、淘宝客、论坛、多博客等。

d. 使用 WordPress，不管我们遇到什么问题，只要百度或者 Google 一下，就可以找到解决的办法。

WordPress 可以说是目前世界上最先进的 Weblog 程序。目前开发的程序大都是根据它仿造的。它更能把握搜索引擎，在用户使用 WordPress 并掌握几种插件后，对于优化将不用过多地操心，它会为用户想得很多。WordPress 有许多第三方开发的免费模板，安装方式简单。不过要想制做一个自己的模板，则需要有一定的专业知识，至少要懂得 HTML 代码、CSS、PHP 等相关知识。

WordPress 拥有强大的插件和模板。用户可以根据它的核心程序提供的规则自己开发模板和插件。它可以在瞬间把博客改变成 CMS、forums、门户等各种类型的站点。WordPress Theme 风格模板样式繁多，ET YNE 只需要把不同的模板文件放到空间的 Theme 目录下就可以自由地在后台变换，而且不管 ET YNE 安装的是什么语言包，都可以自由地使用这些风格。

WordPress 的扩展插件很多，只要用户掌握了 plugin 目录下插件文件的使用方法，只需把插件文件上传到 FTP 的 plugin 目录下，就可以直接在后台启用管理。功能强大点的插件甚至会有一个自己的管理目录在后台出现，就像程序自带一般方便，它强大的插件囊括互联网上所有可以实现的功能。

5.10 Discuz!介绍

Discuz! 是一套通用的社区论坛软件系统，用户可以在不需要任何编程基础的情况下，通过简单的设置和安装，在互联网上搭建具备完善功能、强大负载能力和可高度定制的论坛服务。Discuz! 的基础架构采用世界上最流行的 Web 编程组合 PHP+MySQL 实现，是一个经过完善设计，适用于各种服务器环境的高效论坛系统解决方案。

Discuz! 从创立之初即以提高产品效率为突破口。随着编译模板、语法生成内核、数据缓存和自动更新机制等独创或独有技术的应用，以及坚固的数据结构与最小化数据库查询设计，Discuz! 可以在极为繁忙的服务器环境下快速稳定运行，切实节约企业成本，提升企业形象。

依据实际应用案例，在 P4 4.4G/1G RAM/IDE 硬盘的入门级服务器上，Discuz! 可以容纳 150 万篇帖子并稳定负载 2500 人/30 分钟在线的流量，最高可达 5000 人/30 分钟在线。在硬件配置稍好的环境中，如双 Xeon 4.4G/2G RAM/万转 SCSI 硬盘的服务器上，以上数字均实现了翻番，即容纳 300 万篇以上帖子，稳定负载 5000～8000 人/30 分钟在线，最高可达 10000 人/30 分钟。如果采用 Web 和数据库分离的方式负载，并采用 RAID5，各项指标可达到上述的 2～3 倍，即实现约 30000 人/30 分钟在线。这样的负载能力完全可以满足大中型网站乃至门户网站的应用需求。

除了一般论坛所具有的功能外，Discuz! 还提供了很大限度的个性化设定，力求做到功能设置的系统性、丰富性，功能使用的人性化、“傻瓜”化，需求定制的最大化、智能化。绝大多数功能均在后台预留开关，可按用户需要启用或关闭。前后台全部采用语言文件等国际化设计，前台采用 Discuz! 开发组自主开发的编译模板等先进技术，更换界面非常容易。完善的权限设定，使管理员可控制每个用户、每个组及所在每个分论坛的各种权限，满足应用于各种领域的论坛管理者。

5.11　本章小结

本章从作者的亲身经历出发，讲述了域名中包含关键词对 SEO 的影响，由此展开在 SEO 过程中应该如何选择域名和服务器。这是非常重要的工作。很多 SEOer 对于这一步骤不够重视，马马虎虎开始建站，结果导致很多问题。有些域名在注册几个月后被删除，导致之前的 SEO 工作白白浪费——有些服务器在运营几个月后崩溃或者服务器提供商直接倒闭。这些都是作者亲身经历或亲眼看到的事情，也是作者将域名和服务器的选择单独作为一章的原因。

当然，仅仅通过一章的内容无法说明域名和服务器选择需要注意的所有情况，作者建议大家在实际选择的过程中多多向前辈请教。站长之家等论坛都聚集着很多的互联网从业者，大多数都乐于分享。除此之外，作者也非常期待和读者进行线上的交流。

第 6 章 从零开始学关键词优化

经过前面几章的介绍，我们已经对建站和 SEO 有了初步的认识，本章我们将正式开始 SEO 的系统学习。如果说前面的章节都是一些理论知识，仅需要读者能够理解和操作就可以，那么后面的内容就需要读者多思考。

作者讲述的 SEO 理论并不一定能覆盖每一位读者的行业，而从理论转化为实战需要读者深入思考。作者建议在阅读后面的内容时一定要时刻带着自己行业 SEO 的疑问进行，这样才能有更多的收获。

6.1 SEO 指导思想

近年来 SEO 行业流行这样的说法："内容为王，外链为皇。"乍一看这句话似乎有矛盾，无法区分到底是外链重要还是内容重要。其实，这正是 SEO 行业的魅力所在。前面我们已经提到，影响关键词排名的因素很多，并且这些因素都在不断地变化。

6.1.1 关键知识点 11：如何理解"内容为王，外链为皇"等概念

"内容为王，外链为皇"的说法很真实地说明了外链和内容在 SEO 过程中的重要性。

Tips：作者认为，在网站建设初期，应该尽量多地在内容上面下功夫。我们可以这样设想，如果一个网站没有充实的内容，即使通过外链等手法在短期之内让关键词获得了排名，用户通过搜索关键词进入网站却无法找到自己需要的内容，自然会选择离开，离开后会重新选择排名在后面的网站进入浏览。这样的过程会被搜索引擎记录下来，作为搜索跳出率来判断网站的质量。搜索跳出率增加，关键词排名会随之下降。

正是出于这样的原因，本书会花大量的篇幅讲解内容的来源和发布。相对于内容来说，外链更像是关键词获得排名的催化剂，可以让网站更加轻松地战胜对手，获得优质的排名。但不要忘了，这一切都要建立在内容的基础上，没有内容的网站注定会被搜索引擎和用户抛弃。

作者在策划本书的时候出于兴趣做了一个 App 评测类型的网站，前面的章节已经提到，该网站的优化策略是每天发布一篇原创的评测文章，这样持续了 3 个月左右便因为工作繁忙没有继续进行，4 个月的时候指数较低的关键词获得了排名，6 个月的时候所有的关键词都获得了排名。该网站没有主动做过外链，仅依靠每天发布一篇原创文章便成功获得了排名，而且排名相当稳定，直到现在排名还在上升，如图 6-1 所示。后续的章节中作者还将对该网站进行详细的剖析。

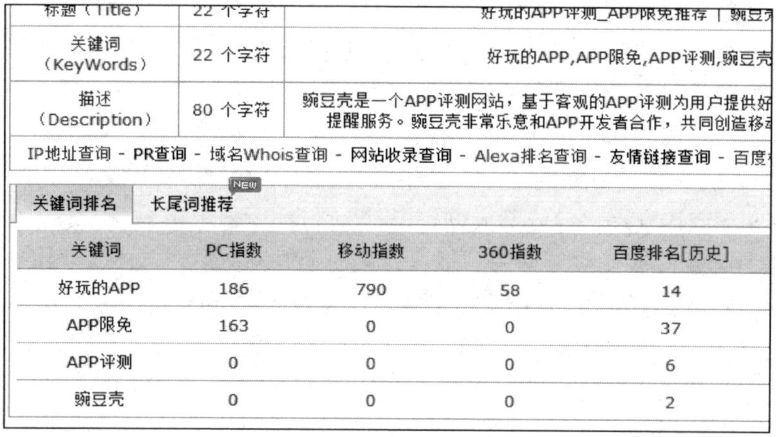

标题（Title）	22 个字符	好玩的APP评测_APP限免推荐 | 豌豆壳
关键词（KeyWords）	22 个字符	好玩的APP,APP限免,APP评测,豌豆壳
描述（Description）	80 个字符	豌豆壳是一个APP评测网站，基于客观的APP评测为用户提供好 提醒服务。豌豆壳非常乐意和APP开发者合作，共同创造移动

IP地址查询 - PR查询 - 域名Whois查询 - 网站收录查询 - Alexa排名查询 - 友情链接查询 - 百度

关键词排名　长尾词推荐 NEW

关键词	PC指数	移动指数	360指数	百度排名[历史]
好玩的APP	186	790	58	14
APP限免	163	0	0	37
APP评测	0	0	0	6
豌豆壳	0	0	0	2

图 6-1　豌豆壳关键词排名

6.1.2　如何增加网站外链

前面作者已经提到“内容为王，外链为皇”的概念，我们也已经了解网站在建设之初要将重点放到内容建设上面，而内容建设到位以后关键词排名遇到瓶颈就需要依靠外链等手段解决了。本节将重点介绍如何合理地增加网站外链。

外链的增加是一把双刃剑，如果没有合理的规划和严格的执行将会导致不可挽回的后果。作者在 SEO 诊断过程中遇到过这样的问题：一位站长的网站关键词排名在第 2 页停滞不前，于是决定通过增加外链的手段超越竞争对手。开始时并没有做详细的规划，而是简单地将增加外链的工作外包，一个星期之后，外链确实增加了很多，但是关键词的排名却下降到 100 名之外。作者分析外链后得知外包增加的外链网站中悬挂了很多包含违法信息的网站，这样一来，搜索引擎在惩罚这些包含违法信息网站的同时会影响与其链接的网站。该站长立刻撤下所有链接。从发现问题到撤下链接，该站长用了 10 天的时间，而他花费了将近半年的时间才将网站的信任度重新提高。

可以通过以下几种渠道增加网站外链:

a. 提升网站内容质量，在网页中添加转载链接，让用户帮助网站转发内容，增加外链，这是最有效且最受搜索引擎喜欢的外链增加手法。

b. 自己主动到相关网站或者有相似目标群体的论坛发布外链。注意，一定要选择有相似目标群体的论坛。经过作者长时间大量的数据验证，这样的外链质量要高于和自己网站无关的论坛外链质量。例如，做一个户外用品的网站，就可以选择到山地车、户外旅游等方面的论坛发布外链。这样的操作手法比较耗费体力和精力，但是效果非常不错。

c. 去威客平台找人发外链。这样的优点是速度快，缺点是质量无法把握。在发布任务的时候要注明，发布外链不能集中在一天或者短期发布，应该分散开来，具体每天发多少要依据自己网站的状态和竞争对手网站的分析来判断。

d. 到外链交易平台购买链接。去年百度已经开始打击链接交易，但是似乎屡禁不止，许多链接交易平台依旧火爆。相对于前面 3 种增加链接的方法，链接交易更加直接、高效。在购买链接的时候一定要留意虚假权重。虚假权重的操作手法非常简单，首先选择指数非常低甚至没有指数的关键词作为关键词建设网站，这种情况下该关键词很容易获得排名，等关键词获得排名后通过软件将关键词指数刷上去（因为站长工具的百度权重都是依据关键词指数和排名反推而得到的）。

如果关键词指数提高了，那么百度权重自然会提高，这就是为什么链接交易平台有那么多高权重网站的原因了。我们在购买链接的时候不要只注重百度权重，还要从 Google PR、网站建设时间、域名质量等方面分析判断。

6.1.3 增加外链的时候应该注意什么

增加外链的过程中我们往往会变得很盲目，因为增加外链的目的无非是关键词排名遇到问题，这个时候我们会急于求成，梦想着在一两天的时间就有进展。

作者在 SEO 诊断的过程中遇到过这样的情况：一位站长运营的地方门户网站排名经过半年没有什么进展，便到站长社区发帖求助，有热心网友建议他到网址导航网站做一些外链，效果会比较明显。因为是地方门户，存在资金问题，没有办法到网址导航网站的首页做链接，所以链接全部在网址导航站的内页，即如图 6-2 所示的类似页面，2 个月后网站排名没有任何变化。后来，这位朋友没有再坚持，在第 3 个月便撤下了大部分链接，结果在第 6 个月网站关键词获得了大幅度的提升，分析后才得知是这些链接起了作用。遗憾的是，他在第 3 个月撤下了大部分链接，没有达到最好的效果。这件事情告诉我们，在网站的内页做外链，权重的提升一般要等 3～6 个月。

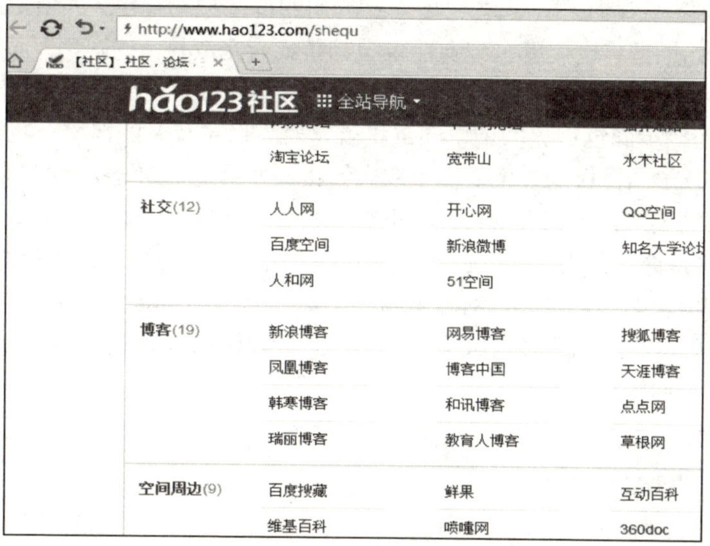

图 6-2　hao123 网址列表

实施 SEO 的过程中要养成记录每一项操作的习惯。例如，某一天修改了网站 title，某一天调整了网站关键词，某一天增加了网站外链。这样的记录方便我们在关键词排名获得改变后分析其原因。

Tips：增加外链的过程中，除了需要循序渐进和耐心等待之外，在外链关键词的选择上面也要多下功夫。前几年我们做外链都是直接用关键词做外链文本。

例如，我们要为“珠峰户外用品网”做外链，之前的做法是所有的外链都用“户外用品”来做外链锚文本。在百度搜索引擎算法升级之后，这样的做法很容易被搜索引擎认为是作弊。正确的做法是，在关键词前面加上品牌词，如“珠峰户外用品”。具体的做法可以针对不同的行业进行调整，原则就是不要直接使用关键词来做外链。

6.1.4　什么样的链接才是优质链接

随着百度算法的不断升级，很多站长都对什么样的外链是高质量外链感到困惑。绿萝等算法的执行，让链接买卖失去了最后的生存空间，下面作者就自己理解的高质量外链进行说明。

a. 是否有点击流量，即是否可以通过链接对方点击引流。这一点非常重要。要实现这一点，就要让链接的网站和自己的网站属于相似的行业，至少有相似的目标群体。例如，我们建设一个母婴用品的网站，而外链发在了站长论坛，这样的链接注定不会带来任何点击，因为母婴用品的用户群体和站长社区的用户群体有着本质的区别。如果是将链接发布到女性衣服销售或者儿童教育的网站，那效果就大不相同了。

b. 是否为单向链接。所谓单向链接就是对方做了我站的链接，我站并没有做对方的链接。单向链接的效果要优于双向链接。如果是单向链接，说明是其他网站对自己网站的投票，而双向链接很可能意味着是双方交换链接。

c. 链接是否在语义之中。也就是说，对方给我站的链接不是简单的独立链接，而是融入到信息之中。例如，对方发布了一篇关于母婴用品介绍的文章，如图 6-3 所示，在提到母婴用品的时候做了一个指向我们建设的母婴用品网站的链接，这样搜索引擎会给此链接较高的权重。

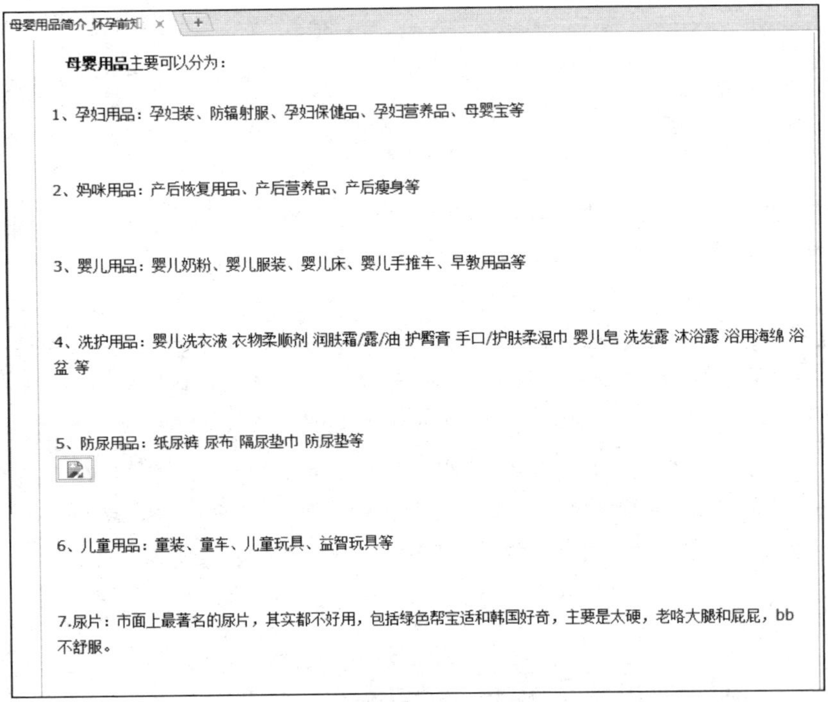

母婴用品简介_怀孕前知

母婴用品主要可以分为：

1、孕妇用品：孕妇装、防辐射服、孕妇保健品、孕妇营养品、母婴宝等

2、妈咪用品：产后恢复用品、产后营养品、产后瘦身等

3、婴儿用品：婴儿奶粉、婴儿服装、婴儿床、婴儿手推车、早教用品等

4、洗护用品：婴儿洗衣液 衣物柔顺剂 润肤霜/露/油 护臀膏 手口/护肤柔湿巾 婴儿皂 洗发露 沐浴露 浴用海绵 浴盆 等

5、防尿用品：纸尿裤 尿布 隔尿垫巾 防尿垫等

6、儿童用品：童装、童车、儿童玩具、益智玩具等

7.尿片：市面上最著名的尿片，其实都不好用，包括绿色帮宝适和韩国好奇，主要是太硬，老咯大腿和屁屁，bb不舒服。

图 6-3 母婴用品介绍的文章

d. 链接文字是否大量重复。简单地说，就是对方链接过来的锚文本是否全部都是同样的关键词，这样的链接会被蜘蛛识别为作弊。

e. 是否来自 edu、gov 域名。通常来讲，来自 edu、gov 的链接会被蜘蛛识别为较高权重。

f. 是否有过多的链接导出数目。之前的链接买卖会导致一个网站悬挂很多的友情链接，这也会被搜索引擎识别为作弊。建议选择友情链接的时候不要选择超过 30 个导出链接的网站。

6.1.5　关键知识点 12：什么样的内容才是搜索引擎喜欢的

关于搜索引擎喜欢什么样的内容，各站长论坛众说纷纭，但大部分 SEOer 认为搜索引擎喜欢原创内容。何为原创？简单地说，原创就是自己撰写的、互联网上之前没有过的内容。这里还需要读者理解伪原创的概念。伪原创是指将从互联网采集而来的文章进行二次加工。加工的方法主要是替换同义词、近义词等，或者是对段落顺序进行调整。

Tips：作者认为搜索引擎喜欢原创内容固然正确，但是并不完善。作者曾经做过这样的实验：同时建设了两个关键词和标题一样的网站，网站内容是关于地方小吃的，其中的一个的内容通过采集互联网上已有的文章加工而来，另一个则直接让编辑来写文章。我们满以为后者会获得搜索引擎的青睐，但是结果却截然相反，通过采集互联网文章加工的网站获得了不错的排名，而后者一直不温不火。分析其原因，作者认为是后者的编辑不熟悉地方小吃，撰写的文章大多不符合现实，用户搜索进来找不到需要的内容，导致搜索跳出率很高，自然无法获得排名。这个例子告诉我们，不一定是自己写的文章才是搜索引擎喜欢的。

说到底，搜索引擎喜欢的是用户有需求但是目前搜索结果无法满足需求的文章，只要牢牢抓住这一点便可以抓住内容的根本。如图 6-4 所示，在 Google 中搜索“SEO”，百度百科排名在前面。我们知道，百度百科的内容是很多网友编辑而来的，这样的编辑绝非自己撰写，大部分都是从互联网上搜索的。尽管这些内容之前都在互联网上存在，但是第一次完整出现是在百度百科，这样百度百科获得优质的排名就顺理成章了。

受到这个启发我们可以这样考虑：如果计划建设一个母婴类型的网站，那么可以总结出很多的专题，如“准妈妈怀孕饮食大全”，然后到互联网上收集各种关于怀孕的食谱总结到这个专题中，这样的内容很受准妈妈用户群体的欢迎，因此也很受搜索引擎青睐。

图 6-4 在 Google 搜索“SEO”关键词百度百科的排名

6.1.6 新站收录方法和链接传递权重的探讨

很多 SEOer 都在积极探索新站如何才能快速被收录，淘宝和威客平台也有很多人提供网站快速收录服务。一直以来，我们的操作手法是在一些已经收录的网站做上链接，其实这种方法效果并不理想，因为会受到网站首页更新速度等诸多因素的影响。经过作者最近的测试，在已经收录的网站发布文章的时候加入新站的链接，效果要好很多。除了这一点，作者发现在站长工具、爱站等查询网站信息会加速收录。针对这一点有很多辅助查询的工具，读者可以尝试搜索“刷外链”获得帮助。

前段时间作者回复了一位 SEOer 提出的一个关于链接传递权重的问题。很多 SEOer 做链接的时候都很盲目，感觉网页的权重似乎是取之不竭的，于是尽可能多地悬挂链接。作者认为，每一个网页的权重是有一个阈值的，就如同很多 SEOer 会问为什么自己的网站在收录到几十页或者几百页后停滞不前，原理其实很简单，就是首页的权重不能支撑更多的链接权重传递了。

正确的方法是在保证文章质量的前提下合理布局指向首页的链接，这样首页就会再次积累权重，当然也就会有权重分配和新的页面收录，详细原理如图 6-5 所示。需要指出的是，以上思维存在分歧，作者也希望 SEO 前辈不吝赐教。

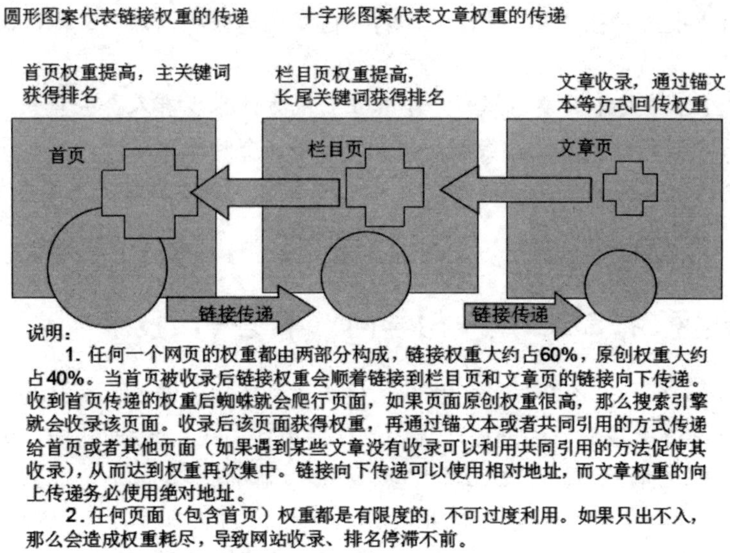

图 6-5　链接传递权重理论示意图

一个页面链接获得的权重是均分的吗？作者认为权重不可能均分，搜索引擎会依据链接出现的位置及链接出现的标签分配。例如，H2 这种标签中的链接会获得比常规标签中的链接更高的权重，文本中出现的链接会获得比页脚常规链接更高的权重。这一点在本书第 8 章中将给出详细的分析和操作指南。

6.1.7　SEO 有一种境界是逆向思维

经常关注 SEO 行业发展的读者应该注意到，最近两年很多 SEO 培训机构的课程总是在变化。举个简单的例子，前几个月发文章的技巧是第 1 个月每天 15 篇，第 2 个月每天 10 篇，第 3 个月每天 5 篇，这是一个递减的过程。但是现在的操作技巧截然相反，最好的方法是第 1 个月每天 5 篇，第 2 个月每天 10 篇，第 3 个月每天 15 篇，这是一个递增的过程。

面对这样的问题，作者大胆地设想，可以用逆向思维的方式实施 SEO。我们知道，在这个高度信息化的时代，任何方法都会很快被大家使用，如果大家都使用同一种方式操作，那么被搜索引擎识别为作弊的概率就会变大。

如果在这个时候我们使用逆向思维，大家怎么样操作，我们就反向操作，这样岂不是更安全？在 2012 年的一个站群项目中，当时很多站长都将重点放在了内容建设和外链上面，考虑到已经存在成千上万这样的网站，作者决定将重点放在模板的差异化上。这个站群项目的几千个模板都是单独开发的，没有重复，结果在“6·28”

事件中站群大批量地被“K”掉，而作者通过变化模板风格建设的网站却没有受到任何损失。

Tips：SEO 不是不需要跟风。一个真正好的方法很少有人会分享出来，只有一种方法效果减弱的时候或许才会被公布出来，而这个时候这种方法到底是救命稻草还是双刃剑，就需要我们自己琢磨了。后面作者会从实际出发，深度分析 SEO 过程中应该吸取什么，抛弃什么。

6.1.8 误区 5：SEO 是一门学问，不是一门技术

随着 SEO 行业的不断发展，我们已经认识到搜索引擎对于网站的权重判断不尽相同。Google 比较偏重于外链，优质的外链更容易在 Google 获得排名；百度更偏向内容建站，所以在国内做 SEO 重点要放在网站内容建设上。那么，什么样的内容是优质内容呢？这个问题也是很多 SEOer 辩论的话题。很多 SEOer 说自己的内容是伪原创的，一样可以获得排名。当然，这个不能否认。原因有几点：一是说明这个行业的关键词竞争度不高；二是同行业的其他 SEOer 都在使用比这个手法更为不好的手法，如直接采集。

SEO 不是一门技术，它是一门学问。技术和学问的区别在哪儿？所谓技术，就是可以长期使用。例如，我们学会了 PHP 编程，就可以一直使用 PHP 编写程序。但是学问不同，学问是随着时间的推移变化的，是不能直接拿来用的，我们只能从中获得方法、思维，具体的操作还是要自己摸索。

所以，不管我们在哪里学习 SEO，不管讲师讲得多么精彩，那始终是适合人家的方法，我们不一定能用。我们最好能分析其原理，将其转化为自己的东西。另外，各行业的 SEO 手法也不尽相同。

6.1.9 作者谈 SEO 的核心理论

SEO 具体是什么？SEO 行业一直争论不休，甚至有人提出根本没有 SEO，所谓 SEO 都是作弊的说法，直到今天都没有定论。但作者觉得 SEO 有一套核心理论，只要注意这几个核心，SEO 也不是像大家想象的那样不可琢磨。

搜索引擎蜘蛛发展的方向就是能和普通浏览者一样识别什么样的网页是有用的，是能给浏览者提供信息的。反之，企图通过买卖外链、采集文章、伪原创等手段欺骗蜘蛛的行为会被认为是作弊。绿萝算法、石榴计划都是为了惩治这些手段而生。然而，在操作站群的时候就会发现，要做到每一篇文章都是原创确实不是一件简单的事情。当然，要增加外链而不通过买卖手段也不是一件易事。

然后是网站程序的选择。现在公认的比较利于优化的程序有 DedeCMS、WordPress 等，DedeCMS 可以生成静态页面，而 WordPress 需要插件来生成静态页面。如果对程序不太熟悉的话，作者建议优先选择 DedeCMS 搭建网站。

选择和修改模板的时候需注意以下几点：

a. 选择模板的时候最好选择 F 形模板。所谓 F 形就是顶部有导航，如首页公司新闻、公司产品之类。这里要特别强调的一点是，最好把需要优化的关键词融入栏目名称。例如，优化“户外装备”这个词，栏目就可以建设成“户外装备新闻”、“户外装备产品”等。

b. 在页脚加入次导航，文字是需要优化的关键词，链接指向网站首页。

c. 描述部分务必注意，尽量写清楚网站的功能，如“户外装备网提供户外装备销售、户外装备维修、户外装备租赁等服务，我们的服务电话是：000000”。描述中尽量出现 1～2 次关键词。如果觉得不知道如何描述自己的网站的话，可以省略，这样蜘蛛会自己检索网页全文，获得全面的描述信息。

6.1.10　关键知识点 13：SEO 精髓之四处一词

“四处一词”是最近提出的 SEO 理论，对它的正确理解和使用非常重要。首先我们要明确是哪 4 个地方，其次要熟练掌握如何在这 4 个地方做到统一。

第 1 个要实现“四处一词”的地方是标题部分。前面作者已经提到了标题的重要性，在“四处一词”理论中标题部分也是关键所在，难点在于如何将关键词恰当地融入标题。例如，作者在建设豌豆壳之初定位了 4 个关键词，分别是“好玩的 APP”、“APP 限免”、“APP 评测”、“APP 推荐”。如果直接将 4 个关键词堆砌到标题，标题的样子将是“好玩的 APP，APP 评测，APP 限免，APP 推荐”。

暂且不说对搜索引擎是否友好，单纯从用户方面出发体验也非常差，感觉是生硬的关键词叠加，第一印象就是这个网站特别无趣。最后经过优化组合，标题可以写成“好玩的 APP 评测_APP 限免推荐 | 豌豆壳”，如图 6-6 所示。从搜索引擎分词来看，这样的组合比较合理，从用户角度考虑也比较友好。

第 2 个需要实现“四处一词”的地方是关键词和描述部分。前面作者已经提到，尽管最近两年关键词和描述标签在搜索引擎的地位有所弱化，但是在大量的实际运用中不难看出“四处一词”在重视编辑关键词和描述标签的网站上的效果要大大优于胡乱处理或者没有关键词和描述标签的网站。

图 6-6　豌豆壳网站标题布局

同样，我们用豌豆壳网站中的一篇文章作为例子，如图 6-7 所示。我们需要优化的关键词是“骨头宠物”，那么在标题中出现了“骨头宠物”关键词，在关键词和描述中也出现了“骨头宠物”关键词，这就符合“四处一词”的原则。作者的建议是，尽量保证在描述标签中出现 2～3 次需要优化的关键词。如果优化长尾关键词，只需要 1～2 次即可。这一点的重要性在作者大量的站群实验中已经得到证实。

```
<!doctype html>
<html lang="zh-CN">
<html xmlns:wb="http://open.weibo.com/wb">
<head>
<meta charset="UTF-8">

<title>骨头宠物评测，快来做萌宠的粉丝吧 - 豌豆壳</title>


<!-- wp_header -->
<!-- DX-Seo plugin start -->
<meta name="keywords" content="骨头宠物评测,骨头宠物" />
<meta name="description" content="《宠物骨头》是一款基于宠物照片分享社交应用，每天技
解一下《宠物骨头》是如何让千千万万萌宠粑粑麻麻的亲睐的？" />
<!-- DX-Seo plugin end -->
<link rel="alternate" type="application/rss+xml" title="豌豆壳 &raquo; Feed" href="
<link rel="alternate" type="application/rss+xml" title="豌豆壳 &raquo; 评论Feed" hr
<link rel="alternate" type="application/rss+xml" title="豌豆壳 &raquo; 骨头宠物评测
<link rel='stylesheet' id='themify-shortcodes-css' href='http://www.wandouke.com/w
<link rel='stylesheet' id='theme-style-css' href='http://www.wandouke.com/wp-conte
<link rel='stylesheet' id='themify-media-queries-css' href='http://www.wandouke.co
<link rel='stylesheet' id='pretty-photo-css' href='http://www.wandouke.com/wp-cont
<link rel='stylesheet' id='google-fonts-css' href='http://fonts.useso.com/css?fami
<script type='text/javascript' src='http://www.wandouke.com/wp-includes/js/jquery/i
<script type='text/javascript' src='http://www.wandouke.com/wp-includes/js/jquery/i
<script type='text/javascript' src='http://www.wandouke.com/wp-content/themes/zhuig
<link rel="EditURI" type="application/rsd+xml" title="RSD" href="http://www.wandouk
```

图 6-7　豌豆壳文章页关键词的布局策略

第 3 个需要重视“四处一词”的地方是内容部分。如图 6-7 所示，标题、关键词、描述中都出现了需要优化的关键词“骨头宠物”，那么在接下来的正文部分该如何出现呢？作者的建议是在正文部分第 1 次出现关键词的时候用<strong>标签加粗，如图 6-8 所示。

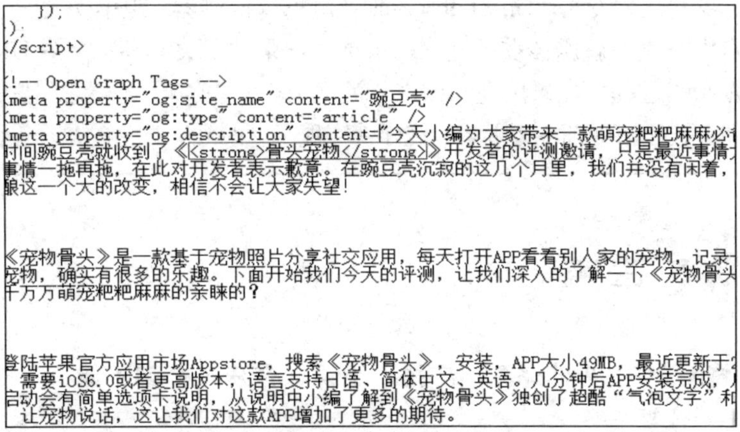

```
    });
);
</script>

<!-- Open Graph Tags -->
<meta property="og:site_name" content="豌豆壳" />
<meta property="og:type" content="article" />
<meta property="og:description" content="今天小编为大家带来一款萌宠粑粑麻麻必
时间豌豆壳就收到了《<strong>骨头宠物</strong>》开发者的评测邀请，只是最近事情
事情一拖再拖，在此对开发者表示歉意。在豌豆壳沉寂的这几个月里，我们并没有闲着，
躯这一个大的改变，相信不会让大家失望！


《宠物骨头》是一款基于宠物照片分享社交应用，每天打开APP看看别人家的宠物，记录
宠物，确实有很多的乐趣。下面开始我们今天的评测，让我们深入的了解一下《宠物骨头
千万万萌宠粑粑麻麻的亲睐的？


登陆苹果官方应用市场Appstore，搜索《宠物骨头》，安装，APP大小49MB，最近更新于2
  需要iOS6.0或者更高版本，语言支持日语、简体中文、英语。几分钟后APP安装完成，
启动会有简单选项卡说明，从说明中小编了解到《宠物骨头》独创了超酷“气泡文字”和
  让宠物说话，这让我们对这款APP增加了更多的期待。
```

图 6-8　豌豆壳网站文章发布中<strong>标签的用法

<strong>标签的重要性前面我们已经做了详细的分析，在“四处一词”的实现中<strong>标签得到了实际的运用。接下来需要注意关键词在正文中出现的密度，作者的建议是控制在 5%～10% 之间。后期操作的过程中，如果遇到关键词排名无法提升的问题，可以尝试在控制密度不变的同时提升关键词出现的次数。这个地方读者一定要理解清楚，不可盲目地在内容中添加关键词，这样的做法很容易被搜索引擎认为是作弊。正确的做法是：如果优化首页关键词，可以尝试将首页的内容丰富，具体可以增加首页调用文章数，或者直接在首页增加一个文字区块。在这个文字区块中写一段关于网站的介绍或者专门为关键词定制的文字，这段文字中自然包含关键词。文字区块的巨大作用在后面还会提到，这里读者只需要了解，在首页关键词的优化中，如果需要增加关键词出现次数可以使用该方法。

如果在内容页优化长尾关键词，最好直接将内容的长度增加。例如，网站之前发布的文章是 500 字左右，我们想要在增加长尾关键词出现次数的时候不改变长尾关键词密度，可以尝试将文章的长度增加到 800～1000 字。这个字数后面还会提到。就在前几年，500 字的文章还是 SEO 行业一直推行的，但是最近很多 SEO 从业者认为 800 字的文章更加适合 SEO。

第 4 个需要注意“四处一词”的地方是锚文本。近年来已经有越来越多的 SEO 从业者开始重视站内锚文本的作用，站内锚文本的建设和内容也是本书要重点介绍的部分。

Tips：标题、关键词、描述部分的“四处一词”处理相对比较简单，只需要在网页发布的过程中注意即可。锚文本方面需要做充分的规划，正确的流程是在网站建设之初就应该考虑好需要优化的关键词，平时在发布文章的时候制作一个关键词记录单。

例如，我们计划发布“Ghost observer 评测鬼魂探测器，胆小勿入！”这篇文章，那么在文章发布之后就应该在关键词记录单中记录文章关键词和文章 URL，这样在后面文章发布的过程中如果出现和该文章关键词相关联的信息，就用锚文本的方式给该文章加上链接，如图 6-9 所示。这样就实现了“四处一词”的最后一步。

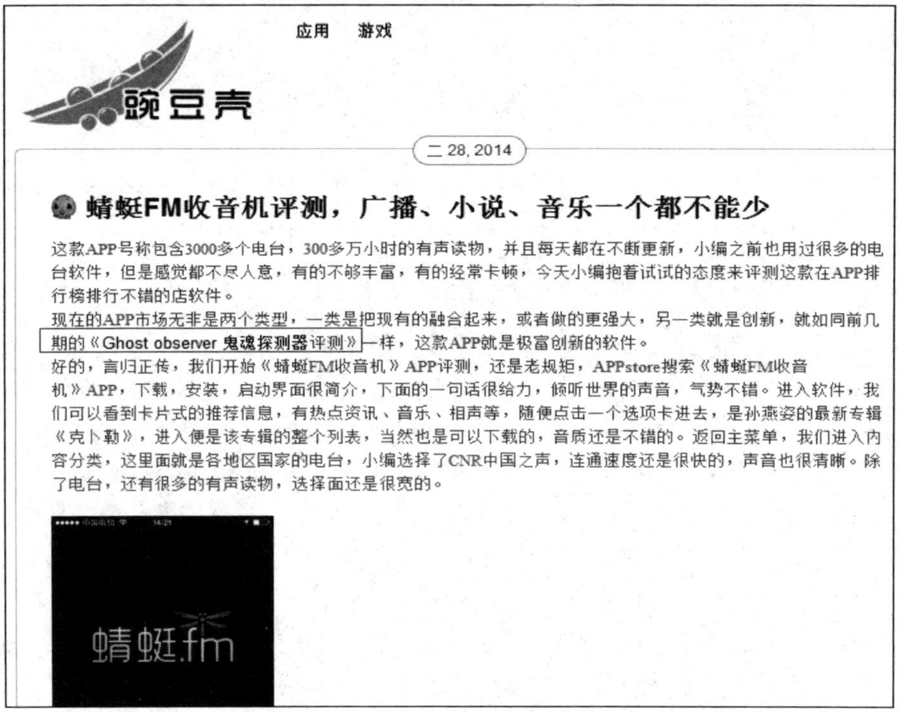

图 6-9 豌豆壳网站文章中定向锚文本的使用

在实际操作的过程中我们不可能遇到那么合适的锚文本位置，要解决这个问题必须要熟练掌握文章的发布和编辑方法。我们在写文章之前就应该考虑这篇文章和之前发布的哪篇文章类似，可以做关联，找到关联点之后按照这个关联点编写文章。这确实需要技巧，如果生硬地将锚文本加入文章将无法起作用。

这一点在本书第 7 章、第 8 章都会再次提到，如果读者无法理解也无须着急，读完后续内容一定能得到答案。这一点也是本书不同于其他 SEO 书籍的地方，作者不希望将每一点单独分离开来讲述。本书的做法是循序渐进，所有知识点都同步展开，多次讲解，让读者在不同的章节中用不同的角度理解同一个知识点。在实际的 SEO 过程中，这一点非常重要，生搬硬套的 SEO 方法是无法获得成功的。

6.2　深入学习 5：关键词的筛选和竞争性分析

通常我们都会选择网站的首页来优化关键词，因此关键词很大程度上会影响一个网站的成败。在实战中选择关键词一定要做到切合实际，看似简单的道理，实际上操作起来非常困难。何为切合实际？简单地说，就是一定要选择适合自己当下能力的关键词，这个能力包括对 SEO 的掌握、外链资源和对关键词所属行业的理解。

6.2.1　关键词如何确定

作者遇到过很多这样的站长：总是选择那些指数很高的关键词来做，单纯地认为只要花时间将这些关键词做上去就能获得巨大的流量，这个流量背后就是成功，结果往往是背道而驰，自己苦心经营网站 1 个月，关键词没有一个有排名，流量更是无从谈起，这样一来自信心往往会受到很大的打击，这样的打击会让 SEO 过程变得更加盲目。这个时候，一些站长会选择疯狂地购买外链，借用各种黑帽手法梦想一夜之间获得排名，这样的操作往往会加速网站的死亡。

SEO 不仅考验我们的能力，更考验我们的耐力，因此选择关键词的时候一定要有阶段性。网站刚起步时没有任何权重，我们也没有资源，这个时候就应该选择指数较低、竞争性较弱的关键词作为优化目标。这样的关键词优化起来比较简单，只要我们有充足的内容来源，运用“四处一词”等策略，一般 1～3 个月就会有成效。一旦关键词获得排名，网站有了流量，会给我们很大的鼓舞。这个时候网站也有了一定的权重，接下来再选择指数较高、竞争性较强的关键词添加进来。

这里有一个问题需要解释一下。很多站长都担心中途更换关键词会受到搜索引擎的打击，其实这是多虑了，只要是合理的操作是没有任何影响的。作者的建议是循序渐进，如第 4 个月添加一个指数较高的关键词进来，将之前一个指数较低的关键词着陆页更换到栏目页或者文章页。接下来持续这样的操作，逐渐将指数高的关键词加入首页，将指数低的关键词交由栏目页或者文章页优化。

Tips：对关键词的选择很重要的一点是如何分析关键词的竞争性。只有了解什么样的关键词优化起来比较容易，什么样的关键词优化起来比较吃力，才能帮助我们正确地确定网站需要优化的关键词。下面一节作者将详细对关键词竞争性分析做出说明，请读者务必要认真阅读。

6.2.2 关键词竞争性分析

什么样的关键词是比较容易优化的？有的 SEOer 认为指数越高越难优化，指数越低越容易优化；有的 SEOer 认为越多人优化的关键词越难优化，越少人优化的关键词越容易优化。这两种说法都有其正确性，但都不是太准确。当下公认的关键词竞争性分析方法是通过分析搜索引擎搜索结果中使用首页优化关键词的数量来判断。

如果搜索结果中第 1～20 条记录都是通过首页来优化的关键词，通常竞争性比较强。如果搜索结果中都是通过栏目页或者文章页来优化，说明该关键词竞争性比较弱。例如，我们搜索“旅游”这个关键词，如图 6-10 所示，可以看出搜索结果中很多都是使用首页在做该关键词的优化，说明该关键词竞争性非常高。站长工具的关键词竞争性分析工具也是基于这一原理开发的。

图 6-10 “旅游”关键词在百度的搜索结果

如图 6-11 所示是站长工具得出的“旅游”关键词竞争性分析，可以看出该关键词优化难度非常高。

图 6-11　通过站长工具查询“旅游”关键词的竞争性

下面我们来看一个竞争性较弱的关键词。在搜索引擎中输入“敦煌旅游”关键词，如图 6-12 所示，可以看出大部分网站都是使用栏目页做该关键词的优化，说明该关键词竞争性较弱。从站长工具的分析结果也可以看出这一点，如图 6-13 所示。

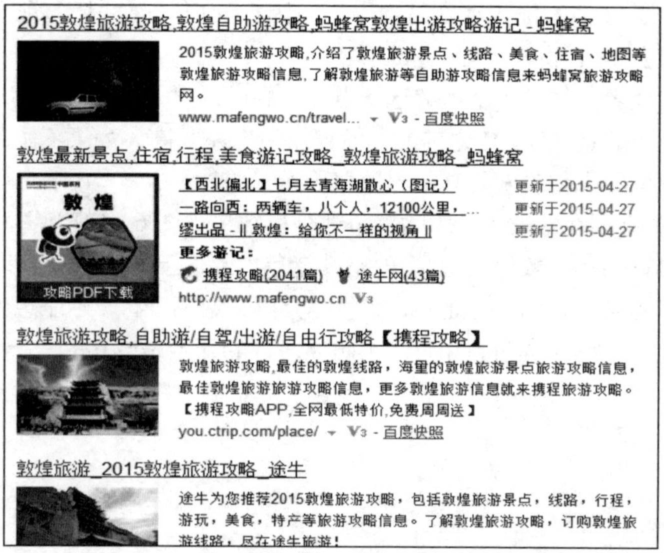

图 6-12　“敦煌旅游”在百度中的搜索结果

分析结果	
关键词	敦煌旅游
长尾关键词	敦煌旅游攻略,敦煌旅游景点,敦煌 旅游
指数	632
收录量	743万
首页网站(前50名)	10
排名前10网站分析	权重>=4的网站有9个 其中属于首页的有2个 内页或目录页的有7个 权重<4的网站有0个 其中属于首页的有0个 内页或目录页的有0个
竞价网站数量	12(竞价里时刻在变化)
优化难度	竞争度 中等偏上
优化估价(仅供参考)	**8000-12000**元/年

图 6-13 “敦煌旅游”在站长工具中的竞争性分析结果

从这个关键词的分析中还可以看出一个问题，“敦煌旅游”关键词的指数只有632。如果仅按照指数来判断，这个指数应该属于一个比较容易优化的区间，但实际情况是这个关键词的优化难度是中等，原因在于很多网站都非常看重这个关键词，都在用很多的资源优化这个关键词。

为了帮助读者更加深入地理解这一点，我们可以再分析一下“特产”关键词的竞争性。它的指数是779，比之前的“敦煌旅游”还要高，如果不做深入分析会误以为这个关键词的优化难度要高于“敦煌旅游”。

“特产”关键词在站长工具中的竞争性分析结果如图6-14所示，可以看出“特产”的指数尽管高于“敦煌旅游”，但是其竞争性要低于“敦煌旅游”。

上面的事实告诉我们，关键词的竞争性分析一定要进行，不能想当然。在SEO过程中这个地方值得花费精力和时间去研究，好的开始是成功的一半。

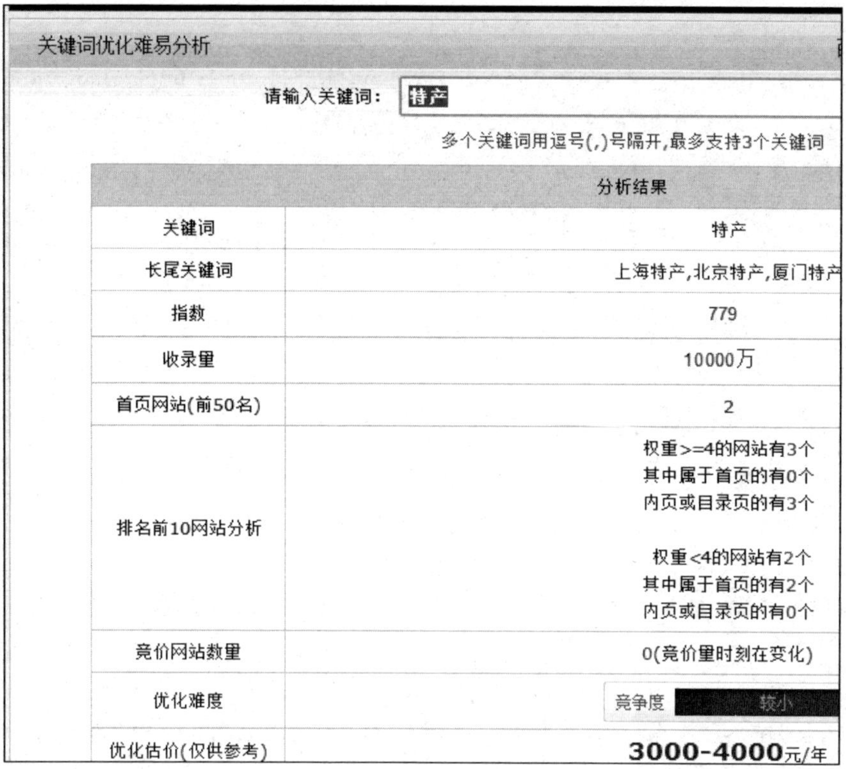

关键词优化难易分析

请输入关键词：特产

多个关键词用逗号(,)号隔开,最多支持3个关键词

分析结果	
关键词	特产
长尾关键词	上海特产,北京特产,厦门特产
指数	779
收录量	10000万
首页网站(前50名)	2
排名前10网站分析	权重>=4的网站有3个 其中属于首页的有0个 内页或目录页的有3个 权重<4的网站有2个 其中属于首页的有2个 内页或目录页的有0个
竞价网站数量	0(竞价量时刻在变化)
优化难度	竞争度 较小
优化估价(仅供参考)	3000-4000元/年

图 6-14　“特产”关键词在站长工具中分析的竞争性结果

6.2.3　优化关键词的重点是什么

优化关键词的重点首先是权重的集中。作者在 SEO 诊断的过程中遇到过这样的问题，有些站长对域名根本没有定位，有时候使用带“www”的域名，有时候使用不带“www”的域名。从用户角度来看这没有什么问题，但是搜索引擎会认为这是不同的域名。如果搜索引擎无法判断哪个是主域名就会导致权重的分散。综合了一些案例，作者总结了如下几个需要注意的问题。

A. 首选域

网站首页域名分为带“www”和不带“www”两种，这时我们就要确定用哪一个，从而将权重集中到域名上。同时，站内站外锚文本也要使用确定下来的首选域名，目的就是集中权重。

B．URL 标准化

a. 网站的首页除了 www.xx.com 以外，可能会带 index.html、index.php 或者 index.asp 等。对于用户来说，这可能是一样的情况，可是在搜索引擎看来却是不同的 URL，所以这个时候需要做 URL 的标准化。当有多个 URL 的时候，去除所有带“index+后缀”的，只用 www.xx.com。

b. 本身是一个动态网站，刚转为静态的时候，在搜索引擎中，同一个内页既有静态也有动态，一个页面有多个 URL，这样就会导致页面权重的流失。所以，此时把所有的动态 URL 静态化，将静态的 URL 提交给搜索引擎，同时可以上传 robots.txt 屏蔽动态 URL。URL 标准化要注意：网站上有些页面的链接没有转成静态时，一定要都转成伪静态，网站内部搜索功能是动态的没有关系。

C．nofollow 标签

当网站中的某个页面不想传递权重的时候，可以在链接中加入 nofollow 标签屏蔽权重的传递（注：rel="nofollow"）。

完成了权重的集中之后，接下来便是权重的培养。权重的培养我们可以从以下几方面着手。

a. 站内文章

Tips：培养权重最重要的是站内文章，所以我们的站内文章内容要尽量做到原创，这一点将在第 7 章中详细讲述。

b. 更新频率

我们遵从 5-10-15 的原则。意思就是说，网站新建的第 1 个月，更新站内文章的频率是每天 5 篇，第 2 个月每天要增加到 10 篇，第 3 个月每天要增加到 15 篇，到第 4 个月以后，要根据网站的情况来更新。如果是网大型站，每天就要增加到 30～40 篇或者更多；如果是小型的企业站，更新到第 4 个月就没什么内容好更新了，可以减少到每天 2～3 篇（这个要视情况而定）。需要注意的是，不要让网站更新的幅度变化太大，偶尔一两天不更新对网站不会有太大的影响。

c. 定向锚文本

定向锚文本可以提升文章原创度，从而提升权重。如果每篇文章都可以做到定向锚文本的话，网站权重会非常高。用一个关键词做每个网页的关键词就是定向锚文本，这一点在 6.1.10 节已经做了详细的说明。

D．网站次导航

有时候首页和栏目页上的关键词无法放到导航上，怎么办？这么重要的位置没办法放关键字，对于做 SEO 的人来说是非常郁闷的事。这时候我们就用次导航代替。我们可以在首页的底部加上次导航，这样就解决了问题。次导航对关键词的排名是很有帮助的。

E．外链多样性

不仅是清一色的定向锚文本可以做外链，同时可以根据关键词做出各种词来做外链，目的是让搜索引擎认为这是多样性。自然换链接不会被惩罚，还会有效提升首页权重。定向锚文本与多样性的区别在于，定向锚文本用在站内，多样性用在站外。

F．站内站

当网站做了一两年，已经有了很高的权重及排名，就可以在网站里面创建一级目录系统。根据网站的不同添加 BBS、Blog、CMS，这就是我们所说的站内站。站内站有助于网站的收录和权重的提升。需要注意的是，站内站的系统要与主站放到同一个空间里面。

G．平移权重

通过创建二级域名，传承主站权重。当网站做了一两年的时候，权重很高，就可以转移一部分给其他页面。这时，做几个二级域名，同时优化长尾，就可以平移权重。

6.3　本章小结

本章中作者阐述了一些 SEO 指导思想，让读者在实施 SEO 之前了解外链和内容的关系，接着从关键词的选择出发，简要介绍了关键词优化的基本思路。这一切只是开始，作者一直认为 SEO 不仅仅是知道一些理论这样简单，接下来在第 7 章中作者将对内容部分展开详细的剖析，从各个角度帮助读者理解什么样的内容才是搜索引擎喜欢的，以及如何获取搜索引擎喜欢的内容。

在本章完成的时候，本书中一直引用的例子“豌豆壳”关键词的排名还在提升。这只是作者出于兴趣建设的网站，它在停止更新 5 个月之后依旧有这样旺盛的生命力，原因就在于网站建设之初就有良好的开始，一天一篇高质量文章的发布让网站获得了搜索引擎的信任，如图 6-15 和图 6-16 所示。后续的章节还将对豌豆壳网站做更加深入的分析，从品牌的定位到关键词的选择，再到文章的发布频率及文章的发布要领，让读者清晰地了解作者如何从构思到实际操作，一步一步地让网站的关键词获得排名。

SEO综合查询　　百度快速seo前3名隔日见效　关键词优化分析 百度快速s

请输入网站地址：www.wandouke.com/　查 询　注：

更新网页缓存　Baidu蜘蛛模拟

网站基本信息	
	好玩的APP评测_APP限免推荐 | 豌豆壳
SEO信息	百度权重 3　Google 0　反链数:--　出站链接:0　站内链接:31
域名IP	115.231.236.72[浙江省嘉兴市 电信] [同IP网站5个] [响应时间: 重试]
域名年龄	4年7月1天（创建于2011年01月10日,过期时间为2016年01月10日）
更多查询	ALEXA排名　友情链接检测　网站历史数据　Whois查询　备案查询　网站排名
域名备案	备案号：蜀ICP备14013660号-3　性质：个人　名称：肖晴欣　审核时间：

百度相关

百度流量预计	关键词库	百度快照	首页位置	索引量	今日收录
413	6	已取消快照	1	216	0

网站 www.wandouke.com 的收录/反链结果

搜索引擎	百度	谷歌	360
收录	221	213	99
反链	1600	1	2824

图 6-15　豌豆壳在站长工具的查询结果（1）

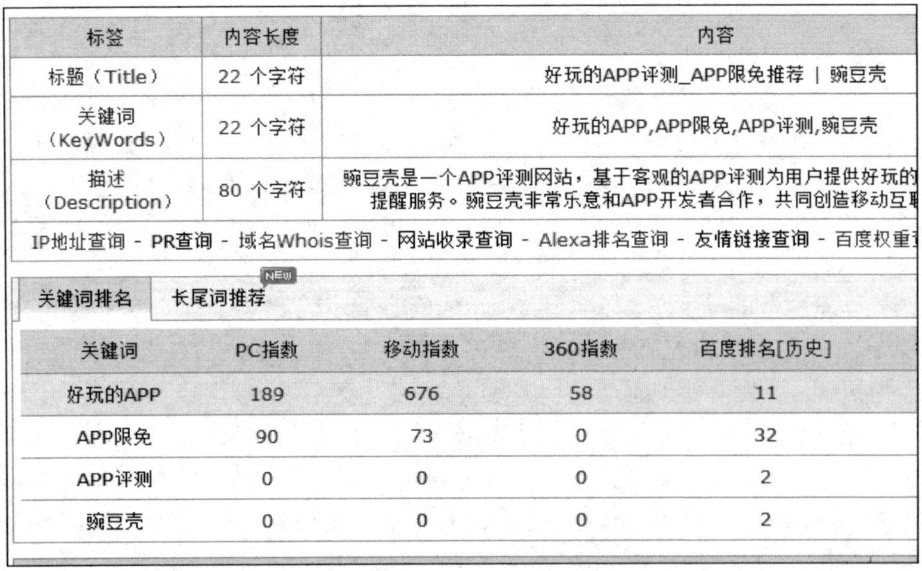

标签	内容长度	内容
标题（Title）	22 个字符	好玩的APP评测_APP限免推荐 | 豌豆壳
关键词（KeyWords）	22 个字符	好玩的APP,APP限免,APP评测,豌豆壳
描述（Description）	80 个字符	豌豆壳是一个APP评测网站，基于客观的APP评测为用户提供好玩的 提醒服务。豌豆壳非常乐意和APP开发者合作，共同创造移动互联

IP地址查询 - PR查询 - 域名Whois查询 - 网站收录查询 - Alexa排名查询 - 友情链接查询 - 百度权重

关键词排名　长尾词推荐 NEW

关键词	PC指数	移动指数	360指数	百度排名[历史]
好玩的APP	189	676	58	11
APP限免	90	73	0	32
APP评测	0	0	0	2
豌豆壳	0	0	0	2

图 6-16　豌豆壳在站长工具的查询结果（2）

或许我们还可以这样理解 SEO。SEO 的过程就是网站和搜索引擎建立信任的过程，这种信任从网站上线的那一刻就开始了。在后续的章节中作者会为大家详细地分析网站上线每一步的操作要领，如上线前一个月怎么样操作、上线后 1～3 个月怎么样操作，等等。读者在阅读后能清晰地知道自己的网站该如何操作，而不是云里雾里摸不着头脑。

第 7 章 何谓“内容为王，外链为皇”

将内容作为单独一章来叙述，在 SEO 书籍中实属首次，这也是本书的亮点所在。在 SEO 实战中，内容就像是网站的发动机，只有找到源源不断的内容来源，才能让网站有充足的动力不断前进。除了内容，本章还会对外链在现阶段如何影响网站的排名进行深入分析，让读者清晰地认识网站在不同时期的 SEO 过程中需要关注的重点。

7.1 外链如何影响网站的排名

搜索引擎最基本的原理就是依靠网站的相互投票来完成。具体反映在外链上面。搜索引擎认为，一个网站获得的外链数量越多，说明其被认可度越高，权重自然也越高，从而能让网站关键词获得排名。正是出于这样的原因，近年来外链交易平台日益猖獗，导致搜索引擎无法通过外链来判断网页的质量，这便引发了搜索引擎算法的升级。算法的升级让搜索引擎更加依靠用户的力量，也就是我们前面提到的搜索跳出率。这个数据能让搜索引擎更加准确地判断网页是否被用户喜欢。

尽管算法的升级削弱了外链的作用，但是相对于其他影响排名的因素，外链还是占有相当大的比例。下面就如何建设外链做一些说明，供读者参考。

首先是不要局限于只给网站首页做外链，要尝试给深层页面做一些外链。外链的作用不仅是提升网站权重，还可以增加收录，从而提升网站的流量。现阶段来看，应首先让网站获得流量，吸引用户进来。用户的访问能帮助搜索引擎更加准确地定位网页质量，这也有助于网站权重的提升。

Tips：许多 SEOer 做外链的目的只是为了提升网站关键词的排名，经常疏忽了增加收录。特别是当一些网站的结构比较复杂时，如在网站首页点击好几次才能到达内页，我们就要给这些深层页面做一些外链，吸收搜索引擎蜘蛛的抓取。

其次是要给一些重要的列表页做外链。列表页常常包含很多重要的产品明细页，如果列表页的外链足够多，搜索引擎蜘蛛就会沿着这些列表页去抓取更多有效的内容页面。对于一些网站，它们的列表页带来的流量更多，而且转化率更高，主要的原因就是列表页能够给用户提供更多的选择。好的列表页还可以组合出更多的关键词，这就是聚合的思维，后面的章节我们还会详细提到。所以，在做外链的时候，要给列表页多做一些外链，这常常是很多 SEOer 疏忽的。

再次是外链的相关性远比数量重要。很多 SEOer 做外链基本不注重相关性，在他们看来，只要悬挂外链的网站有高权重即可；并且觉得外链做得越多越好，也就是说十分注重外链的数量，而忽略外链的质量。事实是，很多网站只有很少的外链，可是排名比外链多的网站高很多，而且排名十分稳定，这是什么原因呢？

原因非常简单，搜索引擎是依据相关性来排序的，而且对于页面主题的判别依据就是外链。这一点在前面已经提到，如果我们建设一个母婴类型的网站，却选择在站长或者 SEO 论坛发布外链，这样的外链再多也是没有意义的。作者的建议是到有相似用户群体的网站发布外链，如儿童玩具网站等。简单地说，如果网站做的外链都是不相关的，就会扰乱网站的主题，相应地，关键词就不会有排名了。有时候搜索引擎甚至会直接过滤这些基本不相关的链接，以至于网站不相关外链做得多了，还会遭到一定的惩罚。

最后是外链的分布要均衡。我们在做外链的时候，一定要尽量做到平衡，这是很多 SEOer 最容易疏忽的。他们在做外链的时候，往往只给首页做，结果是一个网站的外链中 99%以上都是首页的外链。这其实是一种极大的浪费。外链的效果其实是有递加趋向的，也就是说，一个页面的外链，刚开始在某一个值之下的时候，外链的效果是很好的，而且效果是递增的，外链越多越好，可是当到达一个临界值的时候，效果就呈降落趋向了。我们为何不把这些多余的外链放到那些急需外链支持的其他重要页面呢？

7.2　搜索引擎为何打击外链交换平台

2013 年 2 月 19 日，百度搜索引擎发布了绿萝算法，如图 7-1 所示，正式向垃圾外链和链接交易宣战。

绿萝算法重点打击下面几种类型的网站：

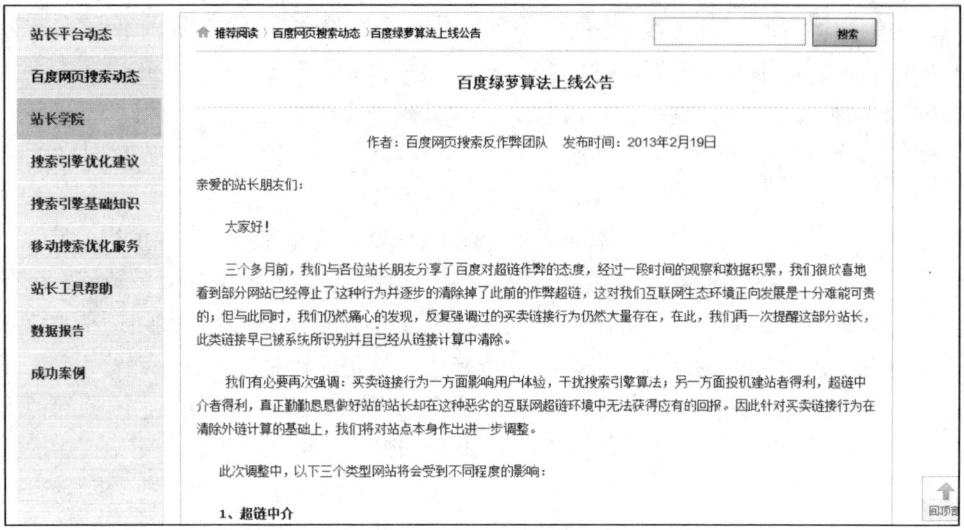

图 7-1　百度站长平台关于绿萝算法的公告

A．超链中介

超链本应是互联网上相对优质的推荐，是普通用户及网站之间对页面内容、网站价值的肯定，但是现在种种超链作弊行为使这种肯定变成了一些人谋取利益的垫脚石，用户无法根据链接的推荐找到需要的优质资源，并且严重干扰搜索引擎对网站的评价。超链中介便是这畸形的超链市场形成的恶之花。百度有义务维护超链的纯净和用户的利益，也有责任引导站长们不再支出无谓的花销，所以超链中介将在百度的目标范围内。

B．出卖链接的网站

一个站点有许多种盈利方式，利用优质的原创内容吸引固定用户，如引进优质广告资源，甚至举办线下活动，都是我们乐于见到的，是一个网站的真正价值所在。但是一些网站内容基本采集自网络，以出卖超链位置为生；一些机构类网站被链接中介租用进行链接位置出售，使得超链市场泡沫越吹越多。此次的调整对这类站点同样将有所影响。

C．购买链接的网站

一直以来，百度对优质站点都会加以保护和扶植，这是从用户需求及创业站长的角度出发的必然结果。但部分站长不将精力用在提升网站质量上，而选择钻营取巧，以金钱换取超链，欺骗搜索引擎进而欺骗用户。对于没有太多资源和金钱用于此类开销的创业站长来说，这是一种无形的伤害，如果不进行遏制，使劣币驱逐良币，势必导致互联网环境愈加恶劣。此次调整，这类站点将受到影响。

绿萝算法的发布让很多网站受到了牵连，当然也损害了一些人的利益，各种声讨百度的声音接踵而至。那么百度推行绿萝算法到底是出于什么样的考虑呢？百度搜索引擎技术的根本是——超链分析。超链分析就是通过分析链接网站的多少来评价被链接网站的质量，这保证了用户在百度搜索时，越受用户欢迎的内容排名越靠前。

百度创始人李彦宏是超链分析专利的唯一持有人，目前该技术已被世界各大搜索引擎普遍采用。超链买卖产业即根据超链权重传递的原理，超链中介将权重高的网站链接出售给权重低的网站，越来越多的网站加入这个买卖联盟，产生众多垃圾内容或者欺骗性质的网站，这些网站不仅得到了较好的排名，也动摇了搜索引擎的智能公正性地位。百度再也不能对这些走在算法漏洞边缘的买卖熟视无睹，绿萝算法的出炉是必然趋势。

我们可以设想，如果百度搜索引擎任其发展，将使用户无法通过搜索引擎获得需要的内容，如此的恶性循环将会导致用户对搜索引擎的信任度降低。没有用户，搜索引擎将无法生存，而目前绝大多数的网站都是依靠 SEO 起步的，没有搜索引擎何谈 SEO？作者通过这两年的经历发现，百度搜索引擎算法的更新非常有必要，不仅加速了 SEO 行业的良性发展，也让很多站长知道，SEO 不只是花钱买外链那样简单，更需要扎实的理论和不懈的努力。

7.3　现阶段应该如何操作外链

绿萝算法的发布让许多 SEOer 做外链时都特别担心，唯恐外链的操作触及绿萝算法而受到惩罚。其实我们只需要把握一点即可，那就是自然。只要让搜索引擎认为是自然产生的外链，当然不会受到绿萝算法的惩罚。那么，怎样才能让外链的建设变得自然呢？可以从以下几方面考虑。

首先要对网站的所有外链保持敏感。很可能自己的网站就因为某些外链而给搜索引擎带来了恶感，如曾经风靡一时的论坛签名，以及各种作弊违规网站的外链。这样的外链一旦被搜索引擎发现，就会降低对网站的信任度。

其次要以域名为单位计算外链。我们应该都明白，外链的发布规则要有广泛性，这一点前面有详细的讲述。问题是，很多时候不少站长会忘了这一点，在讨论自己最近的外链工作量的时候，都说自己发了多少条外链。其实这样的判定没有实际意义。现阶段我们应该这样判定外链：今天我到多少域发布了外链，而不是简单地发布了多少条。例如，分别到 abc.com、efg.com 等网站发布了外链，而不是到 abc.com 发布了几百几千条。

再次要尽量做相关性外链。相关性外链是搜索引擎判断外链推荐度的一个最为重要的环节。如果这个相关性没有把握好，很可能会给自己的网站带来负面影响。这个相关性是指什么？作者认为，最好如下两点同时相关：所发布的外链网站和自己的网站相关；外链所指向的页面标题最好与软文的标题相关。

最后要特别注意自己外链中的锚链。前面说了，越是搜索引擎打击的地方，对网站优化排名越有用，反之亦然；越是对排名有用的，搜索引擎越是敏感。过去人们都说，锚文字链是外链中最有效的。这句话没错，但是如果没做好，会带来非常严重的后果。需要特别注意，如果是锚文本外链，那么锚文字一定要在软文标题中相关出现（最好是包含），而且锚文字与所指向的页面标题要密切相关。

7.4 关键知识点 14：内容如何影响关键词排名

内容的重要性前面已经提到，本节中我们从另一个角度出发，看看内容怎样影响网站关键词排名。

通过前面的讲解我们得知，搜索引擎喜欢原创的内容，那么有了原创的内容该如何编辑发布呢？这是一个至关重要的问题。作者在 SEO 诊断过程中遇到过这样的问题，有些站长网站一上线就将准备好的成百上千篇文章全部发布出来，想着搜索引擎第一次来抓取就能索引大量的信息，期待网站用最短的时间获得权重。这种想法是完全错误的。正确的做法是上线的时候保证每个栏目有 5～10 篇文章即可。

每天定时更新文章。注意“定时”二字。为什么要定时更新？这个非常重要。我们都知道，搜索引擎是通过蜘蛛的爬行来索引网页的，而搜索引擎蜘蛛爬行网页有一个时间，不可能一直都在。如果我们坚持每天定时更新文章，搜索引擎蜘蛛会识别这个规律，之后便在更新文章前后来网站爬行，这样可以保证我们每天发布的信息及时被搜索引擎抓取。

除了养成定时更新的习惯，我们还应该在文章的编辑上下功夫。随着人们生活节奏的加快，没有人愿意花更多的时间去阅读文字，用户的阅读方式一般都是快速浏览。这样的阅读方式就要求我们在编辑文章的时候注意一些细节，如图 7-2 和图 7-3 所示就是非常不错的文章编辑方式，文章的每一个段落都非常短，话语都是短句，并且穿插了很多图片。站在用户的角度，这样的编辑方式是不是更加容易阅读呢？

应用　游戏

豌豆壳

四 1, 2015

妙途评测，旅行遇到爱！

互联网的发展让年轻人交友的方式更加多变，微信、陌陌等社交APP犹如雨后春笋快速崛起，我们通过图片、文字、语音尽情的沟通，但是似乎缺少了面对面交流的乐趣，研究表明人与人的沟通很多信息是依靠肢体动作、表情传递的。

《妙途》是一款场景式交友APP，通过《妙途》你可以找到你心动的那个TA一起去旅行，解决了用户无法面对面沟通、交友的难题，今天豌豆壳为大家带来《妙途》的详细评测。

登陆苹果官方应用市场APPstore搜索《妙途》，安装，APP大小：10.2MB，版本：1.8，最近更新于2014年12月21日，需要iOS 7.0或者更高版本，语言支持简体中文和英语，官方说明非常详细，《妙途》使用场景大体分为三类，1.用户出行的时候可以使用《妙途》寻找驴友；2.当你依然单身的时候，你可以使用《妙途》寻找到另一半；3.当你不知道哪里适合旅行的时候，你可以使用妙途找到最好的线路。

图 7-2　豌豆壳发布的文章（1）

深入测试后我们发现旅行目的地还比较单一，或许和APP刚上线不久有关系，豌豆壳觉得旅行目的地可以由用户发起，或者是加入更多商家进来发起，目的地按照用户的信息比如爱好等自动匹配推荐会更有站粘性。“遇见”功能比较有趣，用手指移动照片便可以轻松选择自己心仪的TA聊天、相约旅行，需要提出的是经过多次测试，在频繁滑动手指后APP会奔溃，希望开发者能尽快解决。

总体来看，《妙途》是一款创新十足的社交类型APP，融合了旅行元素，让社交不再看不到摸不着，期待在后期能完善旅行目的地，让全国各地的用户能更加方便的选择适合自己的旅行。其次就是系统稳定性还有有待提高，希望开发者多做一些测试完善，增强用户体验。

图 7-3　豌豆壳发布的文章（2）

文章的发布节奏也是值得重视的地方。这个节奏在不断地变化，每一个行业都有所不同。例如，近几年 SEOer 大多推行的方法是第 1 个月每天发布 5 篇，第 2～3 个月每天发布 10 篇，3 个月之后每天发布 15 篇。当然，这个数量可以同比放大。但这个节奏最近有所变化，作者和很多 SEO 从业者沟通后得出，第 1 个月每天 15 篇，第 2～3 个月每天 10 篇，3 个月之后每天 5 篇。这个节奏和之前截然相反，这也是 SEO 方法不能直接拿来用的原因。在实际的操作中，我们应该多去论坛参与讨论，征求大家的意见。此外就是分析竞争对手的操作方式，切记不可拿来就用。

7.5 搜索引擎从哪些方面判断文章的质量

前面作者多次提到，现在的 SEO 是“内容为王”的时代。我们都已经了解了内容的重要性，但是很多 SEOer 依旧不是很清楚搜索引擎是怎么评价一篇文章的好坏的。部分 SEOer 以为原创就可以了，可是很多时候原创的文章也无法带来网站关键词的排名，甚至都无法收录。这一点作者前面已经提到过，原创固然重要，但更需要注意的是原创的文章到底有没有价值。只有对用户来说有价值的文章才是搜索引擎喜欢的。什么样的文章是有价值的？下面作者总结了一些关键点，供读者参考。

A. 本体价值性判断

a. 字符数太多了，容易给读者造成视觉疲劳。如果文章不是非常出彩，一般没有人会有那个动力看完一篇好几千字的文章。而如果字数太少，没有非常好的文字功底，往往不能很透彻地阐述要传达给读者的信息。因此，文字少的话通常情况下会被认为没有内容，不能给用户带来实质性的信息。字数适中才是最合适的。按照我们的阅读习惯，作者认为一篇文章字数在 800～1500 字比较合理。

b. 可阅性简单来说就是读起来通顺，没有过多的错别字，没有杂乱的特殊字符，全文紧密联系，而不是上一段讲户外用品，下一段就变成了母婴知识。从小学到高中，我们的语文老师就一直教导我们，写作文一定要紧紧围绕主题，突出主题，搜索引擎也喜欢这样的文章。一篇文章如果杂乱无章或者挤成一团，给读者的第一印象就是没有实际内容，写得再好也会被用户无视。

c. 文章排版的时候尽量采用分标题的形式。分标题也就是小标题。通过一个个小标题一步步揭示主题，升华主题，采用分论点的形式概括主旨。如图 7-4 和图 7-5 所示，这篇文章排版就非常不错。

Tips：相关性也是很多站长容易忽视的。一篇文章是立足于一个网站的，一个网站有它的一个领域，因此其中的文章也要紧紧联系这个领域来写。这样的话，网站主页给予这篇文章的权重就更高，否则搜索引擎就无法判断网站主要研究的领域，想得到好排名自然也比较困难。

甘肃敦煌概况

敦煌位于甘肃、青海、新疆三省（区）的交汇点，是甘肃省酒泉市辖的一个县级市，中国的国家历史文化名城。以“敦煌石窟”、“敦煌壁画”闻名天下，是世界遗产莫高窟和汉长城边陲玉门关、阳关的所在地。

敦煌的莫高窟1961年被国务院首批列为全国重点文物保护单位，1987年被联合国科教文组织列入世界文化遗产保护项目，并于1991年授于“世界文化遗产”证书。

悠久历史孕育了敦煌灿烂的古代文化，那遍地的文物遗迹、浩繁的典籍文献、精美的石窟艺术、神秘的奇山异水……使这座古城流光溢彩，更加美丽更加辉煌。

图 7-4　文章的排版（1）

去甘肃敦煌的最佳旅游季节

总体来讲5～10月是敦煌气候条件最好的时节，也是其最佳旅游季节。春天的新绿在西北尤其喜人，如果碰不到闹人的沙尘暴，春末夏初到这里，感觉非常美好。在夏天极限气温曾经接近40℃，但是感觉上总不像北京那样闷热，可能是因为空气在旷野里流动较快的原因，尤其是清凉的夜晚搭配满天的繁星，也算是给旅行者一份意外的礼物了。另外各地的花儿会都集中在夏季。盛产各种瓜果，在8月前后则可以一饱口福。

图 7-5　文章的排版（2）

一篇好的文章通常都会在内容里给读者推荐相关的好文章，让读者继续阅读。因此，文章当中应适当加入个别锚文本链接。注意，别让锚文本链接影响文章的美感，链接数最好不要超过 3 个。

B．外部辅助性判断

一篇好的文章肯定会有很多人转载，搜索引擎也会根据这个特征来判断一篇文章的好坏。如图 7-6 所示是“敦煌旅游攻略”的百度搜索结果，自然排名第 1 位的是马蜂窝的一个专题页面。如图 7-7 所示是转载该专题页面的网页，有 20 条之多，这样的转载是该专题页面获得优质排名的关键。

图 7-6 “敦煌旅游攻略”关键词百度搜索结果

图 7-7 马蜂窝关于敦煌旅游攻略文章的外链

当然，仅有转载数还不足以说明什么，外链的数量也是很重要的方面（垃圾外链除外）。分享数和转载数是一个道理，分享得越多，说明文章给用户的体验越好，搜索引擎自然越喜欢。

评论数和外链数同等重要，毕竟转载数和分享数人为操作的可能性还是比较大的，而评论数则更能体现这篇文章对读者的吸引力。评论数越多，讨论得越激烈，这个话题的热度就越高，文章质量也越高。

从另外一个角度来说，用户的评论也给文章注入了新的活力。例如，我们发布一篇关于美食的文章，下面有很多用户评价或者分享自己的经验和体会，这样即便文章是转载的或者本身价值不高，但经过和用户评价内容组合，就成了一篇不错的文章。前面作者提到过百度百科能在 Google 等搜索引擎获得优质排名的原理也是如此。后续作者还将针对内容来源进行深入分析。内容不仅是一篇文章这样简单，更不是只能通过原创来完成，作者将慢慢地为读者揭秘。

7.6　深入学习 6：怎样理解伪原创

从字面来看，伪原创相对原创多了一个“伪”字，这个“伪”字确实曾经让搜索引擎摸不着头脑。2013 年之前，大多数网站都选择通过采集来获取内容，而将采集来的内容直接发布效果确实不理想，这样便带来了伪原创的发展。

众多伪原创软件应运而生。其工作原理简单地说就是同义词、近义词、反义词的替换，或者是段落的调整。这样的文章对用户来说简直是噩梦。如图 7-8 所示就是通过伪原创工具转化的本书 7.1.5 节的内容，我们可以看到，文章基本没有可读性。因此，伪原创主要是针对搜索引擎。之前的几年，伪原创确实帮助很多网站获得了成功，但是随着搜索引擎算法的不断升级，伪原创的使用范围越来越小。发布伪原创文章的网站不仅无法获得排名，甚至会被搜索引擎屏蔽。

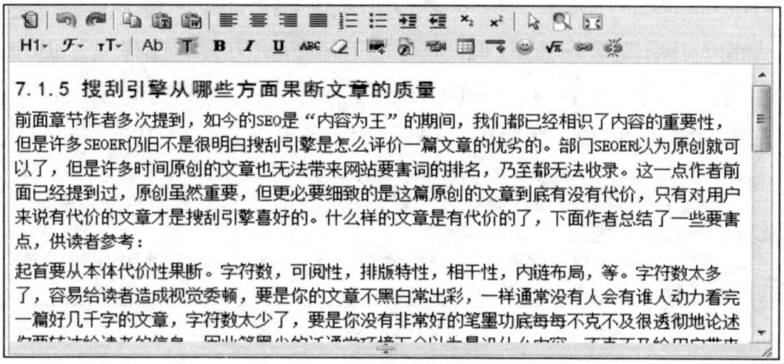

图 7-8　伪原创工具

除了伪原创，还有别的获取文章的方法吗？答案自然是肯定的。在实战过程中，要实现每一篇文章都是原创确实不现实。作者深知互联网创业的不易，个人站长在开始的时候大多数都是单打独斗，没有多余的经费聘请文章编辑。

现阶段，在 SEO 过程中伪原创是绝对不可取的手法，风险太高，一旦被搜索引擎惩罚将导致不可挽回的后果。在后面的章节中作者将重点介绍“仿写”和“聚合”这两种思路。这两种手法操作起来比纯手工原创要高效得多，而且内容很受搜索引擎的青睐。这里读者不妨先思考一下“仿写”和“聚合”是什么样的手法，带着这些疑问进入后续章节的阅读会有更加丰富的收获。

7.7 正确理解仿写及仿写的操作手段

Tips: **仿写是一种非常有效的内容获取方式。相对于伪原创来说，仿写语句更加完整，具有可读性。和纯手写比，仿写易于操作，写出来的文章往往比纯手写内容更具价值。**

在前面我们已经提到文章价值的重要性。我们可以这样设想：如果计划建设一个户外用品的网站，作为站长的我们不可能对每一个行业都熟悉，因此单纯依靠手写，写出来的文章固然原创度非常高，但是并不一定具有价值，也就是说，需要户外用品的用户无法从我们手写的文章中获得有用信息。如果我们按照某一篇已经存在且很受用户喜欢的文章进行仿写，这样的内容对于用户和搜索引擎来说都非常有价值。

仿写并不是什么深奥的理论，从小学开始我们就有这样的经历，老师往往安排学生按照某一个句子进行仿写，这样的仿写和我们今天谈到的仿写基本一致。如图 7-9、图 7-10、图 7-11 所示，这段文字的仿写，主题没有改变，但是叙述方式等都发生了很大的变化。需要注意的是，仿写千万不能和伪原创那样只是调换一下语句顺序，这样会失去仿写的意义。一般情况下，我们可以这样进行仿写：仔细读完一段文字，掌握其中心思想，然后用自己的话语将这个中心思想完整地叙述出来。

> 当海水拍打着沙滩，当海风一阵一阵地刮过，当海浪向沙滩扑来，你总听到些什么了吧？
>
> 当知了在树上引吭高歌，当蟋蟀在草丛里窃窃私语，当青蛙在稻田里欢快地唱歌，你总听到些什么了吧？

图 7-9 仿写（1）

> 你总听过下雨的声音吧？当柔风细雨亲吻花儿，当雨丝风片敲打湖面，当瓢泼大雨冲向小鸟，你总听到些什么了吧？
>
> 你总听过植物的声音吧？当风吹过枝叶茂盛的大树，当绿油油的小草做操，当花儿弯下腰看小昆虫时，你总听到些什么了吧？

图 7-10 仿写（2）

> 你总听过下雨的声音吧？当牛毛细雨飘落在池塘时，当小雨滴欢快的落到我的雨伞上时，当沙沙的雨滴像春蚕吞食桑叶时，当倾盆大雨疯狂地砸向屋顶时，你总听到些什么了吧？
>
> 你总听过过年的声音吧？当新年的钟声敲响时，当鞭炮，烟火在我耳边彻夜不绝时，当全家人聚在一起兴高采烈地吃团圆饭时，你总该听到些什么了吧？

图 7-11　仿写（3）

下面作者整理了一些仿写时需要注意的问题，供大家参考。

A．忌话题脱离

话题一指题目中规定的陈述对象，在仿写时必须以给定的陈述对象为主语，否则便会不合要求，“失之一词，谬以千里”。话题还指文段所给定的中心主旨，仿写时应在弄懂文意的基础上把握主旨，循旨联想，遵旨选材，按旨索句。

B．忌结构不一

仿写句子比较重要的一点是形式上的约束性，这就要求我们弄清例句的句式、句型甚至语气。仿写时要注意句子结构形式的高度一致，或常式或变式，或陈述或疑问，或祈使或感叹，还要弄清楚句子内部的语意关系，或转折或递进，或因果或假设，或总分或并列等，都必须合规格。

C．忌修辞不符

仿写前应分析给定例句所运用的修辞格，或比喻或比拟，或借代或夸张，或对偶或排比，必须严格遵守。

D．忌色调不合

色调，即色彩和格调。仿写的句子要与例句色彩和谐，不论语境色彩还是感情色彩。除此之外，仿写的句子立意境界要高，要有一定的神韵趣味，要求内容具有哲理性和启发性。相对于前 3 项要求而言，这是一项比较高的要求，不仅要求我们正确运用基本的语言知识，掌握基本的语言操作技能，而且要求我们具有一定的审美情趣。

现在仿写的方法不仅是小站的站长在使用，据作者所知，很多知名门户网站的编辑也经常通过仿写来完成新闻稿。只不过这些编辑经过长时间的练习，已经将仿写做到了出神入化的程度，不仔细分辨很难发现。仿写并不是什么难事，只要读者花精力去尝试，很快就能掌握这种高效的内容获取方法。

Tips：作者经过测试，正常情况下只需要 10～30 分钟就能完成一篇 800 字左右的高质量仿写内容。这种内容发布到网站，搜索引擎收录速度非常快，能有效帮助网站提升权重。如果读者手头维护网站的数量较少，仿写是作者极力推荐的方法。

如果确实没有精力仿写，也可以到猪八戒等威客平台发布任务，发布任务的时候务必要写清楚需求，如图 7-12 所示。

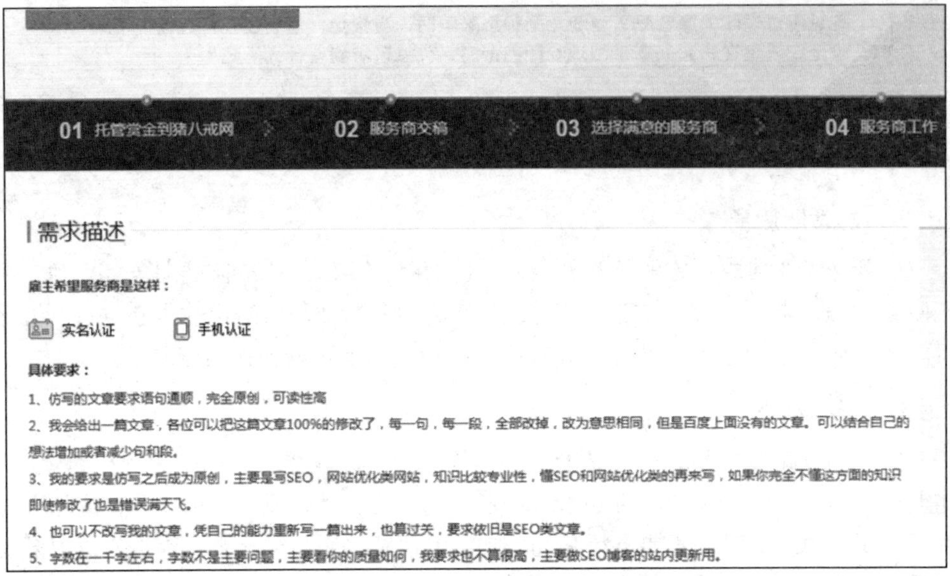

图 7-12　发布仿写任务的策略

7.8　关键知识点 15：聚合是一种很好的 SEO 思路

小型网站的 SEO，仿写的策略可以胜任，但是大型网站或者需要优化较多关键词的网站，仅依靠仿写是不够的，这时候就需要引入聚合的思路。我们这里提到的聚合有两种模式，第一种是通过互联网已有的内容进行聚合，第二种是对网站本身的内容进行聚合。下面我们就这两种方式进行讲解。

简单地说，通过互联网已有内容的聚合可以这样理解。作者在前面已经提到百度百科在 Google 等搜索引擎都能获得较好的排名，而百度百科实际上就是将互联网已有的内容聚合起来。例如，在百度搜索“敦煌八景”这个关键词，如图 7-13 所示，可以看出百度百科处在搜索结果的第 1 位。分析该词条的百度百科，如图 7-14 和图 7-15 所示，可以看出词条中的内容已经在许多网站出现。那么，为什么百度百科能获得第 1 的排名呢？这便是聚合带来的重要作用。许多“敦煌八景”的内容在百度百科中得到了第一次完整的展示，这是非常重要的一点。

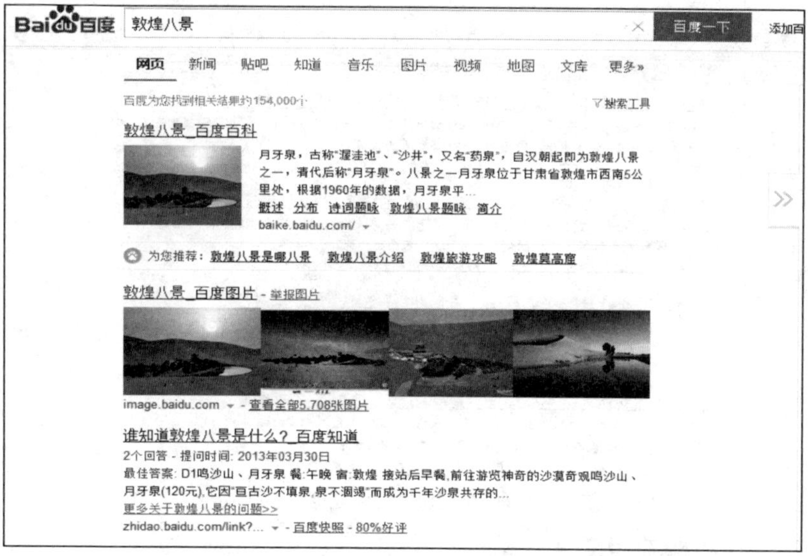

图 7-13　“敦煌八景”关键词的百度搜索引擎搜索结果

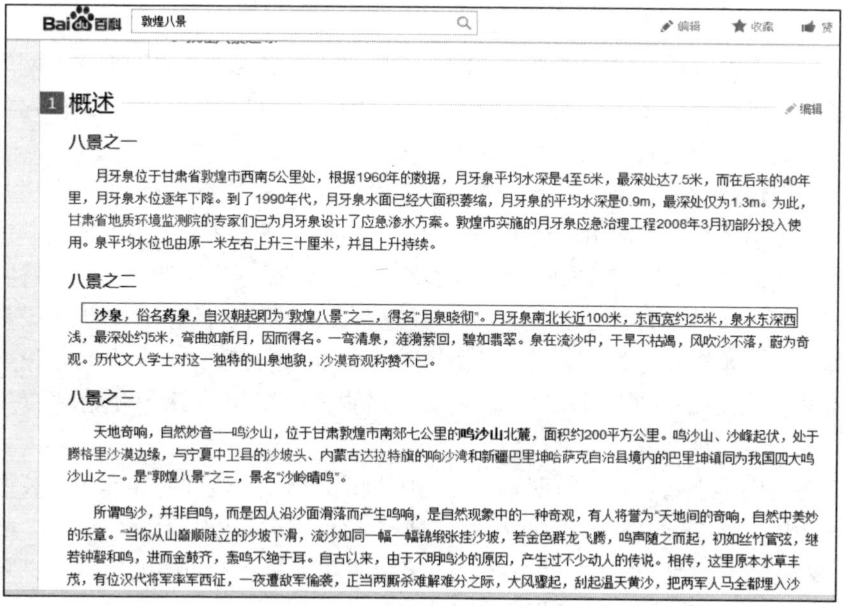

图 7-14　“敦煌八景”百度百科内容

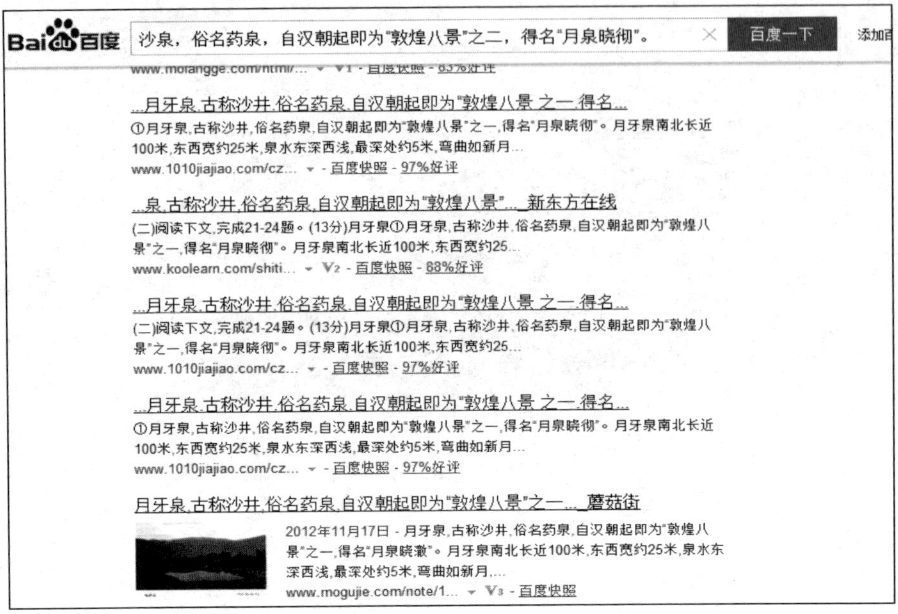

图 7-15　在百度搜索引擎查询百度百科的内容

实战操作中我们可以这样思考。例如，我们计划建设一个关于短信的网站，现在互联网上已经有许多这样的网站存在，短信内容也大多雷同，自己去写内容非常不现实，这时候我们就可以使用聚合的方法。

假如很快就到“七夕情人节”了，那么我们这个网站就可以建设一个“七夕情人节表白短信大全”的网页，至于网页内容，到网上搜索关于表白的短信，将它们整理到一起即可，如图 7-16 所示。虽然每一条短信都不是原创的，但是将所有的短信聚合到一起是第一次。这样的内容对用户来说非常有价值，当然也会受到搜索引擎的青睐。大部分行业都可以考虑用这种思维进行内容聚合。再如，建设美食类型的网站可以在互联网上寻找“适合宝宝食用的美食”、“适合糖尿病患者食用的美食”等内容，然后将其整理到一起。

下面我们再来看看如何将网站已有的内容进行聚合。这样的操作手法被很多大型网站使用，如 58 同城、赶集网都将这种方法使用得如火纯青。如图 7-17 所示是 58 同城北京市租房的页面，通过区域、租金、厅室等将北京市的租房信息划分成不同的类别，这便是我们这里提到的聚合。

Tips：*每一个网站下面的文章都有着或多或少的联系或者相似处，巧妙地抓住这种关联就能掌握聚合的要领。*

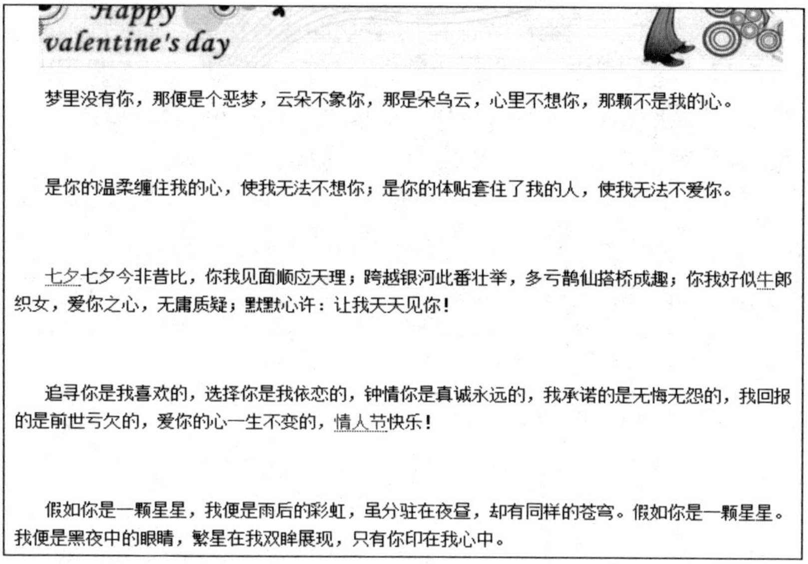

图 7-16　关于“七夕情人节”短信的聚合页面

图 7-17　58 同城的聚合形式

在豌豆壳网站的优化中我们留意到，“好玩的 APP”关键词有不错的指数，这时候需要为这个关键词寻求一个着陆页。分析竞争性可以得出，如果用内容页直接优化不可能进入搜索结果第 1 页，因此我们可以考虑使用聚合的思路。

如果之前发布的文章已经有一些包含“好玩的 APP”关键词，我们就可以直接调用建设聚合页面。如图 7-18 所示，因为聚合的页面无论从内容还是实用性来说都远远高于单一的文章页面，所以 SEO 效果也是非常不错的。

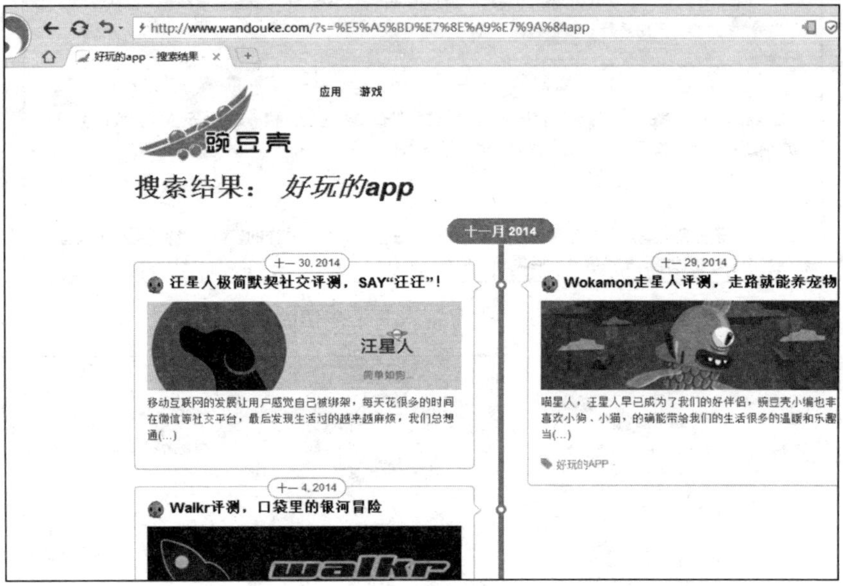

图 7-18　豌豆壳的聚合方法

Tips：总体来说，聚合是非常理想的内容获取方式，相对于仿写具有更强的操作性，内容方面也较为灵活，此外就是优化一些竞争性较强的关键词有着不可替代的优势。

7.9　深入学习 7：作者在 SEO 过程中使用过的内容获取手段及思维方式

除了仿写和聚合，还有一些比较特殊的内容获取方式，如“扫描”。互联网尽管信息量巨大，但是依旧有许多书籍或者报刊的内容在互联网上无法找到，这就为“扫描”这种内容获取方法提供了可能性。

Tips：具体的操作方法是这样的。首先选择和自己网站内容相符的书籍，如我们计划建设一个美食类的网站，就可以搜寻一些关于美食的书籍。搜索完成后，通过搜索引擎进行筛选，将互联网上没有的内容保留下来。然后下载 OCR 软件，可以到百度搜索引擎搜索“OCR”，有很多免费或者破解的该类型软件。接下来，只需要将筛选出来的书籍内容进行拍照或者扫描，如图 7-19 所示。最后，通过 OCR 软件将图片上的内容转化为文字即可，如图 7-20 所示。相对于仿写和聚合，“扫描”获取内容的方法更加迅速。如果书籍选择得当，内容的原创度和价值也是非常高的，但是需要注意版权问题。

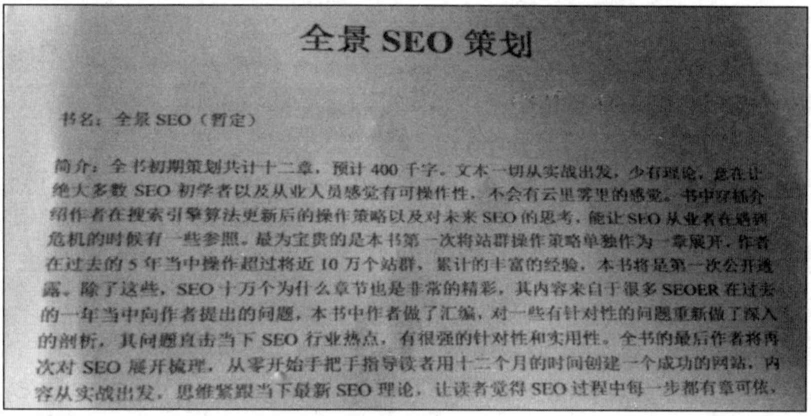
全景 SEO 策划

书名：全景 SEO（暂定）

简介：全书初期策划共计十二章，预计 400 千字。文本一切从实战出发，少有理论，意在让绝大多数 SEO 初学者以及从业人员感觉有可操作性，不会有云里雾里的感觉。书中穿插介绍作者在搜索引擎算法更新后的操作策略以及对未来 SEO 的思考，能让 SEO 从业者在遇到危机的时候有一些参照。最为宝贵的是本书第一次将站群操作策略单独作为一章展开，作者在过去的 5 年当中操作超过将近 10 万个站群，累计的丰富的经验，本书将是第一次公开透露。除了这些，SEO 十万个为什么章节也是非常的精彩，其内容来自于很多 SEOER 在过去的一年当中向作者提出的问题，本书中作者做了汇编，对一些有针对性的问题重新做了深入的剖析，其问题直击当下 SEO 行业热点，有很强的针对性和实用性。全书的最后作者将再次对 SEO 展开梳理，从零开始手把手指导读者用十二个月的时间创建一个成功的网站，内容从实战出发，思维紧跟当下最新 SEO 理论，让读者觉得 SEO 过程中每一步都有章可依，

图 7-19　拍摄书籍

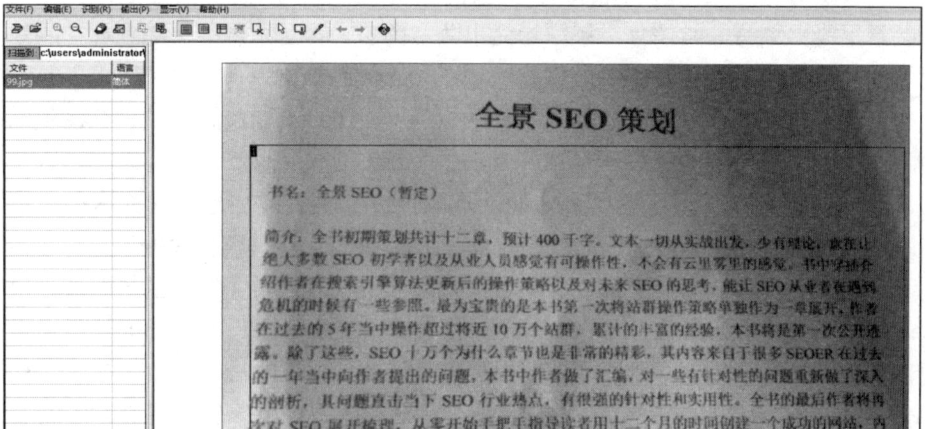

全景 SEO 策划

书名：全景 SEO（暂定）

简介：全书初期策划共计十二章，预计 400 千字。文本一切从实战出发，少有理论，意在让绝大多数 SEO 初学者以及从业人员感觉有可操作性，不会有云里雾里的感觉。书中穿插介绍作者在搜索引擎算法更新后的操作策略以及对未来 SEO 的思考，能让 SEO 从业者在遇到危机的时候有一些参照。最为宝贵的是本书第一次将站群操作策略单独作为一章展开，作者在过去的 5 年当中操作超过将近 10 万个站群，累计的丰富的经验，本书将是第一次公开透露。除了这些，SEO 十万个为什么章节也是非常的精彩，其内容来自于很多 SEOER 在过去的一年当中向作者提出的问题，本书中作者做了汇编，对一些有针对性的问题重新做了深入的剖析，其问题直击当下 SEO 行业热点，有很强的针对性和实用性。全书的最后作者将再次对 SEO 展开梳理，从零开始手把手指导读者用十二个月的时间创建一个成功的网站，内容从实战出发，思维紧跟当下最新 SEO 理论，让读者觉得 SEO 过程中每一步都有章可依，

图 7-20　使用 OCR 软件进行识别

2012 年前后，作者通过“扫描”这种内容获取方式成功运行 5 万多站群，获

得了巨大的流量，作者也是首次将扫描这种方式引入 SEO 领域。现在很多 SEOer 都在使用这种方法维护网站，各大 SEO 培训机构也将这种内容获取方式作为重要的课程讲解。

内容的获取方式绝非仿写、聚合、扫描这 3 种。只要肯动脑筋，将自己的思维发散开来，相信读者能找到更好的内容获取方法。作者期待和大家线上进行交流。

7.10 关键知识点 16：如何编辑搜索引擎喜欢的内容

7.9 节介绍了很多内容的获取方法。在 SEO 实战过程中，除了保证内容质量之外，如何将这些内容编辑发布到网站也是非常重要的。

7.10.1 详解“多分段，短句子，图文并茂”

文章编辑过程中我们应该遵循“多分段，短句子，图文并茂”的原则，下面作者针对这 3 个要求做详细的分析。

多分段就是在文章编辑的过程中要尽量多划分段落，控制每段文字字数，不要太多也不要太少，建议每段文字控制在 150 字以内比较合适，因为字数太多会让用户产生疲劳感，多分几个段落可以让用户有缓冲的时间。

这一点百度百科也可以当做示范。如图 7-21 所示是百度百科的“敦煌”词条，可以看出段落划分非常清晰，每一句话也非常简短。前面作者多次提到现在的互联网阅读是快餐性质的，没有用户愿意逐字逐句阅读一篇文章。短句子要求每一段的每句话都不要太长，尽量简洁一点。句子短一点，用户阅读起来比较轻松，长句子的阅读会让读者有压力，很容易离开网页去寻找其他的内容。

什么是图文并茂？可能读者会说就是编辑文章的时候加上图片。这么说不算错，但是更为重要的是编辑的时候每篇文章要带上与文章内容相关的图片，而不是胡乱穿插几张图片。每篇文章最好包含 2 幅以上的图片，具体的数量可以根据自己网站的情况决定。然后就是要在图片上加上描述和链接，合适的描述能让搜索引擎更容易识别图片的内容。如图 7-22 和图 7-23 所示，同样的一篇文章，是不是如图 7-22 所示的内容阅读起来更加轻松愉快？现在百度搜索引擎已经将文章中的图片在搜索结果中展示出来。在如图 7-24 所示的搜索结果中，图文并茂的搜索结果会受到更多用户的青睐。

Bai百科　敦煌　编辑　收藏　赞

隋唐宋元

隋朝的建立，改北周以来的鸣沙县为敦煌县，后来又将大批南朝贵族连同其部族远徙至敦煌充边。南北汉文化在敦煌融为一体，使敦煌的地方文化更加富有明显的特色。隋文帝崇信佛教，曾几次下诏各州建造舍利塔。诏命远至敦煌。在最高统治者的提倡下，隋代存在的37年，在莫高窟开窟77个，规模宏大，壁画和彩塑技艺精湛，同时并存着南北两种截然不同的艺术风格。

唐代的敦煌同全国一样，经济文化高度繁荣，佛教兴盛。莫高窟开窟数量多达1000余窟，保存至今的有232窟。壁画和塑像都达到异常高的艺术水平，贞观十九年（公元645年），唐玄奘到印度取经返回，经敦煌回到长安。莫高窟中唐洞窟中保存了大量吐蕃时期的壁画艺术。藏经洞内保存了大量的吐蕃文经卷。

“安史之乱”使得唐王朝由盛转衰，吐蕃乘虚占领河西，统治长达70余年。

唐宣宗大中二年（848年），敦煌百姓难以忍受吐蕃统治，张议潮率众在河西发动起义，驱走吐蕃贵族，收复河西故地，并归顺唐朝，被封为河西、河湟十一州节度使，建归义军，治沙州。后来，张议潮之孙张承奉叛唐自立“金山国”，结果被回鹘打败。914年，金山国亡，张氏绝嗣，沙州长史曹议金自领节度使。曹氏统治时期，笼络当地望族，发展生产，推行教化，改善同周边民族关系，使河西维持了稳定安宁的局面。这一时期，莫高窟的开窟造像仍在进行，并未受到局势变动的影响。

11世纪初，党项族兴起，称霸河西，建立了西夏王朝，与宋、辽形成三足鼎立局面。西夏统治敦煌的一百多年间，重视经济发展，使敦煌保持着汉代以来“民物富庶，与中原不殊”的水平。西夏统治者崇信佛教，不排斥汉文化，在文化艺术方面取得了长足的发展。据统计，在宋、夏时期，共开凿洞窟100个。至今，莫高窟和榆林窟保存着大量丰富而独特的西夏佛教艺术。“敦煌遗书”即在西夏统治时期（1036年）封藏于莫高窟第17窟内。

1227年，蒙古大军灭西夏，攻克沙州等地，河西地区归元朝所有。升敦煌为沙州路，隶属甘肃行中书省。后升为沙州总管府。元朝远征西方，必经敦煌，敦煌一度呈现出经济文化繁荣的景象，和西域的贸易更加频繁。著名旅行家意大利人马可波罗就是这一时期途经敦煌漫游到中原各地。元朝统治者也崇信佛教。莫高窟的开造得以延续。现存元代洞窟约10个。

图 7-21　“敦煌”百度百科内容

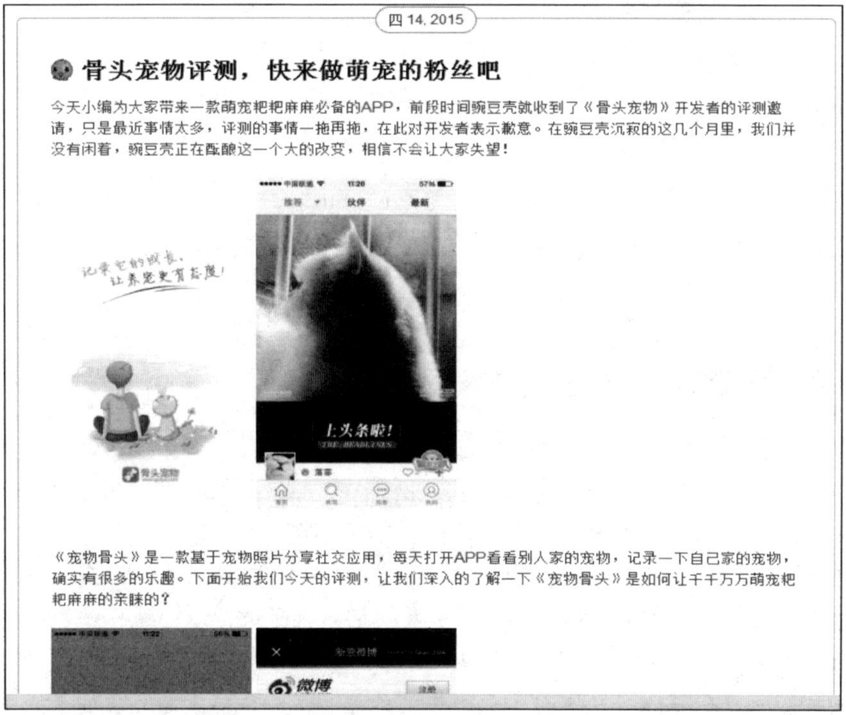

四 14, 2015

骨头宠物评测，快来做萌宠的粉丝吧

今天小编为大家带来一款萌宠粑粑麻麻必备的APP，前段时间豌豆壳就收到了《骨头宠物》开发者的评测邀请，只是最近事情太多，评测的事情一拖再拖，在此对开发者表示歉意。在豌豆壳沉寂的这几个月里，我们并没有闲着，豌豆壳正在酝酿这一个大的改变，相信不会让大家失望！

《宠物骨头》是一款基于宠物照片分享社交应用，每天打开APP看看别人家的宠物，记录一下自己家的宠物，确实有很多的乐趣。下面开始我们今天的评测，让我们深入的了解一下《宠物骨头》是如何让千千万万萌宠粑麻麻的亲睐的？

图 7-22　图文并茂的文章

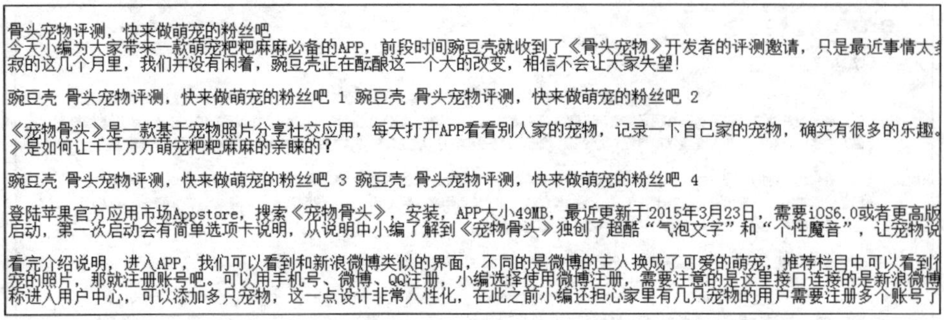
骨头宠物评测，快来做萌宠的粉丝吧
今天小编为大家带来一款萌宠粑粑麻麻必备的APP，前段时间豌豆壳就收到了《骨头宠物》开发者的评测邀请，只是最近事情太多
寂的这几个月里，我们并没有闲着，豌豆壳正在酝酿这一个大的改变，相信不会让大家失望！

豌豆壳 骨头宠物评测，快来做萌宠的粉丝吧 1 豌豆壳 骨头宠物评测，快来做萌宠的粉丝吧 2

《宠物骨头》是一款基于宠物照片分享社交应用，每天打开APP看看别人家的宠物，记录一下自己家的宠物，确实有很多的乐趣。
》是如何让千千万万萌宠粑粑麻麻的亲睐的？

豌豆壳 骨头宠物评测，快来做萌宠的粉丝吧 3 豌豆壳 骨头宠物评测，快来做萌宠的粉丝吧 4

登陆苹果官方应用市场Appstore，搜索《宠物骨头》，安装，APP大小49MB，最近更新于2015年3月23日，需要iOS6.0或者更高版
启动，第一次启动会有简单选项卡说明，从说明中小编了解到《宠物骨头》独创了超酷“气泡文字”和“个性魔音”，让宠物说

看完介绍说明，进入APP，我们可以看到和新浪微博类似的界面，不同的是微博的主人换成了可爱的萌宠，推荐栏目中可以看到
宠的照片，那就注册账号吧。可以用手机号、微博、QQ注册，小编选择使用微博注册，需要注意的是这里接口连接的是新浪微博
称进入用户中心，可以添加多只宠物，这一点设计非常人性化，在此之前小编还担心家里有几只宠物的用户需要注册多个账号了

图 7-23 单纯的文字内容

图 7-24 豌豆壳文章的百度搜索结果

7.10.2 充分掌握站内锚文本策略

前面作者已经提到站内锚文本对于 SEO 的重要性。好的文章如果只是单独存在，力量是非常薄弱的，只有互相连接起来才会更加强大。就像一个人站在湍急的水流中很容易被冲倒，但是如果是一群人手挽手站在一起就不容易被冲倒。

Tips：站内锚文本的建设是一项系统的工程。有些 SEOer 也注意到了站内锚文本的重要性，但在发布文章的时候随意将关键词穿插进来，以为这样就能得到锚文本带来的权重提升，其实这种做法不但无法起到积极作用，甚至会被搜索引擎惩罚。

搜索引擎判断站内锚文本是否有效主要通过以下方面。首先是看站内锚文本出现的位置。一般情况下，出现在正文中的站内锚文本会被搜索引擎重视，而出现在

页脚的锚文本很大程度上会被认为是作弊。其次是分析站内锚文本出现位置前后的<H1>或者<strong>标签。如果标签中的内容和锚文本的内容有关，那么这样的站内锚文本会被认为是质量较高的。最后是锚文本内容和链接页面的关联性。如果在一篇关于端午节的文章中出现了粽子的锚文本，而链接的页面却和粽子无关，这样的锚文本会给搜索引擎留下糟糕的印象。

由此看来，熟练掌握站内锚文本非常重要，网站建设之初就应该有计划地筛选需要优化的关键词，然后定位这些关键词的着陆页。例如，我们计划建设一个敦煌旅游的网站，需要先找出关于敦煌旅游的关键词。关键词的筛选可以借助一些关键词查询工具，如图 7-25 所示。

关键词	PC指数	移动指数	360指数
敦煌旅游攻略	1377	1359	146
敦煌旅游 [619] 敦煌旅游最佳时间 [0]	敦煌旅游局 [0] 敦煌网 [2855]		
敦煌旅游	0	808	665
敦煌旅游景点	60	192	39
敦煌 旅游	56	56	52
敦煌旅游价格	9	34	0
敦煌旅游路线	21	26	0
到敦煌旅游	9	0	0

图 7-25　“敦煌旅游”的词库网查询结果

我们决定优化的关键词是“敦煌旅游攻略”、“敦煌旅游”、“敦煌旅游景点”、“敦煌旅游价格”、“敦煌旅游路线”。其中“敦煌旅游攻略”指数最高，但是经过竞争性分析，如图 7-26 所示，可以看出其 SEO 难度并不高。因为搜索结果第 1 页的网站大多数通过了内页优化，如果我们使用首页来做该关键词的优化，效果应该是比较理想的。“敦煌旅游景点”可以用栏目页或者专题页来做，“敦煌旅游价格”、“敦煌旅游路线”可以用内容页面来做。这样我们就为每一个关键词找到了合适的着陆页。

图 7-26 “敦煌旅游”百度搜索结果

接下来，在发布文章的时候我们就应该特意为这些关键词的着陆页考虑站内锚文本。例如，发布一篇敦煌旅游游记，我们就应该考虑将“敦煌旅游攻略”锚文本添加到文章中，链接的地址就是这个关键词的着陆页。其他的关键词也是一样的道理。

需要注意的一点是，在同一个页面中，不同的关键词可以链接到相同的页面，但是相同的关键词不要链接到不同的页面。原因很简单：我们都知道一个页面可以优化一个关键词，也可以优化多个关键词，如果将相同的关键词链接到不同的页面，会让搜索引擎摸不着头脑，无法判断到底哪个页面才是我们想要链接的和重点建设的，这样就会导致权重的分散。

7.11 关键知识点 17：文章的发布是分阶段执行的

通过前面的学习我们已经了解了内容的获取方法，也掌握了文章的编辑技巧，本节将针对网站不同的时期发布文章需要注意的问题展开讲解。

7.11.1　网站刚上线时应该怎样发布文章

网站刚上线是一个网站能否成功的关键时期，就像是一个呱呱落地的婴儿，需要家人倍加爱护才能茁壮成长。网站上线之前，我们就应该准备充足的文章，这是最基本的，这一点站长世界创始人很早就已经提出了。上线之前，我们需要为每一个栏目发布 5～10 篇文章，这些文章一定要经过精心的编辑，做到多分段、短句子、图文并茂，同时还要穿插适当的锚文本。

讲到这里，我们需要补充一下前面漏掉的细节。我们在向文章插入图片的时候一般都是直接到互联网上找现成的，但是在发布到我们的网站时建议做这样的处理：首先是将两张或者多张图片合并，其次是将一张图片做裁剪。原因是随着搜索引擎的发展，现在的很多搜索引擎已经可以识别图片的内容。

但是，搜索引擎的识别仅仅是通过二进制的数字来判断，如果我们将其合并或者裁剪，数字序列会发生改变，搜索引擎会认为这是一幅全新的图片。这一点虽然没有得到证实，但是作者在几万站群中测试的效果还是比较明显的。SEO 就是这样许多细节的叠加，或许每一个细节都并不重要，但是如果我们忽略了很多这样的细节，将会导致失败。

下面我们言归正传，继续说网站刚上线时文章的发布。在完成了每一个栏目的文章的时候，我们就可以向搜索引擎提交网站了。提交网站可以通过百度搜索引擎提交入口，事实证明这样的效果并不明显。效率较高的方法是做外链。很多站长会选择到网站首页做外链来促进收录，作者认为这是没有必要的。经过实践我们得出，在网站发布文章的时候加入自己网站的外链，对搜索引擎的收录非常理想。一般情况下，在这样的操作之后，网站在 1～3 天就能被收录。

Tips：还有一个非常有效的秘籍和大家分享一下，这个方法很少有同行发布，这里是第一次公开。操作很简单，我们只需要刻意将网站放到各大站长工具查询，如图 7-27 和图 7-28 所示。因为这些网站的权重都非常高，搜索引擎蜘蛛会经常光顾，而我们查询完成后将在工具页面留下如图 7-29 所示的链接。搜索引擎抓取的时候会顺着这些链接找到我们的网站，从而完成收录，抓取的页面也会被搜索引擎收录，如图 7-30 所示。虽然这样的收录起不到多少外链的作用，但能让我们的新站获得收录也是值得一试的。

除了手动去刷，我们还可以借助工具。在百度搜索“刷外链”关键词，如图 7-31 所示，可以找到很多类似的工具。这些工具的原理就是我们刚才提到的向站长工具提交查询请求。经过大量的实践，如果使用全新的域名建站，使用这些工具刷外链，一般情况下 10～60 分钟网站即可收录。

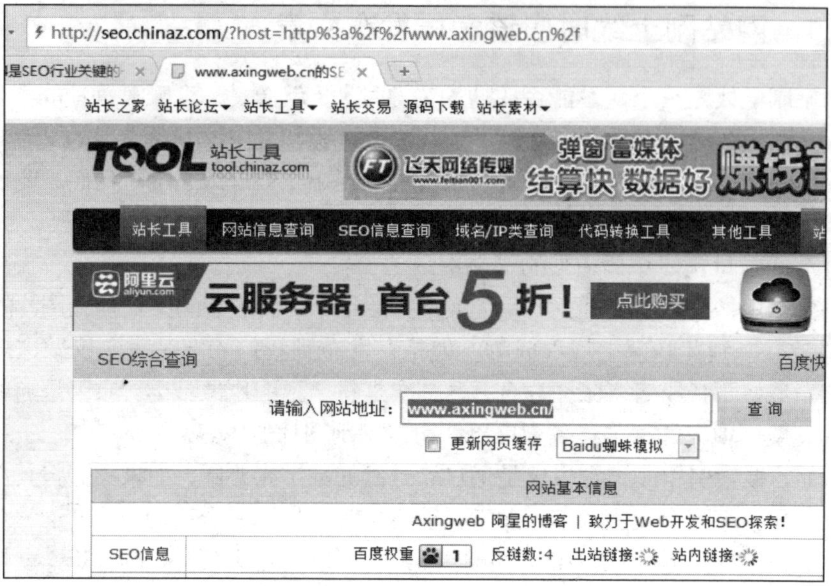

图 7-27　axingweb 站长之家站长工具查询结果

图 7-28　axingweb 爱站站长工具查询结果

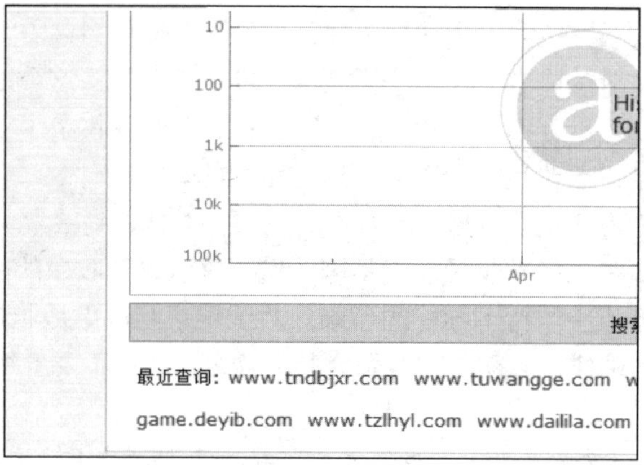

图 7-29　站长工具最近查询展示

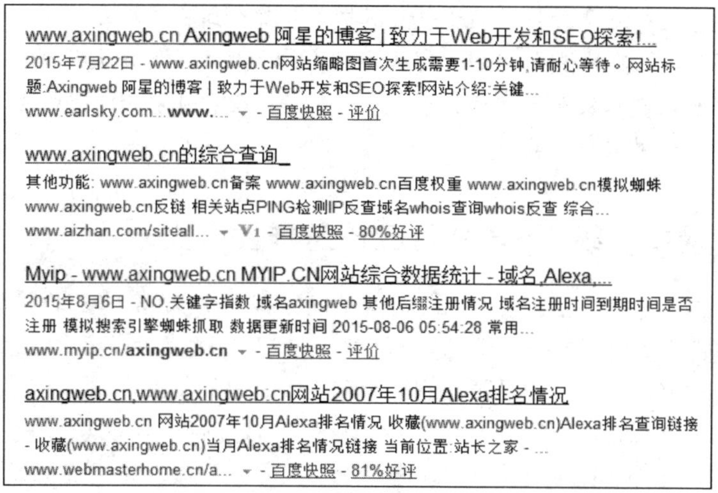

图 7-30　百度搜索引擎收录站长工具查询结果

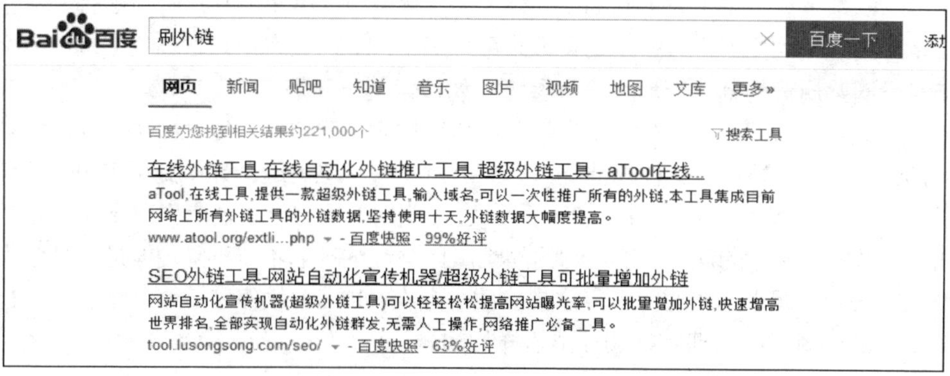

图 7-31　刷外链工具

一旦完成了收录，搜索引擎就会定期到网站来抓取信息。需要注意的是，网站从收录到完全将收录的内容展示出来需要7～30天的时间。这个期间，搜索引擎蜘蛛会不断访问文章，千万不可大意。很多站长看到网站只收录了首页，就觉得其他页面既然没有收录，改改也问题不大，这是错误的。

常见的修改内容页位置、修改内容页的后缀等方式，到搜索引擎放出结果才知道原来之前的网页都已经被收录，但是因为做了修改导致收录的内容都无法访问，这样的体验会给搜索引擎留下不好的印象，对于用户而言更是非常糟糕的。因此，作者一再强调，网站建设之初一定要做完整的规划，切记不要上线之后还将网站改来改去。

Tips：从搜索引擎收录开始，我们就要坚持每天更新文章，这也需要制定标准。如果我们制定每天发布5篇文章的标准，那么在之后的一个月之中就要严格按照这个标准来发。这些文章页要穿插开来，不要全部都发到一个栏目里面。周末或者节假日可以不发。之前的很多SEOer都认为无论什么时候都要发文章，但是作者认为在休息日的时候停止发布文章未尝不是一件好事，搜索引擎或许会认为这样的网站才像是站长在手动更新文章。

7.11.2 网站上线1～3个月应该怎样发布文章

网站上线一个月之后，搜索引擎对网站已经有了初步的印象，收录会全部放出来，蜘蛛的爬行也会更加有规律。这个时候，一些长尾关键词应该有了初步的排名，我们会面临这样的选择：如果所在的行业有比较充足的文章资源，我们可以考虑提高文章发布的数量，如之前每天5篇文章，一个月之后我们可以尝试提高到10篇；如果所在的行业内容比较有限，可以考虑缩减文章的数量，如调整到每天3篇。这个调整要依靠具体的情况来做，不能生搬硬套一些SEO培训机构的说法。

和网站上线第1个月不同的是，经过初步培养，从第2个月开始网站有了一些权重和关键词的排名，这些变化会带来用户的访问。一旦有用户参与进来，搜索引擎对于网站质量的判断便多了一些参考，如搜索跳出率等。

从这时开始，我们发布的文章就不仅是给搜索引擎看的，要更加注意实用性和可读性。很多网站都有这样的情况，第1个月一些长尾关键词都排到第1页了，结果到第2个月居然下降到11、12位了。这说明网站内容对于搜索引擎来说非常不错，但是不受用户的欢迎。用户的访问跳出让关键词排名不断下降，但是从搜索引擎角度来看是属于不错的内容，这就导致排名在11、12位停滞不前。作者在进行SEO诊断的时候经常遇到站长提出这样的问题。

7.11.3　网站上线 3 个月后排名改变如何调整文章发布策略

网站上线 3 个月之后，搜索引擎已经对网站有了深入的了解，这个时候目标关键词开始出现排名，网站的访问用户数量有了一定的规模。这时我们可以再一次对文章发布的策略做出调整，和前一次一样，既可以提高发布的数量，也可以降低。

如果是大型的网站，此刻已经发展到一个不错的阶段，我们完全可以招聘编辑来给网站充实更多的内容。如果是单打独斗的小型网站，这时候完全可以降低发布数量，因为我们已经不可能有那么多精力投入到文章编辑上，我们更需要考虑网站的运营、盈利等。

从这个时候开始，我们发布的每一篇文章都应该有针对性，或针对用户，或针对搜索引擎。什么样的情况下我们应该针对用户呢？例如，有用户留言或者通过分析，找出用户喜欢什么样的内容，我们就应该针对这个情况专门编辑文章，增加用户的黏性。

针对搜索引擎的就比较简单。经过 3 个月的发展，如果目标关键词还有一些没有任何排名，我们就应该考虑针对这些关键词专门编辑一些文章，通过文章中定向锚文本的作用加速其获得排名。

7.11.4　网站上线 1 年后如何建立稳定的排名

能让网站运营一年之久，说明我们之前的努力已经得到了肯定。这个时期网站目标关键词应该都有了不错的排名，网站也有了忠实的访问群体，我们不再完全依靠搜索引擎来获得流量，因此文章的编辑、发布策略重点都应该转向用户。

关键词方面我们也应该做出一些调整，可以尝试发掘一些新的关键词，也可以尝试去做之前望而却步的竞争性较强的关键词。需要注意的是，在调整关键词的时候要逐步进行，只要掌握好这个节奏，就无须担心网站会受到影响。很多 SEOer 告诉作者，担心增加一个关键词会被搜索引擎惩罚，这是没有必要的。经过一年发展的网站，搜索引擎已经对其有了充分的信任。

对运营一年之后的网站，我们更应该考虑如何让网站稳定地发展，内容方面要更加具有独立性。如果说 3 个月之前的内容我们还可以通过仿写、聚合等思维来获取，这个时候就应该调整了。我们应该去编辑有独立思维的文章，这样的文章更容易留住用户。还有就是，可以调动用户的积极性，让用户帮助产生内容，如增加文章评论模块、BBS 功能等。

7.12 本章小结

本章我们从内容的重要性出发讲述了内容的获取方法及编辑技巧等知识点，在SEO工作中这是极其重要的。作者希望读者反复阅读本章内容，务必做到融会贯通。尤其是仿写、聚合、扫描等方法，大多数是作者第一次公开，具有非常高的实用性。

本书理论内容很少，全部都是从实战出发，读者第一次阅读或许会有难懂的地方。这个时候不必担心，只需要将问题记在心中继续往下阅读即可。本书的知识点都是相互连接的，前面提到的重点在后面还会多次讲解，前面不清楚的问题，读完后续的章节会豁然开朗，并且会有更加深入的理解。例如，到本章为止，作者在本书中已经不止一次提到站内锚文本的重要性，而后续的章节还会提到。尽管每次提到的概念相同，但是我们的认识角度是不尽相同的。

在下一章“疯狂的权重”中，我们将会对网站的权重和关键词的排名进行更为深入的分析。我们还会针对关键词排名的位置给出切实的操作手法，如8.7.1节讲解关键词排名进入100之后如何操作，这在SEO培训机构很难学到。如果读者自己已经在运营网站，相信下一章一定会对如何提升现有网站的权重和关键词排名有很大的帮助。

第 8 章 疯狂的权重

前面我们阐述了内容对于提升网站权重的重要性，也说明了如何编辑和发布文章才能让网站更快地获得排名。本章作者就权重培养的过程中遇到的一些实际问题做深入的分析和讲解，甚至会提到将网站关键词排到对应位置的操作手法。这是作者从大量的实战案例中总结出来的，在本书中是第一次对外界公开，读者在阅读过程中一定要仔细揣摩，考虑自己的网站关键词现在是什么样的排名，看看本章提到的方法是否能有效解决问题。

8.1 关键知识点 18：如何避免关键词自我竞争

作者在 SEO 诊断过程中遇到过很多 SEOer 喜欢用多个页面来优化相同的关键词。例如，一位 SEOer 优化“敦煌旅游”这个关键词，初期将这个关键词布局到了栏目页，后面担心栏目页权重不够，无法快速获得排名，就开始在首页优化这个关键词，文章中涉及锚文本的时候将“敦煌旅游”有时候链接到栏目页，有时候链接到首页，认为这样做是“双保险”。其实，这种想法是完全错误的。因为一个网站的权重是有限的，这样布局关键词会导致关键词的自我竞争，搜索引擎会很难判断网站到底是用哪个页面优化“敦煌旅游”这个关键词。

避免关键词自我竞争首先需要在建站之前就做好全面的布局，计划好每一个关键词的着陆页。前面我们已经提到，竞争性较强的关键词一般用首页来进行优化，竞争性较弱的可以用栏目页进行优化，内容页一般用于长尾关键词的优化，然后在发布文章的时候出现关键词就链接到对应的页面。

实际操作中，有的 SEOer 喜欢在发文章遇到关键词的时候将其加粗等。这就需要理解一个问题，我们前面讲的<H1>、<strong>等标签确实对 SEO 非常有用，但是一定要理解其用法。使用这些标签的前提是关键词是本页面优化的关键词。例如，我们发布一篇关于旅游的文章，这篇文章需要优化的关键词是“旅行饮食须知”，这篇文章中会出现“敦煌旅游”这个关键词。

这样，在出现“旅行饮食须知”这个关键词的时候就需要用<strong>标签来强调，但是不要为“敦煌旅游”加上标签，只需要在出现“敦煌旅游”的地方将其锚文本链接到“敦煌旅游”关键词的着陆页。后面再发布其他文章时，如果出现“旅游饮食须知”关键词，就需要将其链接到“旅游饮食须知”的着陆页。这样一来，搜索引擎会很清晰地分辨出每一个关键词的着陆页，然后通过站内锚文本权重的转移和集中，这些页面很快就能获得不错的排名。

Tips：SEO 是一个非常细致的工作，每一项操作我们都要做好计划，千万不能盲目开始。作者建议，开始实施 SEO 之前要准备着陆页记录单、长尾关键词记录单、操作记录单。

着陆页记录单记录我们计划的每一个关键词的着陆页 URL，方便我们在发布文章的时候对关键词进行锚文本链接。

长尾关键词记录单用于记录我们发布的每一篇文章优化的长尾关键词 URL 等信息，方便后续发布文章的时候进行锚文本链接。事实证明，互相链接起来的文章优化效果要优于独立的文章。除此之外，养成在文章之前加链接的习惯对于加速文章的收录极为有效。

操作记录单用于记录每一次对网站的修改信息，如某一天进行了首页关键词的调整，某一天调整了关键词密度，某一天增加了外链等，这样的记录会让网站在权重发生变化时有据可依。作者遇到过这样的问题：有的 SEOer 在几天之内做了调整关键词密度、增加外链等工作，过了一段时间关键词有了排名，这位 SEOer 无法判断到底是外链帮助关键词有了排名，还是调整关键词密度导致的，这样便无法开始下一步的工作。如果这位 SEOer 之前做了操作记录，就可以快速地分析出是哪个操作导致了关键词排名的变化。如果是外链，我们可以尝试进一步跟进。

8.2 关键词怎么样布局

网站关键词的布局一般认为关键词无处不在，无论是目标关键词还是长尾关键词，只要出现字符的地方就是添加网站关键词的地方。这种想法作者认为是不可取的。就好比我们在做外链的时候，只要是网站，只要是可以加入锚文本链接的地方或者能写链接的地方，都将自己的网站链接写上去。但是，外链增加了吗？即便增加了，能保持多久？即便能保持很久，真的会给网站带来真实流量吗？答案肯定是否定的。所以，我们做什么事情都要有侧重点，而不是大把全抓，但是却没有一点能做好，产生不了真正的作用。作者总结了以下 5 点建议，希望能够帮助读者了解关键词布局需要注意的问题。

A．META 标签

META 标签是我们熟知的，也是最重要的设置关键词的地方。一般来说，我们会在 title 中设置 4～5 个关键词。这里的关键词一定要是目标关键词，不要放很多，多了也没有太大的用处，并且要将最重要的关键词放在第 1 位。作者在实战中发现，放置在第 1 位的关键词能最快获得排名，如图 8-1 所示。

图 8-1　豌豆壳现阶段标题

豌豆壳开始布局时就将“好玩的 APP”关键词放置到了标题关键词的第 1 位，两个月后这个关键词便有了不错的排名。当第 1 位的关键词获得排名后，可以进行位置的调整。有的 SEOer 担心调整后会导致搜索引擎的降权，事实证明这个担心完全是没有必要的。就上面提到的豌豆壳 SEO 来说，下一步的操作是将“APP 限免”提升到标题的第 1 位，这样会帮助该关键词提升排名，如图 8-2 所示。

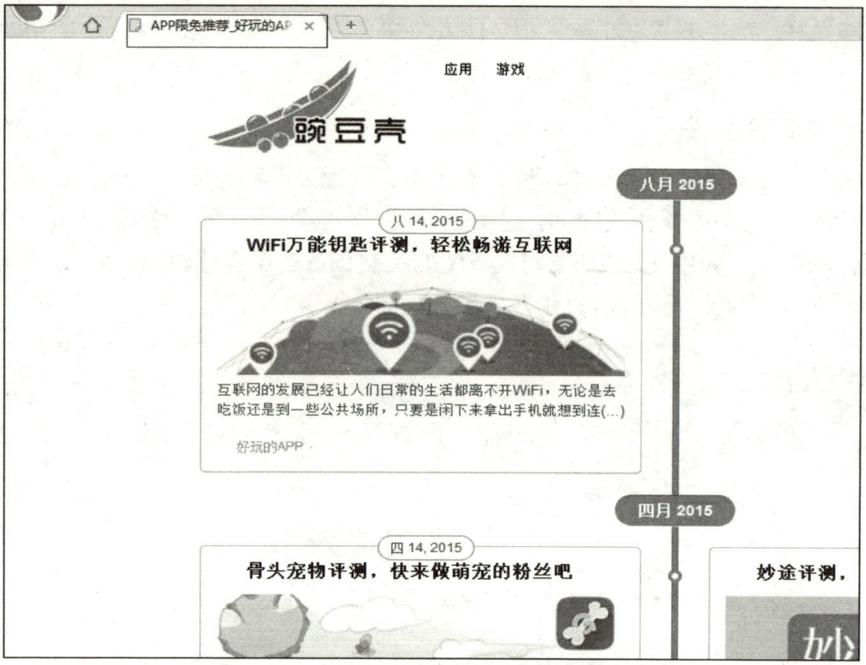

图 8-2　豌豆壳计划调整标题

Tips：在 Keywords（关键字）中出现 title 的关键词，并且关键词数量建议不要超过 8 个。我们经常看到很多网站没有设置关键词。高手的做法总是让人难以理解，其实他们已经将关键词布局到很广的范围了，通过高权重来让单页关键词排名提升。

如果我们的 SEO 技能一般，建议不要这样做。在 Description（描述）中尽量出现 2 次 title 的关键词，语言一定要通顺，并且一定要有特点，让别人看到之后耳目一新，抓住用户的访问心理。网站的描述是用户在搜索引擎搜索结果出现后，除了 title 之外能看到的内容，而好的内容可以提升用户的点击率，即便不是前 3 位，通过高质量的描述同样可以做到高点击率。

作者在 SEO 诊断中就遇到过一位站长的网站关键词排名到了前 3 位，关键词指数也非常不错，但是每天只有很少的流量进来。起初这位站长以为是百度指数不正确，后面经过分析得知问题出在描述上面。

我们可以看看“好玩的 APP”的搜索结果。如图 8-3 所示，用户在点击网站链接之前往往会通过描述了解网页的大体情况。豌豆壳网站的描述是：“豌豆壳是一个 APP 评测网站，基于客观的 APP 评测为用户提供好玩的 APP 推荐和 APP 限免提醒服务。豌豆壳非常乐意和 APP 开发者合作，共同创造移动互联网时代的精彩!”

可以看出，这是一个提供好玩的 APP 推荐的网站，这也是用户搜索“好玩的 APP”这个关键词的初衷。下面网站的描述中尽管也有“好玩的 APP”之类的关键词，但是不够清晰明了。

图 8-3　豌豆壳“好玩的 APP”关键词百度搜索引擎排名

B．Header 标签

很长时间以来，很多 SEOer 不重视 Header 标签的运用，而恰恰是这个标签会对搜索引擎产生比较大的影响。<H1>标签一般都会让搜索引擎认为是内容的标题，是搜索引擎较为看重的。<b>标签一般是关键词出现的地方，这可能已经成为搜索引擎默认的计算方式。另外，随着很多 SEO 牛人开始设置<H3>标签，我们能看到<H3>标签的应用对于搜索引擎优化来说俨然成了一块新的开发区域。经过大量实践，灵活运用此标签会有不错的效果。

C．内容页面

网站建设完成之后，我们经常用到的就是文章发布系统。我们每天都会更新网站的内容，而网站的内容部分也是我们布局关键词的重要区域。根据浏览者的习惯，我们一般都会从上到下，从左至右地浏览。那么，搜索引擎蜘蛛是否也是这样呢？

作者相信是这样的。所以，我们在内容页面布局关键词的时候一定要有侧重点，在内容的开篇就要有关键词出现，并且为了扩展阅读，要加上一些关键词的锚文本链接。这样做的好处是，不仅加入了内链布局，也将提升关键词的排名，另外还丰富了用户体验，加大用户访问的浏览量及跳出时间。一般内容中的关键词布局不超过 5 个，因为多了不仅影响页面的美观，也会让搜索引擎产生怀疑。所以，关键词的布局不是仅靠几篇文章完成的，内链布局同样不是，而是靠我们日积月累并且有计划地分布来实现的。

D．锚文本链接

我们一般将导航设置为超链接的形式，主要是为了让搜索引擎可以更好地抓取更多的网站内容，让导航第一时间成为搜索引擎蜘蛛的向导。不仅如此，关键词还可以在网站地图、内容、网站底部的辅助导航等位置出现，这样就会导致整页网站关键词分布的扩大，会有更多的关键词被搜索引擎抓取。

值得一提的是“面包屑导航”。因为面包屑导航也是超链接形式，所以建议在制作面包屑导航的时候，尽量不要写成“首页”、“公司简介”等，因为搜索引擎抓取之后不会带来很好的结果，毕竟很少有人会用搜索引擎搜索“首页”这样的关键词。

E．alt 标签

alt 标签对于搜索引擎来说作用极大。因为我们知道，搜索引擎抓取图片的能力很弱，对 Flash、JS 等抓取的效率更低，所以 alt 标签就起到了讲解员的作用。当蜘蛛爬到图片的时候，因为不了解图片的内容，所以要通过 alt 标签的描述了解图片的内容。因此，将图片加入关键词是提升搜索引擎友好度的好方法。图片与关键词的意思保持一致，有助于提升关键词排名。

值得注意的是，我们上面也提到了，搜索引擎爬行的轨迹同样也是从上到下，从左至右的。在爬行过程中，除了爬行 META 标签之外，在<body>标签中，爬行到的第一个内容很有可能就是网站的 Logo。因为 Logo 一般都会放置在网站最上方的左边，所以，将 Logo 设置为 alt 标签非常有助于提高搜索引擎友好度，如图 8-4 所示。

值得注意的是，不能将所有图片都设置成统一的关键词，这样对网站是极其不利的。如果网页图片较多，确实无法对其编写详细的 alt 标签描述，至少应该在相同的关键词后面加上“1、2、3”或者“A、B、C”之类的序号。如图 8-5 所示，豌豆荚采用的就是给关键词加序列号的方式。

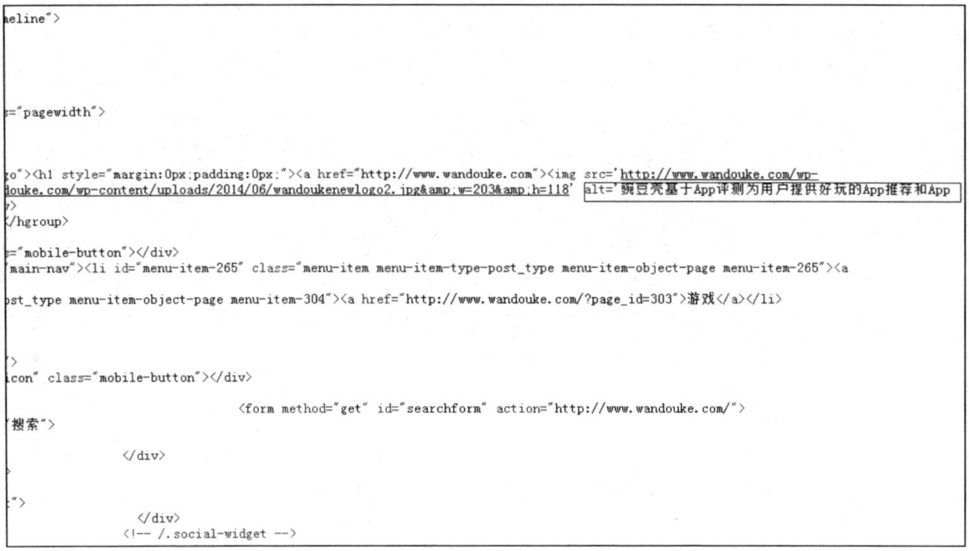

```
eline">

="pagewidth">

o"><h1 style="margin:0px;padding:0px;"><a href="http://www.wandouke.com"><img src='http://www.wandouke.com/wp-
ouke.com/wp-content/uploads/2014/06/wandoukenewlogo2.jpg&amp;w=203&amp;h=118' alt='豌豆壳基于App评测为用户提供好玩的App推荐和App
>
/hgroup>

="mobile-button"></div>
main-nav"><li id="menu-item-265" class="menu-item menu-item-type-post_type menu-item-object-page menu-item-265"><a

st_type menu-item-object-page menu-item-304"><a href="http://www.wandouke.com/?page_id=303">游戏</a></li>

>
con" class="mobile-button"></div>
                        <form method="get" id="searchform" action="http://www.wandouke.com/">
搜索">
            </div>

">
              </div>
            <!-- /.social-widget -->
```

图 8-4　豌豆壳 Logo alt 属性写法

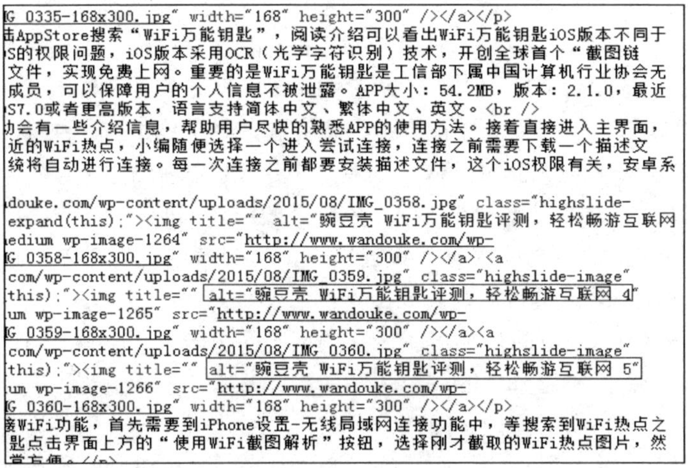

```
G 0335-168x300.jpg" width="168" height="300" /></a></p>
AppStore搜索“WiFi万能钥匙”，阅读介绍可以看出WiFi万能钥匙iOS版本不同于
S的权限问题，iOS版本采用OCR（光学字符识别）技术，开创全球首个“截图链
文件，实现免费上网。重要的是WiFi万能钥匙是工信部下属中国计算机行业协会无
成员，可以保障用户的个人信息不被泄露。APP大小：54.2MB，版本：2.1.0，最近
S7.0或者更高版本，语言支持简体中文、繁体中文、英文。<br />
会有一些介绍信息，帮助用户尽快的熟悉APP的使用方法。接着直接进入主界面，
近的WiFi热点，小编随便选择一个进入尝试连接，连接之前需要下载一个描述文
统将自动进行连接。每一次连接之前都要安装描述文件，这个iOS权限有关，安卓系

douke.com/wp-content/uploads/2015/08/IMG_0358.jpg" class="highslide-
expand(this);"><img title="" alt="豌豆壳 WiFi万能钥匙评测，轻松畅游互联网
edium wp-image-1264" src="http://www.wandouke.com/wp-
G 0358-168x300.jpg" width="168" height="300" /></a> <a
com/wp-content/uploads/2015/08/IMG_0359.jpg" class="highslide-image"
this);"><img title="" alt="豌豆壳 WiFi万能钥匙评测，轻松畅游互联网 4"
um wp-image-1265" src="http://www.wandouke.com/wp-
G 0359-168x300.jpg" width="168" height="300" /></a><a
com/wp-content/uploads/2015/08/IMG 0360.jpg" class="highslide-image"
this);"><img title="" alt="豌豆壳 WiFi万能钥匙评测，轻松畅游互联网 5"
um wp-image-1266" src="http://www.wandouke.com/wp-
G 0360-168x300.jpg" width="168" height="300" /></a></p>
WiFi功能，首先需要到iPhone设置-无线局域网连接功能中，等搜索到WiFi热点之
匙点击界面上方的“使用WiFi截图解析”按钮，选择刚才截取的WiFi热点图片，然
```

图 8-5　豌豆壳图片 alt 属性写法

8.3　关键词着陆页的选择

Tips：需要明确的是，搜索流量的着陆页数量才是网站最有效的收录数，通过 site 指令得到的结果数及百度索引量数据相对来说都是“浮云”。在对着陆页的分析中，应该注重分析着陆页和搜索词之间的关系，分析搜索词、着陆页内容和着陆页

目标关键词之间的关系，还要分析和降低着陆页的跳出率。

首先，要分析搜索词和着陆页的目标关键词是否统一。如果不统一，就需要分析搜索词和目标关键词之间的差距，以及相应网页中内容和关键词的布局情况。分析是什么原因造成了搜索词和目标关键词的差别，同一个网页目标关键词和目标关键词之外的搜索词的流量质量哪一类更好，如果目标关键词之外的搜索词流量质量更好，就要考虑是否需要重新定位页面的关键词以加强对更高质量流量的获取。

针对这种情况，有些网站会在网页的合理位置插入 refer 关键词，以统计每个页面搜索流量的搜索词，然后把这些搜索词自动布局到页面中，以加强网页和该搜索词的匹配程度，从而获得更好的排名和流量。不过这种方法一定要慎用，如果全部硬性插入网页中，就有堆砌关键词的嫌疑，很可能会受到搜索引擎的处罚。最好还是人工分析搜索词和相应网页定位的目标关键词之间的差别关系，从而对网站的内容或特定类型页面所定位的关键词进行统一的调整。

其次，需要分析着陆页的跳出率情况。搜索流量的跳出率会直接影响搜索引擎对网站的印象，如果大部分用户通过搜索引擎访问网站后，马上又退回搜索引擎访问其他结果或者重新搜索，那么网站在搜索引擎上的表现可能就要“悲剧”了。

对“跳出率”要详细分析，不同运营目的的网站对跳出率的观点是不同的。例如，导购类的网站就希望用户进入网站后快速跳转到相应的购物网站，产生购买行为，并且还会在用户引导方面进行大量的研究和改进工作，而这种跳出率是不会影响网站的搜索引擎表现的。对 SEO 来说，只要大部分跳出的用户不是重新返回搜索引擎即可。针对着陆页跳出率数据的分析就要结合网站功能及用户行为进行了。根据搜索用户在着陆页的停留时间和链接点击情况基本上就可以判断出用户是否重新回到了搜索引擎，是否对网页的搜索排名不利。

停留时间足够长，反映用户可能仔细浏览了网页内容，一般是网页内容满足了搜索用户的需求，这种着陆页的跳出率即使稍微高一点，影响也不会很大。因为用户已经找到了答案，所以即使返回搜索引擎，大部分用户一般也不会去选择同一搜索词的其他结果了。根据用户返回后的行为，搜索引擎可以判断用户是否已经找到了答案，相应网页是否满足了用户的搜索需求。不过，这种情况页面的高跳出率也是需要足够重视的。高跳出率代表网站的相关推荐做得不到位，没有引导用户继续浏览站内其他相关的内容。

我们来看页面链接点击情况。如果用户在着陆页根据网站的引导跳到了站外的页面，这种跳出率一般也不会影响网站在搜索引擎上的表现，因为这并不是用户重新返回搜索引擎所产生的跳出率。如果跳出链接是直接跳出，现在 GA 和百度统计都有热力图，经过简单配置就可以追踪特定页面链接被点击的情况。百度还会对每个链接的点击进行流量来源分类。

这样比对网页的总流量和页面链接点击次数，两个数据之间的差别应该就是比较危险的跳出数，这部分用户没有根据网站的引导跳出，就很可能返回了搜索引擎。如果这个数据比较大，就可能是网站的内容出现了问题，或是搜索词和网页内容不符，或是网站打开速度慢，或是网页不够简洁等。

所以，并不是所有跳出率高的情况都对网站在搜索引擎上的表现不利。只有那些跳出率高，且跳出的用户确实返回了搜索引擎的情况，才是对网站在搜索引擎上的表现不利的。当发现一些页面的跳出率比较高时，首先要分析该页面的用户停留时间。如果时间比较长，那么就应该优化相关推荐，引导用户继续浏览网站的内容；如果用户的停留时间比较短，并且可能返回了搜索引擎，就需要进行仔细的研究和优化了。降低着陆页流量跳回搜索引擎的细节方法很多，网站需要做的工作如下。

a. 保证网页的打开速度，减少因为网页打开速度过慢而造成的高跳出率。

b. 页面所定位的关键词一定要和内容密切相关，尽量保证该内容能够满足通过该关键词带来的访流量，并且做好相关内容或专题推荐，引导用户多浏览网站内容，同时保证当着陆页不能满足用户需求时，相关推荐中有能够满足用户需求的内容。

c. 对于导航型网站，除保证以上两点外，应该做好用户引导，使用户即使跳出也只是最大程度地跳出到目标站外网页，而不是返回搜索引擎。

d. 有些网站没有完全符合目标关键词的内容，就要在相关推荐条目中做足功夫，做好站内搜索和相关推荐，让用户即使在本页没有找到想要的内容，也能最大程度地点击浏览网站所推荐的内容。现在很多问答类网站在这方面做得就很好，虽然它们很可能并不是出于这个目的。

分析着陆页的数据，降低着陆页的“危险”跳出率，是 SEOer 的一项重要工作，这可能会涉及网站内容建设、网站结构设计等。大部分 SEOer 只知道降低跳出率很重要，但是并没有对这个“跳出率”进行详细分析和对应优化。

8.4　深入学习 8：关键词排名各阶段操作手册

很多 SEOer 认为优化关键词是一种方法，无论是在关键词没有排名时还是关键词已经有了排名时都一味地发文章、增加外链。其实，在网站关键词排名的不同时期，我们应该制定不同的操作方案，这些详细方案的制定将有助于网站关键词排名在不同时期获得最高效的提升。

8.4.1 关键词排名进入前 100 名之后如何操作

通常情况下，网站关键词排名进入百度搜索引擎搜索结果前 100 名就说明整体的优化思路和方向是正确的。这个阶段非常敏感，细小的调整或者变化都有可能导致排名跳出前 100 名，因此作者建议这个时候没有特殊原因最好不要做标题、关键词密度等重要位置的改变。

作者在 SEO 实践过程中注意到这样的问题：网站关键词在 50～100 位时几乎是一个无序的排名，也就是说，50～100 名的网站关键词排名并不是固定的，搜索引擎对此没有非常明确的排名策略。这样就导致进入这个排名的网站极不稳定，关键词的排名每天甚至每小时都在变化。作者建议，在这个阶段无论排名如何跳跃都不要对网站做大的调整，只需要保持和平时一样的文章发布频率和时间点即可。

这非常重要，很多 SEOer 看到网站排名进入前 100 位后便觉得希望来了，开始修改标题、提高文章发布频率，认为这样的操作会加速排名的提升，结果往往事与愿违。按照作者的经验，50～100 名的排名一般会持续 7～30 天，这段时间是搜索引擎对网站的最后考验，网站服务器、文章更新等数据都会作为下一步提升排名的重要依据。

如果你是一个 SEO 初学者，通过自己的努力将网站关键词做到了前 100 名，那么你已经进入了 SEOer 的行列。对于 SEOer 来说这是重要的一步，标志着自己对 SEO 的理解和操作得到了搜索引擎的认可。前面作者多次提到 SEO 过程一定要将目的划分成一个个小的阶段，这样每一步的成功都能鼓励我们不断前行。网站关键词进入前 100 名说明我们的第一个阶段获得了成功，接下来应该鼓足勇气接受新的挑战，开启新的政策，帮助网站关键词排名进入前 20 位。

8.4.2 关键词排名进入前 20 名之后如何操作

在我们努力了一段时间，将关键词提升到前 50 位之后，很多 SEOer 会遇到一个问题：网站关键词排名在 30～40 名这个范围浮动，就是不进入前列。本节开始我们来分析怎么把位于 20 名之外的关键词做到前 2 页，主要介绍 3 个方法。

A. 现有的推广形式

很多站长在做 SEO 的过程中认为用户体验、权重、用户需求是排名的关键。是这样吗？是需要其中的一个还是都需要？其实，影响关键词排名的关键是受众。在关键词排名前期，我们的网站用户体验特别好，需求满足也做得非常好，就会有很高的排名吗？肯定不会。如果没有用户来点击网站，那么网站就没有创造价值，没有价值、没有被消费的网站是不会有好的排名的。所以，作者在优化豌豆壳关键词排名的前期做了增加受众的营销推广，主要渠道是微博和微信，把每一篇更新的文章以长微博的形式发布。通过这两种形式，在前期累积了大量的用户，这些用户会每天看文章，点击网站。

B. 更“给力”的推广形式

在前期累积了大量的用户以后，关键词的排名已经到了第 5 页，这个时候就需要做外链了。首先可以尝试增加网站的友情链接。需要注意的是，友情链接的增加要循序渐进，不要一天时间就将所有的友情链接都做到位。

对竞争性不是特别高的关键词，作者建议寻求 20～30 个质量较高的友情链接即可。友情链接文字不要全部用同样的关键词，还有就是尽量不要使用裸关键词。就豌豆壳来说，“好玩的 APP”、“APP 限免”就属于裸关键词。我们应该尽量选择使用带有品牌词的关键词，如“豌豆壳好玩的 APP”、“豌豆壳 APP 限免”。我们还可以到这一平台做外链，如豆丁网、百度文库、百度贴吧等。如图 8-6 所示就是豌豆壳在豆丁网做的外链。

图 8-6　豌豆壳外链

C. 用系列文章引导点击

当豌豆壳积累了一定的用户，并且外链也做得非常不错时，需要做的就是增加用户。增加用户就是要留住老用户。

首先需要提升文章的质量。在网站建立的初期每天更新 2 篇文章，目的是吸引大量的用户文章。当做到一定程度，为了满足不断提升的用户需求，就要提升文章的质量。现在每天发 1 篇文章，但是质量明显比前段时间的文章质量要高。

其次是增加用户的点击，主要是用标题吸引点击。作者的方法是发布系列文章，那么看完第一篇用户就会接着去看第二篇，从而增加 PV，减少跳出率，同等 IP 的站点我们的网站排名就会高。作者在实际 SEO 中发现，在书写标题的时候加入“多图”等文字会很大程度地提升百度搜索结果的点击率。这一点前面已经做了详细的分析。

Tips：总的来说，要把排名做到前 20 名最主要的两点是外链和累积用户。外链的方式有带超链接的推广形式，也有纯文本的推广形式，如投稿就是纯文本的推广。累积用户就是采用营销的手段将用户引入博客，并且让他们持续关注。

对于网站的 SEO 优化来说，进入搜索引擎排名的前 20 名是一个槛儿。一般来说，网站做好了基础优化，再发点外链，做点网站引流的话，都可以进入前 20 名。进入前 20 名后，外链所起的作用就很小了。获得网站排名的主要因素是用户自然搜索的流量，也就是说，用户搜索一个关键词的时候是不是进入了我们的网站。例如，网站是排在第 19 名的，但用户搜索一个关键词后点击该网站的次数，比排在第 10 名的网站的次数要多，那么，搜索引擎就会认为该网站比排在第 10 名的网站有价值，相应地就会提升该网站的排名。下面是百度站长平台里的内容，很好地说明了这个问题。

主动访问用户占比最重要，可以用来与其他网站进行横向比较。主动访问用户占比越大，在搜索引擎排序时胜算越大。

主动访问用户绝对量也很重要，可以用来与自身进行纵向比较。主动访问用户比例越来越大，是证明网站健康发展的重要证据之一。

举例：A 和 B 两个网站，假设 2013 年 10 月 1 日时，两个网站的主动访问用户占比相差不大，而在今天，A 站主动访问用户占比为 30%，而 B 站绝对流量高于 A，但主动访问用户占比仅为 10%，那么搜索引擎有可能觉得 A 站价值更高。百度站长平台原文如图 8-7、图 8-8、图 8-9、图 8-10 所示。

http://zhanzhang.baidu.com/college/articleinfo?id=22

www.wandouke.com　主动访问用户占比最重　容易被站长忽视的内容

Bai度百度 | 站长平台　首页　工具　学院　VIP俱乐部

站长学院 > 文章列表 > 容易被站长忽视的内容：主动访问用户数据

容易被站长忽视的内容：主动访问用户数据　2014-04-15

什么是主动访问用户

主动访问用户也可以称为忠诚用户、自有用户，搜索引擎可以通过多种渠道和手段定位网站的主动访问用户。主动访问用户包括但不限：

1、需要答案、需要解决问题时，自然而然想到某网站的用户

2、有内容要分享、有委曲要倾诉时，想立即登录到某论坛的用户

3、有事儿没事儿都在某网站上逛的用户

哪个主动访问用户数据更重要

主动访问用户占比最重要，可以用来与其它网站进行横向比较，主动访问用户占比越大，在搜索引擎PK排序时胜算最大。

主动访问用户绝对量也很重要，可以用来与自身进行纵向比较，主动访问用户比例越来越大，是证明网站健康发展的重要论据之一。

举例：A和B两个网站，假设2013年10月1日时主动访问用户占比相差不大，而在今天，A站主动访问用户占比为30%，而B站绝对流量多于A、但主动访问用户占比仅为10%，搜索引擎有可能会觉得A站价值更高。

图 8-7　百度站长平台关于主动访问用户数据的说明（1）

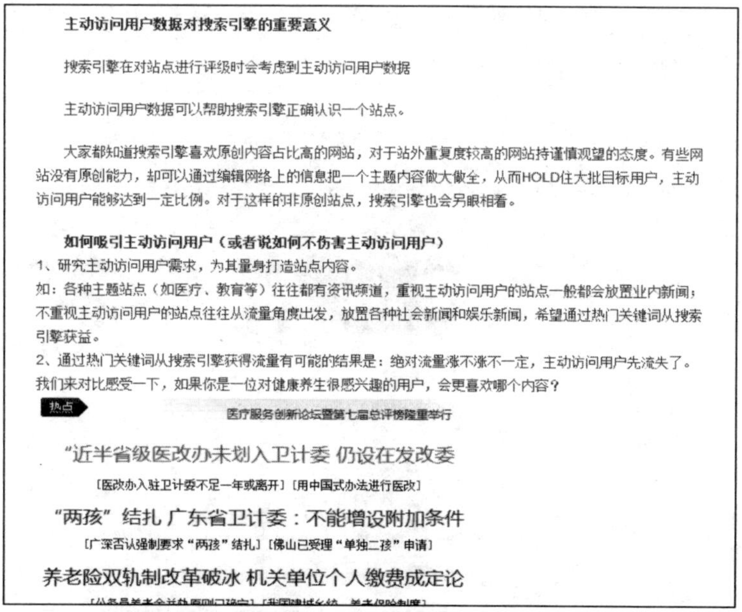

主动访问用户数据对搜索引擎的重要意义

搜索引擎在对站点进行评级时会考虑到主动访问用户数据

主动访问用户数据可以帮助搜索引擎正确认识一个站点。

大家都知道搜索引擎喜欢原创内容占比高的网站，对于站外重复度较高的网站持谨慎观望的态度。有些网站没有原创能力，却可以通过编辑网络上的信息把一个主题内容做大做全，从而HOLD住大批目标用户，主动访问用户能够达到一定比例。对于这样的非原创站点，搜索引擎也会另眼相看。

如何吸引主动访问用户（或者说如何不伤害主动访问用户）

1、研究主动访问用户需求，为其量身打造站点内容。

如：各种主题站点（如医疗、教育等）往往都有资讯频道，重视主动访问用户的站点一般都会放置业内新闻；不重视主动访问用户的站点往往从流量角度出发，放置各种社会新闻和娱乐新闻，希望通过热门关键词从搜索引擎获益。

2、通过热门关键词从搜索引擎获得流量有可能的结果是：绝对流量涨不涨不一定，主动访问用户先流失了。

我们来对比感受一下，如果你是一位对健康养生很感兴趣的用户，会更喜欢哪个内容？

热点　医疗服务创新论坛暨第七届总评榜隆重举行

“近半省级医改办未划入卫计委 仍设在发改委

[医改办入驻卫计委不足一年或离开] [用中国式办法进行医改]

“两孩”结扎 广东省卫计委：不能增设附加条件

[广东否认强制要求“两孩”结扎] [佛山已受理“单独二孩”申请]

养老险双轨制改革破冰 机关单位个人缴费成定论

图 8-8　百度站长平台关于主动访问用户数据的说明（2）

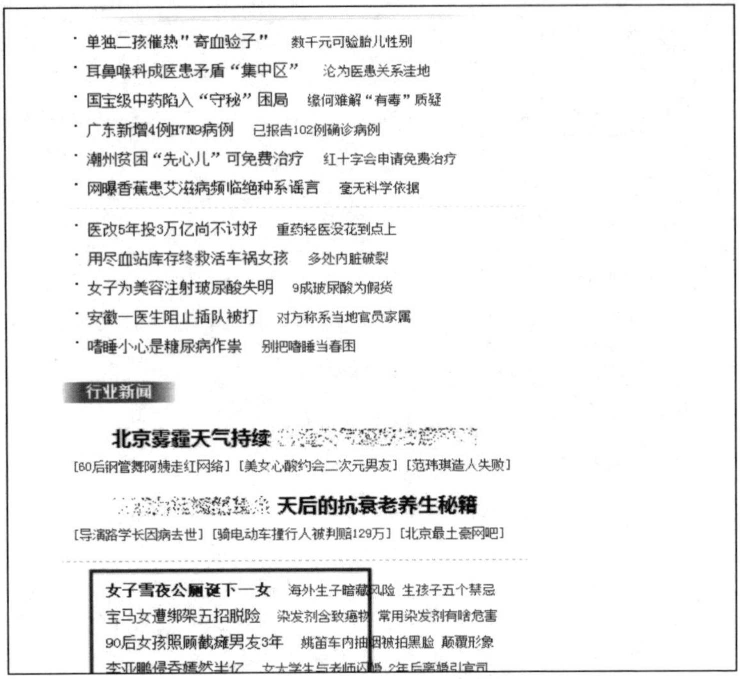
· 单独二孩催热"寄血验子" 数千元可验胎儿性别
· 耳鼻喉科成医患矛盾"集中区" 沦为医患关系洼地
· 国宝级中药陷入"守秘"困局 缘何难解"有毒"质疑
· 广东新增4例H7N9病例 已报告102例确诊病例
· 潮州贫困"先心儿"可免费治疗 红十字会申请免费治疗
· 网曝香蕉患艾滋病频临绝种系谣言 毫无科学依据
· 医改5年投3万亿尚不讨好 重药轻医没花到点上
· 用尽血站库存终救活车祸女孩 多处内脏破裂
· 女子为美容注射玻尿酸失明 9成玻尿酸为假货
· 安徽一医生阻止插队被打 对方称系当地官员家属
· 嗜睡小心是糖尿病作祟 别把嗜睡当春困

行业新闻

北京雾霾天气持续
[60后钢管舞阿姨走红网络] [美女心酸约会二次元男友] [范玮琪造人失败]
天后的抗衰老养生秘籍
[导演路学长因病去世] [骑电动车撞行人被判赔129万] [北京最土豪网吧]

女子雪夜公厕诞下一女 海外生子暗藏风险 生孩子五个禁忌
宝马女遭绑架五招脱险 染发剂含致癌物 常用染发剂有啥危害
90后女孩照顾截瘫男友3年 姚笛车内抽烟被拍黑脸 颠覆形象

图 8-9 百度站长平台关于主动访问用户数据的说明（3）

*后者使用了最近比较流行的利用热门关键词做SEO的"关键词爆破法"，短期内可能会有收益，但长远来看不利于主动访问用户的养成，有可能影响到搜索引擎对站点的评级。
3、保证用户体验，不让要让广告对用户造成干扰。
有些网站将"无弹窗"写在TITLE位置，希望在搜索结果处吸引用户点击，可见"弹窗"对用户的伤害有多大。
4、改版、或对站点内容进行调整时，照顾主动访问用户、尤其是核心用户的使用习惯和需求。
我们说的用户需求，不仅指浏览需求，还包括情感交流等更深层次的需求。如具有UGC性质网站百度旅游（lvyou.baidu.com），在首页重要位置开辟用于放置核心用户头像的"达人堂"栏目，和用于鼓励用户分享内容的"旅友进行榜"。尽管有人提出这么重要的位置应该放些更有商业价值的内容，但最终被产品人员拒绝，理由是

：百度旅游更在意用户的荣誉感。

图 8-10 百度站长平台关于主动访问用户数据的说明（4）

通过百度官方的举例我们可以看出，B 网站的外链数量比 A 网站要多或者 B 网站利用网络营销工具引来了大量的流量，以至于 B 网站的流量大于 A 网站，但是 A 网站的主动访问用户占比比 B 网站多 20%，搜索引擎会认为 A 网站的价值比较高。

B 网站引来的流量，并没有形成网站用户的积累，用户来了一次后，可能再也不会来了。而 A 网站的用户，可能心里遇到问题的时候，就想到了 A 网站，就来 A 网站看一下。这样，A 网站就形成了用户的积累。

Tips：我们在优化网站时，应该留住用户，提升回头率。给用户提供比较稀缺的资源，增加主动访问用户的数量，累计自己网站的粉丝。按照这个思路优化网站，相信我们的网站会上首页的。

在这个阶段获得成功，说明我们已经是一位合格的 SEOer 了。进入前 20 位之后的网站已经不再是单一地被搜索引擎蜘蛛抓取，这个时候会有用户进入，现在开始所发布的文章已经不仅仅是给机器来看，更重要的是给用户来看。

互联网的阅读现在已经转为快餐式，也就是说，用户不可能在没有充足兴趣的时候逐字逐句地读完文章，一般都是跳跃式浏览，如果感兴趣再仔细阅读。这个时候的文章要更加重视多分段、短句子、图文并茂，过长的句子或者段落会让用户感到疲惫。准备好这些，就让我们一起开始发起最后的挑战，帮助网站抢夺前 3 位的宝座。

8.4.3　关键词排名进入前 3 名后如何操作

通过前面的努力，我们已经成功地将网站关键词的排名提升到了前 20 位，这是 SEO 过程中极其重要的一步，标志着我们的优化方法已经得到了搜索引擎的认可。这个时候的网站会面临两种结果：如果网站内容足够吸引人，在关键词竞争性不是很强的情况下会直接进入前 3 位；网站徘徊在 10～13 位，停滞不前。本节分析第一种情况，第二种情况比较特殊，我们放到 8.4.4 节单独分析。

如果网站在进入前 20 位几天之后直接进入前 3 位，说明网站已经得到了搜索引擎和用户的基本肯定。网站第一次进入前 3 位会有一个不稳定期，这个不稳定是因为关键词搜索 70% 的流量都集中在前 3 位。一个新的网站一进入这个排名便会有大量的用户点击进来，这样的点击会加速搜索引擎对于网站价值的判断。如果用户点击进入网站后没有返回搜索引擎寻求其他搜索结果，说明网站价值很高，帮助用户找到了搜索关键词需要的信息；如果用户进入网站后又返回搜索引擎，说明网站没有提供关于该关键词的有价值的信息，这是一个非常危险的信号。

作者的建议是，网站进入前 3 位后把外链等工作暂时停止，务必把重点放在内容的建设方面，哪怕是将文章的发布数量降低 1 倍都无所谓，关键是文章要有可读性，要能满足用户的需求。这一步将是 SEO 跨越的至关重要的一步，如果失败会导致前面的努力都付诸东流。

如果说之前的 SEO 工作都是技术性的操作，那么从现在开始我们就要转变为一名文章编辑。要想所发布的文章是有价值的，就需要提前分析关键词背后的需求。百度站长工具提供了这样的工具。如图 8-11 所示是搜索“SEO”关键词的需求图谱。分析需求图谱我们可以看出，搜索“SEO”关键词的用户希望得到“排名”、“入门”、“优化”等信息，因此我们在编辑文章的时候就要围绕这些信息展开，当用户通过搜索引擎进入网站的时候看到这些信息点就会停留并且阅读。

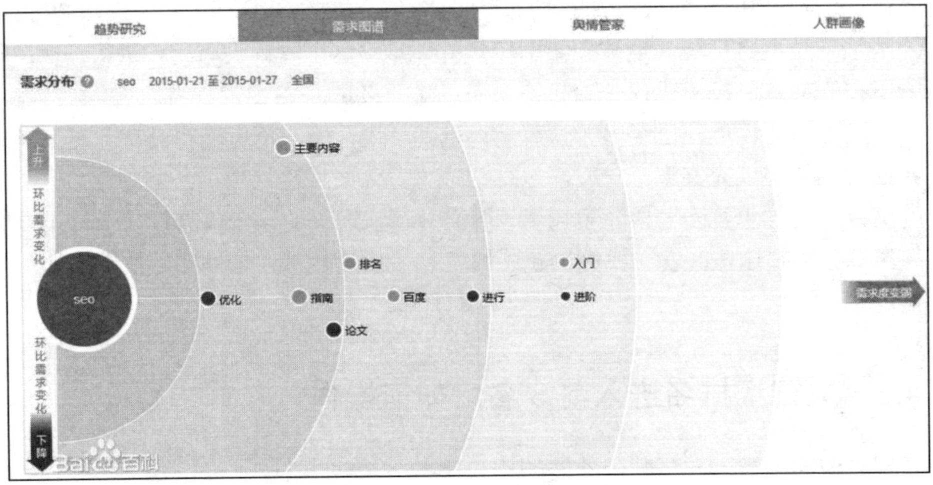

图 8-11　搜索“SEO”关键词的需求图谱

作者认为，SEO 绝非单纯做技术这样简单，这也说明为什么某些行业的 SEOer 去做其他行业的 SEO 的时候非常吃力，主要的原因是不了解行业。这是非常重要的一点。所以，做 SEO 之前我们一定要分析隐藏在关键词背后的需求，只有了解了这些需求才能懂得用户在搜索这些关键词的时候想要得到什么。满足了这些需求自然会让网站变得有价值，这个价值会让网站长期立于不败之地。

8.4.4　关键词排名在 10～13 位无法前进如何操作

Tips：网站排名停在 10～13 位时是一个很艰难的区间，这说明对于搜索引擎来说，网站的优化已经非常到位，但是没有通过用户的考验。前面我们已经提到，

这个区间文章质量是至关重要的问题，因此如果网站关键词排名进入 10～13 位，一定要重新分析关键词需求，提高文章的质量。

一般情况下，文章质量的提升会让网站突破这个区间。但是也有这样的情况：尽管我们的网站质量已经提升，但是似乎被搜索引擎遗忘，就像是被打入了“冷宫”，这个时候我们就不得不借助站内站策略再次引起搜索引擎的重视。当然，站内站的使用目的绝非帮助网站关键词突破 10～13 名这样单一，在增加网站收录量等方面都能起到积极的作用，下面我们一起来看看具体如何操作。

站内站首先可以提升主站权重，保证网站的更新。小型网站，特别是企业站的新闻、产品等一系列信息都被发布在网站上了，但还是不够网站更新用。如果长时间不更新网站，蜘蛛会认为网站没有人维护。蜘蛛的访问次数越来越少，最终会对网站降权，表现在 IIS 日志里是否出现了大量 304（未修改）代码。这里作者深有体会，之前自己的一个博客 PR 是 4，每天流量还可以，但由于连续 3 月都没有维护，所以 PR 直接降为 0，流量几乎完全没有了。慢慢地，蜘蛛就不会来网站了，这个时候离被“K”也不远了。利用站内站策略，就可以保证网站的更新，而且还能保证网站有规律地更新。

持续做站内站就能慢慢地让蜘蛛越来越多地光顾，逐步提升网站权重，还可以保证网站的用户体验。企业站内容填充好以后，因为新闻、资讯少而无法更新，用户也无法了解企业的活动。为了提升用户体验，可以利用站内站策略，对企业站进行更新，然后使用程序调用到首页，给用户展示最新的信息，这样有利于提升用户体验，从而提升网站的黏度。

什么是站内站？站内站的作用是什么？我们来说一下在实践中如何高效使用站内站策略。

a. 社区型品牌网站，致力于成就某一个垂直行业领导者的网站。可以增加一个行业论坛，把该论坛存放在主站的一级目录里。论坛互动产生的内容将给网站增加巨大的收录量，如图 8-12 所示。

b. 普通企业网站，发布的内容往往局限在产品介绍、新闻发布。可以增加一个系统，把内容范围扩展到产品专业知识、行业动态分析、公司活动动态等。对企业站，建议在做站内站的时候增加一级目录的博客系统，将其命名为企业博客或产品专业博客，如图 8-13 所示。

图 8-12　论坛的作用

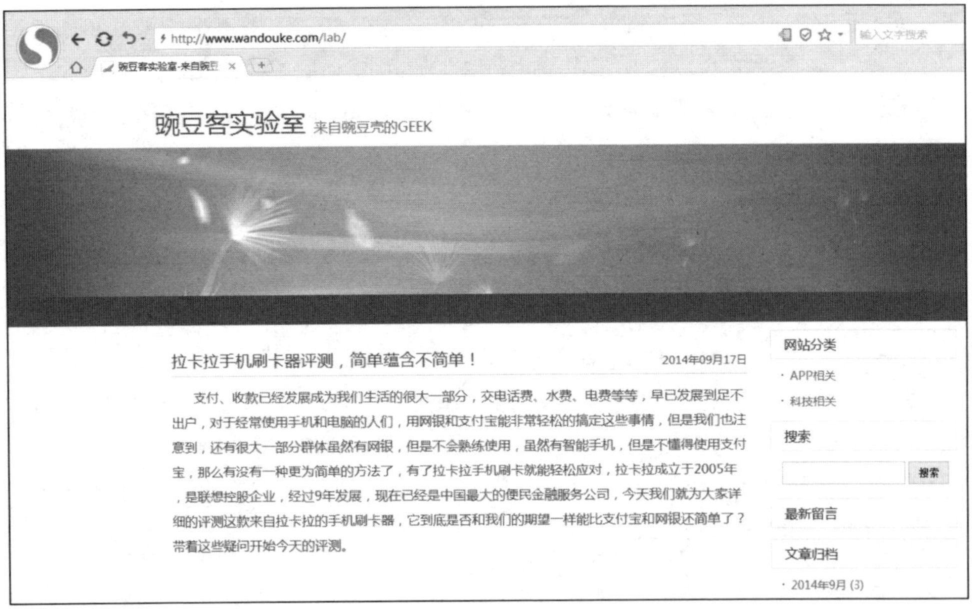

图 8-13　站内站策略

8.5　深入学习 9: 站内优化是现阶段 SEO 最重要环节

随着搜索引擎算法的不断升级，以往非常好用的购买链接提升网站权重和关键词排名等方法变得风险重重，一不小心就会被搜索引擎屏蔽，造成无法挽回的后果。前面我们了解到内容对于 SEO 的重要性，那么除了文章之外还应该从哪些地方着手 SEO？站内优化是很重要的环节。下面作者将从写一个广告文案级的标题开始，为大家深入讲解现阶段站内优化需要注意的事项。

8.5.1　怎样写一个广告文案级的标题

对于很多 SEO 初学者来说，正确书写网站标题（title）是一门必修课，也是 SEO 最重要的因素之一。本节作者就从什么是网站标题及如何正确书写标题进行总结，希望通过自己的实践让更多的人了解，正确书写网站标题也可以提高用户体验，增加网站的辨识度。

前面我们已经多次提到标题对于 SEO 的重要性，下面作者详细地为大家讲解如何正确书写标题。title 对于任何一个 SEOer 来说都不陌生，是开始做优化时最费心劳神的一件事，因此，正确书写网站标题的重要性就越发显示出来。通常情况下，我们在书写网站标题的时候，应主要考虑 6 点因素。

A．网站标题中词与词之间的衔接符号

标题之间的衔接符号非常重要，很多人都会选择半角逗号作为两个词之间的衔接，还有其他符号，如“-”、“_”、“|”等。这里要说明的是，如果选择“_”，也就是我们常说的下画线，几个词相互衔接的过程中，在百度搜索引擎中是没有任何问题的，但是如果出现在 Google 搜索引擎中，第 2 个词将不会显示在网站标题中。这是经过实践检验的。这种应用一般都是网站建设公司的标题，其标题与关键词非常类似。例如，“如网站建设_网站制作_网站优化”是典型的具有行业特点的标题，但是缺乏独特性。

B．网站标题一定要有相关性并尽量不要相同

我们在为其他企业提供 SEO 优化服务的时候会发现，网站的所有页面都是同一个标题，如“欢迎来访××××公司网站”，如图 8-14 所示，直到今天依然存在大量这样书写标题的网站。这样的情况，主要是因为网站在建设过程中，设计人员在制作模板的时候，很多代码都是复制进去的，网站建设完成之后也没有修改，除

非用户有明确的或者特殊的要求，网站建设公司才会简单地设置一下。

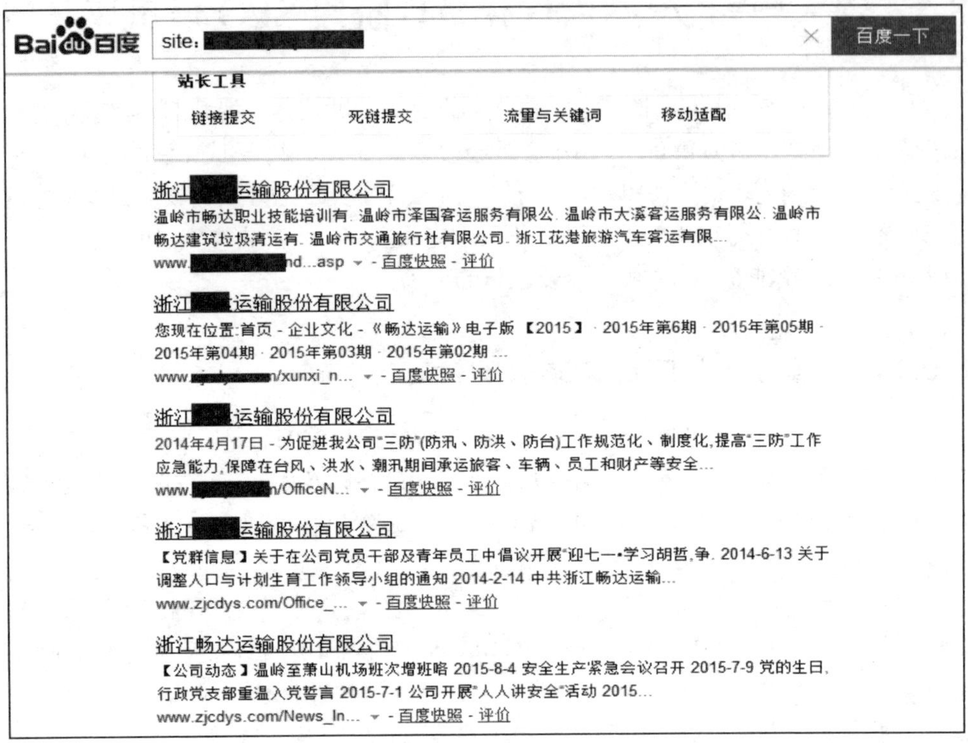

图 8-14　错误的标题书写方法

这里要说明的是，网站中每一个页面所描述的东西虽然都有关联，但是毕竟是不同的页面，所以为每一个页面设定不同的标题有助于网站优化，并且提高访客在搜索引擎查看结果时的辨识度。

C．给网站设定有吸引力的标题标签

我们在为每一个网页设定标题的时候，要在尽量体现关键词的同时，加入独特的吸引力，增加网站与其他网站的辨识度。我们都知道，当网站页面被搜索引擎收录并列出时，我们第一个看到的就是网站的标题，如果网站标题与其他网站标题不同，而且很独特，那么该网站肯定会比其他网站被访问的概率高很多倍。

Tips：如果有一个非常棒的标题，即便网站仅仅排在首页的中间或者底部，访问量也会非常高，因为网站能吸引用户，用户第一眼看到的是网站标题与其他网站不同。

具有独特标题还有另外一个好处就是：提升网站关键词排名。这一点是肯定的，因为我们在实践过程中发现，无论是百度还是Google，当网站比竞争对手点击量高的时候，排名肯定比较高。当然，这里说的点击量不是 PV 值，而是独立 IP。最好的例子就是“站长工具”，其 title 是“SEO 综合查询-站长工具”，如图 8-15 所示。

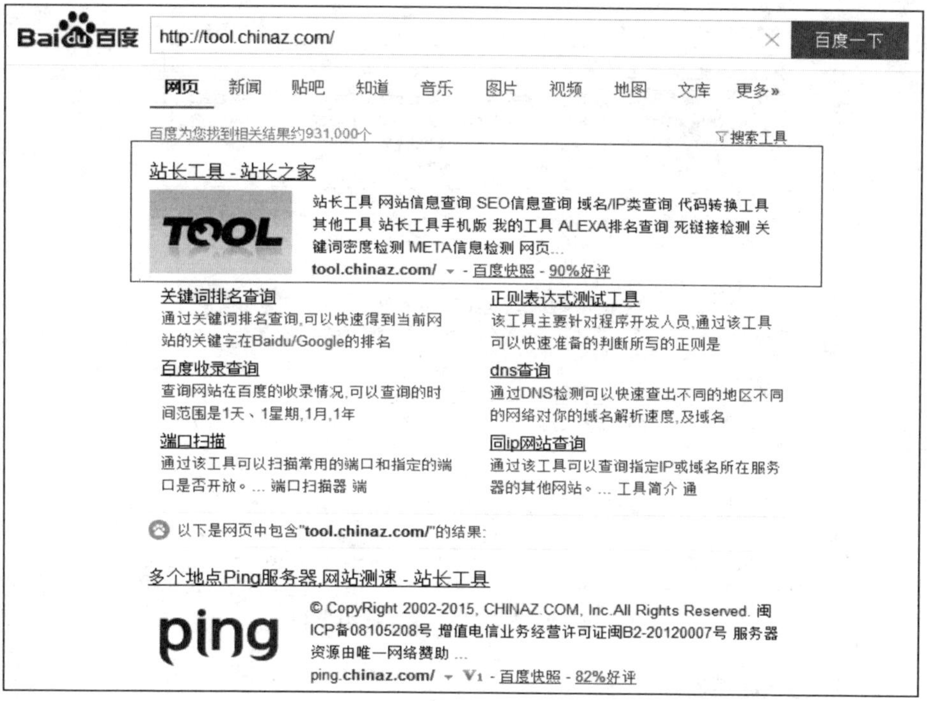

图 8-15　站长之家站长工具网页标题写法

这里传达了至少两个关键词，分别是“SEO”和“站长工具”。我们可以查看一下百度 SEO 的情况，所有的页面都是主网站（除了 SEOWHY 的论坛），它们的信息量如此之大，而站长之家的 SEO 查询工具却可以排名第 1，如图 8-16 所示，这是为什么？就是拥有独特标题的同时，要有更多的 IP 点击这个网站，长此以往才会屹立在“SEO”这个热门关键词排名之首。

D．网站标题中应该涵盖网站的主关键词

站长工具网页简短的标题中涵盖了两个重量级的主关键词：SEO、站长工具。通过这个例子我们还可以看到，每一个页面的标题应该是描述这一页的，而不是描述整个网站的。另外，我们在编写标题的时候一定要注意，一个好的标题是标新立异的，是涵盖关键词的，是含有相关性的，也是非常自然、一气呵成的。堆砌简单的关键词作为标题是不会有好的 SEO 效果的。

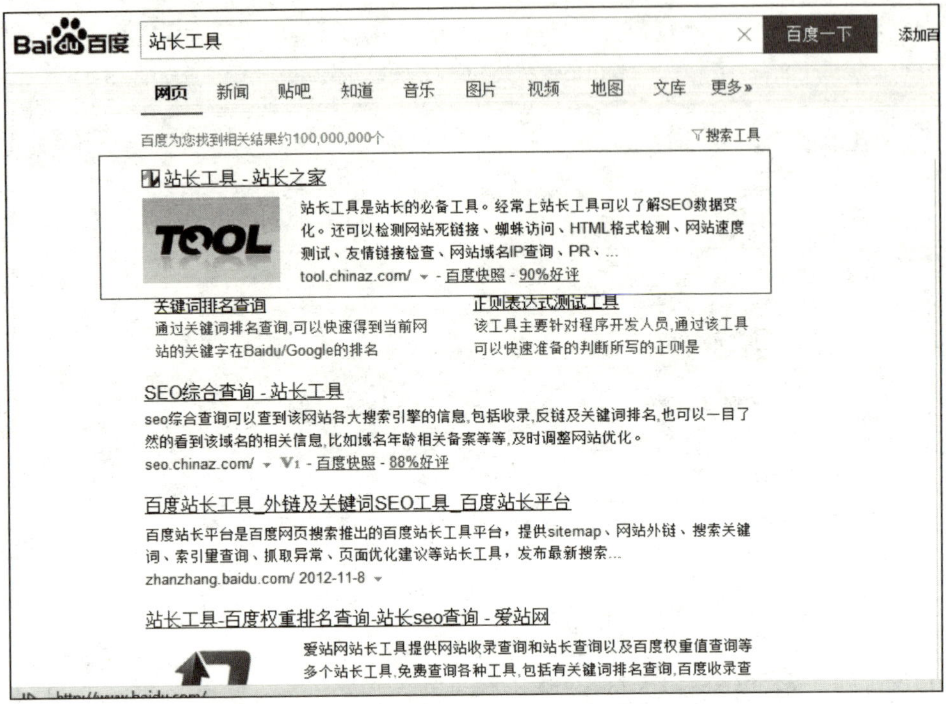

图 8-16　站长工具百度搜索引擎排名

E. 标题字数控制

网站标题的字数应该有一定的控制。我们在研究很多大型网站或者非常讲究SEO的网站的时候，会惊奇地发现，网站的标题非常简短，一般仅有10～15个字。实践发现，搜索引擎考虑网站标题的字数是有限的，一般为30个汉字（60个字符）。所以，网站标题字数不是越多越好。

F. 网站标题中尽量体现主关键词或品牌

一个好的网站都会有自己的品牌，如百度、Google、站长之家等。这样做不仅有助于搜索引擎收录，并且有助于访客将网站记住。如果这样做读者还是认为比较困难，就可以用“文章标题-分类-网站名称”的形式。这样做不仅非常规范，也非常容易操作，既符合搜索引擎优化，也符合用户浏览习惯。

总之，网站的标题代表一个网站，给访客第一印象，也给搜索引擎第一印象，同时，也是SEO过程中最重要的一环。我们可以通过以上6点来不断探索，让网站拥有更完美的标题。

8.5.2　误区 6：一句话次导航真的有如此大的作用吗

通过学习我们已经知道了基本的优化知识，除了网站结构、网站内容，还需要注意关键词密度。新站建立时，我们都会使用首页来做主关键词优化。在首页，我们也同样需要注意关键词密度，过多地、明显地堆积关键词会被搜索引擎认为是作弊，存在被降权的风险。所谓“上有政策，下有对策”，针对搜索引擎的这一特点，我们也是有办法可想的，那就是使用一句话次导航。

什么是一句话次导航？次导航在网站的页脚，用首页的目标关键词打上锚文本指向首页，如图 8-17 和图 8-18 所示。这种方式叫作次导航，目的是增加目标关键词的内链，提高 URL 的权重。一句话次导航就是我们编辑一句完整的话语，在里面出现多个关键词，给每个关键词添上首页链接。一句话次导航的作用是既增加关键词密度，又避免搜索引擎的处罚，是最安全有效的关键词堆积手法。

举例说明：首页主关键词是“好玩的 APP，APP 推荐，APP 评测，APP 限免”，一句话次导航可以写成“豌豆壳基于 APP 评测为用户提供好玩的 APP 推荐和 APP 限免提醒”。值得注意的是，在一句话次导航里我们不要过多地堆积关键词，一般 3～5 个就够了，也不一定要把所有的主关键词都放到次导航里。

图 8-17　豌豆壳的一句话次导航（1）

```
                              <div class="one">&copy;2014 - 2016 <a
href="http://www.wandouke.com">豌豆壳</a> 版权所有</div>


                              <div class="two">Email联系豌豆客：<a class="__cf_email__"
href="/cdn-cgi/l/email-protection" data-cfemail="c786979787b0a6a9a3a8b2aca2e9a4a8aa">
[email protected]</a><script cf-hash='f9e31' type="text/javascript">
/* <![CDATA[ */!function(){try{var t="currentScript"in document?
document.currentScript:function(){for(var t=document.getElementsByTagName
("script"),e=t.length;e--;)if(t[e].getAttribute("cf-hash"))return t[e]}();if
(t&&t.previousSibling){var e,r,n,i,c=t.previousSibling,a=c.getAttribute("data-
cfemail");if(a){for(e="",r=parseInt(a.substr(0,2),16),n=2;a.length-n;n+=2)i=parseInt
(a.substr(n,2),16)^r,e+=String.fromCharCode(i);e=document.createTextNode
(e),c.parentNode.replaceChild(e,c)}}}catch(u){}}();/* ]]> */</script></br>版权声明：豌豆
内容均系原创，转载请注明来源<br>
豌豆壳基于<a href="http://www.wandouke.com">APP评测</a>为用户提供<a
href="http://www.wandouke.com">好玩的APP</a>推荐和APP限免提醒
</div>

                      </div>

                      <!-- /footer-text -->



                 </footer>

                 <!-- /#footer -->



         </div>
```

图 8-18　豌豆壳的一句话次导航（2）

8.5.3 如何有效增加关键词密度

为了 SEO，很多站长需要增加关键词密度，但在 title、description、keywords、文章中增加关键词后是还觉得很低。下面作者就如何有效增加关键词密度做一些分析。

a. 图片 alt 标签中可以加入关键词，但是不要硬生生地加入关键词。例如，网站关键词是“某某自行车”，那么可以在 alt 标签中加入“某某自行车质量可靠，是您户外运动的必备产品”等，把关键词融入语境中。

b. 标签的 title 属性也可以加入关键词，方式和 alt 标签相似，要尽量让关键词融入语境，不要单独出现。

c. 拆分关键词词组。对搜索引擎来说，有没有标点符号都是一样的，但读者能理解其含义。例如，关键词词组为“APP 限免推荐”，那么我们可以这样写：“豌豆壳提供 APP 限免、推荐等。”“APP 限免”和“推荐”之间虽然有逗号隔开，但在搜索引擎看来，这是一个关键词词组。

d. 在超链接中植入关键词。可以在网站底部添加一个超链接，在超链接中植

入关键词。

e. 将关键词分布在网页的不同位置。例如，关键词为“定向推广”，那么可放置的地方有标题、作者、文章内部、超链接等，以在文章中出现关键词的权重最高。

f. 把关键词分散到不同的网页上。可以将关键词分散到不同的网页上，每个网页优化 2～3 个关键词组。

g. 建设一个相关内容页面。例如，关键词是“APP 评测”，可以设置 “iOSAPP 评测”、“AndroidAPP 评测” 等栏目。

h. 发掘一些长尾关键词。例如，目标关键词是“APP 评测、APP 限免”，可以在文章中放置“好玩的 APP 评测”、“苹果 APP 限免” 之类的词。

i. 中英文交互使用。例如，App 是智能手机的第三方应用程序简写，可以将它的含义说出来，或者在中文后面加个括号添上英文。

8.5.4　巧妙使用文字介绍区块

Tips: 文字介绍区块在 SEO 中扮演着重要的角色，首先可以提升网页关键词密度，其次可以增加网页和关键词的关连度。

一般情况下，网站的首页都是调用各个栏目的信息，这样就会导致关键词无法集中展示，搜索引擎更是无法从这些调用的单条信息中获取网页的主题，这样的情况下可以尝试增加文字区块。文字区块的内容不宜过长，作者建议以 250～300 字最为理想，内容主要是介绍网站可以提供什么样的服务等信息，内容中穿插需要优化的关键词，建议竞争性较强的出现 2～3 次，竞争性较弱的出现 1～2 次即可。简单地说，文字区块可以看成描述标签的扩展，这样的操作可以让网页内容和标题、描述、关键词等标签相互照应。

除了首页之外，栏目页也可以考虑增加文字区块。我们都知道，栏目页一般都是调用本栏目的文章内容，有些 SEOer 会调用一些内容出来，如图 8-19 所示，有些 SEOer 则是直接调用标题，如图 8-20 所示。这里作者需要强调一点，在栏目页应该尽量将内容调用一些出来，这样有助于搜索引擎收录。

作者在 SEO 诊断过程中遇到过一位朋友的栏目页一直无法收录，首页和内容页都收录正常，后面经过作者建议将内容调用出来，很快便被收录。栏目页增加文字区块的方法和首页基本一致，但是不要将首页的文字区块直接搬过来用，某一个栏目的文字区块要针对这个栏目的主题来写，其中要包含栏目页需要优化的关键词。

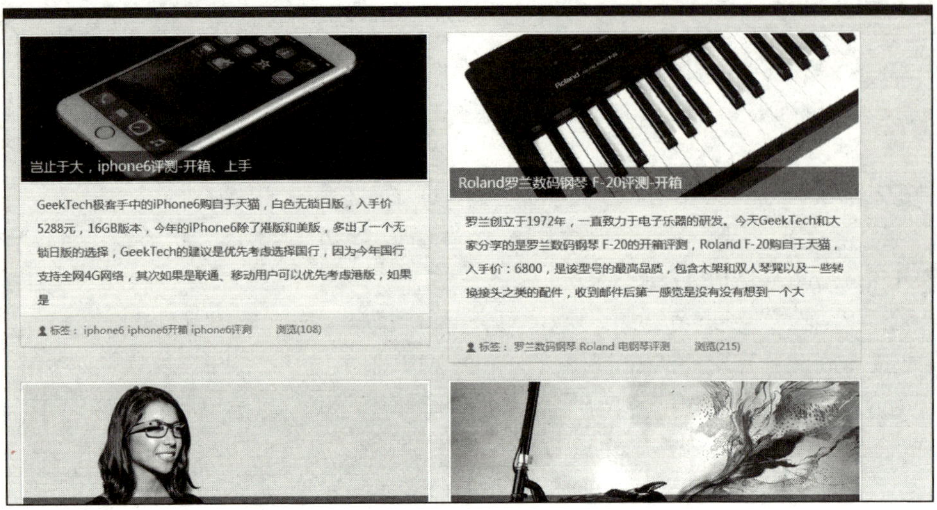

图 8-19　GEEKTECH 的栏目页调用内容效果

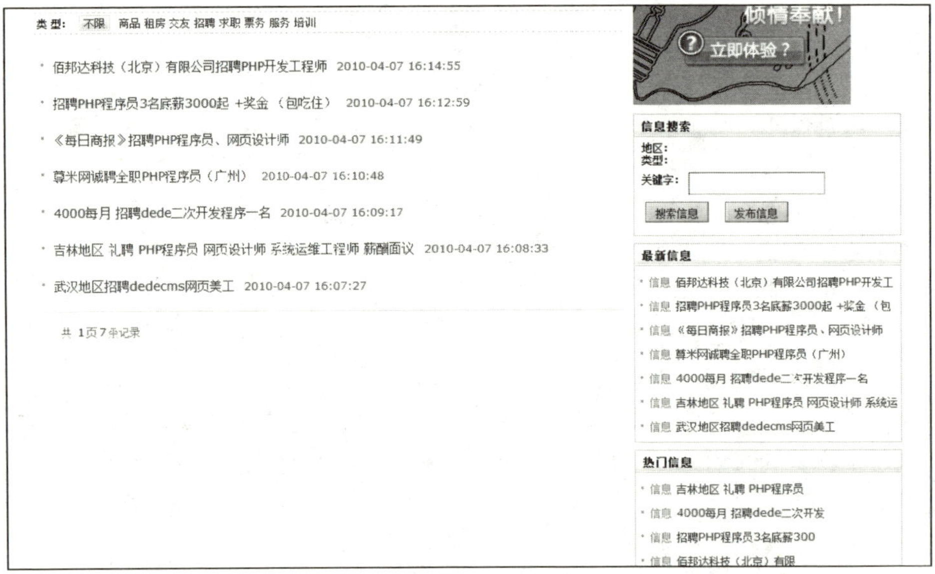

图 8-20　普通的 DedeCMS 模板调用效果

8.5.5　详解 301 重定向

在 SEO 过程中我们会遇到这样的问题：想同时将几个域名都绑定到服务器，但是又怕权重分散；网站做了一段时间后觉得域名不够理想，想更换域名，却又担心更换后权重消失。大家也一定了解能通过 301 重定向解决这些问题，但是 301

重定向的操作方法却众说纷纭，不知道如何才能让权重集中或者在更换域名后让权重顺利地转移过来。下面作者将常用的 301 重定向方法做了全面的总结，供读者参考。

首先我们需要了解什么是 301 重定向。301 重定向（或叫 301 跳转、301 转向）是用户或搜索引擎蜘蛛向网站服务器发出访问请求时，服务返回的 HTTP 数据流中头信息（header）部分状态码的一种，表示本网址永久性转移到另一个地址。其他常见的状态码还包括：200（表示一切正常）；404（网页不存在）；302（临时性转向）；500（内部程序错误）。除了 301 转向，网址转向还有其他方法，如 302 转向、JavaScript 转向、PHP/ASP/CGI 程序转向、Meta Refresh 等。301 重定向对搜索引擎优化具有不可替代的作用。用 301 重定向巩固规范版本的 URL，重拾权重，防止搜索结果的重复内容。从搜索引擎优化角度出发，301 重定向是网址重定向最为可行的一种办法。

其次我们需要知道什么情况下使用 301 重定向。网站改版经常需要用到 301 重定向。例如，网站更换域名，改变网页目录结构，网页被移到一个新地址，网页扩展名改变，因需要把“.php”改成“.html”。在这些情况下，如果不做重定向，则用户收藏夹或搜索引擎数据库中的旧地址只能让访问客户得到一个 404 页面错误信息，让访问流量白白丧失。

使用 301 重定向不仅能使页面实现自动跳转，告诉用户网站已经换了新的网址；同时也告诉搜索引擎，这才是真正的网址。搜索引擎只对重定向后的新网址进行索引，同时会把旧地址权重如数转移到新地址下，从而不会让网站的排名因为网址变更而受到影响。如果一个网站注册了多个域名，就需要通过 301 重定向让访问这些域名的用户自动跳转到其中一个主域名。这样做是为了避免造成大量复制内容而遭到搜索引擎惩罚。因为在搜索引擎看来，每个域名都是一个独立的站，多个域名指向同一个站，会被认定为站点雷同、内容复制，轻则不收录进沙盒期，重则直接被搜索引擎屏蔽。

最后，实现网址规范化也需要 301 重定向。

假设有下面几个网址，http://www.abc.com/index.html，http://abc.com，http://abc.com/index.html，都做 301 重定向到 http://www.abc.com（选定的规范化网址），搜索引擎就知道 http://www.abc.com 是规范化网址，而且会把上面列的网址权重传递集中到规范化网址。

目前 Google 会传递大部分权重，但不是 100% 传递。百度会传递所有权重。Google 对 301 的识别、反应、完成权重传递，需要 1～3 个月的时间。百度对 301 的处理则比较保守，新旧 URL 会同时存在于数据库很长时间。

下面我们来看 Apache 服务器实现 301 重定向的方法。

如果网站使用LAMP(Linux + Apache + MySQL + PHP)主机，可以利用Apache的mod_rewrite对URL进行重写或重定向。需要以下几步：

①首先确保开启了mod_rewrite功能。用文本编辑器打开Apache安装目录下的文件\conf\httpd.conf，找到“#LoadModule rewrite_module modules/mod_rewrite.so”这行，去掉前面的“#”。继续查找“AllowOverride None”，将其修改为“AllowOverride All”。然后，重启Apache即可。

②在需要URL重定向的网站根目录下放一个.htaccess文件，文件名为.htaccess。Windows下不能直接建立，可以用“记事本”另存为。

③在.htaccess中通过正则表达式重定向到需要的页面。

```
//将不带www的顶级域名301重定向到带www的域名
Options +FollowSymLinks
RewriteEngine On
RewriteCond %{HTTP_HOST} ^abc.com [NC]
RewriteRule ^(.*)$ http://www.abc.com/$1 [L, R=301]
//将页面301重定向到另外一个页面
Options +FollowSymLinks
RewriteEngine On
RewriteRule ^/oldpage.html$ /newpage.html[NC, L, R=301]
```

接着我们来看在IIS服务器下做301重定向设置方法。

示例：将abc.com 跳转到 www.abc.com

①新建一个站点，对应目录d:\site。该站点主要用于转向，目录可以是空的，不需要任何文件。为该站点绑定要跳转的域名abc.com，如图8-21所示。

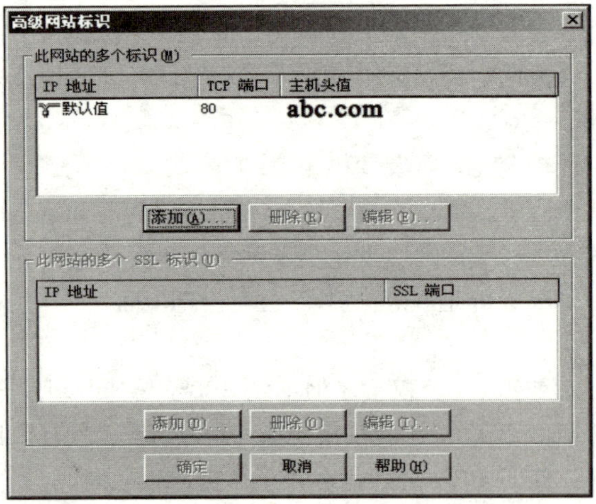

图8-21 设置301转向（1）

②在 IIS 中选中刚才我们建立的站点，单击右键，选择“属性”选项，切换到“主目录”选项卡，在“重定向到”文框中输入另一个绑定好 www.abc.com 域名的网站地址（这个网站下存放有网站内容），切换到“http://www.abc.com$S$Q”，同时注意选中下面的“资源的永久重定向”和“上面输入的准确 URL”复选框，如图 8-22 所示。

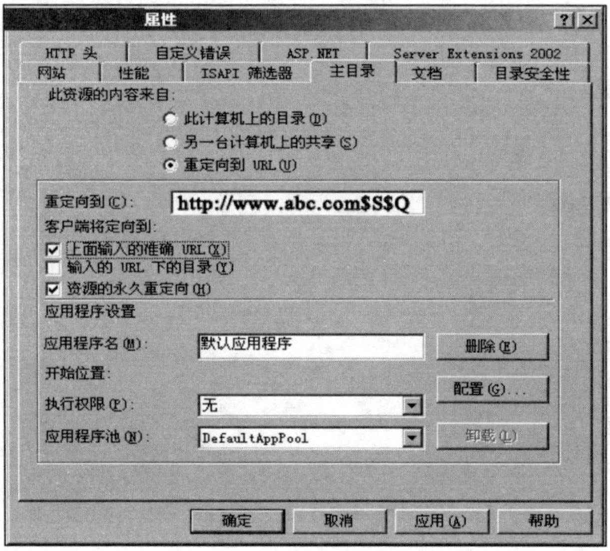

图 8-22　设置 301 转向（2）

Tips：对于 SQ 字符，这里解释一下。$S 将请求的 URL 的后缀传递给新的 URL。后缀是用重定向的 URL 代替之后，初始 URL 中所保留的部分。如果未选中“上面输入的准确 URL”选项，结果目标 URL 的名称将具有所请求文件的名称（作为文件夹名称）及文件名本身。

$Q 将初始 URL 中的参数（如 querystring 参数）传递至新的 URL，包括问号（?）。如果不加上 SQ 字符的话，内页的 301 都会跳转到首页，加上 SQ 字符的目的就是内页也能准确跳转到新域名的对应内页。这样就完成了 301 永久重定向的设置。设置好之后最好测试一下 301 重定向是否成功，通过站长工具的 HTTP 状态工具（http://tool.chinaz.com/pagestatus/）即可查到，如果查到的返回状态是 301，就说明已经成功了。

除了上面的方法，我们还可以使用 ISAPI_Rewrite 实现 IIS 的 301 重定向。ISAPI_Rewrite 是用于 IIS 的第三方 URL 重写组件。它是基于正则表达式的，类似 Apache mod_rewrite 的功能，不仅可以实现 URL 重写，还可以实现 301 重定向。ISAPI_Rewrite 组件有免费版（Lite）及商业版（Full），免费版只支持全局 httpd.conf

配置，不能对每个站点进行单独设置，而商业版可以让每个站点自定义 URL 重写规则，只要将 httpd.ini 放在站点根目录下就能生效。建议使用 ISAPI_Rewrite 2.x 或者最新的 3.0 版本（它兼容 Apache 的 mod_rewrite 的语法），而较早的 1.x 版本不支持 301 重定向功能。

下面给出示例：

a. 将不带 www 的顶级域名 301 重定向到带 www 的域名

```
# ISAPI_Rewrite 2.x 版本
[ISAPI_Rewrite]
# 3600 = 1 hour
CacheClockRate 3600
RepeatLimit 32
RewriteCond Host: ^abc.com\.com$
RewriteRule (.*) http://www.abc.com$1 [I, RP]
# ISAPI_Rewrite 3.0 版本
[ISAPI_Rewrite]
# 3600 = 1 hour
CacheClockRate 3600
RepeatLimit 32
RewriteCond %{HTTP:Host} ^abc.com\.com$
RewriteRule (.*) http://www.abc.com$1 [NC, R=301]
```

b. 不同域名之间的 301 转向

```
# ISAPI_Rewrite 2.x 版本
[ISAPI_Rewrite]
# 3600 = 1 hour
CacheClockRate 3600
RepeatLimit 32
RewriteCond Host ^www\.test10000\.com$
RewriteRule (.*) http://www.abc.com$1 [I, RP]
# ISAPI_Rewrite 3.0 版本
[ISAPI_Rewrite]
# 3600 = 1 hour
CacheClockRate 3600
RepeatLimit 32
RewriteCond %{HTTP:Host} ^www\.test10000\.com$
RewriteRule (.*) http://www.abc.com$1 [NC, R=301]
```

c. 将页面 301 重定向到另外一个页面

```
# ISAPI_Rewrite 2.x 版本
[ISAPI_Rewrite]
# 3600 = 1 hour
CacheClockRate 3600
RepeatLimit 32
RewriteRule ^/oldpage.html$ /newpage.html[I, O, RP, L]
# ISAPI_Rewrite 3.0 版本
[ISAPI_Rewrite]
# 3600 = 1 hour
CacheClockRate 3600
RepeatLimit 32
RewriteRule ^/oldpage.html$ /newpage.html[NC, L, R=301, O]
```

网页后台程序中也可以实现 301 重定向。如果页面是 ASP/PHP/JSP/ASP.NET，可以在后台代码中做 301 重定向。但是作者不推荐这样做，因为在服务器上做 301 跳转是在页面执行之前就开始跳转，效率高，而在程序代码中做 301 时要为每个页面头部添加转向代码，比较麻烦。

示例如下:

a. PHP 下的 301 重定向

```
<?
   Header("HTTP/1.1 301 Moved Permanently");
   Header("Location: http://www.abc.com");
? >
```

b. ASP 下的 301 重定向

```
<%@ Language=VBScript %>
<%
   Response.Status = "301 Moved Permanently"
   Response.AddHeader "Location", "http://www.abc.com"
%>
```

c. ASP.NET 下的 301 重定向

```
<script runat="server">
private void Page_Load(object sender, System.EventArgs e)
{
     Response.Status = "301 Moved Permanently";
     Response.AddHeader ("Location", "http://www.abc.com");
```

```
}
</script>
```

d. JSP 下的 301 重定向

```
<%
  response.setStatus(301);
  response.setHeader("Location", "http://www.abc.com");
  response.setHeader("Connection", "close");
%>
```

Tips：如果返回报头中只有 Location，但没有明确提到状态代码，就意味着一个 302 临时重定向。请谨记于心。如下都是 302 重定向。

```
//PHP 下的 302 重定向
<?
   php header("Location: http://www.abc.com");
? >
//Asp 下的 302 重定向
<%
   Response.Redirect "http://www.abc.com/"
%>
//ASP.NET 302 重定向
<script runat="server">
  private void Page_Load(object sender, System.EventArgs e)
  {
     Response.Redirect("http://www.abc.com");
  }
</script>
//JSP 下的 302 重定向
<%
   response.sendRedirect("http://www.abc.com");
%>
```

301 重定向是一种对搜索引擎最友好的网址转向方法。在众多重定向技术中，301 永久性重定向是最为安全的一种途径，也是极为理想的一款解决方案。无论是 URL 永久性改变，还是多种格式 URL 的规范化，都离不开 301 重定向。

8.6　不为人知的黑帽 SEO 手法汇总

尽管本书的重点不是讲述黑帽 SEO 的方法，但是作者认为应该让读者适当地了解一下这些方法。一方面，如果竞争对手使用这些方法，我们可以了解并且跟进；另一方面，这些黑帽 SEO 方法中也包含了对搜索引擎的一些深层次的理解，这些深层次的理解可以帮助我们在 SEO 过程中做出许多明智的判断。

8.6.1　抓取微博、贴吧内容生成网页

本节主要讲述抓取微博内容生成网页的方法，表面上看就是简单地采集生成，但是在一段时间内，这样的网站排名是非常不错的。

原理其实很简单。作者在前面已经多次提到，任何网页，只要搜索引擎认为是对用户有价值的，都会给予权重。尽管这些内容在微博上都存在，却没有用一种特定的规则规定过。例如，世界杯期间有很多关于球队和球星的讨论，如果我们建设一个这样的页面，选择两个球队作比较，采集微博中关于这两个球队的内容，这样的页面也是搜索引擎喜欢的。

从另一个角度来看，这种方法就是我们前面讲述的聚合思维，无论是采集微博还是贴吧的内容，都是将这些内容做重新的整理归类。带着这样的思维，我们可以在 SEO 过程中衍生出很多的方法。例如，我们计划建设一个电影的网站，大家都知道电影网站的内容一般是电影简介，这些简介基本上都是采集而来的，自己编写的可能性不大，再一点工作量也不小。

很多 SEOer 对于这样的页面非常为难，不知道怎么样才能让搜索引擎喜欢这些重复的页面。这时候我们不妨采用聚合的思维，在各大微博、贴吧等平台搜索关于该电影的点评，然后将这些点评发布到我们的电影内容页面下方，如图 8-23 所示，这样便产生了一个全新的页面。这个页面上面是电影的简介，下面是用户的点评信息。尽管这些点评信息之前在各个平台出现过，却没有一起出现在同一个页面，这是搜索引擎喜欢的内容。

任何黑帽方法都来自 SEO 探索者对搜索引擎的深度理解。尽管我们不建议读者使用这些方法去建设网站，但是不定期地关注这些方法会让我们受益匪浅，如果能将这些方法的精髓融入日常的 SEO 过程中，则能起到至关重要的作用。

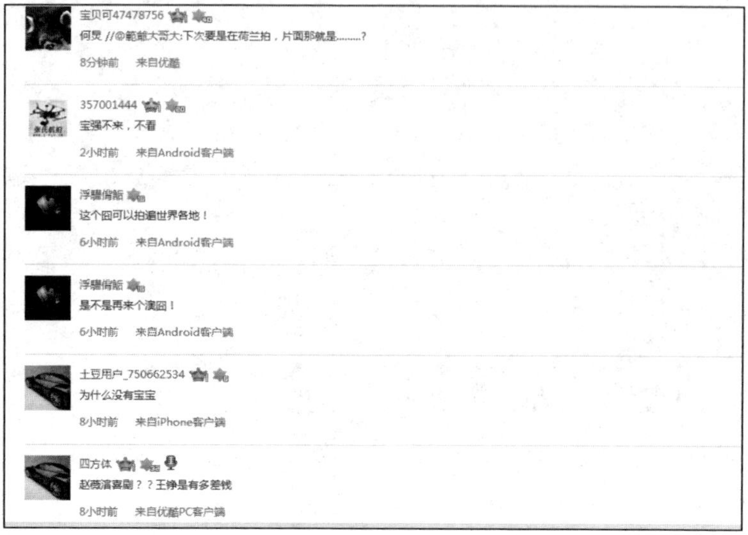

图 8-23 电影页面下方的评论

8.6.2 使用点击器快速获得排名

使用点击器快速获得排名是基于搜索引擎通过用户的搜索跳出率来调整网页排名。前面作者已经多次提到，在网站关键词排名进入前 20 位之后，用户的点击浏览行为将作为搜索引擎判断网页质量的重要指标。出于这样的原理，现在出现了很多软件可以自动浏览并且点击网站，甚至能做到和人类的操作相似，如自动翻页、前进、后退，让搜索引擎无法识别。

点击器大致有两种类型。一种是直接缴费，缴费后便有很多安装该软件的机器点击网站，而安装这些点击器的机器可以赚到相应的费用。还有一种是在自己的电脑上安装一个点击器，通过点击别人的网站获取点数，这些点数可以让其他机器点击自己的网站。

需要明确的是，点击器的适用范围是排名在前 20 位的网站，落后这个位次，点击器起不到重要的作用。此外，即使通过点击器让网站关键词进入前 3 名，如果没有内容的支撑，一旦点击器停止工作，排名将很快下降。作者的建议是，可以在一些情况下尝试使用这一类型的软件，但是一定要将网站的内容质量提升上去，不然将是昙花一现。使用这类型的软件不可操之过急，在使用之前需要分析关键词的指数，依据指数安排点击量。如果一个指数 200 的关键词，我们为其安排 1000 次的点击量，会很容易被搜索引擎认为是作弊。

8.6.3 单页站 SEO 优化方法

单一页面的网站经常用于产品的广告宣传。很多 SEOer 认为，单一页面的网站很难做好 SEO 优化工作，因为它的内容比较固定和简单，站内锚文本更是无从谈起。但是在实际工作中我们会发现，很多单一页面的排名非常理想，这里面一定隐藏着一些秘密。下面作者来分析单一页面网站相对于多页面网站的优点。

Tips：首先有利于增加网站权重。因为单页网站只有一个页面，所以所有的内容及建立的链接都是基于这个页面而产生的，所有的反向链接都指向同一页面、同一域名，这就赋予了网站很高的权重。其次有利于网站的相关性。因为我们的所有内容都放在同一个页面之下，页面内容非常充实，关键词的相关性也很大。搜索引擎算法非常关注页面内容与关键词是否具有相关性，这也是单页网站优化的必要性之一。最后一点是有利于搜索引擎的爬行。单页网站的结构非常简单，这在一定程度上为搜索引擎的爬取工作减轻了负担。有了搜索引擎的抓取就可以为进一步的优化工作打下基础。

当然，单一页面也存在一些弊端。

首先是单一页面获取流量难度加大。通过查看网站统计，一个网站的流量组成是由大量的内容页面贡献的，而单页面网站无法布局太多的长尾关键词，所以势必会浪费大量的流量。

其次是无法进行站内优化操作。“内容为王，外链为皇”，在单页站 SEO 优化操作中，已经缺少了“内容为王”这一项，我们通常会增加网站内容，通过站内优化提升关键词的权重，所以，单页面网站基本上和站内优化说“拜拜”了。

再次是关键词布局难度加大。尽管单页面网站想要布局大量的关键词，但容易被搜索引擎判定为关键词堆砌，从而造成网站优化过度，所以要学会取舍，保持关键词密度在一个合理的范围内即可。

最后是跳出率问题。单一页面网站的跳出率是 100%，随着搜索引擎算法的调整，用户行为参与算法所占的比重越来越大。跳出率高的网站从侧面反映出用户对网站内容的不认可，那么在排名算法上，这部分加权就无法获得了。

作者总结了对单一页面网站优化的七点建议，供读者参考。

A. 定义区域性内容

我们可以先将页面划分为几个特定的区域，将每一个区域作为一个单独的页面来做优化，为每一个区域选择关键词、定义内容、设置各种标签等。当然要记住，各个区域的关键词都应具有相关性，否则会导致整个页面的权重无法集中。

B. 使用 DIV 分割区域

将每一个区域用 DIV 分割开来，这样能够使得网页的结构更加清晰。虽然 CSS id 并不是我们的 SEO 工作内容，但是这样做确实可以帮助我们更好地组织和管理网站。这种方法也适用于锚文本链接，如图 8-24 所示。

```
<div id="animals">...content...</div>

<div id="art-design">...content...</div>

<div id="cats">...content...</div>

<div id="film">...content...</div>
```

图 8-24 DIV 分区

C. 设置锚链接

搜索引擎都非常喜欢锚链接，特别是 Google。与锚文本不同，锚链接能够将用户带入同一页面的特定区域。我们可以在每个区域设置特定的锚链接，正确导航用户，方便用户在同一页面寻找目标信息。

D. 为每一区域设置<H1>标签

通常情况下，我们在一个页面中最多设置 1 个<H1>标签，但是在单页网站中可能有些不同。为每个区域设置一个<H1>标签有利于突出页面结构，能够帮助搜索引擎了解网站结构。但是要记住，每个区域设置 1 个<H1>标签即可，切不可频繁使用。

E. 添加一个二级博客目录

为了降低优化难度，我们可以增加一个二级栏目的博客，也就是我们之前提到的站内站策略。通过博客内容页面增加单一页面网站的权重，这样既不影响单一页面的美观，也达到了 SEO 优化的目的。

F. 网站内容的高质量

通过分析百度百科的词条内容，我们发现其每一个词条的内容都很完善。作为单页面网站，应该将用户关注的需求点尽可能完整地展示出来。可以通过不同的区域展示相关内容介绍，单页面网站同样可以解决用户的烦恼。

G. 避免全是图片展示

单页面网站更希望展示给用户一种酷炫或者简单的效果，所以单页面网站更多地使用图片，这造成网站文字内容太少，不利于搜索引擎对网站的抓取和索引。

8.7　本章小结

本章的标题是“疯狂的权重”，一方面我们希望网站关键词权重疯狂地提升，另一方面我们也应该为了 SEO 而“疯狂”起来。SEO 是一个需要敢想敢做的行业，这个行业没有固定的模式和方法，我们只有不断地突破自我、突破常规，才能获得意想不到的收获。

当然，要想突破常规，我们首先需要熟悉常规，这也是我们为什么要将 SEO 的基本操作要领多次提及的原因。本章的最后我们讲述了一些黑帽 SEO 的手法，这些手法绝非空穴来风，都是 SEO 高手通过研究得出的搜索引擎对网站的评价标准。尽管这些黑帽方法可能会过时，也不是作者推荐使用的，但是这种研究的态度和方法是我们需要学习的。只有掌握了这个方法，才能在搜索引擎算法的不断调整中获取新的 SEO 方法。

在学习 SEO 基础理论的过程中，我们一定要认真、踏实，不要认为这些方法已经过时。想找捷径是很多 SEO 初学者的心态，作者也曾经这样理解 SEO，认为 SEO 就是利用搜索引擎漏洞获得排名。这是完全错误的理解，这样的想法会让我们在 SEO 行业迷路。

很多 SEOer 花钱到一些培训班听课，就是冲着秘籍而去，认为 SEO 高手会在培训中将秘籍传授给自己。先不说很多 SEO 高手是不愿意传授的，即使愿意传授，到我们将这些所谓的秘籍消化并且运用到实战中时，这些秘籍估计已经失效了。无论是读书学习还是参加培训班，我们应该把精力放到对 SEO 基础理论的理解和学习当中，这些知识是不会过期的，也将是我们最宝贵的财富。

第 9 章 站群不是简单地建设一群站

本章中我们将重点学习站群的理论知识。作者在站群的操作上面有着极为丰富的经验，本书中也是第一次将这些经验和盘托出。无论是站群域名的选择还是站群的优化思路，都是作者从几万个站群运营中总结出来的实战策略，建议大家要认真仔细，不要放过任何一个细小的知识点，学完后一定要自己琢磨，等融会贯通后再进行实践。因为站群的投资确实是一笔不小的费用，所以如果有任何疑问都不要擅自进行站群操作，可以线上联系作者，直到将这些问题完全消化。

9.1 为什么有些人的站群能经历各种算法而不被“K”掉

2013 年 6 月 28 日，百度大范围地打击垃圾网站，一时间站长们怨声载道，甚至有人说以后无法建设站群了。事情过后我们发现，在“6·28 事件”中也有一些站群没有受到影响，这是什么原因呢?

很多 SEOer 都认为建设站群就是用批量建站工具瞬间生成成千上万的网站，然后用火车头等工具自动发文章。毫不客气地说，这样的站群是没有任何意义的，搜索引擎当然也不会手下留情。本书中我们要讲述的站群不是这样的站群，作者要介绍给大家的是带有营销性质，每个网站都有价值，互相有链接，但是又互相独立的站群模式。

简单地说，我们要用运营单站的模式去运营站群。下面我们将从域名的选择出发，讲述站群的建立模式。本章也是全书最大的亮点。作者相比众多 SEO 探索者在站群建设方面有着充分的经验。从 2013 年开始，作者运营了超过 10 万站群，这个过程让作者总结了很多操作站群手法，在本书中是第一次完全公开。

大家都已经了解，从绿萝算法开始百度就已经着手打击外链交易。绿萝算法通过一些特征来识别什么样的外链是买卖的外链。为了逃避这种打击，很多 SEOer

绞尽脑汁。这还仅仅是一个方面。随着外链交易的兴起，很多黑帽 SEOer 开始使用虚假的权重开展外链买卖。这一点作者在前面已经提到，也讲述了如何识别虚假的权重，但就算是找到了拥有真实权重的网站，其悬挂的外链也是我们无法控制的。

搜索引擎已经开始注意这一点。一个网站悬挂的外链当中如果存在一些不合法的内容，搜索引擎不仅会打击悬挂外链的网站，链接出去的网站也会受到牵连。在这样的困境中，我们可以换个角度考虑——我们能不能尝试自己运营一些网站，然后用这些网站给主站做外链，推动主站的发展？这样的外链是完全可控的，效果也更加明显。这便是作者要介绍给读者的第一种站群建设思维。

第二种站群建设思维更加直接。前面作者讲述了关键词的竞争性分析，从讲述中我们得知，在 SEO 过程中使用首页优化比栏目页和文章页要高效得多，也就是说，网站首页的权重是全站中最高的，用来优化关键词相对容易获得排名。但是有一个问题，在权重较低的情况下，首页能承载的目标关键词数量一般是 5 个左右，超过这个关键词数量也是无法获得良好的排名的。这个时候可否这样思索——多建设一些相似的网站，每一个网站优化 5 个左右的关键词，关键词获得排名后通过广告或者其他方式将用户导流到主站。

9.2　误区 7：站群并不是垃圾网站

9.1 节我们提到使用站群的两种方式，其实这两种方式很多 SEOer 都了解，也是出于这样的思维来建设站群，但最终结果是大多数被搜索引擎屏蔽，造成很大的损失。什么样的站群等于垃圾网站呢？这个可以从下面几方面说明。

首先，在选择域名的时候有些网站就已经走向了垃圾网站的结局。前面我们提到了域名对于 SEO 的重要性，也讲述了选择域名时需要注意的事项。建设站群的时候，域名的选择也同样重要。但是，而很多 SEOer 为站群选择域名的时候专门找一些便宜的域名，也不愿意花费时间去分析这些域名的信息。

作者整理了一些 SEO 探索者的数据供大家参考。实验过程中，网站使用相同的网站程序，相同的模板文件，注册时间也大致相同。为加快收录，同时收购 10 个日更新快照的网站链接（无交叉链）。大概 3～7 天，com、org、net、cn、com.cn 依次被 Google 收录；15 天左右 com 和 org 在百度出现试探性收录（一般只有首页）；17～30 天，百度依次收录 cn、com.cn、biz、info。需要强调的是，在这一个月内，Google 仍不理睬 info。继续等待 20 天，info 被 Google 收录，页面只有 3 个，而其他后缀在正常更新的情况下 Google 已收录上百个页面。

Tips：实验告诉我们，Google 收录速度比百度快很多，但对于 info 的态度比百度对待 cn 的态度还要谨慎，不仅延缓收录，沙盒期长，而且权重相对很低。而百度对于国内 info 域名并无太大抵触。常用域名权重排序如下：Google 是 com>org>net>biz> com.cn>cn>info；百度是 org>com>biz>net>info>com.cn>cn。通过分析这些数据我们不难看出域名是怎样影响网站权重的，因此，有些 SEOer 简单地认为站群就是随便找一些廉价后缀的域名进行建站是完全错误的。

作者在站群操作中也犯过这样的错误。2014 年，cn.com 这样的域名开始注册，如图 9-1 所示，首年注册费用只要 9.9 元。对于我们这些互联网创业者来说，这是相当大的诱惑，要知道，就算是从一线渠道注册 com 域名也至少要 35 元，相差 4 倍的价格很容易让我们犯错。为了节省成本，我们便选择了 cn.com 后缀的域名开始建设站群。

开始还比较顺利，几天后首页被搜索引擎收录，但是一个星期之后问题出现了。按照之前的经验，一个星期之后搜索引擎应该开始收录内页，同批次使用 com 后缀建设的网站内页也开始收录，唯独 cn.com 域名建设的网站内页一直没有被收录。我们坚持了 2 个月还是没有效果，因此只能放弃。虽然我们在建设费用上节省了很多，但是这样的网站没有带来任何效益，2 个月的服务器费用和人工白白浪费。

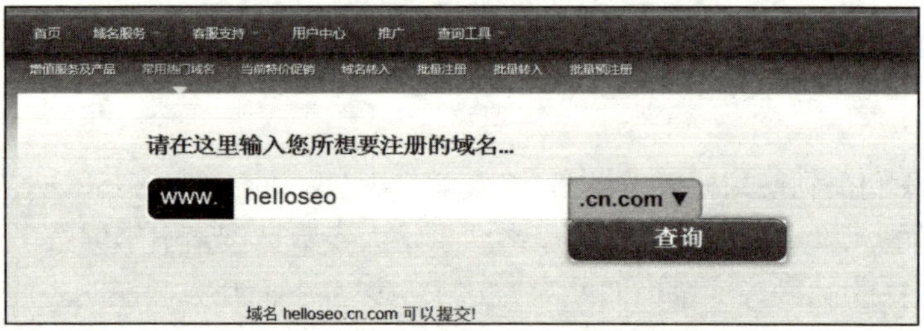

图 9-1 cn.com 域名

其次，服务器的选择也让站群走向了垃圾网站。很多 SEOer 有这样的误区，认为站群就应该选择一些便宜的服务器，这是完全错误的想法，相反的是，站群更应该选择稳定的服务器。作者之前就有过这样的经历，购买便宜的服务器放置了将近 100 个站群，在运营 1 个月初见成效的时候服务器崩溃，所有数据全部丢失。100 个网站的内容是很大的一个数据量，手工恢复几乎不可能，这就导致了无法挽回的后果。

现在很多服务器提供商针对站群推出了适合的服务器，如图 9-2 所示，那么我们该如何作出选择呢？后面作者会详细介绍选择站群服务器时需要注意的问题。

美国站群服务器——美国站群服务器租用					
型号	CPU	内存	硬盘	IP	宽带/流量
站群机房-A	Atom D525 4 x 1.8GHz	4GB	500GB SATA	5	100M/20TB
站群机房-B	Xeon E3-1230v3 8 x 3.3GHz	16GB	120GB SSD	5	100M/20TB
站群机房-C	Xeon E3-1230v3 8 x 3.3GHz	16GB	1TB SATA	5	100M/20TB

图 9-2　站群服务器配置

最后就是内容。对内容的忽视会让站群彻底沦为垃圾网站。许多站群的内容往往是通过采集而来的，这样的方法既方便又快捷，几乎不用站长手动操作就能完成。但问题是，大家都在采集，搜索引擎很容易通过这样的文章识别网站是否具有价值。后面作者将对站群的内容来源做深入的分析，这里读者只需要了解站群的内容绝非采集这样简单即可。

9.3　站群策略推广是一个体力活

在使用站群策略推广之前，我们要明确一点——建设站群是一个体力活。前面作者已经提到要用建设单站的方式建设站群，这样一来，如果我们考虑使用站群推广，但是人员方面没有增加的话，就需要自己付出几倍的努力。站群绝非像一些 SEOer 想象的那样是一种捷径，既节省人力，又能获得理想的收益。这是完全错误的想法，带着这样的想法开始站群的建设是很危险的，往往都以失败告终。

Tips：给大家讲述作者的亲身经历。2013 年，作者接手了建设 3 万个网站的项目。当时站群已经开始流行，一般的做法都是将关键词输入网站建设工具，几分钟便可以创建设好多网站。但是作者没有选择这样的策略，而是计划将站群中的每一个站都单独看待。

首先我们选择了一批关键词，然后依据这些关键词开始筛选域名。前面我们已经了解域名中包含关键词拼音对于 SEO 非常有帮助，因此选择域名的时候要尽可能做到这一点。这样，仅注册域名就花费了很多时间和精力。接着就是服务器的选择。当时站群服务器不像现在这样成熟，一般情况下一台服务器最多有 10 个 IP，并且都是相关联的 IP。通过站长工具查询网站，我们应该留意到如图 9-3 所示的信息，可见搜索引擎识别运营在同一台服务器上的网站也是相当简单的事情。如果仅使用几个相互关联的 IP 建设网站，那么搜索引擎很容易识别出这些网站都是同一个 SEOer 在运营。

图 9-3　站长工具检测同一台服务器上网站的数量

这样一来，遭到搜索引擎屏蔽的概率就会大大增加。因此，我们开始和服务器提供商谈判，要求他们为服务器添加不同 IP 段的 IP，做到每一个网站都有独立的 IP，并且这些 IP 都属于不同的 IP 段。当时计划是一台服务器运行 300 个左右的网站。经过努力，最后总算将服务器的问题解决。

接下来是模板。如果选择同样的模板建站，建设起来会容易许多，但是搜索引擎会很容易判断出网站有相同的性质。最后经过考虑，我们选择了每一个网站模板都单独开发的模式。用最快的速度，开发一个模板也需要 1 小时的时间。这样我们就开始了艰巨的工作，经过近半年的努力才将网站建设完成。后来在“6·28 事件”中，这些网站都没有受到影响，优化的效果更是非常理想。

互联网是一个创造梦想的地方，但是任何梦想都是需要拼搏才能实现的。站群策略绝不是创造垃圾网站，我们只有看清楚这一点，在 SEO 过程中付出比其他人更多的努力和坚持才能成功。

本书的目的不仅是给读者讲解 SEO 的方法，更希望将作者在 SEO 过程中得到的经验传授给读者，引导读者学会在 SEO 实战过程中进行分析和判断。只有掌握了分析 SEO 方法的能力，才能在这个行业不断前行。

9.4　站群操作的风险和收益

尽管许多 SEOer 在站群操作过程中经常被搜索引擎的屏蔽，但是至今还有很多 SEOer 愿意冒着风险试水，这里面一定有一些秘密，下面作者就为大家揭晓。

站群操作有非常大的风险，因为站群需要大量的域名和服务器，这是一笔不小的开销。按照 35 元一个域名来计算，如图 9-4 所示，我们可以看出，258 个 IP 的美国服务器每月需要 2000～3000 元。按照每个服务器上架设 258 个网站计算，仅域名就需要 9030 元，加上首月服务器的费用 3000 元，建设 258 个网站至少需要 12030 元。

图 9-4　站群服务器价格

作者知道，对于互联网创业者来说这绝对算是一笔不小的开销。按照作者的经验来看，站群从建设到获得收益需要 30～90 天的时间，这样我们还得考虑后续 2 个月的服务器续费费用。这个一定要在站群建设之前计划好。作者就遇到过一位 SEOer，因为资金的问题在第 2 个月被迫停止服务器，之前的努力都付诸东流。

还有一个问题需要说一下，站群建设之初不应该是购买域名和服务器，而是准备文章和模板。如果急于上线，会延长站群获得收益的时间。道理很简单，如果我们一开始就启动服务器，然后每天做模板上线网站，258 个网站完全开始运营就需要半个月左右的时间，这段时间服务器的费用白白浪费了。

风险往往伴随着巨大的收益，如果操作恰当，258 个网站经过 3 个月的发展会获得非常大的回报。这个回报我们没有办法量化，因为不同的行业有着不同的需求和获利方式，这里仅用关键词获得的排名和流量给大家提供一个参考。

一般情况下，站群操作的网站都是用首页来优化关键词，栏目页和内容页不作为着陆页。大量的经验告诉我们，首页最好选择 3～5 个关键词作为优化目标。因为站群网站的力度有限，我们一般选择竞争性偏低、指数较低的关键词作为优化对象。

例如，我们计划建设旅游方面的站群，在选择关键词的时候应尽量选择指数低于 500 的关键词。如图 9-5 所示，“张家口旅游景点大全”、“葫芦岛旅游景点大全”等就可以作为站群的优化目标，而像“青岛旅游”、“旅游攻略”这些词就尽量不要选择。因为通过站群获得排名是非常困难的，以每个网站 3 个指数 500 的关键词优化作为参考，一个网站 3 个月后每天至少能带来 1000 个 IP 的流量。站群是不可能都获得关键词排名的，按照 258 个网站中有 150 个获得排名来算，一天就有 150000 个 IP 的流量进来，这些流量都是通过搜索我们筛选好的关键词进入的，有非常高的转化率，这便是站群的收益了。

张家口旅游景点大全	389	3751	1349		14700000
烟台旅游景点	106	4028	63		4310000
青岛旅游	1956	2122	1418		29300000
威海旅游攻略	1468	2604	2574		317000
旅游攻略	2144	1832	6509		48100000
华山旅游攻略	803	3147	900		1710000
西安旅游景点大全	500	3415	119		1800000
葫芦岛旅游景点大全	239	3649	0		1300000
山东旅游景点大全	367	3498	364		4230000

图 9-5　旅游关键词的词库网检索结果

9.5　哪些行业可以考虑用站群的方法操作

什么样的站群可以考虑用站群方法操作？作者确实无法给出一个明确的答案。但是，就作者近些年建设的站群分析，通过站群方法操作必须满足两个条件，第一是要有产品，第二是产品应该有较高的回报率。当然，我们这里提到的产品不仅是实体产品，还有服务或者虚拟商品。

为什么非要有产品才能用站群方法操作呢？前面我们已经提到，站群的投入很大，如果仅通过卖流量或者悬挂广告来赚钱有可能入不敷出。如图 9-6 所示是某网站流量的销售价格，可以看出每天 10 万 IP 一月才能获取 5000 元收益。前面我们提到，258 个站群每天有 15 万 IP 的流量，和站群的投入相比，这样的收益是不划算的。如图 9-7 所示是展示或者点击广告的价格，收益也非常有限。

Tips：因此，建设站群必须要有产品。例如，之前提到的旅游类型关键词就可以用站群操作，因为搜索这类型关键词的用户转化为客户的概率是非常高的，将互联网搜索用户转化为产品的客户将能获得非常不错的收益。相对于实体的广告推广，互联网站群策略运营费用较低，并且有可持续性。

每日流量	新价格
每日3000IP	100元/月
每日5000IP	150元/月
每日1万IP	300元/月
每日2万IP	600元/月
每日3万IP	1000元/月
每日4万IP	1200元/月
每日5万IP	1700元/月
每日6万IP	2200元/月
每日7万IP	2700元/月
每日8万IP	3200元/月
每日9万IP	3800元/月
每日10万IP	5000元/月
每日20万IP	12000元/月
每日50万IP	30000元/月
每日60万IP	36000元/月
每日80万IP	43000元/月
每日100万IP	60000元/月

图 9-6　弹窗广告的价格

	流量	其他广告联盟收益
视频网站 内容网站 下载网站	IP:10万 PV:50万 UV:20万	弹窗：10万(IP)/1千X6=600元 富媒体：10万(IP)/1千X2=200元
手机网站	IP:1万 PV:20万 UV:5万	弹窗：1万(IP)/1千X6=60元 富媒体：1万(IP)/1千X2=20元

图 9-7　其他广告的价格

9.6　如何选择站群域名及如何购买价格便宜的域名

本节作者将详细分析站群应该选择什么样的域名。前面我们已经多次提到，无论是单站还是站群，域名对 SEO 的影响都非常大。单站在选择域名的时候不仅要考虑 SEO 的问题，还要考虑品牌定位和用户的识别度，而站群在选择域名的时候是无须考虑这些问题的，只要符合 SEO 就可以使用。

例如，我们计划建设一个敦煌旅游的网站。单站的话首先需要考虑域名的长度，太长的域名是不容易被用户记忆的；还需要考虑域名的品牌认知度，如果选择一个和“敦煌”或者“旅游”没有任何相关的域名，对于品牌的建设是非常不利的。如果是站群的话就简单得多，包含“敦煌”或者“旅游”拼音的域名都是可以选择的。如图 9-8 所示，这样的域名优化起来都是非常不错的。

图 9-8　域名中包含中文全拼

站群域名选择的过程中价格也是至关重要的因素。如果没有合适的渠道，可尝试到淘宝搜索“站群域名 com”关键词，如图 9-9 所示，可以找到很多提供站群域名注册的商家。需要注意的是，这些打着“低价格注册域名”的商家往往是通过一些优惠渠道或者漏洞进行操作，注册的域名经常有被删除的现象，因此我们在注册完成后尽量在一周之后再确认付款，一般情况下一周之后就相对稳定了。

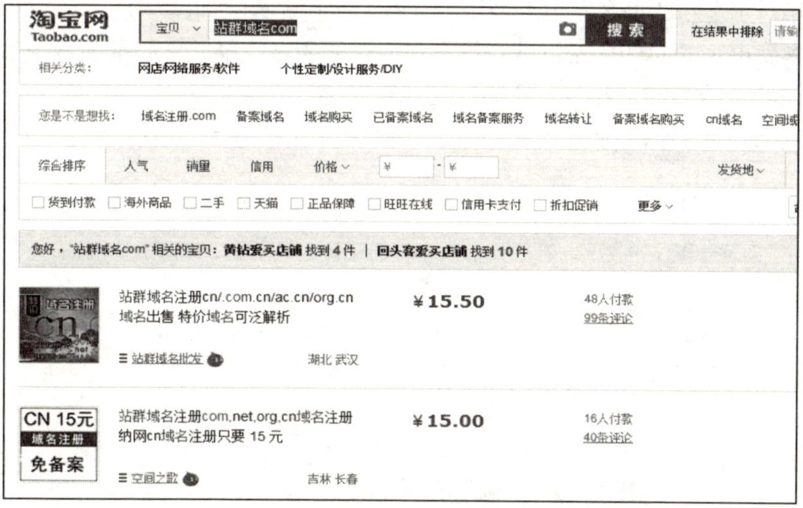

图 9-9　站群域名的购买

此外，不要用相同的名称和邮箱注册域名。Google 很早就承认域名的 whois 信息已经纳入网站评级标准当中。在站长工具中查询 whois 信息，如图 9-10 所示，可以很容易地通过 whois 信息将相同的域名归集起来。

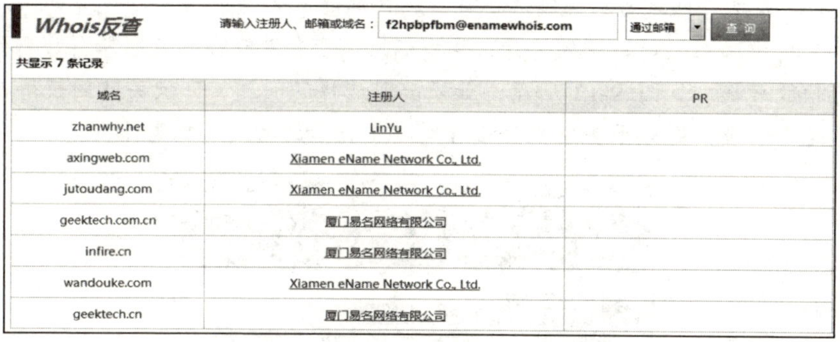

域名	注册人	PR
zhanwhy.net	LinYu	
axingweb.com	Xiamen eName Network Co., Ltd.	
jutoudang.com	Xiamen eName Network Co., Ltd.	
geektech.com.cn	厦门易名网络有限公司	
infire.cn	厦门易名网络有限公司	
wandouke.com	Xiamen eName Network Co., Ltd.	
geektech.cn	厦门易名网络有限公司	

图 9-10　站长工具 whois 反查工具

如果我们建设站群的域名时都使用相同的邮箱或者名称，很容易被搜索引擎识别出来，这对于后期站群的操作非常不利，因此，注册过程中使用不同的邮箱和名称非常重要，作者建议有条件的话尽量不要将域名注册商集中到一起。这些细节对于以后的 SEO 非常有意义。还有一点需要注意的是，对站群域名一定要亲自逐个筛选。有些商家会推荐一些便宜的域名，千万不要受诱惑，因为这些域名往往都是之前在站群操作中被惩罚的域名，要重新获得搜索引擎的信任非常困难。

除了注册全新的域名，抢注已经有权重或者外链的域名也是很多 SEOer 惯用的手法。相对于全新的域名，该类型域名有着先天的优势，如图 9-11 所示。如果掌握得好，能用更短的时间让站群获得排名，但这需要一些经验。如果读者是第一次操作站群或者对域名的选择没有经验，建议暂时不要考虑使用过期域名。

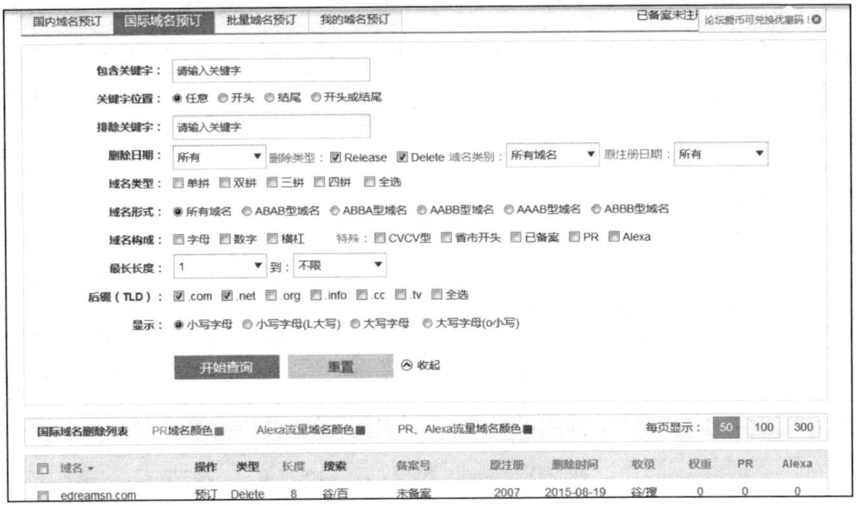

图 9-11　预订过期域名

Tips：选择过期域名的时候不要盲目选择那些有外链的甚至有权重的域名。首先应该分析该域名之前建设的是什么类型的网站，有没有被搜索引擎屏蔽，有没有被杀毒软件屏蔽，如图 9-12 所示。如果出现这样的问题，即使关键词获得再好的排名也无济于事，因为很多用户会在看到这个提示的时候选择离开。

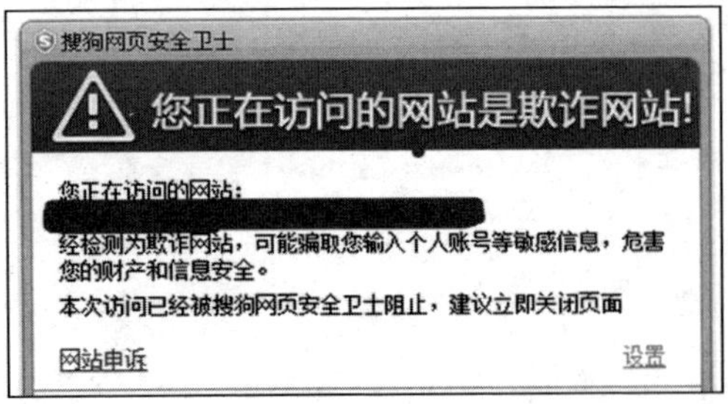

图 9-12　被搜狗网页安全卫士拦截的域名

9.7　关键知识点 19：站群服务器如何选择

前面作者已经提到服务器对于站群的重要性，如何选择稳定、高效的服务器也是站群操作成败的关键。一般情况下，站群服务器的选择我们可以从稳定性、空间、IP 数量及是不是同一 IP 段几方面参考。

首先我们来看稳定性。稳定性表现在机房是否稳定、带宽是否充裕。如果每个服务器建设 300 个左右的站群，作者建议带宽至少要在 10Mb/s 以上。还有一点需要说明的是，站群服务器一般选择美国或者香港的服务器，内地的服务器因为要备案白名单，所以建设站群比较麻烦。从带宽上来说，美国的服务器较充裕，但是因为线路的问题，国内访问较慢。相对来说，香港的服务器带宽有限，价格也高，但是国内访问速度却非常不错。

如图 9-13 和图 9-14 所示，香港服务器价格要高于美国服务器，香港服务器带宽只有 5Mb/s，美国服务器带宽是 100Mb/s。如果建设的站群对于访问没有苛刻的要求，作者建议选择美国服务器。实际使用中，作者感觉圣安娜 KT 机房的服务器更加稳定，访问速度也高于其他同类的美国服务器。

其次是空间的问题。相对于带宽来说，空间就廉价许多。按照作者的经验，如果一个服务器建设 300 个左右站群的话，空间在 100GB 以上就足够了。当然，具体情况需要具体分析，如果建设的站群网站包含较多的图片内容或者视频，就需要考虑更大的空间了。

cpu	内存	硬盘	带宽/流量	IP	价格
5M国际独享带宽、不限流量、香港站群机房，香港站群服务器，香港多IP服务器					
XEON5650或双L5520	8GB	1TB	5M/不限	58（两个C）	1899 元/月
XEON5650或双L5520	8GB	1TB	5M/不限	116（四个C）	2099 元/月
XEON5650或双L5520	8GB	1TB	5M/不限	125（一个C）	2299元/月
XEON5650或双L5520	8G	1TB	5M/不限	253（一个C）	2599元/月
XEON5650或双L5520	8G	1TB	5M/不限	244（四个C）	2699元/月
XEON5650或双L5520	8G	1TB	5M/不限	232（八个C）	3099元/月

图 9-13　香港站群服务器价格

美国站群机房.美国站群服务器.美国多IP服务器，253ip站群服务器租用					
Intel E3 四核	16GB	1TB	100M/ 10T	253	促销：880 元/月
Intel E3 四核	16GB	1TB	100M/ 10T	244(4个C)	促销：999 元/月
Intel E3 四核	16GB	1TB	100M/ 10T	232(8个C)	促销：1199 元/月
Intel E3 四核	16GB	1TB	100M/ 10T	208(16个C)	促销：1299 元/月
Intel E3 四核	16GB	1TB	100M/ 10T	208(16C和不同A)	促销：1399 元/月
Intel E3 四核	16GB	1TB	100M/ 10T	253（新IP）	促销：1099 元/月
Intel E3 四核	16GB	1TB	100M/ 10T	244（4个C新IP）	促销：1199 元/月
Intel E3 四核	16GB	1TB	100M/ 10T	232（8个C新IP）	促销：1399 元/月
Intel E3 四核	16GB	1TB	100M/ 10T	208（16个C新IP）	促销：1499 元/月

图 9-14　美国站群服务器价格

最后是很重要的 IP 问题。简单地说，我们只需要选择 IP 多的服务器即可。从更深的层次来看，这些 IP 不在同一个 IP 段对于 SEO 来说是更加有利的，在实际操作的时候要依据具体情况作出判断。作者的建议是，如果资金较为充足，就选择不同 IP 段的服务器；如果资金较为紧张，选择同段 IP 服务器也是可行的，但是选择同段 IP 服务器的时候建议先分析一下竞争对手的服务器是什么 IP 段，尽量避开相似的 IP 段，以免在竞争对手站群被屏蔽的时候受到牵连。

9.8　站群服务器如何设置安全策略

相对于单站来说，站群服务器的安全更加重要。由于站群的数量较为庞大，某一个站群被篡改是很难发现的，黑客通过入侵一个网站就能控制所有的站群。通常黑客都是将站群中的广告或者站群导出的流量修改，这样的修改仅仅是流量上的一点损失。有些黑客会直接在站群中悬挂大量垃圾网站链接，这些链接大多数都以黑链的形式存在，也就是将链接隐藏起来，因此我们在检查站群安全的时候一定要注意检查源码，单纯地浏览网页是无法发现这些黑链的。

Tips：作者在 SEO 诊断过程中遇到过一位朋友的站群在开始的时候做得相当成功，后来突然全部被“K”掉，经过分析才知道站群在一个月前就被悬挂了黑链。这位朋友平时只是简单地浏览网页检查，忽视了这种黑链的存在，最后导致了无法挽回的后果。

服务器基础安全策略的设置前面已经做了详细的说明，这里不再赘述，下面我们重点看看除了这些安全策略还应该注意什么。

首先，建议在没有更新文章的时候直接将站群目录写入权限锁定。使用安全狗操作非常方便，如图 9-15、图 9-16、图 9-17 所示。大量的实践证明，这些方法很有效，站群目录权限一旦被锁定，所有的网页将不能被修改，文件夹内页不能创建文件，这样黑客便无计可施了。

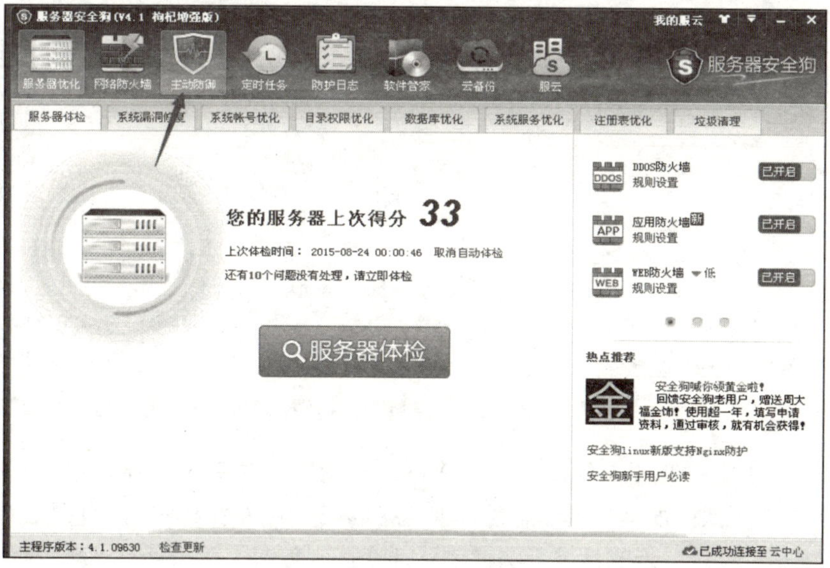

图 9-15　安全狗主动防御（1）

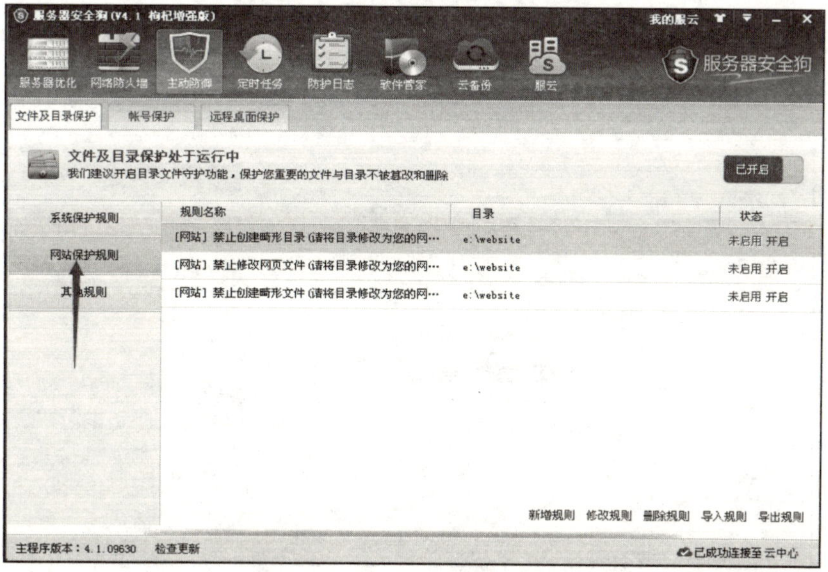

图 9-16　安全狗网站保护规则

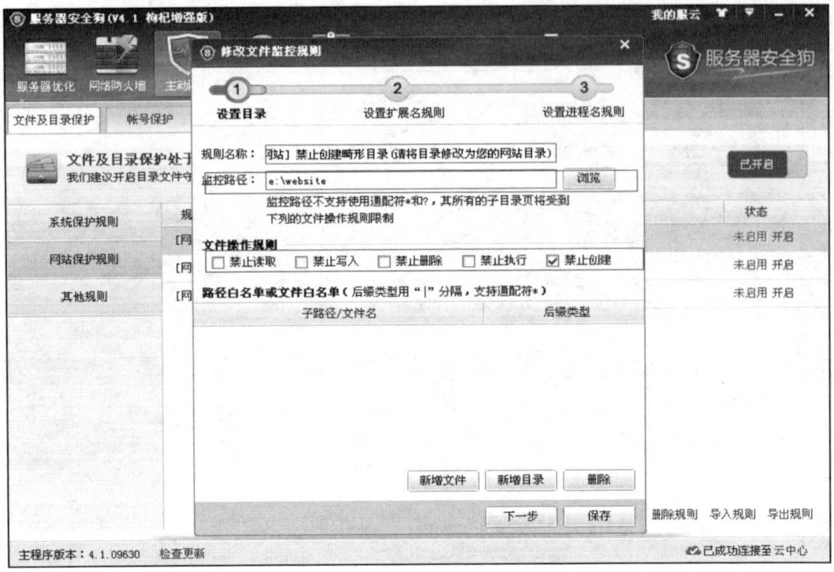

图 9-17　安全狗设置文件监控规则

其次是开启远程桌面保护，如图 9-18、图 9-19、图 9-20 所示。建议使用计算机名认证，IP 认证很容易出现问题。因为我们使用的网络大多数没有固定的 IP 地址，如果 IP 地址更换的话就无法通过认证连接服务器了。还有一点就是修改远程登录端口。做到了这三点，站群服务器就会安全许多。

图 9-18　安全狗主动防御（2）

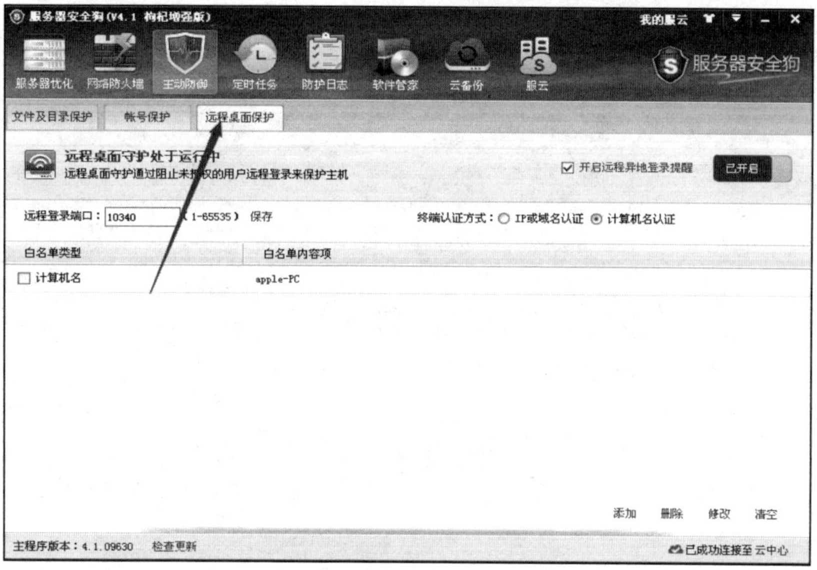

图 9-19　安全狗设置远程桌面保护

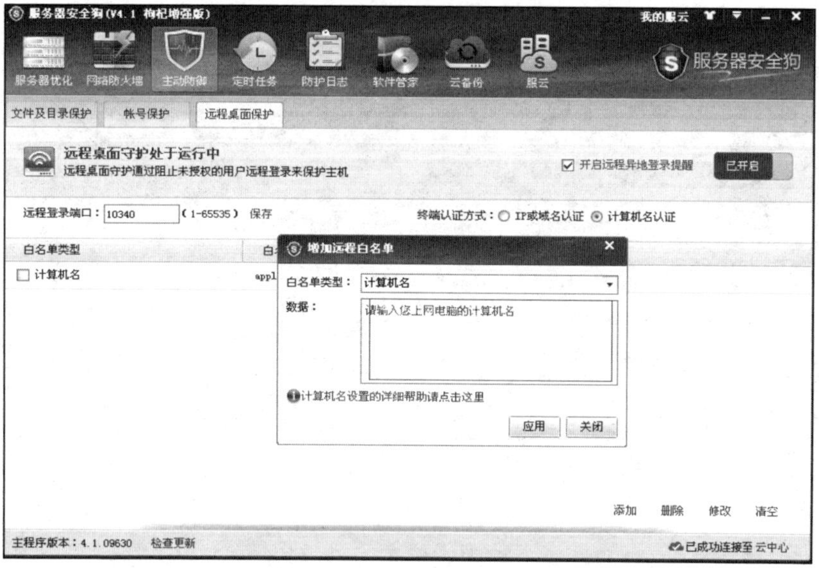

图 9-20　安全狗设置远程白名单

最后建议通过安全狗设置定时重启服务器任务。因为站群服务器承载的数据量较大，后期关键词获得排名后访问量更大，这样会导致服务器产生很多的垃圾。实战中我们注意到，Windows 服务器如果 48 小时没有重启的话很容易导致死机或者网络断线，之前我们都是在半夜人工重启服务器，现在我们可以借助安全狗软件进行设置，如图 9-21、图 9-22、图 9-23 所示，这样我们就不用担心服务器死机或者无法连接了。

图 9-21　安全狗设置定时任务

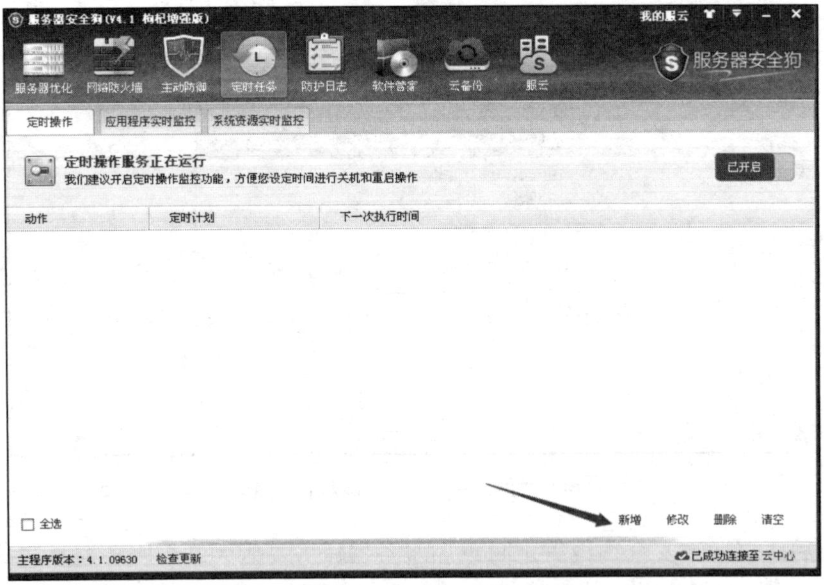

图 9-22　安全狗新增定时任务

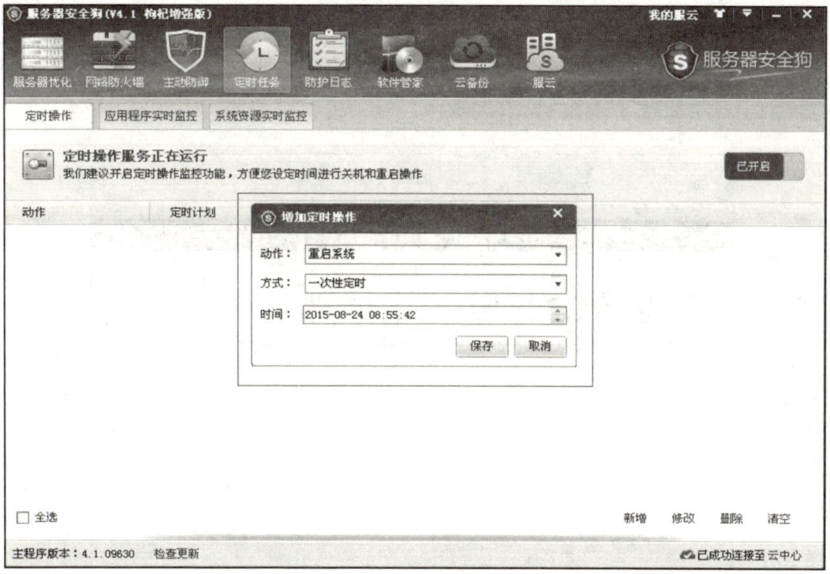

图 9-23　安全狗增加定时操作

9.9　站群应该选择什么样的 CMS

不同于单站选择 CMS，站群选择 CMS 还需要注意是否支持站群软件。站群运营是一个庞大的工程，我们必须借助一些工具。可以试想运营 1000 个站群，按照我们前面讲的，第 1 个月每天发布 5～10 篇文章，仅这一点，如果只依靠人工操作，估计 10 个人都不够，这样的成本是非常高的。值得庆幸的是，现在市面上已经有很多针对这些操作开发的站群软件，后面将详细介绍。

但是需要注意，每一款站群软件所支持的 CMS 都不尽相同，因此我们在选择 CMS 的时候首先需要考虑自己使用的站群软件是否支持。一般情况下，DedeCMS、WordPress 等知名 CMS 都是支持的，如果选择比较冷僻的 CMS 就更需要注意这个问题。

Tips：站群选择 CMS 我们还应该注意模板是否容易开发。有些 CMS 模板的开发非常麻烦，选择这样的 CMS 做站群的程序需要付出很大的精力。一般情况下，模板标签化的 CMS 是比较容易开发模板的，如 DedeCMS 等，开发这类 CMS 的模板只需要了解 HTML 即可。

前期建议给对程序较为熟悉的人员写一个文档，文档中注明需要使用的标签的插入位置和使用方法，这样模板开发人员只需要在模板开发完成后将对应的标签插入模板即可。最近 DedeCMS 也开发了标签生成工具 http://tools.dedecms.com/dedetag_maker.html，如图 9-24、图 9-25、图 9-26 所示。我们只需要选择标签，然后单击“生成标签”按钮，将生成的标签插入模板就可以了。

图 9-24　DedeCMS 标签生成器（1）

图 9-25　DedeCMS 标签生成器（2）

图 9-26　DedeCMS 标签生成器（3）

例如，我们计划在模板下方增加一个友情链接功能。首先通过该工具生成标签，如图 9-27 所示，填入友情链接条数等信息，生成标签并复制。然后登录 DedeCMS 建设的网站后台，如图 9-28、图 9-29、图 9-30 所示，依次单击模板，采用默认模板管理，选择需要添加友情链接的模板，粘贴刚才复制的标签并保存，完成后重新生成首页即可。

图 9-27　DedeCMS 标签生成器（4）

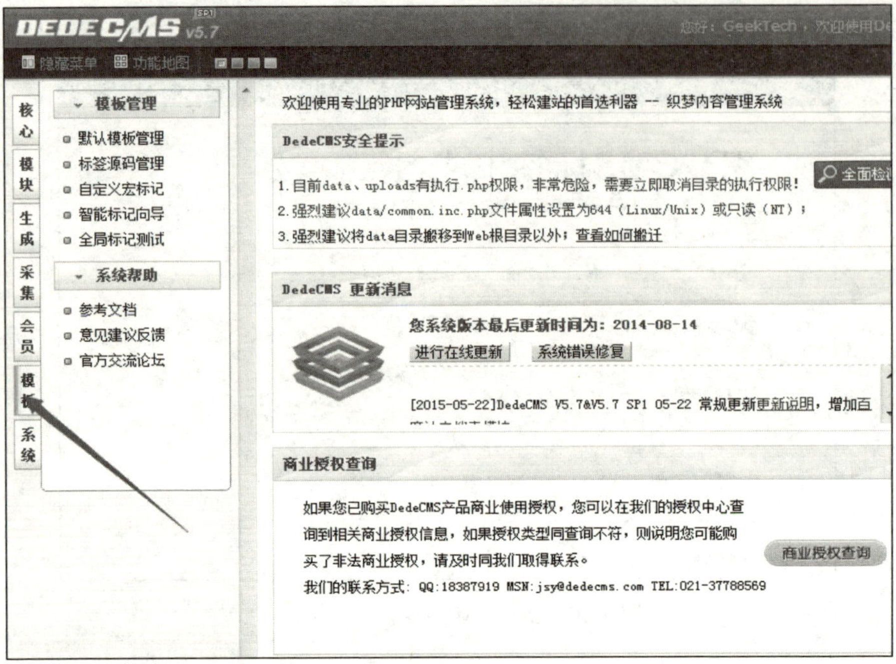

图 9-28　DedeCMS 后台模板管理（1）

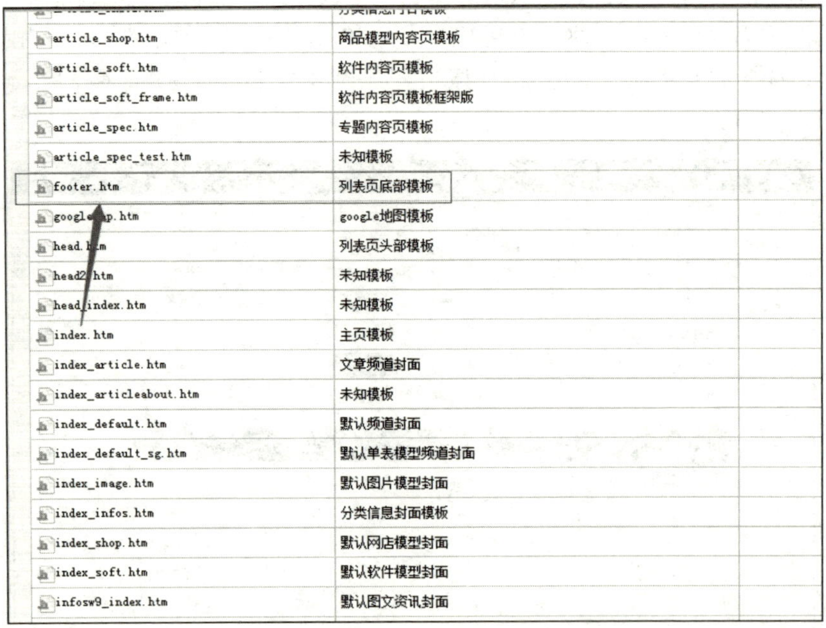

article_shop.htm	商品模型内容页模板
article_soft.htm	软件内容页模板
article_soft_frame.htm	软件内容页模板框架版
article_spec.htm	专题内容页模板
article_spec_test.htm	未知模板
footer.htm	列表页底部模板
googlemap.htm	google地图模板
head.htm	列表页头部模板
head2.htm	未知模板
head_index.htm	未知模板
index.htm	主页模板
index_article.htm	文章频道封面
index_articleabout.htm	未知模板
index_default.htm	默认频道封面
index_default_sg.htm	默认单表模型频道封面
index_image.htm	默认图片模型封面
index_infos.htm	分类信息封面模板
index_shop.htm	默认网店模型封面
index_soft.htm	默认软件模型封面
infosw9_index.htm	默认图文资讯封面

图 9-29　DedeCMS 后台模板管理（2）

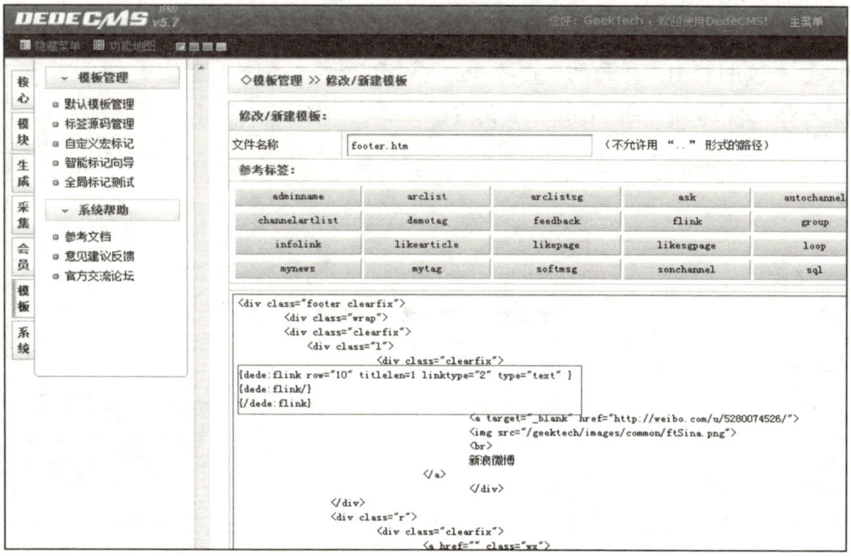

图 9-30　DedeCMS 后台模板管理（3）

最后，选择站群 CMS 还需要注意其是否针对 SEO 做过优化，这要从网页是否可以生成 HTML 静态页面，标题、关键词、描述等标签是否可以定制，以及网页 URL 是否可以定制等方面考虑。

Tips：众多满足这些功能的 CMS 中，DedeCMS 做得最好，生成静态 HTML 非常快速，网页 URL 也可以深度定制。如图 9-31 所示，我们可以对每一个栏目的 URL 作出调整，文章发布的时候也可以很方便地定制文章的 URL。

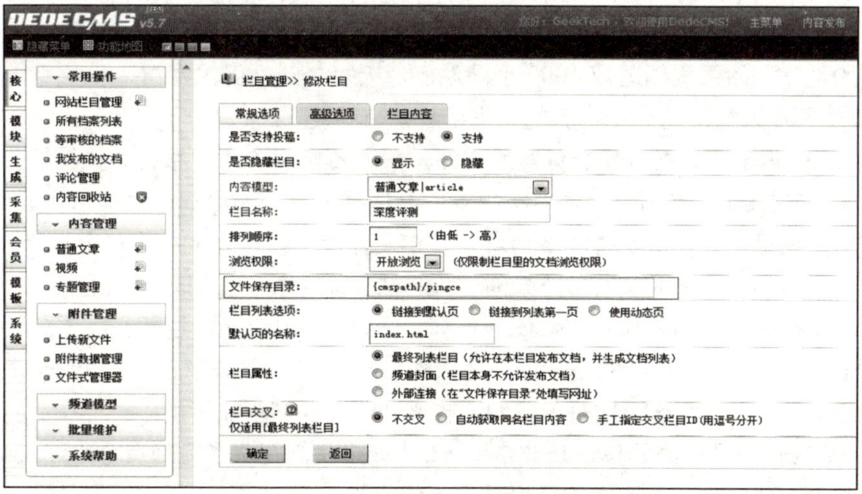

图 9-31　DedeCMS 修改栏目属性

这一点对于 SEO 来说非常重要，如图 9-32 所示。相比较来说，WordPress 是无法生成静态 HTML 页面的。尽管这一点可以通过插件或者伪原创来实现，但是操作起来都比较麻烦，并且非常不稳定。

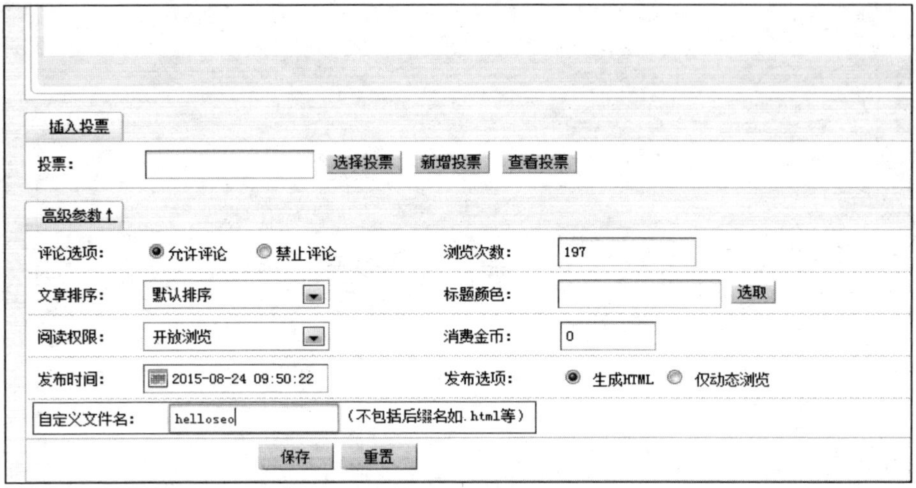

图 9-32　DedeCMS 发布文章自定义文件名

9.10　关键知识点 20：站群的内容从何而来

前面我们重点对内容的来源进行了深入分析，但是对于站群来说，原创写作和仿写都是不现实的。作者之前组建过写作团队，仿写的话一个人一天只能写 50 篇左右的文章。如果我们运营 1000 个网站，每天每个网站仅仅发布 1 篇文章，也需要 20 个写作人员，这是相当大的一笔开销。

Tips：排除了原创写作和仿写等来源，剩余的就是采集伪原创和扫描报刊书籍内容了。不可否认，直到今天依然有很多站长选择采集和伪原创的方法来运营站群，也有很多使用这种方法获得排名的案例，但是作者不建议大家去冒这个风险。

一般情况下，使用采集和伪原创运营的站群都属于一些利润很高的行业，有了资金的支持什么事情操作起来都比较便捷。例如，可以直接通过购买高质量外链来让站群获得排名，最重要的是即使一些操作失败了，对于这些行业的 SEOer 来说也是无所谓的。但是，这一切对于我们这些普通的互联网创业者就不一样了。前面我们已经提到，建设站群的投资是非常巨大的，如果我们花费了巨额资金去建设站群，结果却没有任何收益，这样的后果是不可想象的。

这样看来，采集和伪原创是不可取的，最后只剩下扫描书籍杂志文章了，这种方法是作者极力推荐的。经过作者几万个站群的运营考验，扫描书籍杂志获取内容的方法是非常有效的，下面我们就这种方法的操作细节进行深入的分析。

前面我们已经提到过这种方法，也介绍了这种方法的核心是使用 OCR 软件将图片转化为文本内容，因此选择 OCR 软件是至关重要的。作者的建议是，不管是收费的还是免费的，首先转化过来的文字要准确。

之前作者使用过很多同类型产品，一些软件看上去非常“高大上”，但是转化的时候经常出现错别字，如果不去修改就将导致内容的缺陷，如果靠人工修改就要花费大量的精力和时间。

其次就是软件操作起来要方便、顺手。设计合理的软件操作起来会提高工作效率，这个要读者亲自体验了才能了解，因为每个人都有自己的使用习惯。

说完软件，我们再看看如何采集图片。有两种方法可供选择，一是扫描仪，二是数码相机。可以到淘宝搜索“微型扫描仪”，如图 9-33 所示。

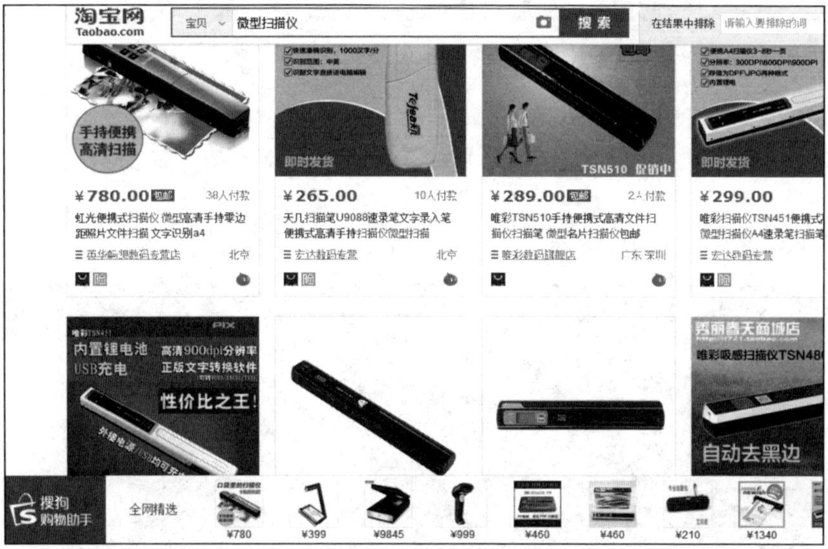

图 9-33　淘宝搜索“微型扫描仪”

有许多非常小巧的扫描仪，价格在 300～500 元，使用起来非常方便。使用扫描仪采集图片的优点是内容清晰，字迹工整，但是需要额外购买一台设备。直接使用手机上的照相机进行拍照，优点是无须投入资金，缺点是内容清晰度不易控制，字迹容易变形，影响 OCR 软件的识别。

下面作者实际为大家演示一下如何将书本的部分内容转化为网页内容。例如，我们计划建设一个 SEO 类型的网站，首先需要找一些关于 SEO 的书籍，然后对书籍的内容进行扫描或者拍照，如图 9-34 所示。

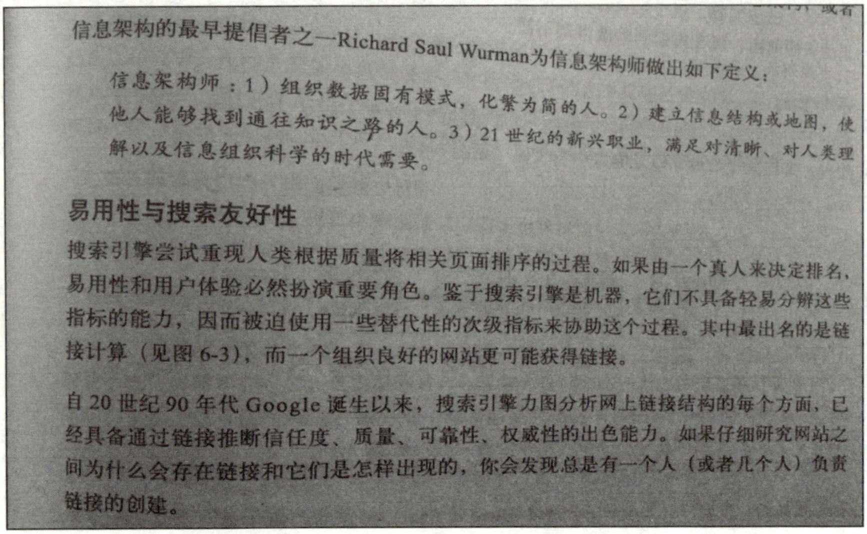

信息架构的最早提倡者之一Richard Saul Wurman为信息架构师做出如下定义：

信息架构师：1）组织数据固有模式，化繁为简的人。2）建立信息结构或地图，使他人能够找到通往知识之路的人。3）21 世纪的新兴职业，满足对清晰、对人类理解以及信息组织科学的时代需要。

易用性与搜索友好性

搜索引擎尝试重现人类根据质量将相关页面排序的过程。如果由一个真人来决定排名，易用性和用户体验必然扮演重要角色。鉴于搜索引擎是机器，它们不具备轻易分辨这些指标的能力，因而被迫使用一些替代性的次级指标来协助这个过程。其中最出名的是链接计算（见图 6-3），而一个组织良好的网站更可能获得链接。

自 20 世纪 90 年代 Google 诞生以来，搜索引擎力图分析网上链接结构的每个方面，已经具备通过链接推断信任度、质量、可靠性、权威性的出色能力。如果仔细研究网站之间为什么会存在链接和它们是怎样出现的，你会发现总是有一个人（或者几个人）负责链接的创建。

图 9-34　拍照书籍等资料作为内容来源

打开 OCR 软件，如图 9-35 所示。选择需要识别的区域，如图 9-36 所示。可以对内容、语种、背景等信息做一些调整，一般情况下系统会自动识别，最后便可以得到转化来的文字信息。如图 9-37 所示，可以看出这款 OCR 软件的识别还是相当准确的，接下来我们只需要将这篇文章保存下来并导入站群软件就可以了。

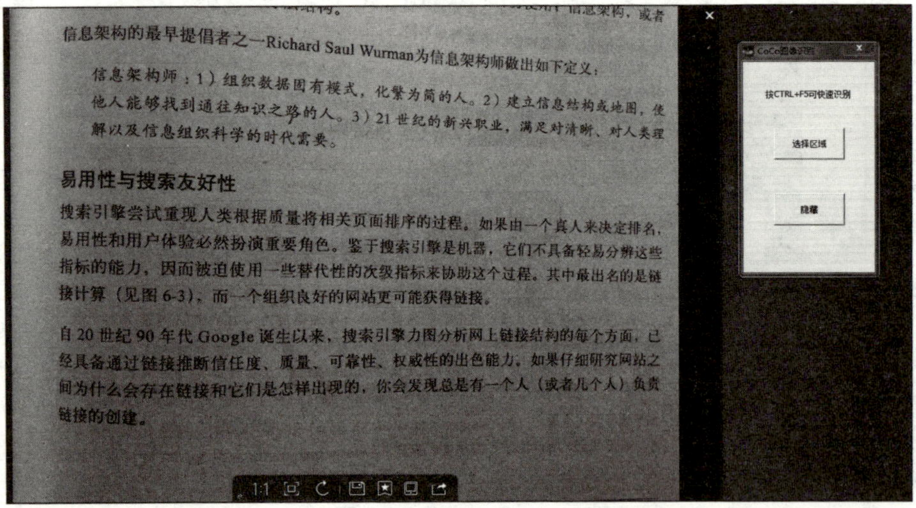

图 9-35　使用 ORC 软件将图片转化为文字（1）

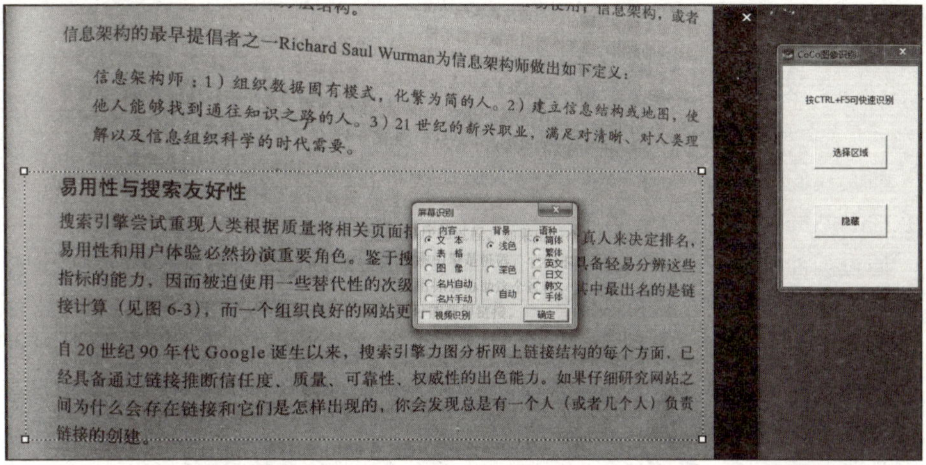

图 9-36　使用 ORC 软件将图片转化为文字（2）

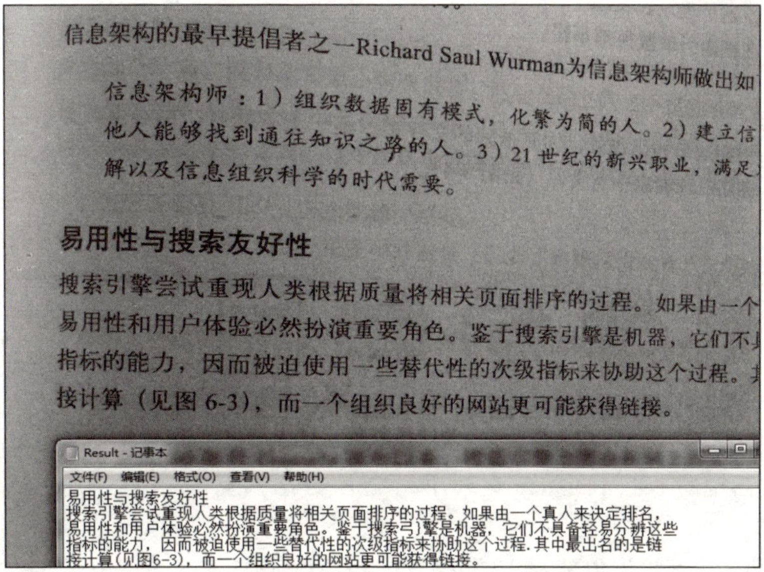

图 9-37　使用 ORC 软件将图片转化为文字（3）

需要注意的是，在选择书籍报刊的时候最好选择那些互联网上没有出现过的信息，这样的内容会更加受到搜索引擎的青睐。作者建议选择年代较为久远的书籍或者杂志，越是久远的越有可能在互联网上没有出现过。一般情况下，选择 2000 年之前出版的书籍报刊较为有效。当然，现在的书籍也有很多是没有出现在互联网上的，如一些地方性质的书籍或者比较小众的资料。选择的时候读者不妨发散思维，这样会得到更多的内容来源。

9.11 怎样选择适合自己的站群软件

前面我们已经多次提到站群软件。站群软件究竟有什么用途呢？我们应该选择怎么样的站群软件呢？

通过前面的学习我们已经知道了如何为站群获取高质量的内容。有了这些内容，我们就需要一种方法将内容发布到网站。人工发布确实有很多优点，但是庞大的站群需要很多的人工来做这项工作，这是一笔不小的投资。相比人工发布，使用站群软件就简单许多，我们只需要将内容导入站群软件就可以安心做其他事情了。

现在市场上有很多站群软件，如虫虫营销助手、黑豹站群软件等，我们需要选择一款适合自己的站群软件。虫虫营销助手价格比较高，但是功能较为丰富，操作比较稳定，适合数量较多的站群维护。如果读者计划建设10000个以上的站群，作者强烈建议使用虫虫营销助手。黑豹等站群软件价格较低，功能比较单一，适合数量较少的站群维护。但是有一点需要注意：虫虫营销助手的链接等功能虽然非常强大，但是需要设置很多参数，第一次使用需要好好阅读教程；黑豹等站群软件的大部分功能都是自动运行的，用户只需要启动即可。这两种模式不能单纯地说哪个更好，只能说哪个软件更适合某一种场景。

本书中作者只对虫虫营销助手展开详细的介绍和说明，原因是虫虫营销助手很多方面都符合作者对于站群操作的见解。作者一直强调，要将站群中的每一个网站当成单站来操作，虫虫营销助手能非常好地满足这一需求。

9.11.1 虫虫营销助手主要功能模块介绍

虫虫营销助手主界面如图 9-38 所示。从功能来看，虫虫营销助手拥有八大功能模块。

a. 博客论坛群发群建。主要支持主流大型门户博客、大型论坛、贴吧、各种评论网站、分类信息、B2B 商务信息网站的群建群发。

b. 站群自由管理。支持主流单用户、多用户公共建站程序多达 180 多种，可轻松管理数百个网站、博客站群。

c. 文章快速采集。内置强大的采集模块，提供灵活的采集规则和编写功能，可采集任一网站的内容，采集速度快。

d. 文章伪原创。支持标题组合、段落打乱、近义词替换、关键词自动链接及随机关键词插入功能，促进搜索引擎收录。

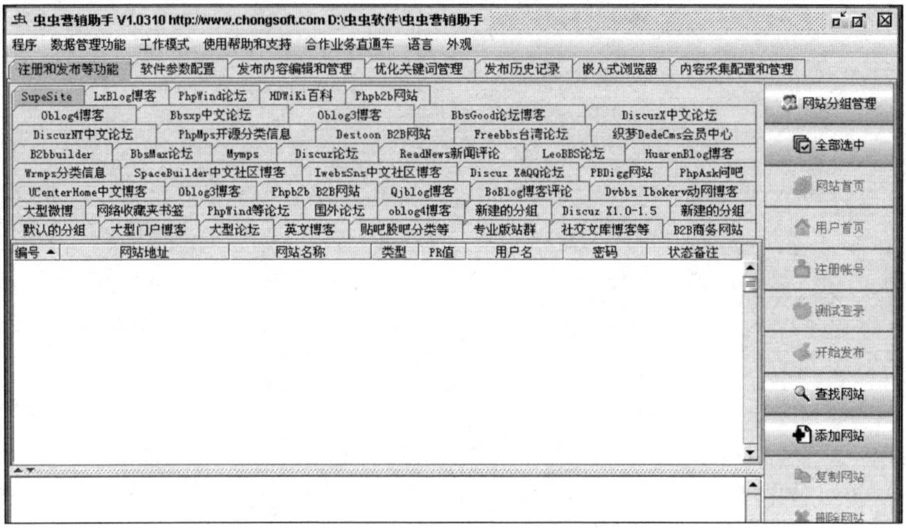

图 9-38　虫虫营销助手界面

e. 其他 SEO 助手。内置 PR 值、关键排名、网站收录数、关键词密度等多项个性化小工具，方便用户使用，提高工作效率。

f. 验证码智能识别。注册各类博客账号、论坛账号时将为用户自动填写账户信息，用户只需要填写验证码并提交即可注册成功。

g. 链轮/串链功能。文章中串加其他文章的链接，交叉促进收录，可多个数目串加链接数。

h. 数据灵活管理。全方位管理数据，支持上传、备份、下载，导入 / 导出 / 备份 / 还原功能，让用户轻松管理数据，重要网站信息无忧患。

9.11.2　虫虫营销助手支持的网站列表

支持中文主流大型门户博客和论坛，截至 2014 年 6 月达到 100 个左右，包括：新浪博客，163 网易博客，中国博客网，搜狐博客，百度空间，GoogleBlogger.com，凤凰网博客，和讯博客，51.com，博客大巴（blogbus），天涯博客，Csdn 博客，东方财富博客，中金博客，豆瓣，瑞丽博客，土豆网个人空间，中关村在线博客，中国图片个人空间，红网秀客，搜房网博客，企博网，比特博客，赛迪网 IT 博客，红豆博客网，大众论坛，艾瑞网，环球在线博客，中证财经博客，51CTO 技术博客，领地免费网站空间，创业邦，FC2 博客，宝宝主页_亲子育儿博客-摇篮空间，博客频道-Mtime（时光网），半岛博客，PClady 晒客，中国证券网博客，同城旅游网博客，YOKA 时尚网空间，Jinti.Com-博客频道，我邻网空间，威客_猪八戒网空

间，babytree（宝宝树），奥一网博客，西祠胡同社区，东方网博客，热线博客-深圳热线，365 博客，ChinaUnix 博客，百度百科，维基百科，互动百科，人人网，开心网，淘米网，点点网|轻博客，新浪轻博客，腾讯 QQ 空间，搜狐微博，新浪微博，腾讯微博，网易微博，嘀咕图片网，花瓣图片网，百度贴吧，和讯股吧，赶集网，今题网分类信息，易登网，百度知道，天涯问答，天涯来吧，天涯分类信息，列表网，久久信息网，中国分类信息网，有问必答网，东方财富网论坛，汽车论坛-网上车市，搜房网论坛，搜狐业主论坛，Csdn 程序员论坛，阿里巴巴商人论坛，中关村在线，软件论坛，诺基亚手机论坛手机中国，手机论坛，WeiPhone（威锋网），网易新闻论坛，华声论坛，中华网社区，等等。

支持英文高权重网站，截至 2014 年 6 月达 20 多个，包括：Facebook，Pinterest，Linkedin，Google+，LiveJournal.com，WordPress.com，Viviti，Blog.com，Blogster，Thoughts，Wikispaces，Quizilla，BlogHer，Tumblr，Devhub，Skyrock，itimes.com，Webs，OurStory.com，EklaBlog，Overblog，Bravenet.com，等等。

支持日韩繁小语种高权重网站，截至 2014 年 6 月达到 20 多个，包括：台湾部落格，台湾 PcHome 博客，Ameba，JUGEM，tennis365.net，yam 天空部落，天ブログ，みぶろぐ，随意窝，料ブログ，roodo 多，新浪部落，仕部落格，COTOBACO，udn 部落格，uBlog 校　部落格，全台 -iPeen，yaplog，livenotdead.com，はてな，MARUTA，料で盛り上がれるガールズ BBS!，BabyHome，国 BBS，等等。

支持主流单用户、多用户公共建站程序类型，涵盖大量外论坛（专业版站群模块）180 多种，包括：CMS 模板类型，自动验证类型，通用自定义发布站，ZBlog，WordPress，DedeCMS（织梦），帝国 CMS，动易 CMS，Bo-BLog 博客，Pjblog 博客，无忧 CMS，Php168（V6）CMS，KingCMS 5.0 ASP，ActCms 3.0，新云 CMS4.0，PhpCMS2008，Emlog，SDCMS 时代网站信息管理系统，MovableTypeCMS，Typecho CMS，KingCMS PHP，Joomla 英文 CMS，人人斑竹网，科讯 CMS，PhpMps CMS，Joomla 中文 CMS，Destoon CMS，Asp CMS，极瑞中文 CMS，ZencartCMS，Php168 分类信息 CMS，拓擎 CMS，微软 Live Space 博客，Shopex，EcShop，企业 QQ 空间，iwms，OBLOG3，Discuz 论坛，PBDigg 文章站，PhpWind 论坛，动网博客官方站，WordPress Mu，FreeBlog 英文博客，phpFox-Powered By phpFox，Blog System Demo site，Weblog Blogs，MovableType. org，UnknownEdu 留言板，UnknownBoard 日文揭示板，DorkWeb 博客评论，Clever 揭示板，Custombbs 揭示板，NingGlamSocial，Bravenet，Telligent 论坛，Cbox 评论，PhpBB2 论坛，Advanced Guestbook，Lazarus Guestbook，Burning Board 论坛，Burning Board 小语种论坛，Jiskoshij Micblog，Scritter Micblog，EMeeting 论坛，JoomalaComment 留言板评论，EBlah 论坛，YetAnother 论坛，YetAnother 小语种论坛，vBulletin 论坛，WordPress 博客评论，Guessbook 评

论，PhpBB3 论坛，Piwigo 相册评论，Zenphoto 国外相册评论，Images4 国外相册评论，Osclass 国外分类广告，Noah 国外分类广告，DataLife 留言板评论，Invision Power IpBoard 论坛, UseBB Forum, Shownews 新闻评论, PeplePods SNS, Etano SNS, 直销人，Discuz5d6d，Kentweb，Aef，Vanilla，BioWare Social Network，PhpLD 分类目录，MiniBB 国外论坛，Kunena 国外论坛，Fud 国外论坛，Gubby 法文留言板评论, Nuked 法文留言板评论, Openblog 博客评论, Phpweb 会员中心, Oxwall Social, Gallery 相册，Surpz blog，Xoops，Daum 评论，Fluxbb 国外论坛，WebWiz 国外论坛, MercuryBoard 国外论坛, FireBoardImpl 国外论坛, FireBoard 小语种论坛, Drupal 评论，Tikiwiki 英文 Wiki，Blogtonix 英文 SnS 博客，bbPress，Wp-Answers Demo, WordPres|Classified Ads Software，Smartblog，Profile Blog，Vbulletin Blog，Phpfusion Blog，Phpmotion 博客，Skadate 英文社区博客，Dzoic 英文社区博客，MediaWiki 英文 Wiki，Onesite 社区博客，IwebsSns 社区博客，Discux X 社区博客，Micolog 英文博客评论，WordPress&BuddyPress 英文博客，Elgg 国外博客，JcowImpl 国外博客，Phpdug 英文书签，Yabb 国外论坛，Expressionengine 国外论坛，ArticleMS 英文文章提交, Article Dashboard 英文文章提交, E107 国外论坛新闻投递, Webspell 国外博客论坛(支持评论), B2evolution 英文博客评论, SMF Simple Machines Forum, Pligg 英文 Digg（掘客），Boonex（Dolphin）英文博客，UnKnownType2 英文博客，Xmb 国外论坛，SocialEngine 英文博客，Unknowntype3 英文博客，Boardtopic 博客评论，Unknowntype4Aspx 博客评论，BbsGood 官方论坛，Huarenblog 免费博客，Qjblog 官方站，Php 问吧，HDWiKi，ReadNews 新闻评论站，LeoBBS 雷傲论坛，DedeCMS（织梦）会员中心，UCenterHome 中文博客，Discuz!NT-开源 ASP.NET 论坛，Discuz X PHP 开源论坛，PhpMps 开源分类信息系统，Supesite 中文博客，友领 phpb2b 系统，B2Bbuilder 系统，Bbsxp 论坛，Destoon B2b，Wrmps 分类信息类型，Freebbs 台湾论坛，蚂蚁分类信息，SpaceBuilder 社区博客，ModoerImpl 点评分类信息，ThinkSNS 开源微博系统，Phpwind V8.5 中文论坛，Phpwind V8.5 中文社区博客，等等。

虫虫营销助手分为个人版（800 元）和专业版（2800 元），具体功能区别如图 9-39 所示。个人版可以补差价升级到专业版。个人版自带精选的 200 个左右 PR 值较高的网站数据（包括大型博客、论坛、门户、分类信息等类型），不能自行添加网站，不能下载网站列表，没有网站资源抓取和更新功能。专业版是全功能版本，支持站群管理功能，还可以下载导入额外的数据，包括国内外中小博客、国内外各种流行论坛、英文博客、Wiki、DIGG、博客评论、新闻评论、相册评论等类型的数据，一共有几十万条，还可以自行抓取和更新（需要 HTTP 代理的支持）。

软件功能	个人版	标准版	专业版
产品价格（首次购买）	800元	取消	2800元
续费价格（年费）	800/3=266元	取消	2800/3=933元
带USB加密狗，自由换机	√	取消	√
自动升级	√	取消	√
可推广网站数	不限	取消	不限
注册帐号限量	×3个/月 约600个/月	取消	不限
发布条数限量	×50条/月 约1万条/月	取消	不限
默认自带资源个数	300+	取消	300+
中文高权重门户博客‘、论坛	100+	取消	100+
日韩繁小语种高权重网站	20+	取消	20+
英文高权重网站	20+	取消	20+
书签收藏夹类网站	10+	取消	10+
其它类型网站	30+	取消	30+
多用户模块（各种通用建站程序）	0	取消	180+
自行添加网站和导入网址	X	取消	√
从服务器下载更多网站列表	X	取消	√
网址资源采集更新，规则定制	X	取消	√
文章内容采集，规则定制	X	取消	√

图 9-39　虫虫营销助手价格

9.11.3　虫虫营销助手使用中需要注意的事项

下面我们通过实际操作来讲解虫虫营销助手使用中需要注意的事项。虫虫营销助手需要加密狗才能运行，作者建议大家一定去官方网站购买，不要贪图便宜购买盗版软件。购买软件后加密狗会通过快递交到用户手中，拿到加密狗就可以下载软件了。软件大小 82MB，支持 Windows XP、Windows 2003、Windows 7、Windows 2008，安装完成启动之前需要将加密狗插入计算机。

启动软件后，我们详细看看如何添加网站，如何将扫描的内容发布出去。首先单击主选项卡中的“添加网站”按钮，如图 9-40 所示。

本例中作者使用由 DedeCMS 建设的网站作为范例。如图 9-41 所示，选择网站类型，本例中我们选择 DedeCMS 类型的网站。然后单击“添加网站”按钮，完成后右击添加的网站，设置网站后台地址和用户名密码，如图 9-42 和图 9-43 所示，网站就添加完成了。

图 9-40　虫虫营销助手添加网站（1）

图 9-41　虫虫营销助手添加网站（2）

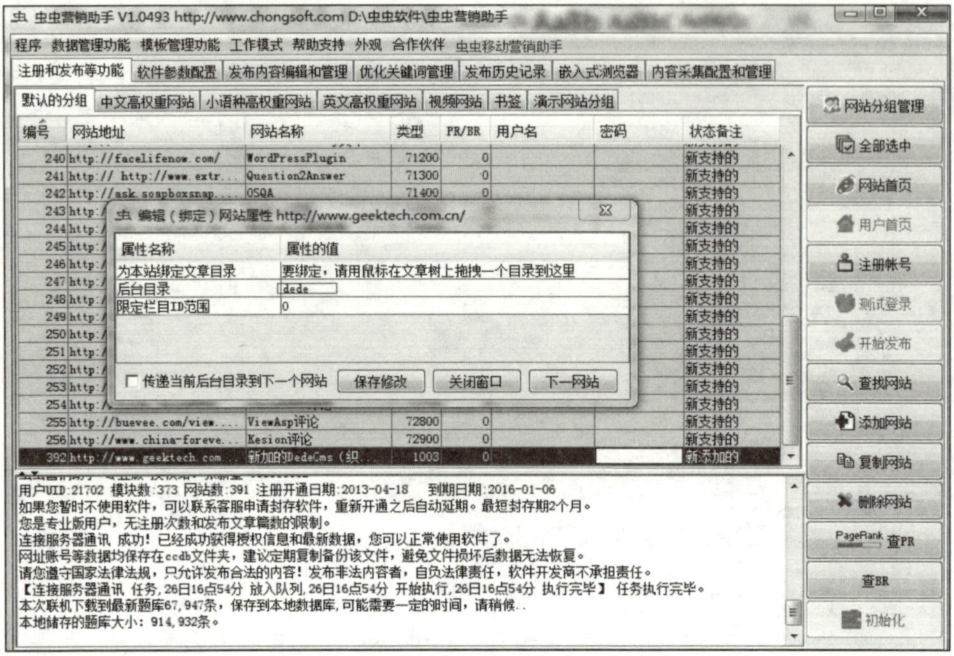

图 9-42　虫虫营销助手设置网站属性

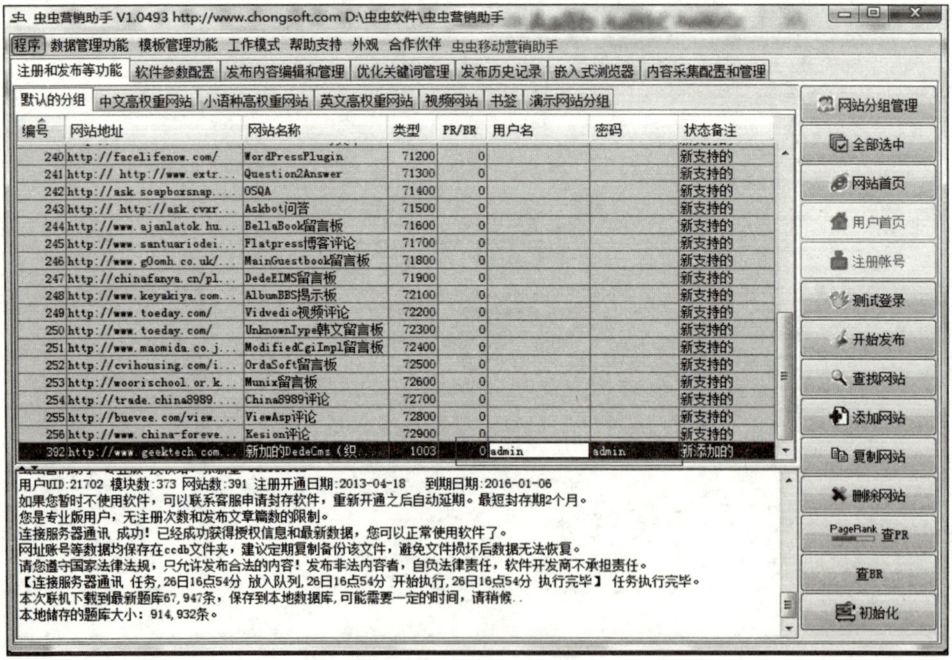

图 9-43　虫虫营销助手设置网站后台地址和用户名密码

Tips：需要注意的是，在发布文章之前要确认网站登录后台是否有验证码，如图 9-44 所示，如果有的话需要取消。DedeCMS 的设置方法如图 9-45 所示，其他的 CMS 取消验证码的方法读者可以自行搜索，这里不再讲解。

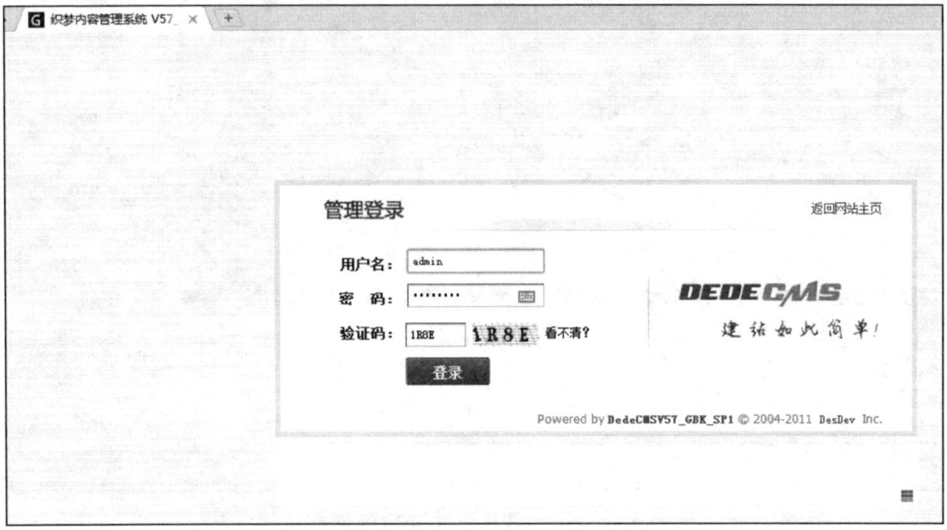

图 9-44　登录 DedeCMS 后台

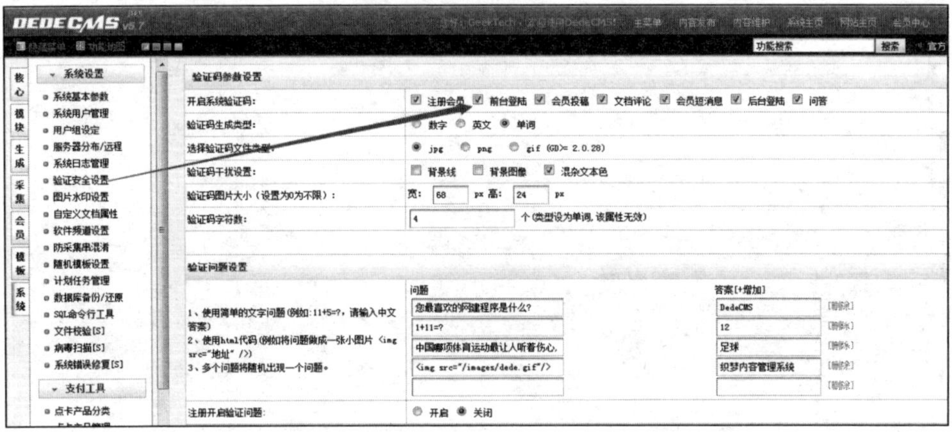

图 9-45　关闭 DedeCMS 后台登录验证码

完成后可以通过测试登录功能测试添加的网站后台是否能成功登录，如图 9-46 和图 9-47 所示。

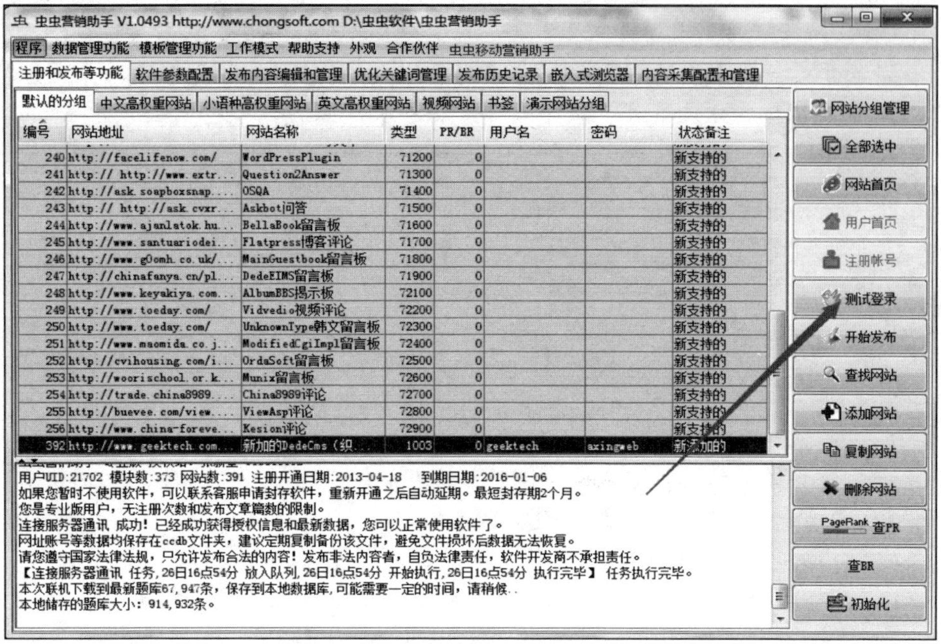

图 9-46　虫虫营销助手测试网站登录

图 9-47　虫虫营销助手测试登录

发布文章之前，需要将之前通过扫描获取的文章导入虫虫营销助手安装目录下的 articles 文件夹，导入后单击“发布内容编辑和管理”选项卡，如图 9-48 所示，就能看到添加的文章。

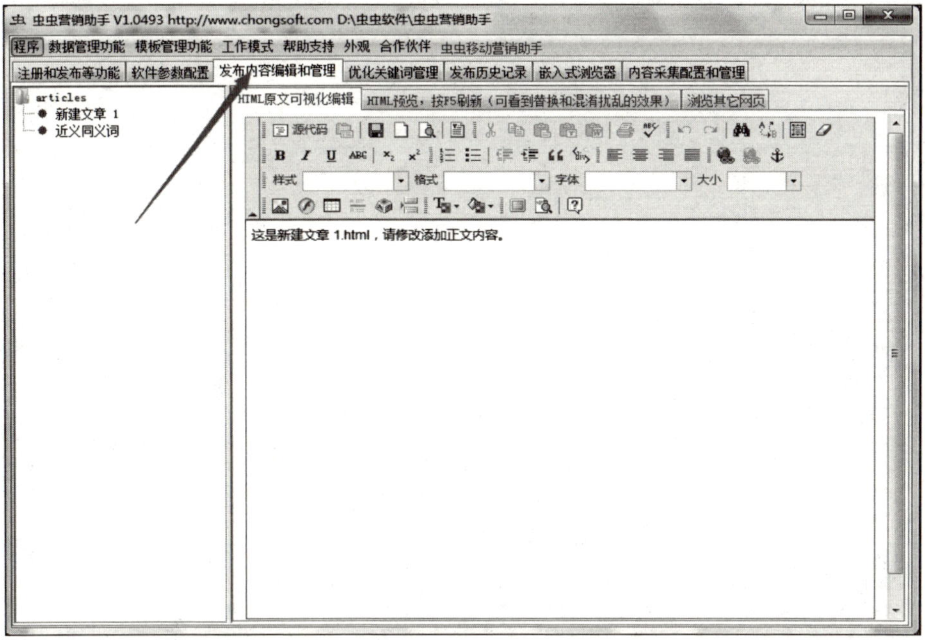

图 9-48　虫虫营销助手发布和编辑文章（1）

回到“注册和发布等功能”选项卡，单击“开始发布”按钮，如图 9-49 所示。这里可以设置许多参数，如延时发布、每个网站发布几篇文章、文章中穿插哪些关键词锚文本等，功能非常强大。设置完成后，系统会按照这些要求将文章发布到网站，需要注意的是关键词锚文本链接信息一定要提前规划好，规划好后按照计划建立关键词库。

如图 9-50 和图 9-51 所示，进入“优化关键词管理”选项卡，单击“添加”按钮，按照自己的规划添加设置参数。

虫虫营销助手的功能非常强大，一定要做好充分的准备，胡乱添加关键词锚文本链接可能会导致搜索引擎的屏蔽。实践证明，虫虫营销助手完全能胜任上万站群的维护，但是计算机内存一定要足够大，因为其发布文章的时候是多线程进行的，非常占用计算机内存。

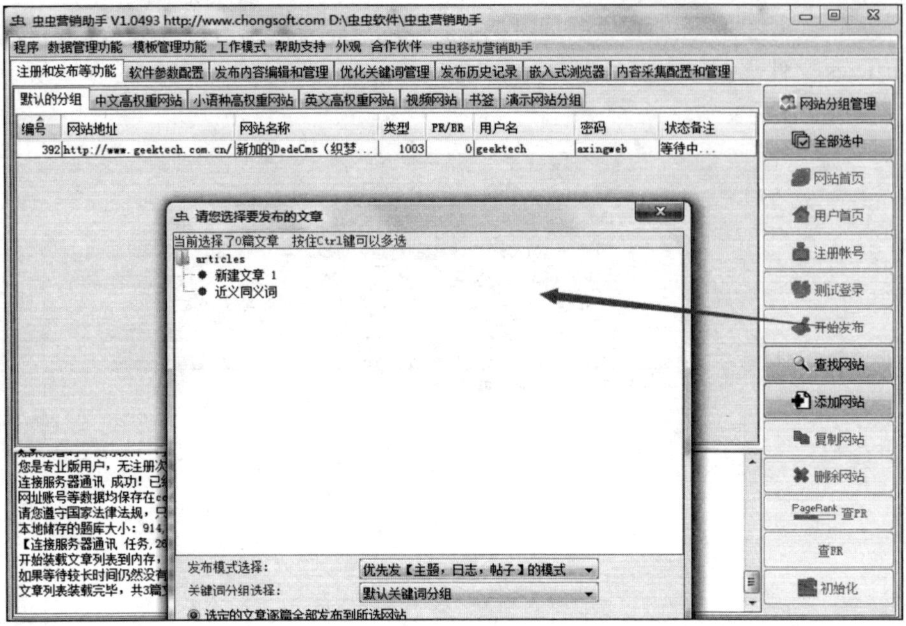

图 9-49　虫虫营销助手发布和编辑文章（2）

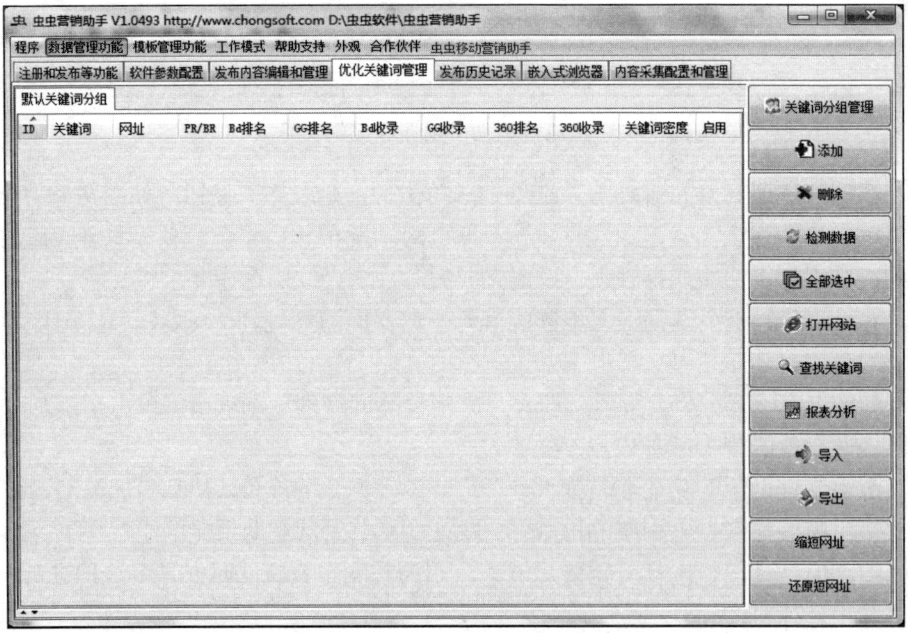

图 9-50　虫虫营销助手优化关键词管理

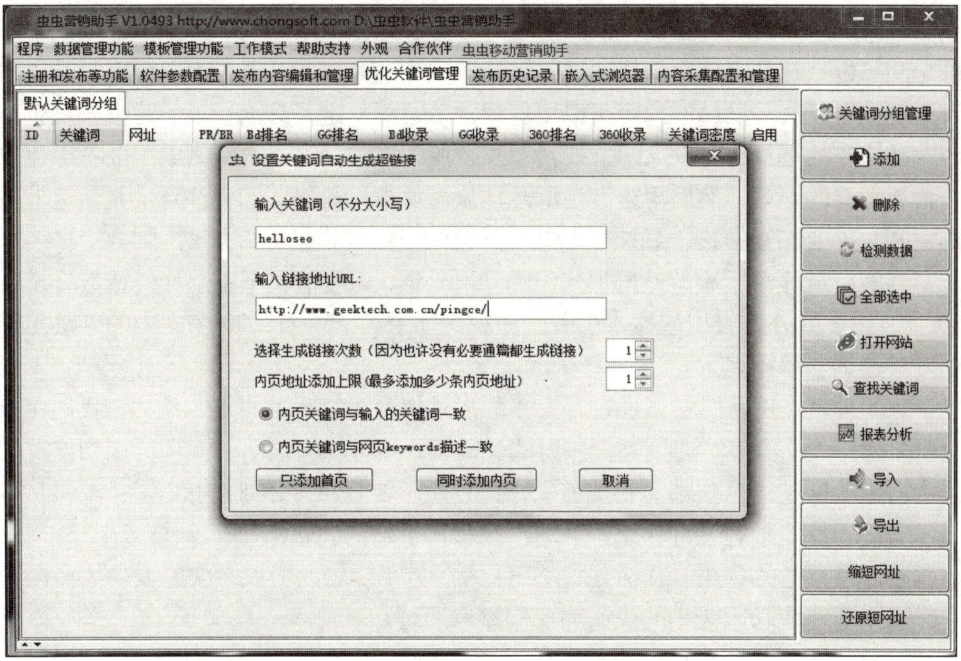

图 9-51　虫虫营销助手设置关键词自动生成超链接

9.12　站群之间应该如何进行链接

站群之间是否该做链接？这是一个长久困扰 SEOer 的问题。到底什么样的站群需要链接，什么样的站群不宜链接？本节中作者将和大家一起深入讨论这个问题。

肯定地说，站群之间做链接会加速站群的成长，能让站群短期之内获得关键词排名，但是一旦搜索引擎惩罚了其中的一个网站，就会顺藤摸瓜牵连所有的站群。

Tips：作者的建议是在一般情况下站群之间不做链接。除非站群优化的行业是利润非常高的，只求短期的排名，才考虑站群链接，但是相互链接的网站最好是不同的内容。还有，站群操作中我们都习惯在所有的站群网站放置相同的统计代码，以便监测流量，但这是非常危险的，一旦被搜索引擎识别，将导致整个站群被屏蔽。前面作者已经多次提到，站群的操作核心是将站群中的每一个网站都作为个体，不要存在侥幸心理。

如果预算较为充足，想在短期之内让站群有排名，可以尝试使用站群推站群的手法。例如，我们准备建设一批旅游站群，为了避免被搜索引擎屏蔽，计划旅游站群之间不做互链，但是我们想通过外链的方式加速站群的成长，因此可以尝试再建设一批站群。这一批站群内容可以更广泛，主题不一定是旅游行业。建设一批企业网站是不错的选择，可以从网上搜索一些企业的名称建站。本案例中可以考虑建设一批旅行社的网站，然后用这批站群悬挂旅游站群的外链。需要注意的是，这批站群之间也不要相互链接，悬挂旅游站群外链的时候要提前做好规划。

那些组悬挂对于旅游站群那些组的站群外链，一般情况下不要让外链数量超过20个，过多的外链会引起搜索引擎的注意。如果运营得当，20个之内的外链足以助推关键词获得排名。

除了外链，还可以尝试通过锚文本的形式提升关键词的排名。例如，我们在旅行社站群中发布文章，遇到关于旅游的关键词，就可以将这个关键词链接到旅游站群中对应的网站。这些都需要提前做好计划，不要盲目地添加链接。

链接固然能加速站群获得排名，但是操作需要十分谨慎，一旦被搜索引擎屏蔽，将导致非常严重的损失。作者建议SEO入门者不要轻易尝试，宁愿成功来得慢一点，也不要让成功因为小的失误与我们擦肩而过。

SEO是一项需要足够耐心的工作，在这个过程中我们要学会坚持，不能幻想几天或者几个星期就获得排名，也不要在幻想破灭后就决定放弃。SEO是一项需要信心的工作，绝对不能眼高手低。选择我们能力无法实现的目标去努力，往往会导致失败的结果，几次失败会让我们失去信心，在SEO中这是非常可怕的。小小的成就不断地累加，往往能让我们士气大振，迈向更大的成功。

9.13 关键知识点21：站群获得排名后如何将用户导流到主站

站群一旦获得了排名和流量，我们就需要考虑将用户导入主站或者广告页面。导入后转化率会受到很多因素的影响，这些因素都是我们在计划导入流量之前需要考虑或者计划的。

一般情况有两种方法。一是在站群页面中穿插横幅或者对联等性质的广告，对于用户体验来说这样的广告相对较好，也不容易导致跳出率提高，但是点击率和转化率会低很多。二是通过代码直接将主站或者广告页面嵌套进来，将原始站群信息覆盖，这样操作的优点是流量会直接转化进来，缺点是搜索跳出率会增加。因为如果用户搜索某一个关键词进入站群页面，结果浏览的信息不是该关键词的内容，用户便会跳出网站继续寻找其他内容。搜索跳出率的增加会让网站排名下降。

如果计划将主站或者广告页面直接嵌入站群网站，建议多做一些广告页面或者主站，让这些广告页面或者主站尽量包含站群中的关键词信息。这样，当用户搜索关键词进入后至少能看到一些关于该关键词的内容，会减少跳出率。例如，我们计划建设一批旅游类型的站群，当然会选择各地区的关键词，如“敦煌旅游”，作为我们优化的对象。优化“敦煌旅游”的站群网站获得排名后，嵌入这个网站的广告也尽量要包含“敦煌旅游”的内容。

我们可以试想，如果用户搜索“敦煌旅游”进入网站，结果发现里面的内容是“云南旅游”的信息，就会选择离开页面。作者认为，无论是运营单站还是站群，都应该多站在用户的角度考虑，时刻思索“用户进入我们的网站能干什么，能找到什么”等问题。这就是所谓的价值。一个网站如果没有价值，那么距离被搜索引擎判断为垃圾网站也就不远了。

站群的运营绝非将用户导入主站或者广告页面这样简单，合理的广告页面能很大程度地提高转化率。作者之前和一个知名网站的 SEO 主管交流，他告诉作者，在他加入之前，进入网站到成功下单的转化率非常低，后面他通过分析得知很多用户在下单的过程中离开，并依据此问题作出了调整，将下单流程从 5 步减少到 3 步，将之前的最后提交按钮颜色从绿色改为红色，并且加大了提交按钮的尺寸，将提交按钮从页面左侧移到右侧。经过这些调整，转化率提升了将近 50%。这是一个非常可怕的数据，也让我们意识到 SEO 绝非仅仅让关键词获得排名，更大的问题是获得排名后如何将这些流量转化为客户，这才是最终目的。上面的案例告诉我们，订单等信息提交过程一定要简单，提交按钮等一定要有较高的辨识度。这些细节往往能起很大的作用。

现在看来，当下的 SEO 已经不是简单的“为优化而优化”，而是一种综合的营销手段。我们只有在每一个步骤上都下功夫，才能获得最终的成功。

9.14　深入学习 10：站群遭到攻击的操作策略大全

正因为站群有如此大的潜力，这几年站群成了很多黑客攻击的对象。前面作者已经提到，因为站群数量非常庞大，站长没有足够的精力对每一个网站做详细的检查，这让黑客有了很多的可乘之机。在 9.8 节已经详细讲解了如何为站群服务器设置高效的安全策略，尽管这样，黑客还是无孔不入，我们的站群还是会受到不同程度的攻击。

面对这些攻击我们该如何操作呢？这是一个很重要的问题。本节中作者将从运营站群的实际案例出发，讲述在受到攻击后如何处理才能让站群避免损失。

首先我们来看比较常见的攻击方式。这种方式不会损坏站群，黑客只是将站群的广告代码替换，导致我们无法通过广告获得收益。处理这种问题我们首先需要寻找一款好的文字替换软件，然后尽量选择在凌晨执行替换操作，替换完成后尽快使用安全狗将网站的所有目录权限锁定。这样的问题，一般都是黑客侵入某一个站群网站获得权限后操作的，如果按照前面提到的方法直接将目录锁定是不会发生这种情况的。

其次是黑链，这种攻击方式对站群影响很大。因为黑链一旦被搜索引擎识别，将会导致屏蔽站群的后果。遇到这种攻击方式，作者建议首先尽快关闭网站，让网站无法访问，以避免搜索引擎蜘蛛抓取带有黑链的页面。实践证明，网站停止1～2天对于排名是没有影响的。要尽快通过替换清理黑链。替换的时候要注意，很多时候，网站被入侵就会有很多黑客来悬挂黑链，因此每一个网站的黑链有可能不同，如果直接复制某一个网站的黑链作为替换目标，很可能会留下没有替换的内容。作者建议通过正则替换操作，以保证黑链被完全清理。替换完成后，同样需要尽快将网站目录锁定，然后检查服务器是否安全。如果有异常的登录，还需要通过杀毒工具进行扫描并更换登录端口。如果按照之前我们讲述的方法，通过安全狗设置限制访问计算机，这种情况是不会发生的。

最后是最为严重的攻击方式，直接将站群数据删除或者破坏站群服务器。这种方式的攻击一般来自同行的竞争。遭遇这种攻击对于站群来说简直就是灭顶之灾，因为站群数据量非常庞大，我们不可能将每一个网站的内容都完整备份。作者建议在站群上线第一天一定要做一次备份，这个时候数据量不是很大，备份相对较为容易，后面如果遇到服务器被攻击可以第一时间进行恢复。

Tips: *站群参与关键词排名的一般都是首页，栏目页和内容页一般不考虑作为关键词的着陆页使用，只要保证首页能正常访问便会减轻损失。*

还有一种情况是站长根本没有备份数据。这该怎么办？如果是这样，作者建议不要着急，首先在百度站长工具后台设置闭站保护，如图9-52和图9-53所示。设置完成后，安排工作人员尽快使用之前的模板和关键词信息重新建站，如果有详细的域名关键词分配列表最好不过，如果没有，可以通过百度快照等工具浏览网页，对比建站。等所有网站建设完成后，用虫虫营销助手等工具尽快给每一个栏目发布10～20篇文章，发布完成后就可以启动网站了。

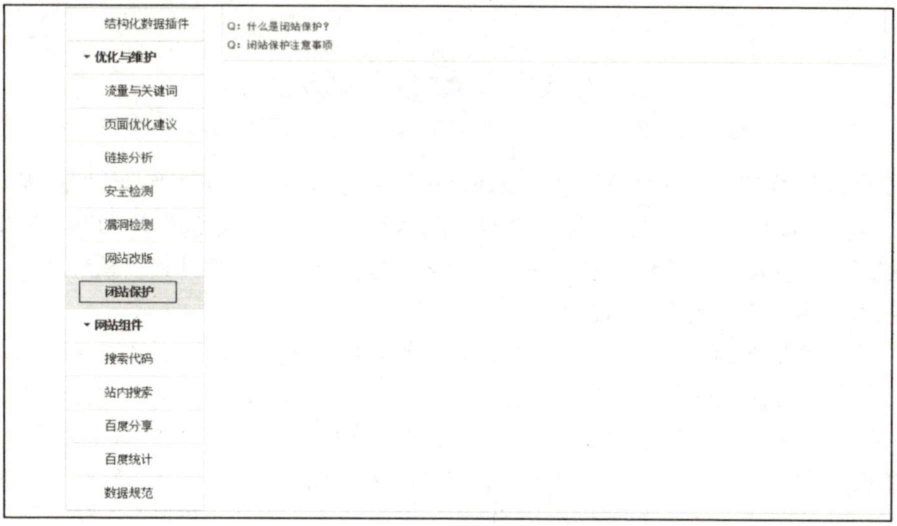

图 9-52　百度站长平台闭站保护（1）

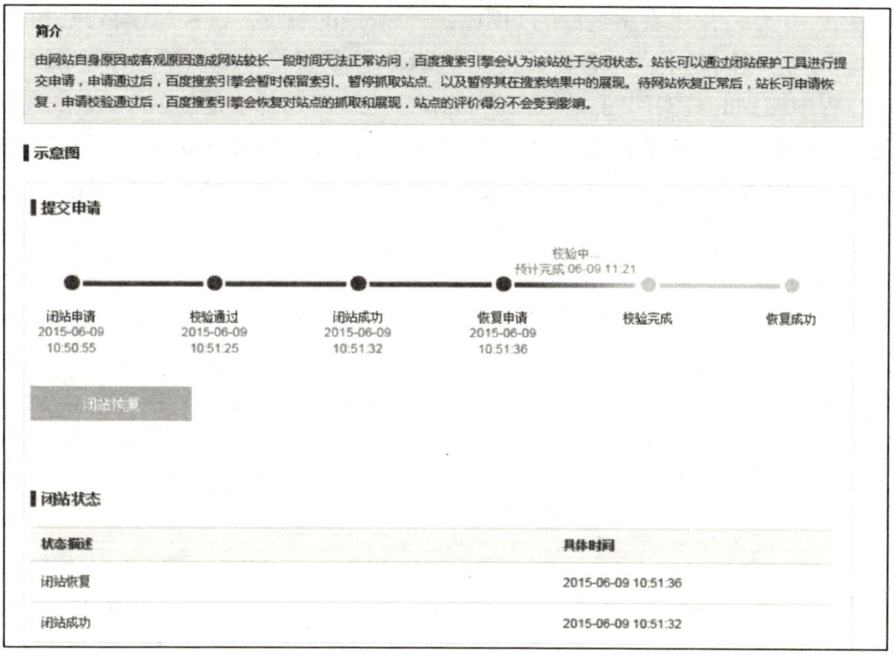

图 9-53　百度站长平台闭站保护（2）

Tips：闭站保护这样的操作虽然会影响网站的排名，但是能最大限度地降低损失。作者在实践中遇到过几次这样的事情，但借助这样的方法将损失降到了最低。如果读者遇到这样的问题也可以向作者求助，作者很乐意帮助大家。

9.15 本章小结

本章是本书最为重要的部分，也是全书的亮点所在。一直以来，站群的操作都被认为是 SEO 行业的秘密，很多 SEOer 都不明白为什么自己的站群和别人的站群使用同样的软件进行操作，但是别人的排名靠前，自己的却被搜索引擎屏蔽。详细阅读本章后读者一定能找到这个问题的答案。

这里还要强调一点，站群成功的关键是务必要把站群的每一个站当成单站来操作和维护，即使是站群，也要做到有价值。这是立于不败之地的根本。无论什么时候，企图欺骗搜索引擎或者用户的手法都是要付出代价的。我们可以这样理解站群：站群就是通过合理的规划，使用网站的首页优势，利用一些文章发布软件将关键词排名提升的营销方式，绝对不是简单地用一两天建设众多的垃圾网站，然后企图通过搜索引擎算法漏洞获得暴利的方法。

在第 10 章，作者会将遗漏的问题做一个全景的解读，这种解读将通过问答的模式展开。这些问题来自作者在过去几年 SEO 诊断过程中的积累，都是 SEOer 在 SEO 过程中遇到的真实问题。需要说明的是，这些问题都不是单独存在的，每个问题之间都有联系。作者的回答也是从不同的角度出发，力求用最高效的方法来处理问题。如果读者在阅读过程中遇到矛盾或者无法理解，欢迎线上联系作者。

第 10 章 SEO 十万个为什么

尽管在本书中作者想尽可能地将所有的经验告诉大家，但是很难找到一个合适的方式。在之前的 SEO 诊断过程中，作者回复过很多 SEOer 提出的问题，这些问题都是 SEO 实战过程中遇到的，非常具有代表性。本章中作者将这些问题做了总结和更为深入的回答，希望能帮助读者解决一些实际的问题。当然，SEO 过程中遇到的问题远不止这些，作者期待和读者在线上有更多的交流。

10.1　是不是权重高了关键词才有排名

问:

网站刚上线 1 个月，权重是 0，关键词密度 5%，每天都坚持发原创文章，但是百度一直都没有收录，是不是权重高了关键词才有排名?

答:

首先要明确的是，所谓的权重是第三方站长工具依据关键词排名和指数计算出来的。如图 10-1 所示，豌豆荚网站的权重就是站长工具依据“好玩的 APP”的指数和排名推算出的一个数值。这个数值百度官方至今没有明确说明存在权重，当然不可否认在搜索引擎排名的过程中一定会有一个数据作为依据。一般认为这个数值是依据不同的场景改变的。根据现在的情况，我们建议从以下几方面展开思考。

a．关键词密度在 SEO 中确实非常重要，但是这里还需要考虑关键词出现的频次。一般认为，网页越丰富，关键词出现频率越高，效果越明显。如果网页只有 100 字左右，那么只要出现 2～5 个关键词就会达到 5% 的密度。尽管密度可观，但是频次不够。

b．发原创文章也是必需的。注意文章的编辑，多分段、短句子、配合适当的图片是搜索引擎喜欢的，做到合理的长尾关键词优化和适当的目标关键词锚文本，一般建议 5% 的定向锚文本。

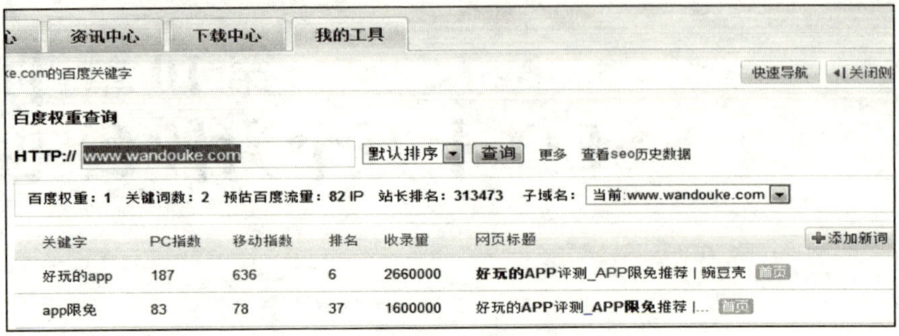

图 10-1 豌豆壳权重查询

c. 收录没有固定的期限，一般情况是 7～30 天开始收录文章页面。如果长时间没有收录，可以考虑加入网站地图或者去发发外链。

d. SEO 是一个不断总结经验、不断调整的过程，在网站运营的过程中要定期展开 SEO 诊断，对每次调整进行记录，方便在排名变化时判断是什么因素导致的。

10.2 锚文本还有用吗

问:

新上线的网站想优化关键词，不知道如何建设锚文本。锚文本现在还有用吗？站内带锚文本效果好还是外链锚文本效果好？

答:

在长期的 SEO 诊断中，作者对此问题有如下想法和建议。

a. 需要肯定的是，对于一个网站，锚文本是很关键的因素，注意这个要建立在网站本身结构布局合理的前提之下。

b. 一般情况下，如果外部资源少，不急于短期提升关键词排名，可以考虑重点进行站内锚文本的建设。在高质量文章中插入布局合理的定向锚文本，即使没有外链作为支撑，3～6 个月也会有一个好的效果。

c. 从一个网站的长远发展来看，我们更应该看重高质量文章的发布和站内锚文本的建设。外链就像催化剂，可以起到辅助作用，但如果使用不当，催化剂也会起到反作用。我们的建议是站内锚文本使用裸关键词，外链使用样式丰富的关键词。

d. 需要注意的是，建设站内锚文本的时候不要将相同的关键词指向不同的页面，以防止权重的分散。

e. 网站的 SEO 策略需要定期做 SEO 分析，从中总结出影响排名的重要因素，作出调整。

10.3　关键知识点 22：怎样提高网站收录

问:

网站上线 10 多天了，收录只有几页，不知道什么原因导致的。下一步该怎样操作才能提高网站收录呢?

答:

通过大量的 SEO 分析，我们认为提高网站收录可以从以下几方面着手。

a. 在上线之初，模板、栏目就应该建设完备，并保证每一个栏目中都有文章，这样才能获得搜索引擎的信任。如果蜘蛛第一次爬行过来没有抓取到信息，会大大降低之后搜索引擎爬行的频率。

b. 每天更新高质量文章 5～10 篇，保证每篇文章都有搜索引擎爬行入口。

c. 上线 1～3 个月可以建设专题页面。专题页面文章采用具有同一特质的文章，可以大大提高网站收录数量。

d. 使用标签。通过标签的聚合提高网站收录量，如图 10-2 所示，“好玩的 APP”、“APP 限免”就是一种标签的形式。这种标签会让内容有新的聚合方式，搜索引擎也非常喜欢这样的页面。

图 10-2　豌豆壳首页使用的标签

e. 如果行业资源比较少，可发布的信息有限，可以考虑建设站内站。站内站的文章内容可以广泛一些。如图 10-3 所示就是豌豆壳网站下面增加的站内站。如图 10-4 所示，站内站对于网站的收录还是非常有帮助的。

图 10-3　豌豆壳站内站

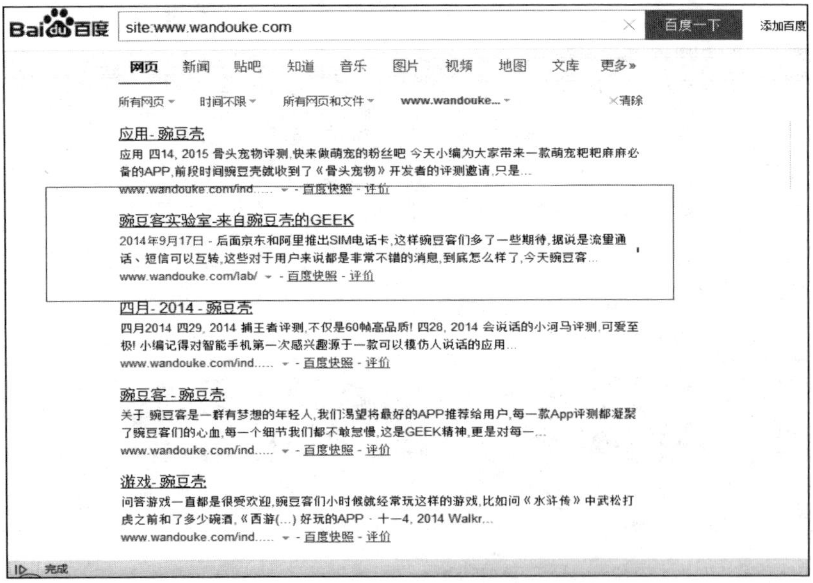

图 10-4　豌豆壳站内站的百度搜索引擎收录

10.4　网站挂了黑链导致百度降权，清理后多久恢复

问:

网站前段时间被黑客入侵，加入了很多黑链。因为一直没有检查网站，黑链存在时间有一两年了。此外，之前交换的友情链接对方网站已经撤下，而我的网站还一直保留，这样的友情链接大概有七八个。现在网站被降权了，快照回档到 2014 年 8 月，请问下一步我该如何操作？需要多久才能恢复？

答:

经过诊断，建议从以下几方面着手操作。

a．全面检查网站，将黑链彻底清理，修复漏洞，防止再次被挂。

b．互链的问题不大，可以取消对方链接，也可以不取消。

c．经过详细的 SEO 分析我们发现网站还存在一些问题，内容页面锚文本建设不合理。我们注意到，在内容页面一些关键词做了加粗处理，这个操作本身没有问题，但是这个手法的正常使用方法应该是加粗本页面需要优化的关键词，主页优化的目标关键词需要通过锚文本链接到首页。

d．我们还注意到，在网站页面中多次使用<H1>标签。作者认为<H1>是很重要的标签，建议在一个网页中只使用 1 次，并且包含本页中重要的信息。

10.5　网站因为中毒停止了两年，再次做站怎样能尽快被收录

问:

网站因为中毒停止了两年，再次做站怎么样能尽快被收录？目前上线 7 天了，还没有收录，已经提交过了。

答:

经过大量的 SEO 诊断，我们认为网站中毒肯定会降低搜索引擎对域名的信任度，可以通过改善以下几方面来加快收录。

a．域名已经停止两年，这是一个有利的因素。有病毒或者因过度优化被搜索引擎降权的网站，沉淀 1～6 个月再做站是一个不错的选择。

b．建议上线之前尽量完善网站，将栏目、专题等都建设完备，每一个栏目都发布 5～10 篇文章。

c. 上线后适当发外链。建议上线之初不要做过量外链。

d. 每天更新高质量文章 5 篇左右，第 2 个月可以递减到 3 篇，第 3 个月 2 篇。

e. 注意发布文章的规范，多分段、短句子、配合图文等。

f. 加强站内锚文本建设，按照前期计划在发布文章时合理加入锚文本。

g. 定期做 SEO 分析，了解网站收录情况，适时作出调整。

10.6 修改网站标题导致关键词排名下降怎么办

问:

网站因为重新布局关键词而修改标题，两天后排名下降，请问下一步该怎么样操作?

答:

通过分析大量同类型网站 SEO，我们认为该问题应该从以下几方面加以思考。

a. 更换标题后在短期之内肯定会导致排名丢失。如果非要改，可以分步进行，不要一下子调整得过于剧烈。

b. 如果改完标题后排名下降，可以改回去后继续发高质量文章，一般 7 天之内会恢复之前的排名。

c. 针对以上问题，我们建议在网站建设之初要下功夫整理资料，尤其是标题的撰写，要逐字逐句分析，等网站上线后再修改实在是下下之策。

SEO 技术发展到现在，已经不再和之前一样是少数人掌握的秘密。在诸多的 SEO 诊断中我们发现，勤于撰写高质量文章，勤于在日常的 SEO 工作中吸取经验的网站更加容易获得成功。我们一直主张不要刻意去优化，我们只要记住——自己的网站能否让搜索引擎易懂，能否带给用户有用的信息。

10.7 快照回档的原因分析

问:

很长时间没有留意网站收录、快照等情况，前几日查询快照，显示是 2013 年的，不知道该怎么办，请朋友分析一下具体的情况，感谢!

答:

按照我们的经验，快照回档问题一般由以下几方面原因导致。

a. 服务器不稳定导致快照回档，建议使用站长工具检测服务器是否在全国各地区都可以正常访问。

b. 域名 DNS 解析不稳定导致快照回档，可以通过百度站长工具抓取诊断检测。如果 IP 地址正确说明没有问题，反之请投诉直至检测结果正确。

c. 网站修改标题等重要标签内容导致快照回档，这种情况可以通过投诉快照解决。

d. 搜索引擎不稳定导致快照回档，这样的情况无须理会，等待数日便可自动恢复。

e. 网站长期没有更新原创内容导致快照回档，可以通过更新网站内容解决。

具体情况可以结合网站进行 SEO 分析，一般来说，要点 a、b、e 容易导致快照回档。对快照回档不必过分担心，《百度搜索引擎网页质量白皮书》也说明快照时间和排名没有直接联系。

10.8　网站收录不了是为什么

问:

网站上线快 2 个月了，之前百度已经收录，今天网站收录消失了，不知道是什么原因。

答:

我们认为网站没有收录或者收录后消失可以从以下几方面入手检查。

a. 服务器不稳定。这里需要重点检查服务器是否在各地区都能访问，我们之前的 SEO 诊断中遇到过很多这样的问题。建议使用 www.webkaka.com 类型的工具进行检测，如图 10-5 所示。

b. DNS 解析不稳定。百度搜索引擎对 DNS 的更新比较慢，如果 DNS 不稳定，会导致搜索引擎抓取失败。可以到百度站长工具抓取诊断检测，如图 10-6 所示。如果发现 IP 地址不合适，投诉即可。

c. 网站结构不合理或者程序存在问题。我们在 SEO 分析中遇到，有些 ASP 建设的网站，其某些网页可能会让蜘蛛陷入死循环，这是搜索引擎不喜欢的。结构方面主要考虑首页到栏目页及内容页的入口，网站建设之初不可能有网友分享网页，搜索引擎只能通过首页入口抓取全部网页。

检测位置	解析IP	状态	域名解析时间(s)	网页连接时间(s)	内容下载时间(s)	内容下载速度(KB/s)	...	赞助商
河北石家庄(电信)	119.75.217.56(北京市 百度公司)	200	0.026	0.016	0.047	145.021		
广东东莞(电信)	119.75.218.45(北京市 百度公司)	200	0.002	0.063	0.094	72.51		★迅美云计算★(1G高防VPS 149起)
温州(电信)	119.75.218.45(北京市 百度公司)	200	0.002	0.063	0.094	72.51		★迅美云计算★(温州电信VPS 99起)
河南郑州(多线)	119.75.218.45(北京市 百度公司)	200	0.002	0.063	0.094	72.51		★迅美云计算★(1G多线VPS 109起)
上海(电信)	220.181.111.147(北京市 百度公司)	200	0.031	0.047	0.078	87.384		
重庆(电信)	119.75.218.45(北京市 百度公司)	200	0.002	0.063	0.094	72.51		重庆微典(重庆双线托管)
东莞(电信)	119.75.218.45(北京市 百度公司)	200	0.002	0.063	0.094	72.51		★新浪潮互联★(【无敌防御】无视DDOS攻击不封IP)
安徽(电信)	119.75.218.45(北京市 百度公司)	200	0.002	0.063	0.094	72.51		八度网络(服务器免单啦)
湖南衡阳(电信)	119.75.217.56(北京市 百度公司)	200	0.001	0.032	0.079	86.278		
湖北武汉(电信)	119.75.217.56(北京市 百度公司)	200	0.005	0.047	0.094	72.51		武汉圆心网络(香港VPS快速稳定)
湖北十堰(电信)	119.75.217.56(北京市 百度公司)	200	0.005	0.047	0.094	72.51		飞讯网络(湖北IDC武汉IDC)
杭州(电信)	119.75.217.56(北京市 百度公司)	200	0.005	0.047	0.094	72.51		
上海(电信)	119.75.217.56(北京市 百度公司)	200	0.007	0.047	0.078	87.384		星乐点★专业建站(腾讯云主机30元起更享超值反利)

图 10-5 豌豆壳的各地区访问速度检测

图 10-6 百度站长平台抓取诊断

d. 如果之前已经收录，但近期收录消失，可以观察 1～7 天，有可能是快照回档。如果 7 天之后网页仍然没有出现，说明网站存在很大的问题。应考虑网站内容是否是搜索引擎喜欢的，是否能带给用户有用的信息。

10.9　用现成的模板做网站怎样提高权重

问:

网站是用现成的模板制做的，设置了关键词密度，可排名也没有提升，收录量很少，不知道下一步如何操作。已经上线 2 个月了，权重还是零。

答:

模板不能直接影响网站的排名，搜索引擎更多注重的是除去各种标签的内容。不过，搜索引擎对模板的一些标签包含的内容非常在意，具体有以下几点。

a. title、keywords、description 要可以自定义。务必注意内容页 TDK 标签内容不要和首页相同，这个问题在很多网站中都出现过。

b. 搜索引擎对<H1>的重视仅次于 title。检查模板中<H1>的使用是否规范。我们建议<H1>在网页中只出现 1 次，且包含目标关键词或者长尾关键词。

c. 虽然近几年搜索引擎对 strong 标签有些弱化，但是大量的数据证明，在网页中第 1 次出现关键词的时候使用 strong 标签有助于获得排名。

d. 模板中出现图片的时候，alt 标签可以自定义。良好的 alt 标签对于搜索引擎认识图片有积极的帮助。

e. 需要注意的是，网站的权重是各类型站长工具依据关键词排名和指数测算出来的数据，没有权重不一定是网站没有获得搜索引擎的青睐，只能说明在关键词的优化上缺乏竞争力。

10.10　网站收录的问题

问:

网站上线已经 15 天了，上线第 2 天首页被收录，第 4 天一个内页收录。后来发现 title 错误，修改了 title 标签，随后之前收录的内页被删除了，主页快照回档。

答:

一般情况下，收录内页需要 3～30 天的时间。决定收录时间的因素很多，我们建议从以下几方面入手。

a. 网站缺乏原创内容。

b. 网站结构不够合理，不是理想的扁平化结构。

c. 网站首页没有入口链接到内容页面。

d. 内容页面虽是原创，但是编辑不到位，建议采用多分段、短句子、配合图片或者视频等。

e. 内容页面没有通过锚文本等链接形式产生互链。

f. 增加网站地图，到百度站长工具提交。

g. 适当在论坛、微博等地方发外链，建议直接发内容页链接地址。

10.11 关键知识点 23：主关键词排名一直徘徊在 2～3 页

问：

网站没有作弊，内容大部分为原创，配合伪原创文章。在 360 搜索中排名不错，在百度主关键词一直徘徊在 2～3 页，请问是什么原因导致的？

答：

可以从如下几方面着手改进。

a. 在首页 keywords 标签中增加目标关键词。

b. 首页增加<H1>标签，其中包含目标关键词。<H1>标签在 SEO 中非常重要。

c. 文章中最好包含图片，这样会更加受到搜索引擎的青睐。

d. 提升文章更新频率，一般情况下保证每天 1～5 篇的更新量，周末、节假日可以不发，原创文章有困难可以考虑仿写。

e. 推荐使用 strong 标签，在页面中第 1 次出现关键词的时候，使用 strong 标签强调。

f. 排名徘徊在 2～3 页，说明之前的 SEO 方法基本得当，因此勿做大范围的修改。如果以上方法使用后效果不明显，可以尝试建设站内站。

10.12 搜索引擎收录首页后蜘蛛没有再来过

问：

新站第 1 天就被收录了首页，但后面观察日志，发现搜索引擎蜘蛛没有再来过，请问从收录首页到内容页需要多久呢?

答:

如果首页收录后蜘蛛一直没有来，可以从以下几方面着手检查。

a. 网站缺乏内容。我们认为上线之前网站应该至少每个栏目有 1 篇文章，否则会给搜索引擎蜘蛛留下非常不好的印象。

b. 网站内容质量低。网站上线及上线后 3 个月之内，文章的质量至关重要。这里需要注意，并不是原创的就是高质量的文章，文章被搜索引擎青睐的前提是对用户有用。例如，一篇文章是关于一个小地方的小吃的，原创度自然很高，但是很少有用户需要这样的文章。虽然这是原创，但是质量并不高，给网站带来的贡献也相对较低。

c. 网站结构不合理，搜索引擎无法顺利爬行。这样的话可以检查网站结构是否扁平化，而搜索引擎喜欢这样的结构。

d. 服务器不稳定。可以使用工具检查网站是否在各个地区都能正常访问。

10.13　搜索引擎查询不到网站标题且网站排名消失

问:

网站在 15 天之前权重是 1，当时搜索标题能找到网站，近期百度更新后在 100 名之内都找不到网站了，权重变成了 0，排名也消失了。我之前在论坛发了一些帖子，当时没有使用签名，后来把这个网站放在这个论坛的签名里面。百度更新后收录了之前发布的帖子，外链也增加了很多，是不是这个原因导致的呢?

答:

经过 SEO 诊断，推测原因如下。

a. 在论坛发网址做外链不会对排名有大的影响，《百度搜索引擎网页质量白皮书》也做了说明，因此，网站排名丢失应该和签名导致的外链暴涨没有直接关系，但是也不能排除会受到影响。不知道你的网站排名消失几天了，如果超过 3 天还没有恢复，可以断定和此外链无关。

注意: 如果网站的某些网页没有被收录，可以使用到论坛等地方发外链的方法吸引蜘蛛来抓取，效果还是比较明显的。

b. 检测发现网站内容页 URL 偏长。我们看到，该站采用的是电影名称全拼的方式，尽管这样有助于提升排名，但是权衡利弊，还是建议缩短 URL。

c. 网站内容缺乏原创，这是电影网站普遍存在的问题。我们建议的操作手段是到微博搜索对应的电影名称，将相关的微博信息人工发布到电影页面的下方，这样聚合产生的内容搜索引擎非常喜欢。

d. 除此之外，建议重点做一些专题，不要贪多，而要逐步推进，这对于提升权重和目标关键词排名作用很大。

10.14 新站如何通过 SEO 提升排名

问:

我刚开始接触 SEO，感觉 SEO 这个行业需要学的东西太多了。最近做了一个小网站，是根据 SEO 视频教程来做的。现在每天都发文章，发外链，但是排名一直没上升，请问是什么原因?

答:

经过分析我们发现，你已经掌握了一些 SEO 技术，文章中的锚文本建设也基本完善，下面是我们给出的几点建议。

a. 文章页中正文出现位置偏下。我们看到，你的网页中正文之间有很多模块，如友情链接之类，而搜索引擎对网页的权重评估是从上到下的，故建议调整模板，将文章出现位置向上移动。

b. 我们注意到，首页中没有使用<H1>标签，建议加上，因为搜索引擎很看重<H1>标签中的内容。同时我们注意到，首页中<H2>标签仅包含“文章类目”这样的文字，对于 SEO 而言这是一种浪费，建议融入关键词。

c. 发布文章的时候要注意，在第一次出现该文章优化的长尾关键词的时候用 strong 标签加粗。

d. 建议在文章页中也放入 keywords 标签。虽然现在搜索引擎不再依赖这些标签，但是加上还是有助于搜索引擎判断网页类型。

10.15 SEO 仅仅是发布文章和增加外链吗

问:

现在做 SEO, 除了尽量内容原创和交换高质量友链外还要做什么？我做了两个新站，百度收录了主页，也有几个关键词有排名，不过排名都很低。我想问一下，除了经常更新网站，尽量原创或伪原创，尽量交换好一点的链接外，还有哪些方法对提升排名比较有好处呢？听说现在发帖做外链已经没什么作用了，是不是这样？

答：

a. 确保网站结构合理。

b. 发文章要尽量做到每天发 1～5 篇，节假日可以不发；发文章之前要规划好长尾关键词，每一个长尾关键词都要有着陆页；发文章的时候锚文本指向首页目标关键词或者长尾关键词着陆页。不能为了发文章而发文章，对每一篇文章要有规划，这样才能收到效果。如果文章没有规划，收录再多也是无济于事的。

c. 注意细节的处理。经过我们验证，锚文本的效果和出现的位置及上下文都有非常大的关系。

d. 注意文章方面尽量使用原创，可以尝试仿写、聚合等。

发帖是否有效果的问题现在没有定论，研究发现效果较之前确实减弱了。但是遇到某些页面不收录等情况时，发帖吸引蜘蛛的效果还是比较明显的。

10.16 如何优化才能让关键词快速获得排名

问：

如何优化才能让关键词快速获得排名，有什么好的方法呢？

答：

现在想短期做成一个网站确实不容易，制定一个 3～6 个月的计划来做或许更加实际。计划可以按照下面几点执行。

a. 选择一个可以自定义的、修改灵活的 CMS 系统，推荐使用 DedeCMS 或者 WordPress。

b. 自己或者外包做一个符合 SEO 方案的模板。这个很重要，近期我们诊断的很多网站都是外表看着漂亮，代码结构和优秀的 SEO 差得很远。

c. 准备高质量的文章，文章可以通过聚合、仿写等方式获得。

d. 制定优秀的文章发布计划，第 1 个月每天 5 篇，第 2 个月每天 10 篇，如此递增，等权重增加或者排名提升后可以减少到每天 1 篇或者更少。

e. 网站上线 1 个月左右开始发外链。外链不要求多，最好是用相关的行业网站做外链，关键词不要使用单纯的行业裸关键词。

f. 发布文章的时候注意锚文本的建设和长尾关键词的优化。

10.17　网站怎样提高访问量

问:

最新的电影网站天天更新，怎样才能更快地增加访问量?

答:

现在电影网站的推广确实比较麻烦，我们建议用如下思路操作。

a. 建设专题。例如，建设一个情人节专题电影，如图 10-7 所示为搜狗影视建设的情人节专题页面，在百度搜索中能获得不错的排名，如图 10-8 所示。可以使用单独的博客程序建设专题，里面写一些电影介绍、推荐，重点是可以到微博搜索该电影。如图 10-9 所示，搜索“罗马假日”关键词就能得到很多关于该电影的信息，然后把用户对该电影的评论等信息发布到电影专题页面中，这样重新聚合的内容搜索引擎是非常喜欢的。

b. 在现有的内容页面上，按照上面的思路找微博内容自己发一些信息，这样聚合而成的内容才能获得搜索引擎的青睐，否则统一化的电影介绍很难获得排名。

c. 注重长尾关键词的建设。电影网站的目标关键词竞争非常激烈，我们不妨考虑初期做一些竞争较小的长尾关键词，如“《后会无期》怎么样”。

图 10-7　搜狗电影专题页面

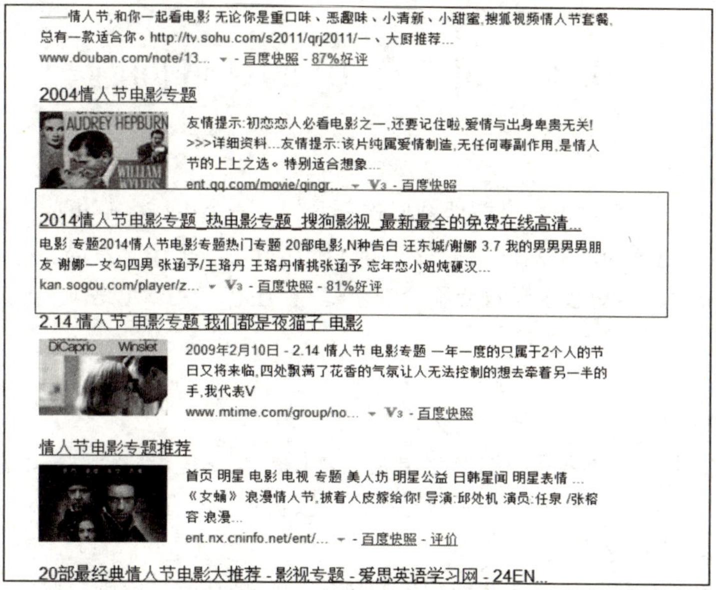

图 10-8　搜狗电影专题页面百度搜索引擎排名

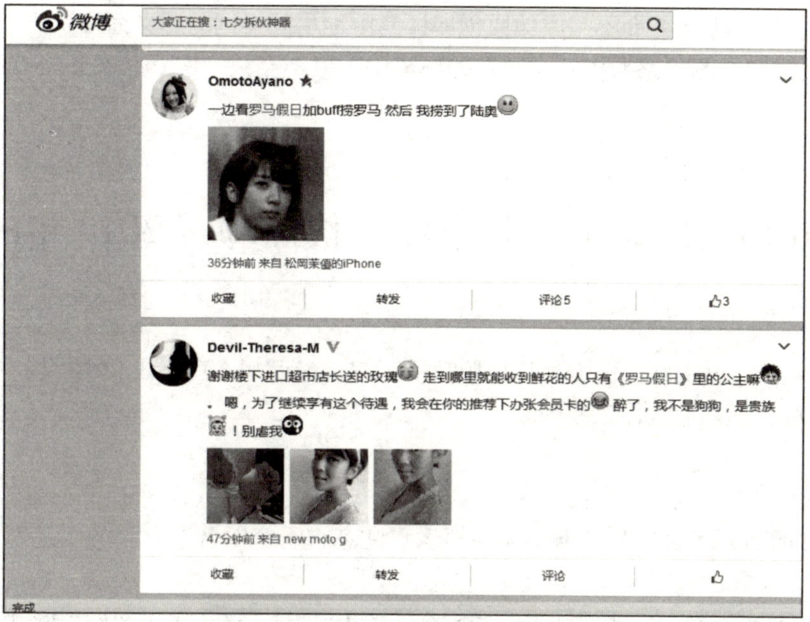

图 10-9　微博搜索电影名称进行内容聚合

10.18 同一个 IP 的站群问题

问:

我最近在做一个站群，是按地域形式划分的，一个主域名解析成若干个二级域名，而且每个地区的站群网站模板都一样（除了标题、关键字、描述不一样外，其他内容都一样）。不知道这样做会不会被“K”？还有，文章也是统一发布的，打算伪原创。

答:

当前 SEO 环境下建站群的方法如下。

a. 现在的优化策略是站群按照单站来操作，也就是每一个站群的单站都要有不同的 IP，甚至相互链接的也不行。现在的服务器就算是有很多 IP，也多数是互相链接的，要注意这个问题。

b. 文章方面现在建议不要使用伪原创，最好是高质量原创文章，如果实在不行可以仿写。注意仿写和伪原创的区别，仿写是拿一篇文章，按照自己的思路、语言方式重新写出来，而不是像伪原创那样简单地用同义词、反义词替换。

c. 按照你的思路操作，在现在的环境中一般不会被“K”，但是很难获得好的排名。

10.19 网站上个月上线，快照却是 2010 年的

问:

本站上个月上线，前面几天快照都很正常，最近却一直停在 2010 年，投诉快照也没用，不知道是什么原因。

答:

快照回档有以下几方面原因。

a. 服务器不稳定导致网站无法抓取。注意查看全国各节点服务器是否可以正常访问。

b. DNS 不稳定导致蜘蛛无法找到合适的 IP 地址。这个可以通过百度站长工具抓取诊断解决，诊断后查看 IP 地址是否正确，如果错误就投诉。

c. 如果以上都确认没有问题，就不需要理会了。事实证明，百度快照和排名没有直接联系。

10.20　友情链接的问题

问：

我做的是购物网站，添加对方的网站是分类的友情链接，对方添加的是我的首页友情链接，这样会对我有影响吗？都是同类的购物网站，我的权重没有对方的权重高，对方的权重是 6，我的是权重 1，这样对我有什么影响吗？

答：

我们认为添加友情链接应该遵循以下几点。

a. 网站类型相似，也不一定必须是类型完全相同的网站，只要有相似的目标群体就可以。例如，一个卖自行车的网站和卖帐篷、户外用品的网站链接都是可以的。

b. 链接关键词应该多元化。以前我们做友情链接都是用一个目标关键词，现在建议用不同的关键词。例如，我们是自行车网站，那么链接的锚文本可以是“某某自行车”、“自行车之家”等，而非“自行车”之类的裸关键词。

c. 链接网站类型应该丰富一些，既有博客类型，也有 B2C 类型等，这样会达到比较好的效果。

10.21　site 首页不在第 1 位是否意味着降权

问：

网站刚接手，由于网页 title、meta 标签比较混乱，就在上周进行了一次调整。这周发现 site 首页不在第 1 位了，担心是不是因此网站被降权了。

我排除了以下几点原因。

a. 搜索网站名或 title，首页都在第 1 位。

b. 关键词数量有所减少，但今天数据又恢复了一些。查看历史数据，关键词数量也有波动。

c. 索引量未有大变化。

d. 查询网站的友情链接，发现有许多整形网站首页都不在首位，也没有发现它们有大的问题。

目前还未分析出原因，不知道同类网站有没有出现同样的情况。

答:

首页不在第 1 位由很多原因导致。

a. 网站修改标题等重要部位后导致首页权重暂时低于其他页面权重。

b. 网站内部优化不到位，权重无法集中到首页，可以调整站内锚文本布局来解决。看了几篇网站的文章，都没有发现锚文本建设，除了站外链接之外，站内锚文本对目标关键词排名有很大作用。

c. 服务器不稳定导致首页抓取失败，排名暂时下降。

综合上面几种因素我们可以推测，首页排名的下降和修改标题标签及站内锚文本布局不合理有很大关系。

10.22 网站关键词排名突然下降的原因是什么

问:

上午利用站长工具查询, 网站排名在 40 名, 可到下午 4 点多就下降到 61 名了, 怎么变动这么大呢？请问我该如何去做工作呢？

答:

权重是第三方工具依据网站关键词排名测算出来的, 权重下降说明关键词排名在下降，这个下降并不是说当天操作不当，或许是几天之前的某一篇文章或者某一次改变所致。建议每一次做改变的时候都做一下记录，方便排名发生变化的时候查阅。经过检测我们发现, 你的文章页注重了锚文本, 但是忽略了文章页本身的价值, 文章本身有价值才能给首页传递权重。建议在文章长尾关键词优化上下功夫，还有就是文章中同样的词不必每次出现时都链接到首页，一篇文章中有 1 次就可以了。

10.23 新站 1 个半月时遇到这种情况正常吗

问:

网站上线 1 个半月，Google 页面 5 万多个，百度收录才 300，每天流量不两位数，这样正常吗？该如何 SEO？还是关掉算了？

答:

经过分析可以看出这个网站创意还是非常不错的。新站收录量低有几方面原因。

a. 网站上线才 1 个半月，收录周期有点短，如果网站结构合理的话后续会收录。

b．网站内容质量不够高，建议仿写一些文章。仿写就是按照原来的文章思路，用自己的语言表达出来。要注意仿写和伪原创的区别。

c．网站 URL 偏长。该网站应该是出于优化的考虑，将栏目的 URL 结构用全拼来展示，这样做对搜索引擎来说有一定的好处，但是权衡利弊，还是建议改短一点。

d．我们建议在栏目页面除了标题外再放出一些内容简介，如图 10-10 所示。我们的经验是放一些内容会加速新站收录。

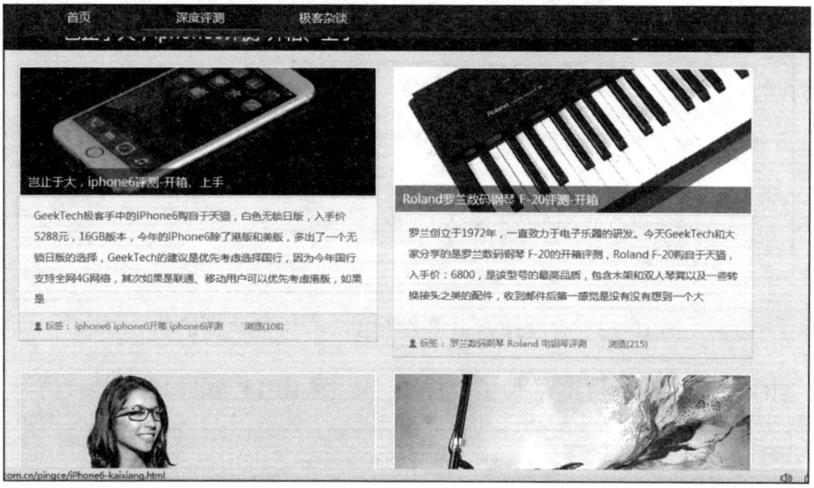

图 10-10　GeekTech 栏目页显示内容简介

e．增加标签。如图 10-11 所示是关于“iPhone”标签的聚合局面。如图 10-12 所示，收录是非常理想的，这样做可以增加搜索引擎收录入口，进而增加收录量。

图 10-11　GeekTech 关于 iPhone 的聚合页面

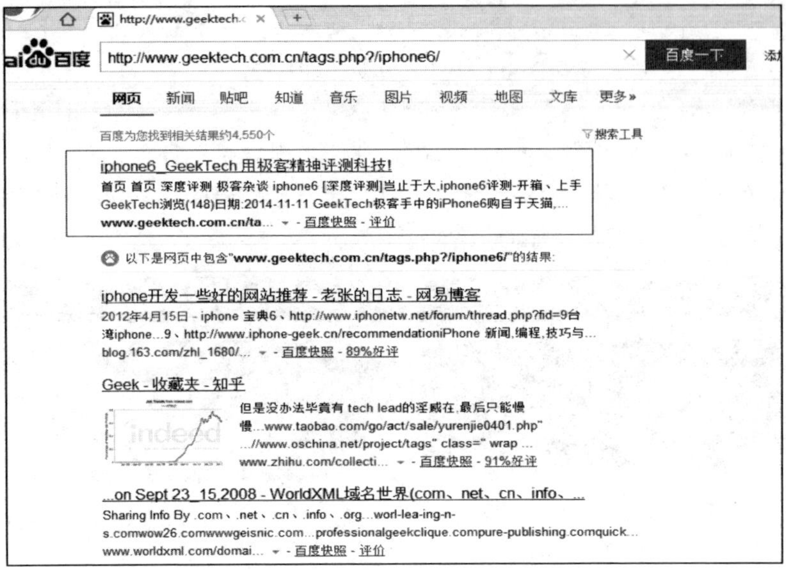

图 10-12　百度搜索引擎关于 iPhone 专题页面的收录

f. 制作网站地图到百度站长工具提交，如图 10-13 和图 10-14 所示。

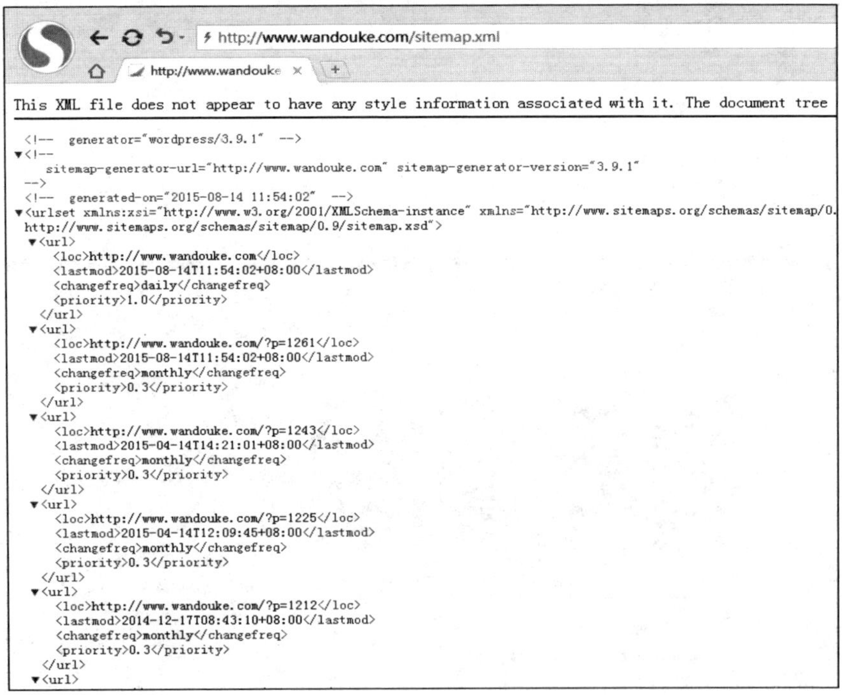

图 10-13　豌豆壳网站地图

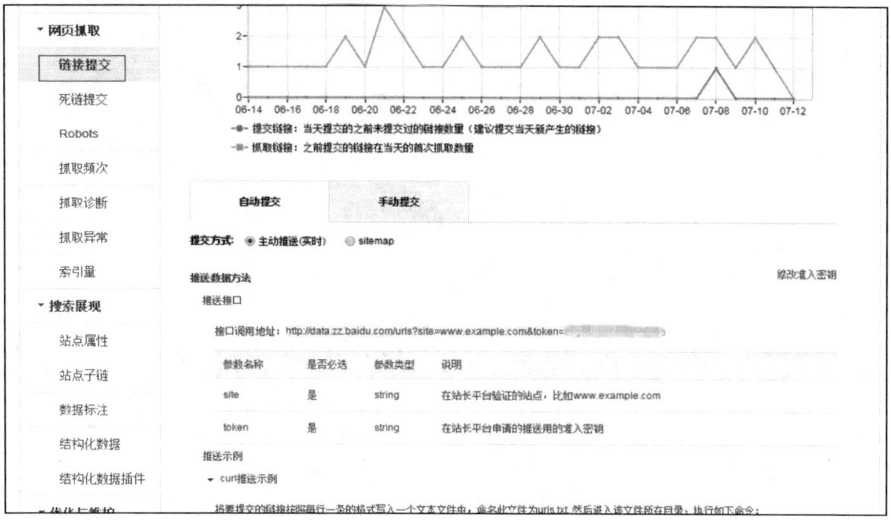

图 10-14 在百度站长平台提交网站地图

10.24 网站还需要怎样优化

问:

帮我看看我的网站还需要怎么优化呢？目前我在持续更新和制作长尾文章，但是没有排名。

答:

经过检测，我们发现了这样的问题。

a．内容页锚文本优化过于密集，这样达不到好的效果。我们的建议是文章页优先考虑长尾关键词，在标题、关键词、描述、<H1>中都出现长尾词，然后在适当的时候加入锚文本指向首页或者其他文章页，密度不要过高。

b．文章页优化有点问题，<H1>标签和首页一样，包含的是 Logo，文章页里面应该是<H1>包含本文标题。<H1>标签非常重要。

c．strong 标签使用过于频繁。我们的建议是文章中出现 1 次本页需要优化的长尾词即可。要知道，全部是重点就会失去重点。

10.25　网站被“K”、首页不收录怎么办

问:

网站一级域名不收录，怎么办？因为网站被挂马，被百度“K”了，到现在三四个月了，一直不收录首页，只收录内页。

答:

这样的情况有两种处理方法。第一，直接更换域名，将老域名 301 到新域名，一般情况权重会转移到新域名。第二，如果非要使用老域名，可以停掉网站，让域名沉淀 2～3 个月，然后重新开站，会再次被收录。如果不想关闭网站的话，只能发高质量原创文章逐步建立搜索引擎对域名的信任了。

10.26　关键知识点 24：如何提升长尾关键词排名

问:

新做的长尾文章，请问如何才能帮助它有排名?

答:

经过分析我们发现，网站对锚文本建设这一点的重视还不够，这个页面中不用每次出现关键词都加锚文本。另外，网页设计有点问题，现在<H1>标签的重要程度仅次于 TDK 标签，这个网页中<H1>标签还是和首页一样包含了 Logo 的关键词。最后一点，要将这个长尾词做起来，那么这个页面的 TDK 标签都要出现这个长尾关键词，文章中也要出现几次。第一次出现的时候用 strong 标签加粗，在其他网页中做一些这个长尾关键词的锚文本。这样会有一个提升。

10.27　关键知识点 25：新站收录方法

问:

新站如何才能快速被收录?

答:

一直以来，我们操作的手法是在一些已经收录的网站做链接，其实这种方法并不理想，因为其会受到网站首页更新速度等诸多因素的影响。经过我们最近的测试，

在已经收录的网站发布文章的时候加入新站的链接效果要好很多。

问:

为什么网站收录到一个数值后就停止收录了?

答:

感觉一个网页的权重似乎是用不完的，可以尽可能多地悬挂一些链接。其实，一个网页的权重是有限的。很多朋友疑惑自己的网站在收录到几十页或者几百页后停滞不前。原理其实很简单，就是首页的权重不能支撑更多的链接权重传递了。正确的方法是在保证文章质量的前提下合理布局指向首页的链接，这样首页就会再次积累权重，当然也就有权重分配给新的页面。

问:

一个页面链接获得的权重是均分的吗?

答:

我们的看法是权重不可能均分，如<H2>这种标签中的链接会获得比常规标签中的链接高的权重，文本中出现的链接会获得比页脚常规链接高的权重。

10.28　SEO 到底是否需要学习 Web 编程

问:

SEO 到底需不需要学习 Web 编程?

答:

SEO 到底是否需要学习 Web 编程，这是很多想从事 SEO 行业新手的疑问。作者认为，如果时间倒退几年，SEO 从业者可以不用考虑学习 Web 编程。前几年做 SEO 只需要懂得使用常见的 DedeCMS 就可以操作，那个时代更注重黑帽方法，如关键词堆砌、大量锚文本链接等。这两年，随着搜索引擎算法的进步和站群的大量出现，很多团队用 CMS 搭建了成千上万相似的网站，导致搜索引擎对该类型网站的惩罚力度加大，这个过程当然会牵连其他使用同类型 CMS 的网站。

因此，作者现在的建议是至少要掌握 HTML，能够对已有的模板做差异化的修改，避免上文提到的惩罚牵连。作者相信，未来的 SEO 行业会更加艰难，站长自己开发的程序会越来越受到欢迎。搜索引擎对垃圾网站的判断最简单的方法就是成本，相对于 50 元左右的 com 域名，10 元甚至免费的域名更容易受到惩罚，CMS

建设的网站也会比定制开发的程序更容易受到惩罚。由此看来，想在 SEO 行业长远发展，作者建议读者尝试学习 ASP、PHP 等语言。

10.29　网站没有内容、收录量上不去怎么办

问:

网站没有内容、收录量上不去怎么办?

答:

在实际操作中会遇到这样的问题，如一个卖自行车的网站，商品就那么多，也不可能重复发布。

下面作者就类似网站 SEO 操作说一些个人观点。

a. 可以考虑建设站内站。例如，可以建设一个自行车爱好者论坛或者自行车保养博客之类的站点，每天更新一些这方面的文章，文章中使用定向锚文本指向目标关键词页面。

b. 引入评论机制。可以在每一个商品下面添加评论功能，前期如果没有用户的话可以尝试自己写一些评论。

10.30　本章小结

本章可以说是对前面 10 章遗漏问题的补充，内容比较杂，但是问题都来自一线的 SEOer。分析这些问题我们可以看出，SEOer 最看重的东西无非就是收录、权重、排名，这是每一位 SEOer 的目标和使命，但是过度看重结果而不将想办法落实是非常可怕的。

之前作者已经提到，搜索引擎对伪原创非常反感，但是本章的问题当中还有 SEOer 在使用伪原创，导致网站内容根本无法被收录。直到今天，还有一些软件开发商在推荐伪原创软件。不可否认，会有高手通过伪原创的手法获得成功，但是对于普通的 SEOer 来说，这样的做法是非常危险的，可能会让 SEOer 遭受资金和精神两方面的损失。

作者一直强调精神对于一个 SEOer 的重要性，我们的每一步目标不能定得太高、太远。有些 SEOer 就是喜欢挑战竞争性很强的关键词，认为一旦获得排名，就能获得非常高的回报，但是通过一段时间的努力没有完成这个目标是非常受打击

的。不如将目标定得低一点，这样我们很快就能看到自己的努力有所回报。这样的回报或许非常渺小，但至少能让我们士气大振。

从 SEO 的角度出发，先将竞争性较弱的关键词排名做起来，引入用户，这样会让搜索引擎更加容易判断网站的质量。英国探险家贝尔·格里尔斯在《荒野求生》中经常告诉观众，制定每一步的计划是成功脱险的关键，太远的计划只能让我们精疲力尽，失去求生的希望。SEO 过程也是这样。如果是刚入门的 SEOer，就应该将精力放到竞争性较小的关键词上，这样逐渐积累经验、积累信心，才能走得更远。

第 11 章 用 12 个月创建成功网站

本章中作者将为大家介绍站长世界创世人 Brett Tabke 提出的很多观点，所有资深的搜索引擎专家无不对他的文章推崇备至。Brett Tabke 也多次骄傲地声明，就算过了几年时间，历尽了多次 Google 更新和 Google 算法的改变，他的有关 Google 排名优化文章的还是没什么可改动的，其中的奥秘本章中作者将为大家一一揭秘。

11.1 向站长世界的创始人 Brett Tabke 致敬

站长世界的创始人 Brett Tabke 是搜索引擎优化领域里教皇级的人物。他有一篇非常著名的关于 Google 排名优化的文章，标题是“12 个月内，仅仅依靠 Google 打造成功网站”，译文如图 11-1、图 11-2、图 11-3、图 11-4、图 11-5 所示。建议读者在开始本章学习之前仔细阅读。

这篇文章写于 2002 年 2 月 3 日，到目前为止，它仍被奉为 Google 排名优化的圣经。所有资深的搜索引擎专家无不对这篇文章推崇备至。Brett Tabke 多次骄傲地声明，直到今天这篇文章依旧没有什么好改动的。的确，用今天的眼光来看，这篇文章仍非常符合现在的 SEO 理论，尤其是其一直强调内容对于 SEO 的重要性，这一点也是作者向各位读者多次强调的。

尽管这篇文章在当时几乎涵盖了 SEO 的所有核心要点，但毕竟已经过去了 10 多年，从某些细节上来说，有些地方确实需要做一些调整。例如，Brett Tabke 说网站越简单越好，这个主要是受限于当时的网速。当时在网页中穿插大量的文章或者媒体文件会导致网页打开时间过长，这是一种很糟糕的用户体验。今天网速已经有了很大的提升，用户的阅读习惯已经有了很大的改变，我们已经不满足于阅读纯文字的网页，本书中作者也多次提出图文并茂对于 SEO 的重要性。

止我们跳过理论来看看实际对Google有效的方法。我知道下面的这个系统对Google来说，每一次都有效，而且对所有的关键词都有效。这个系统是我给客户做网站时所应用的，而且百试不爽。成功的程度当然也取决于网站所在的行业，潜在市场和竞争水平。下面的要点可以让你仅仅依靠Google，在一年的时间里，打造一个成功的网站。

a）准备工作和建立内容。

在你注册域名之前，你就应该记录下你的想法，应该准备足够100个网页的内容。请注意是至少。这100个网页应该是真正的内容，而不是链接页，关于我们页，联系我们或者版权声明等等杂七杂八的网页。

b）域名。

你应该选择一个很容易建立品牌的域名，你要的是Google.com，而不是关键词.com。充斥关键词的域名应该被丢弃，易于建立品牌的和容易辨识的域名才是最好的。

域名当中所包含的关键词作用现在非常之小。为什么goto.com改名为overture.com，那次改名是我所见过的，最大胆的策略之一。这个改名的策略摧毁了几年时间所建立的品牌。

c）网站设计越简单越好。

一个指标是文字内容的比重应该大于HTML格式的比重。整个网页应该规范化，应该在所有的浏览器上显示正常。比如使它符合HTML3.2标准。搜索引擎蜘蛛还并不太喜欢HTML4.0标准。

应该远离那些太重的因素：flash， dom， java script等。如果你必须要使用这些脚本的话，把他们作为外部文件来使用。在我看来，根本没有必要使用这些东西。这些东西几乎不能给一个网站增色，却会极大的从各个方面伤害网站的表现（搜索引擎友好问题只是其中之一）。

用逻辑的方式安排你的网站，可以在目录名当中使用关键词。你也可以采用另外一种方法，也就是把所有的网页都放在根目录当中（这种方法很少见，但是事实证明是非常好的有效的方法）。

不要让你的网站堆砌一大堆没用的东西，比如说建议使用什么什么浏览器，或者计数器等等，使它保持最简单化，看起来专业化。向Google自己学习，看看他的主页，简单的没法再简单了。这也正是人们所需要的。

速度不是最重要的因素之一，而是唯一的重要因素。你的网页应该非常快速，如果你的网页会延时3，4秒钟，你就完蛋了。当然如果你的主机和访客在不同的国家， 3，4秒钟还有情可原，对当地的访客来说，3到4秒钟的下载时间已经是极限了。超过这个时间，每多一秒钟，你就会丧失10%的流量。而这10%

图 11-1　《12 个月内，仅仅依靠 Google 打造成功网站》译文（1）

的流量可能正是成功与失败的分野。

d）网页大小

越小越好，最好保持在15K以下。越小越好，最好保持在12K以下。越小越好，你最好保持在10K以下。你明白了我的意思了吧。比5K大，小于10K，这是最好的。很难做到，但是却是最有效的。对搜索引擎也有效，对访客也有效。

e）内容

每天建一页两百到五百字的网页。如果你不知道该写些什么的话，做点关键词调查，然后根据你所得到的热门关键词写文章。

f）密度，位置等等

简单老式的SEO，在这些地方用一次你的关键词：网页标题，说明标签，正文标题，网址URL，黑体，斜体，网页的最开始。关键词密度介于5%到20%之间（也别太在意）。写出好的文章，并且检查错字。拼写检查（对中文来说，检查错字）正在变得越来越重要。因为搜索引擎已经开始运用自动纠错功能，所以已经没有可以写错别字的借口了。

g）导出链接

在每一个网页连向一到两个排名高的网站，在链接文字当中加上关键词（这一点对未来来说很重要）。

h）网站内的交叉链接

指的是同一个网站内的链接。在你的网站之内，高质量的内容之间互相链接起来。如果一个网页是关于食物的，那么你应该确保这页连向关于苹果的和蔬菜的那些页。尤其对Google来说，基于共同内容的相互链接对在你的网站之内分享PR是非常重要的。

你要的不是使其他网页黯然失色的一个全明星网页，你需要的是50个每天吸引一个访客的网页，而不是一个每天吸引50个访客的网页。如果你发现你的网站里面有一页，确实是吸引大部分流量的页，那么你就应该把这一页的PR值通过交叉链接，分散到其他网页上。这有一点像老话说的分享财富。

i）开通网站

图 11-2　《12 个月内，仅仅依靠 Google 打造成功网站》译文（2）

最好不要使用虚拟主机。最好使用你自己的单独的IP地址。确保你的网站可以被搜索引擎蜘蛛所索引。所有的网页都应该连向你网站里其他的网页。所有的网页距离主页都不应该超过两次点击。所有内容页也都应该链接回主页。一个在所有页上都存在的菜单系统，应该链接到你的网站上的主要部分。

在你完成一个高质量的网站之前，不要把它开通。开通一个不好的网站，比不开通网站更糟糕，你要的是从一开始就是一个优秀的网站。

申请登录开放目录，如果你有预算的话，也申请提交到雅虎和其他付费目录。如果没有预算的话，可以试试雅虎的免费提交，但是不要抱太大希望。

j）网站提交

把主页提交到Google等搜索引擎，然后接下来六个月就忘了这件事。没错，提交，然后忘了它。

k）记录和跟踪

使用一个高质量的能够记录访客来源的日志分析软件。如果你的主机提供商不提供访客来源，你就应该使用另外一家主机提供商。

l）观察蜘蛛

观察来自搜索引擎的蜘蛛们，确保蜘蛛在爬行你的整个网站。如果不是的话，你应该检查你的所有链接系统，确保蜘蛛能发现你整个的网站。如果搜索引擎需要两次才能检索完你的网站，你也不要害怕。对很多搜索引擎来说，可能需要六个月才能发现和爬行你的网站。

m）主题性的分类目录

几乎每一个行业都它自己的权威分类目录，去提交到这些分类目录当中。

n）链接

到 Google版本的开放目录查看一下你的网站所在的行业，找到那些可以免费交换链接的网站，要求和这些网站交换链接。在主题性的网页上选择一段内容做为链出的文字。如果那些网站的站长不愿意和你交换链接，也没什么，继续下一个。每一天与一个新的网站交换链接，一个很简短的个人化的邮件就足够了。如果某个网站不愿意链接向你，别把它当回事-实际上早晚有一天他们会的。

图 11-3 《12 个月内，仅仅依靠 Google 打造成功网站》译文（3）

o）内容

每天一页高质量的有内容的网页。有实效性的有主题的文章永远是最好的。避免太多博客型的个人化的东西，应该写更多文章类型的普通观众愿意看的内容。

提高你的写作技巧，学习适合网上人群的写作方式，多分段，短句子，读起来快的内容。大部分的网站访客不是读，而是浏览。这也就是为什么短的文章很重要。如果你看到一大篇不分段的文章，很多人马上就会按返回按纽了。

人们不会浪费15秒的时间，来了解你的花里唬哨的菜单系统是怎么工作的。某一个大公司的网站放上一个flash菜单系统，并不意味着你也必须这么做。

使用标题，使用黑体来强调重点，并且也是逻辑分割。

p）秘密武器

离所谓的秘密武器，或者今天有用明天就没用的东西远一点。不要用任何看起来像垃圾的东西，任何不道德的，或任何接近于作弊手段的东西。

q）导出链接

当你收到交换链接请求的时候，要仔细查看对方的网站，不要轻易就链接回去。通过Google查看他们的网站，并看他们的PR值。不要链接到有问题的网站和质量不高的网站。确保对方网站和你的类似，是同一个行业的。

r）丰富你的网站

可以用一些内容丰富你的网站。比如说推荐网页给你的朋友，论坛，邮件列表，电子杂志等等。去看一下你本行业的论坛，读的越多越好，直到你读不下去了。

s）注意小册子类型的网站

如果你运行的是电子商务网站，或者你有一个真正的店面，想把生意扩充到英特网上，要注意不要把你的网站做成一个宣传手册。想想人们需要什么，访客不是来你的网站看你的内容，他们是来你的网站寻找他们自己所需要的内容。在你的文章当中，尽量少谈你自己和你的产品（我知道你在怀疑，你自己好好想想）。

图 11-4 《12 个月内，仅仅依靠 Google 打造成功网站》译文（4）

t）每天增加一个网页

回到关键词研究，找出好的点子，写新的网页。

u）研究日志文件

过了30到60天之后，你应该开始从已经被登录的地方得到一些访客。仔细看一下，人们是用什么关键词搜索找到你的网站的？是不是有一些很莫名奇妙的关键词组合？为什么人们会用这些关键词找到你的网站呢？有没有什么东西是你所忽视了的呢？很有可能你应该以这些为主题，创建更多的网页。

仔细研究你的网站和日志，给搜索引擎需要的网页。搜索引擎会准确的告诉你，他们想要什么。你要仔细的看，在你的网站日志当中有一座有待开发的金矿。

v）实效性的话题

在你的行业当中，永远走在别人前面。比如说如果一个大公司Z，在年底要推出产品A，那你可以在十月份之前就做好一个网页，是关于产品A的。那么在十二月份之前，搜索引擎就已经收录了这个网页。

w）朋友和家人

社交联系网络对一个网站的成功也非常关键，这也是你看那些论坛的时间要得到回报的时候了。仅仅是看永远是没什么用的，论坛的价值就在于和其他的同事及网友交流。通过交流，你可以得到长远的利益，而不是仅仅读论坛。这种交际网络也会通过其他方面得到回馈。比如说导入链接小窍门，电子邮件交换意见，成为这个行业的专家的可能性等等。

x）记录

如果你每天增加一个网页的话，你会发现有的时候，一个好主意突然就出现了，没准你正在洗澡（先擦干了），正在驾车（先把车靠在路边）或者也许就在桌子上趴着。当一个好的点子出现的时候，把它记下来。不然十分钟以后，你就会忘了你刚想起来的主意。

要把它先记下来，然后再把细节写出来。当你没什么好点子的时候，把这些记录拿出来。这听起来很简单，但是却是一个屡试不爽的好主意。

y）六个月的时候，检查提交的网站

看一下你所提交过网站的地方，是不是收录了你的网站。如果还没有的话，就再提交一次，然后再一次忘记。试一下那些免费的分类目录。

z）每天建增加一页高质量的网页

这一点已经重复好几次了，Google喜欢内容，大量的高质量的内容。以一系列关键词为基础的广泛的内容。在经过一年以后，你应该已经有了400页左右高质量的内容。这些内容应该使你的网站在很广泛的关键词里面得到好的排名。

做这26件事，我担保你一年以后，你会有一个成功的网站。它将能从搜索引擎中得到每天五百到两千个访客。

图 11-5　《12 个月内，仅仅依靠 Google 打造成功网站》译文（5）

本章中作者将对 Brett Tabke 的观点做深入的分析，告诉读者该如何操作，对于不合理的地方会引导读者正确认识。作者在第一次读 Brett Tabke 的这篇文章的时候感觉茅塞顿开，似乎将 SEO 这种无形的东西具体呈现了出来，觉得什么样的操作都有据可依。正是受到这种启发，作者在撰写本书的时候也是遵循这样的原则，尽可能让每一个知识点都能在实战中得到运用。

肯定地说，10 多年前，Brett Tabke 能写出这样的文章确实是对 SEO 已经有了清晰的认识，也彰显了 Brett Tabke 的开放胸襟。今天作者注意到，还有一些所谓的 SEO 高手故弄玄虚，将 SEO 讲得像法术一般，在论坛发布的文章也大多是让用户报名学习的软文。因此，作者觉得应该向 Brett Tabke 致敬，互联网需要这种精神。

下面作者将分别对 Brett Tabke 提出的这些观点做深入分析，读者在阅读的过程中要注意和之前提到的知识点做对比。本章中将对前面提到的知识点再次做全景的扫描，讲解更加贴合实际。

11.2 关键知识点 26：准备工作和建立内容

首先我们一起来看 Brett Tabke 关于这一点的原文译文：“在你注册域名之前，你就应该记录下你的想法，应该准备足够 100 个网页的内容。请注意是至少。这 100 个网页应该是真正的内容，而不是链接页、关于我们页、联系我们或者版权声明等杂七杂八的网页。”

Brett Tabke 提出，建设网站之前需要准备域名和 100 个网页的内容。直到今天，作者在 SEO 诊断过程中还会遇到一些 SEOer 在网站建设之初只考虑该如何盈利等，将盈利好的行业作为建设网站的方向，这是非常可怕的思想。作者认为，建设网站一定要选择自己熟悉的行业，这样才能充分利用资源，对网页的准备也会更加得心应手。

即使我们计划建设自己不熟悉行业的网站，也应该在之前多做调研。最好的方法是浏览这些行业的论坛，了解这些行业用户的需求。我们注意到，Brett Tabke 强调至少要准备 100 个网页的内容。作者要强调的是，今天我们至少要准备 300～500 篇内容。因为当时 Brett Tabke 提出的是每天更新 1 篇文章，而今天这样的更新频率已经无法满足竞争性较强关键词的 SEO 需求。

Tips：有的 SEOer 会问：文章能否在网站上线后边写边发？这个问题需要这样理解。因为很多的互联网创业者都是单打独斗，网站一旦上线便有很多事情去做，如日志分析、外链发布等，不可能腾出时间来写文章。再一点就是提前的栏目规划和文章编辑能将关键词锚文本尽可能地串联起来，这一点是非常重要的。

11.3 域名选择策略

下面介绍域名的选择策略。

11.3.1 注册域名需要注意什么

Brett Tabke 告诉我们，应该选择一个很容易建立品牌的域名。充斥关键词的域名应该被丢弃，易于建立品牌的和容易辨识的域名才是最好的。这里读者需要明确一个问题：本章讲述的是如何创造一个成功的网站，这个“成功”并不等同于我们之前提到的简单的关键词排名或者单纯依靠广告盈利，而是将网站建成一个知名的互联网品牌。因此，Brett Tabke 提到的“选择 Google.com 而不是关键词.com”和我们之前讲述的并不矛盾。

不可否认，使用“关键词.com”这种类型的域名确实有助于网站关键词获得排名，但也很难开展品牌化建设。因此，在选择域名的时候我们就应该考虑到底需要建设一个什么样的网站，是只想通过网站关键词排名到前 3 位获得收益还是想推出一个知名网站。

作者在豌豆壳网站建设之初就决定将其建设成一个品牌化的知名网站，因此选择了 wandouke.com 这样的域名，网站的品牌词也定名为“豌豆壳”。因为“豌豆壳”在互联网上并没有其他品牌在使用，所以对于品牌化建设比较有利，经过一段时间的运营用户便会记住这个品牌，认识到“豌豆壳”就是 APP 评测的网站。但是，这样的域名无疑对 SEO 没有什么好处。相比较来说，“apppingce.com”这样的域名更加符合 SEO 的需求。具体的选择需要读者依据自己的行业和网站的定位来综合分析，如果拿不定主意，欢迎线上联系作者进行交流。

11.3.2　通过中介购买域名需要注意什么

现今域名资源已经非常有限，优质的域名大多数已经被域名投资者收藏。前面我们已经提到优质的域名对于品牌化建设的重要性，这样一来我们只能通过中介等手段购买域名，这个过程需要慎之又慎。很多站长在购买域名的过程中被骗。作者建议，首先应该选择知名的、有实力的域名中介平台，其次域名过户后一定要选择可靠、稳定的域名服务商。下面作者通过实例告诉大家如何购买一个心仪的域名。

当我们决定要购买一个域名之前，可以尝试在浏览器中打开这个域名，如果出现如图 11-6 所示的页面，说明域名是出售的，只需要联系域名持有人即可。

如果网站已经建站就会麻烦许多，这样的情况只能碰运气了。一般来说，域名的价格会很高，如果实在无法接受，可以考虑更换域名。还有一种情况是网站无法浏览，那么就需要查询该域名的 whois 信息，如图 11-7 所示。对 whois 信息需要注意两点，一是域名的注册商，二是域名的持有人信息。出于对安全的考虑，很多域名 whois 信息中不会展示持有人信息，这样的情况就需要联系中介。当然，如果在 whois 信息中能直接能看到域名持有人信息，我们可以通过邮件联系域名持有人进行沟通，价格商议合适后再联系中介进行交易。这样做会比较有利，因为有些中介会故意抬高域名的价格以获得更多的中介费用。

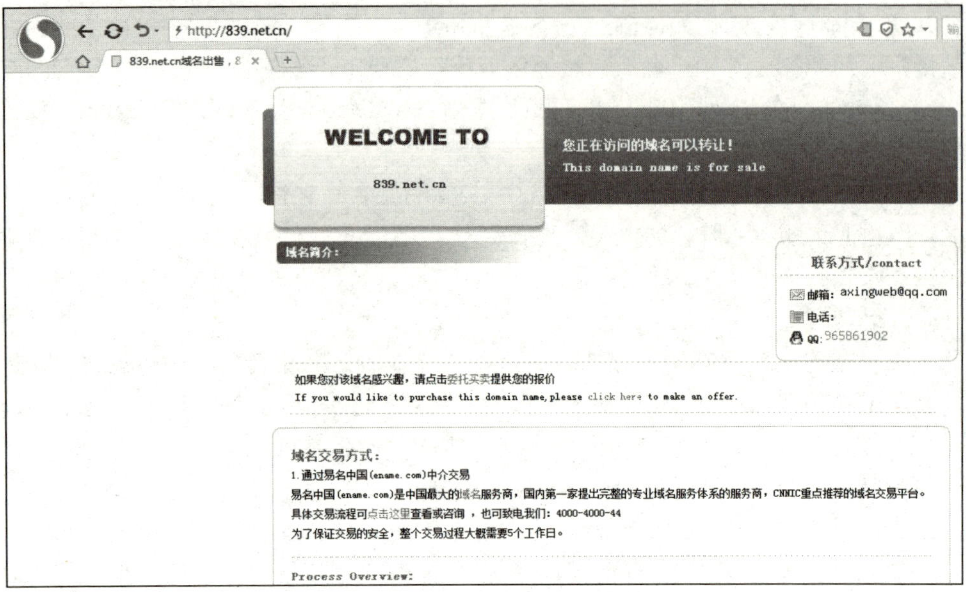

图 11-6　域名出售界面

图 11-7　域名 whios 信息

和域名持有人商定合适的价格后就可以开始交易了。交易方法有两种，一种是双方直接交易，另一种是中介交易。双方直接交易不产生手续费，但是存在一些风险，作者建议费用一定要通过支付宝完成；中介交易需要缴纳一定的手续费，但是相对比较安全。

交易后的域名托管一定要选择知名的域名服务商，如果域名之前就在这些平台，那么非常简单，过户即可。如果之前域名在一些小的域名服务商手中，作者强烈建议不要怕麻烦，务必将域名转移过来。对于品牌化建设的网站来说，这一点至关重要，如果域名被盗或者出现类似问题，绝对不是一个 301 重定向这么简单就能解决的。

如果让作者就当下的域名市场给出一个域名的选择指导，建议优先选择三拼的域名。现在双拼、5 位数字以下的域名被炒到天价，动不动就要价几十万、几百万，对于互联网创业者来说这是负担不起的。就连豌豆壳创业之初都没有将 wandou.com 拿下，而改用了 wandouke.com，直到去年才将 wandou.com 纳入囊中。现在三拼域名价格比较适中，价格在 1000～10000 元。此外，三拼域名也比较容易记忆，能包含完整的含义，某些方面甚至要强于一些双拼域名。

11.4　关键知识点 27：网站设计越简单越好

很多站长喜欢将自己的网站设计得漂亮无比，这样的设计无疑能迎合用户的需求。大多数用户都喜欢丰富多彩的网页。但是这样的设计也会面临一些问题，如 Flash 等元素是无法被搜索引擎抓取的。在搜索引擎看来，这样的网页简直就是天书。因此，我们在设计网页的时候就要抓住平衡点。从 SEO 的角度出发，网页设计越简单越好，但是需要注意这里的简单不是没有内容。下面作者就和大家一起就此问题展开讨论。

11.4.1　简单不是没有内容

看到这里，有些读者会有这样的疑问：不是说网页要图文并茂吗，这里怎么又说越简单越好？需要明确的是，这里讲的并非网页内容，而是网站的结构。

Tips：我们都知道，搜索引擎喜欢 F 型或者树型的网站结构，如图 11-8、图 11-9 所示。F 型或者树型都满足了网站扁平化的需求，网站爬虫能够顺利地爬取网页，更利于搜索引擎的抓取。爬虫抓取深度是有限的，而这样扁平化的网站结构设计利于爬虫爬取。合理的网站链接结构设计是我们做 SEO 的第一步。F 型或者树型的网站结构都是很简单的网站结构，这样的设计符合网站设计“越简单越好”的初衷。

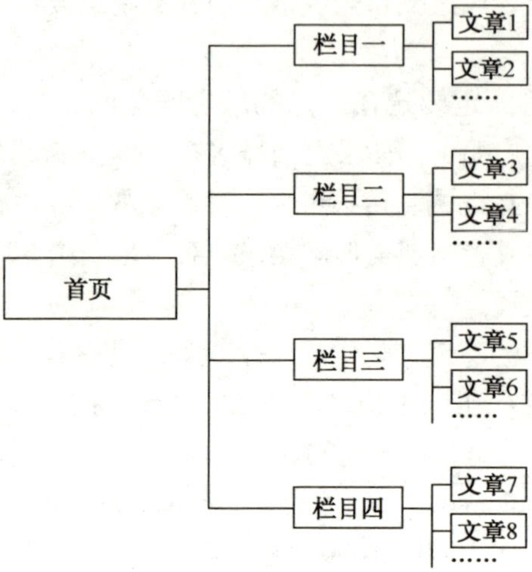

图 11-8　F 型网站结构

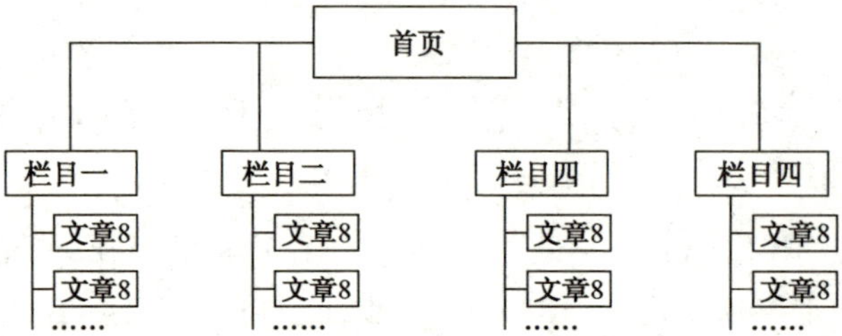

图 11-9　树型网站结构

接着是网站的设计要远离重标签，如 Flash、JS 等。Flash 内容是无法被搜索引擎抓取的，但遗憾的是，直到今天还有很多企业网站的首页采用 Flash 制作。这样的设计对于用户来说无疑非常漂亮，但是对于搜索引擎来说简直就是噩梦。除了搜索引擎无法抓取的问题，Flash、JS 等还会严重拖慢网站的访问速度。这样的网页虽然非常绚丽，但用户的耐心是有限的。

我们了解 DIV+CSS 内容和形式分离的特点，就很容易理解它为什么适合 SEO 了。搜索引擎是靠蜘蛛的爬行来索引整个互联网的信息，这些信息被搜索引擎索引后会进行分析处理，DIV+CSS 内容和形式分离的模式更清晰地将网页的内容主题展示出来，而 table 就没有这个优势。

尽管这些年搜索引擎算法不断升级，但归根到底它还是一套程序，程序只能按照固定的模式进行质量的判断，这就是 DIV+CSS 更加受欢迎的原因。下面作者总结了一些有利于 SEO 的 DIV+CSS 命名规则，虽然在 SEO 过程中其作用不是那么明显，但是在某些行业还是有积极的效果，作者在大量实战中也发现了这一点，因此总结这个规则还是有必要的。

A. CSS 文件及样式命名

a. CSS 文件命名规范

全局样式：global.css;

框架布局：layout.css;

字体样式：font.css;

链接样式：link.css;

打印样式：print.css;

b. CSS 样式命名规范

作者建议：由字母、"_"、"-"、数字组成，必须以字母开头，不能为纯数字。为了开发后管理方便，应使用有意义的单词或缩写组合来命名，让别人一看就明白该样式大概是哪个部分的，这样就节省了查找样式的时间。例如，头部样式用 header，头部左边可以用 header_left 或 header_l；如果是列结构，可以表示为 box_1of3（3 列中的第 1 列）、box_2of3（3 列中的第 2 列）、box_3of3（3 列中的第 3 列）。

下面列出一些常用的命名单词，方便大家使用。

容器：container/box

头部：header

主导航：mainNav

子导航：subNav

顶导航：topNav

网站标志：logo

大广告：banner

页面中部：mainBody

底部：footer

菜单：menu

菜单内容：menuContent

子菜单：subMenu

子菜单内容：subMenuContent

搜索：search

搜索关键字：keyword

搜索范围：range

标签文字：tagTitle

标签内容：tagContent

当前标签：tagCurrent/currentTag

标题：title

内容：content

列表：list

当前位置：currentPath

侧边栏：sidebar

图标：icon

注释：note

登录：login

注册：register

列定义：column_1of3（3 列中的第 1 列）
column_2of3（3 列中的第 2 列）
column_3of3（3 列中的第 3 列）

B. id 和 class 的使用及区别

我们知道，样式表在定义一个样式的时候，可以定义 id，也可以定义 class。例如，id 方法 #test{color:#333333}，在页面中调用“<div>内容<div>”；class 方法 .test{color:#333333}，在页面中调用“<div class="test">内容<div>”。id 在一个页面中只可以使用 1 次，class 可以多次引用。

页面存在多个相同 ID 的影响就是不能通过 W3C 的校验。在页面显示上，目前的浏览器还都允许开发者犯这个错误，多个相同 id 在一般情况下也能正常显示。但是，当需要用 JavaScript 通过 id 来控制这个 div 时就会出现错误。id 是一个标签，用于区分不同的结构和内容，就像一间屋子里有两个人同名，就会出现混淆。

class 是一个样式，可以套在任何结构和内容上。id 是先找到结构/内容，再给它定义样式；class 是先定义好一种样式，再套上多个结构/内容。也就是说，编写 XHML+CSS 时，如果是唯一的结构定位就用 id，否则就用 class（非结构定位的 div 块的 id 让程序员自己定义）。

C. 使用 CSS 缩写

使用缩写可以帮助减小 CSS 文件的体积，使读者更加容易阅读。常用的 CSS 缩写规则如下。

a. 颜色

十六进制的色彩值，如果每 2 位的值相同，可以缩写一半。例如，#000000 可以缩写为 #000；#336699 可以缩写为 #369。

b. 盒尺寸

通常有下面 4 种书写方法。

property:value1；（表示所有边都是值 value1）

property:value1 value2；（表示 top 和 bottom 的值是 value1，right 和 left 的值是 value2）

property:value1 value2 value3；（表示 top 的值是 value1，right 和 left 的值是 value2，bottom 的值是 value3）

property:value1 value2 value3 value4；（4 个值依次表示 top、right、bottom、left）

方便的记忆方法是顺时针，上、右、下、左。具体应用在 margin 和 padding 中的例子如下。

```
margin:1em 0 2em 0.5em;
```

c. 边框（border）

边框的属性如下：

```
border-width:1px;
border-style:solid;
border-color:#000;
```

可以缩写为“border:1px solid #000;”，语法是“border:width style color;”。

d. 背景（Backgrounds）

背景的属性如下：

```
background-color:#f00;
background-image:url(background.gif);
background-repeat:no-repeat;
background-attachment:fixed;
background-position:0 0;
```

可以缩写为“background:#f00 url(background.gif) no-repeat fixed 0 0;”，语法是“background:color image repeat attachment position;”。

可以省略其中 1 个或多个属性值。如果省略，该属性值将使用浏览器默认值，默认值如下。

```
color: transparent;
```

```
    image: none;
    repeat: repeat;
    attachment: scroll;
    position: 0% 0%;
```

e. 字体（fonts）

字体的属性如下:

```
    font-style:italic;
    font-variant:small-caps;
    font-weight:bold;
    font-size:1em;
    line-height:140%;
    font-family:"Lucida Grande", sans-serif;
```

可以缩写为 “font:italic small-caps bold 1em/140% "Lucida Grande", sans-serif; ”。注意，如果缩写字体定义，至少要定义 font-size 和 font-family 两个值。

f. 列表（lists）

取消默认的圆点和序号可以这样写: list-style:none;

list 的属性如下:

```
    list-style-type:square;
    list-style-position:inside;
    list-style-image:url(image.gif);
```

可以缩写为 “list-style:square inside url(image.gif); ”。

D. 明确定义单位，除非值为 0

忘记定义尺寸的单位是 CSS 新手普遍会犯的错误。在 HTML 中，可以只写 “width=100”，但是在 CSS 中必须给出一个准确的单位，如 “width:100px width:100em”。只有两个例外情况可以不定义单位：行高和 0 值。除此以外，其他值必须紧跟单位，注意，不要在数值和单位之间加空格。

E. 区分大小写

在 XHTML 中使用 CSS 时，CSS 里定义的元素名称是区分大小写的。为了避免这种错误，建议所有的定义名称都采用小写。

class 和 id 的值在 HTML 和 XHTML 中也是区分大小写的。如果一定要大小写混写，应仔细确认在 CSS 的定义和 XHTML 里的标签是一致的。

F．取消 class 和 id 前的元素限定

给一个元素定义 class 或者 id，可以省略前面的元素限定，因为 id 在一个页面里是唯一的，class 可以在页面中多次使用。例如，div#id1{}可以写成 #id1{}，这样可以节省一些空间。

G．默认值

通常 padding 和 margin 默认值为 0，background-color 默认值是 transparent。但是不同的浏览器默认值可能不同。如果担心有冲突，可以在样式表一开始定义所有元素的 margin 和 padding 值都为 0，如下所示。

```
* {
padding:0;
margin:0
}
```

或者针对某元素来定义。

```
ul，li，div，span {
padding:0;
margin:0
}
```

H．CSS 的优先级

行内样式（inline style）> ID 选择符 > 样式（class）、伪类（pseudo-class）和属性（attribute）选择符 > 类别（type）、伪对象（pseudo-element）

解释:

a. 内联样式（inline style）: 元素的 style 属性，如 “<div style="color:red;"></div>”，其中的 “color:red;” 就是行内样式。

b. id 选择符: 元素的 id 属性，如 “<div></div>” 可以用 id 选择符 #content。

c. 伪类（pseudo-class）: 最常见的是锚（a）伪类，如 a:link、a:visited。

d. 属性选择符（attribute selectors）: 如 div[class=demo]，表示含有 class 为 demo 的 div 元素。

e. 类别选择器（type selector）: HTML 标签选择，如 div .demo，表示 div 元素下含有 class 为 demo 的元素。

f. 伪对象选择器（pseudo-element selector）: 如 div:first-letter，表示 div 元素下的第 1 个单词。

I. 不需要重复定义可继承的值

在 CSS 中，子元素自动继承父元素的属性值，如颜色、字体等。已经在父元素中定义过的，在子元素中可以直接继承，不需要重复定义，除非是为了更变当前元素样式不使用父元素的属性值。但是要注意，浏览器可能用一些默认值覆盖定义。

J. 多重 CSS 样式定义，属性追加重复最后优先原则

一个标签可以同时定义多个 class，也可以在同一个 class 中重复定义属性。我们先定义两个样式。

```
.one{width:200px; background:url
     (http://www.abc.com/helloseo.jpg) no-repeat left top; }
.two{border:10px solid #000; background:url
     (http://www.abc.com/goodseo.jpg) no-repeat left top; }
```

在页面代码中，我们可以这样调用。

```
<div class="one" two></div>
```

应用的样式如下。

```
width:200px;
border:10px solid #000;
background:url(http://www.abc.com/seo.jpg) no-repeat left top;
```

Tips：因为，当应用 2 个或多个样式时，浏览器所应用的样式是根据属性追加重复最后优先原则决定的。也就是说，2 个或多个或重复的样式名定义，浏览器所应用的样式是按先后顺序显示的。如果定义了重复的属性值，以最后定义的为准。如果应用了 2 个或多个样式名，其中不重复定义的属性值就追加上去，重复的属性值以最后一个为准。这里要注意的是，样式的先后不是根据页面上应用的名字顺序确定，而是根据样式表里的样式顺序确定。

K. 使用子选择器

使用子选择器（descendant selectors）是影响效率的原因之一。子选择器可以帮助我们节约大量的 class 定义。来看下面这段代码。

```
<div>
<ul>
<li class="subnavitem"> <a href=
     "http://www.abc.com/article1/#"
```

```
        class="subnavitem">Item 1</a></li>>
    <li class="subnavitemselected"> <a href=
        "http://www.abc.com/article1/#"
        class="subnavitemselected"> Item 1</a> </li>
    <li class="subnavitem"> <a href=
        "http://www.abc.com/article1/#"
        class="subnavitem"> Item 1</a> </li>
    </ul>
    </div>
```

这段代码的 CSS 定义如下。

```
div#subnav ul { }
div#subnav ul li.subnavitem { }
div#subnav ul li.subnavitem a.subnavitem { }
div#subnav ul li.subnavitemselected { }
div#subnav ul li.subnavitemselected a.subnavitemselected { }
```

可以用下面的方法替代上面的代码。

```
<ul id=" subnav" >
<li> <a href="http://www.abc.com/article1/#>" Item 1</a> </li>
<li class="sel"> <a href=
      "http://www.abc.com/article1/#>" Item 1</a> </li>
<li> <a href=
      "http://www.abc.com/article1/#>" Item 1</a> </li>
</ul>
```

样式定义如下。

```
#subnav { }
#subnav li { }
#subnav a { }
#subnav .sel { }
#subnav .sel a { }
```

子选择器可以使代码和 CSS 更加简洁，更加容易阅读。

如果一个容器里有多个同样的元素，而且这些元素样式都不一样，应避免使用这种方式，建议采用不同的 class，示例如下。

```
<ul class="one"><li></li></ul>
<ul class="tow"><li></li></ul>
```

L. 不要给背景图片路径加引号

为了节省空间，建议不要给背景图片路径加引号，因为引号不是必须的，示例如下。

```
background-image:url("images
margin:0 auto;
}
```

但是，IE 5/Windows 不能正确显示这个定义，我们可以采用一个非常有用的技巧来解决。使用 text-align 属性，示例如下。

```
body {
text-align:center;
}
#wrap {
width:760px;
margin:0 auto;
text-align:left;
}
```

第 1 个 body 的 text-align:center 规则定义 IE5/Windows 中 body 的所有元素居中（其他浏览器只是将文字居中），第 2 个 text-align:left 是将 #warp 中的文字居左。

M. 导入和隐藏 CSS

因为老版本浏览器不支持 CSS，所以通常的做法是使用@import 技巧把 CSS 隐藏起来，如“@import url(main.css);”。

然而，这个方法对 IE 4 不起作用。这让作者头疼了一阵子，后来作者使用了这样的写法:“@import main.css;”。这样就可以在 IE 4 中隐藏 CSS 了，而且节省了 5 字节。想了解 @import 语法的详细内容，可以阅读 *centricle's css filter chart*。

N. CSS hack

有些时候，我们需要对 IE 浏览器的 bug 定义一些特别的规则，这里有太多的 CSS 技巧（hack），只使用其中两种最安全的方法。

a. 注释的方法

在 IE 中隐藏一个 CSS 定义，可以使用子选择器（child selector）。

```
html>body p {
}
```

下面这个写法只有 IE 浏览器可以理解（对其他浏览器都隐藏）。

```
* html p {
}
```

还有些时候，我们希望 IE/Windows 有效而 IE/Mac OS 隐藏，可以使用反斜线技巧，示例如下。

```
* html p {
declarations
}
```

下面这个写法只有 IE 7 浏览器可以理解（对其他浏览器都隐藏）。

```
*+ html p {
}
```

b. 条件注释的方法

作者认为比 CSS hack 更加经得起考验的就是采用微软的私有属性条件注释（conditional comments）。用这个方法可以给 IE 单独定义一些样式，而不影响主样式表的定义，示例如下。

```
<!--[if IE]>
<link rel=stylesheet/css href="http://www.abc.com/style/
ie.css" />
<![endif]-->
```

还有更多的 CSS hack，大家可以通过网上找找，但是有很多 hack 都是不符合 W3C 标准的。作者根据以上的 hack 写了一个能区分 IE 6、IE 7、火狐的样式，而且符合 W3C 标准，代码如下。

```
.classname {width:90px!important; width:100px; }
*+html .classname {width:95px!important; }
```

这样写后，在 IE 6 下宽是 100px，在 IE 7 下是 95px，在火狐下是 90px。

O. 调试技巧：层有多大

当调试 CSS 发生错误时，就要像排版工人一样，逐行分析 CSS 代码。通常可以在出问题的层上定义一个背景颜色，这样就能明显看出层占据多大空间。有些人建议用 border，一般情况下是可以的，但问题是有时候 border 会增加元素的尺寸，border-top 和 boeder-bottom 会破坏纵向 margin 的值，所以使用 background 更加安全。

另外一个经常出问题的属性是 outline。outline 看起来像 boeder，但不会影响元素的尺寸或者位置。只有少数浏览器支持 outline 属性，如 Safari、OmniWeb 和 Opera。

P. CSS 代码书写样式

在写 CSS 代码的时候，对于缩进、断行、空格，每个人有自己的习惯。在不断实践后，作者决定采用下面这样的书写样式。

```
.classname {
width:100px;
}
```

当使用联合定义时，通常将每个选择器单独写一行，以便在 CSS 文件中找到它们。在最后一个选择器和大括号之间加一个空格，每个定义也单独写一行，分号直接写在属性值后，不要加空格。

11.4.2 哪些标签代码是不能省略的

因为前面我们已经多次提到 title、strong 在 SEO 过程中的重要性，刚才我们又提到网站设计要尽可能简单明了，所以读者可能会有一些矛盾，不知道哪些标签可以省略，哪些标签不能省略。下面作者将再次对这些标签做详细的梳理，分析哪些标签是网站设计中必须存在的。

A. title 标签

Tips: title 标签能够告诉用户和搜索引擎网页页面的主题思想是什么，而主题思想一直是搜索引擎的抓取重点。通常搜索引擎抓取 title 标签出于两个目的：作为影响网页排名的重要因素和作为搜索结果页面的显示信息。不管是哪一个目的，对做 SEO 来说都非常重要。

一般来说，title 标签中的单词最好保持在 3～6 个，而且最好包含关键词。但 title 标签中的单词不要全部都是关键词，因为这样可能会造成页面关键词堆砌，导致过度优化。所选单词应简洁明了，具有描述性，要与网页内容具有很大的相关性，并且每个不同的页面都应该包含 title 标签，保证每一个网页的 title 标签不要相同。这一点前面我们也多次提到，希望引起读者的重视。

B. Meta Description 标签

对 title 标签优化之后，接下来就是对 Meta Description 标签的优化。

Meta Description 标签可以说是对 title 标签的进一步解释，可以是一句话或者包含多个单词的短语。每个页面都该有自己的 Meta Description 标签。Meta

Description 标签还可包含一些与网站内容相关但 title 标签中未提及的信息。与 title 标签要求相似，该部分内容也应具有描述性，与网页内容具有相关性，可包含关键词，但不可过多。和 title 标签一样，每一个网页应该包含一个不同的 Meta Description 标签，这一点作者在 SEO 诊断过程中也经常遇到。

很多 SEOer 都是先开发首页模板，后面就直接用首页模板来修改栏目页、内容页模板，修改的过程中却忘记调整 Meta Description，结果导致所有网页都是和首页相同的描述内容，这对于搜索引擎来说这是非常不利的。一些 SEOer 向作者反映，有些内容页面无法清晰描述 Meta Description，或者因精力有限没有时间去一一描述，作者建议可以去掉 Meta Description 标签，这样搜索引擎会通过网页内容自己总结网页的主题。相比胡乱书写 Meta Description 或者用相同的 Meta Description，这样的做法更加明智。

C．Heading 标签

Heading 标签包含 H1、H2、H3 等，是搜索引擎识别页面信息的重要标记。合理使用 H1、H2、H3 等不同级别的标签能够使页面结构更加清晰，有利于搜索引擎的抓取。H1、H2、H3 等标签是按照重要程度来排名的。一般一个页面按照需求程度来适当添加该标签。从 H1 开始，依次往下添加，但不可添加太多 Heading 标签，否则会适得其反。

一个网页中 H1 只能出现 1 次，因为如果全部是重点的话将会失去重点。首页中尽量将需要优化的目标关键词包含在 H1 当中，内容页 H1 标签最好包含内容的标题。有些 SEOer 反映首页中不知道将 H1 放置到什么地方，作者建议可以尝试用 H1 包含 Logo 的 ALT 标签内容，或者在首页中增加文字介绍区块（这一点前面已经做过深入分析），然后在文字区块中使用 H1 标签包含目标关键词。

D．strong 和 B 标签

相信大多数读者都知道 strong 和 B 标签都有加粗的意思，但是很多人并不清楚两者具体有什么区别。其实，B 标签就是单纯地将文字加粗，而 strong 标签不仅是对文字加粗，而且会告诉搜索引擎该部分文字比较重要。所以，从搜索引擎优化的角度来看，二者是有很大区别的。

上文中提到 Heading 标签页具有加粗效果，那么这 3 种标签到底该怎么用？Heading 标签一般用于文章大标题及每段的小标题，strong 标签一般用于文章段落中的重点词汇，而 B 标签一般只是强调一种视觉效果。作者建议选择 strong 标签进行加粗。从大量实践中作者得出，strong 标签的效果要优于 B 标签，因为 strong（加粗）标签反映在对文本内容的强调上，而 B 标签是为了在显示上突出某些词汇或者语句。

E. ALT 标签

ALT 标签是一种图片标签，它将图片的信息以文本的形式展现。对 ALT 标签的使用没有太多要求，只要在网页中出现图片的部分，添加该属性即可。但其标签内容应与相应页面内容具有相关性，长度不得过长，一般 1～5 个单词即可。

使用 ALT 标签需要注意的是，不要将所有的图片都使用同样的 ALT 文字介绍。此外就是，如果要将关键词融入 ALT 标签，一定要将关键词放置到语境当中，不要直接将关键词堆砌上去，这样的做法是搜索引擎非常反感的。

11.5 网页大小已经不再重要

我们先来看看 Brett Tabke 的原文译文："越小越好，最好保持在 15KB 以下。越小越好，最好保持在 12KB 以下。越小越好，你最好保持在 10KB 以下。你明白我的意思了吧。比 5KB 大，小于 10KB，这是最好的。很难做到，但却是最有效的。对搜索引擎也有效，对访客也有效。"这一点在当时是完全正确的。10 多年前网络速度非常有限，过大的网页会导致搜索引擎蜘蛛抓取和用户访问困难。

近些年网速已经有了很大的提升，针对 Brett Tabke 的观点我们也应该有新的理解。作者的建议是网页越丰富越好，但是网页大小应该控制在 35～100KB。有些 SEOer 可能会问，如果我的页面 HTML 源代码有 30KB，其中页面上还有两张图片，分别为 100KB 和 80KB，还有一个外部引用的 CSS 文件有 15KB 大小，该页面上还放着一个 2MB 的音频文件，那么这个页面体积有多大？

多数人承认这个页面的大小是 30KB。页面大小其实是指页面的源文件大小，是经过服务器解释后输出的 HTML 文档，不包括未经过解释的 PHP、ASP 等语言，不包括 Flash、图片、音频、视频文件等，也不包括外部调用（如果直接写在页面源代码之中不在此范畴）的 CSS、JS 文件等。但火狐的一款插件 yslow 分析出的页面大小包括以上大多数内容。其实从另一方面考虑，图片、外联 CSS、JS 也是应该优化的地方。

Tips: 肯定地说，网页的大小在 SEO 过程中还是非常重要的，我们一定要把"网页越丰富越好"和"尽量控制网页不要过大"区分开来，这不是矛盾的。

"网页越丰富越好"是指让网页的内容丰富起来，如加入图片元素、音频元素等，这些都是用户喜欢的，当然也会受到搜索引擎的青睐。而"网页越小越好"的目的是让用户能更快地打开网页，搜索引擎也能更快捷地进行爬行和索引。下面作者总结了一些减小网页体积的方法，供大家参考。

减小网页 HTML 体积，如将网站改成 DIV+CSS 结构，减少冗余 HTML 代码（如页面中的 font、bgcolor 之类的格式化控制代码，尤其推荐使用网页编辑超级工具箱清除 Word 夹带的格式代码），加速页面显示，缩小页面体积；采用 table 布局则要注意和 CSS 有机结合，减少嵌套表格的使用以减小网页 HTML 体积。

分离 CSS 和 JS 到外部调用文件，HTML 代码尽可能只用来显示文字内容，对于特别长的文章，注意合理分段和分页。

缩减网页其他元素的体积。优化了网页源文件的大小之后，还应该考虑对网页的整体体积进行“减负”，即对页面所包含的图片、视频、音频、外部 CSS 文件、JS、Flash 动画等文件进行优化。这一点我们就不展开了。

最后，可以开启服务器压缩，如 Gzip 压缩等。Gzip 检测可以访问 http://tool.chinaz.com/Gzips/。如图 11-10 所示，我们可以看到豌豆壳首页经过压缩减少了 74.14% 的体积，效果非常明显。

请输入要查询网址：WWW.WANDOUKE.COM　查 询

网址 WWW.WANDOUKE.COM 检测结果如下：	
是否压缩	是
压缩类型	gzip
原始文件大小	25693 字节
压缩后文件大小	6643 字节
压缩率（估计值）	74.14%

Header信息	
Date	Sun, 06 Sep 2015 00:13:33 GMT
Content-Type	text/html; charset=UTF-8
Transfer-Encoding	chunked
Connection	keep-alive
Set-Cookie	__cfduid=db05d02c3a1fb3a655eba3facb4c054391441498411; expires=Mon,05-Sep-16 00:13:31 GMT; path=/; domain=.wandouke.com; HttpOnly
X-Powered-By	PHP/5.2.8
X-Pingback	http://www.wandouke.com/xmlrpc.php
Server	yunjiasu-nginx
CF-RAY	2215f7f239841746-SZX
Content-Encoding	gzip

图 11-10　网站 Gzip 网站压缩检测

11.6　深入学习 11：内容的来源和编辑

内容的来源和编辑我们在第 7 章中已经做了深入分析，这里借助 Brett Tabke 针对此问题的观点再次展开讨论。关于此问题 Brett Tabke 的原文译文是："每天建一页 200～500 字的网页。如果你不知道该写些什么的话，做点关键词调查，然后根据你所得到的热门关键词写文章。"不难看出，这句话中有 3 个重点，首先是每天要建立一页网页，其次是这个网页要有 200～500 字，最后是要根据关键词写文章。

以上 3 点囊括了内容的来源和发布频率等信息，非常具有指导性。下面我们一起详细分析这 3 点所透露的信息。首先是每天建立一页网页，这一点告诉我们对网站要每天坚持更新，尤其是网站上线之初。Brett Tabke 当时的建议是每天一篇网页，今天作者的建议是上线的前 3 个月至少应该保证每天更新 5 篇文章。接下来 Brett Tabke 告诉我们网页要保证 200～500 字，现在来看这样的文章已经显得有点单薄，无法满足用户的阅读需求。当时 Brett Tabke 提出这样的观点也是受限于网页的大小，今天作者的建议是中文文章保证 800～1000 字。

下面我们来看 Brett Tabke 提出的要根据关键词写文章。这透漏出一个非常重要的秘密——文章不是随便拿来就能用的，要依据前期调研的关键词信息写文章。例如，我们计划建设一个旅游类的网站，前期就应该去采集分析关于旅游的关键词。作者推荐使用词库网（http://www.ciku5.com/），输入关键词后可以检索到相关的所有关键词。

如图 11-11 所示，输入"旅游"关键词，可以得到很多关于旅游的关键词。如果我们计划优化"杭州旅游攻略"这个关键词，首先要做的就是为这个关键词写几篇文章。这个流程非常重要。一些 SEOer 认为准备文章就是随便寻找一些文章。虽然这些文章原创度很高，却无法为提升关键词的排名带来帮助，这样的情况作者在 SEO 诊断过程中时常遇到。

Tips：关键词找到之后就是编辑撰写文章，但是作者知道很多互联网创业者不具备这样的条件。作者在之前提到过仿写的方法，具体应用到这个案例，我们就应该寻找一篇关于"杭州旅游攻略"的文章，然后进行仿写。如果仿写到了炉火纯青的地步，仿写的文章甚至会超越原始文章。

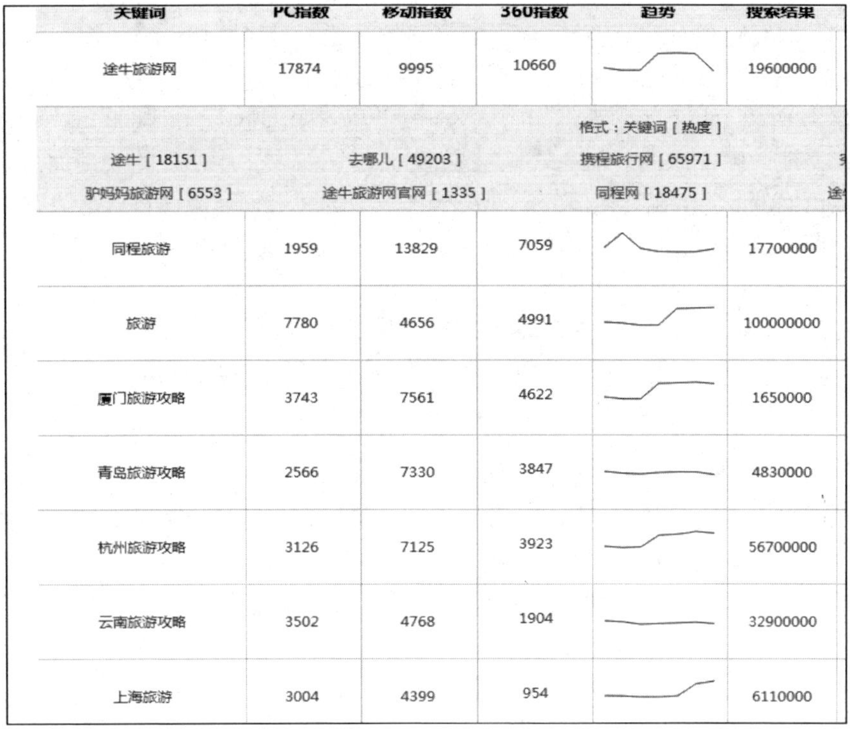

关键词	PC指数	移动指数	360指数	趋势	搜索结果
途牛旅游网	17874	9995	10660		19600000
格式：关键词 [热度]					
途牛 [18151]	去哪儿 [49203]	携程旅行网 [65971]			
驴妈妈旅游网 [6553]	途牛旅游网官网 [1335]	同程网 [18475]			
同程旅游	1959	13829	7059		17700000
旅游	7780	4656	4991		100000000
厦门旅游攻略	3743	7561	4622		1650000
青岛旅游攻略	2566	7330	3847		4830000
杭州旅游攻略	3126	7125	3923		56700000
云南旅游攻略	3502	4768	1904		32900000
上海旅游	3004	4399	954		6110000

图 11-11　旅游关键词词库网搜索结果

11.7　深入学习 12：关键词密度和位置的重要性

关键词密度、位置等信息 Brett Tabke 给出了清晰明确的答案，原文译文："简单老式的 SEO，在这些地方用一次你的关键词：网页标题，说明标签，正文标题，网址 URL，黑体，斜体，网页的最开始。关键词密度介于 5%～20%（也别太在意）。写出好的文章，并且检查错字。拼写检查（对中文来说，检查错字）正在变得越来越重要。因为搜索引擎已经开始运用自动纠错功能，所以已经没有可以写错别字的借口了。"

看完这些文字，很多 SEOer 恍然大悟，原来现在很多 SEO 培训机构仍然在使用这句话的精髓作为 SEO 的排序课程——前面的文字不就是在说所谓的"四处一词"吗？下面我们就这句话和作者之前讲述的关于关键词密度和位置的问题进行综合分析。

需要明确的是，关键词并不是要在所有的地方出现，随处插入关键词的方法在

10 年前非常流行，但是随着搜索引擎算法的升级，这样的操作方法很有可能遭到惩罚。

综合 Brett Tabke 的观点，作者认为一个网页中需要出现关键词的地方是标题、描述、关键词标签、正文、锚文本。我们重点分析锚文本中出现的关键词，这不是针对本页面，而是指在其他页面出现关于本页面的关键词时应该将这个关键词链接到本页面，这样可完成权重的传递，也是站内优化的重要一步。

还有一个问题需要讨论一下。很多 SEOer 认为只有英文网站的 URL 中出现关键词才有用，但是作者在大量站群的实际操作中得到结论：将关键词的中文全拼应用到 URL 中也是非常有效的。下面作者针对关键词的密度和位置总结了几点需要注意的问题，供读者参考。

A. 控制关键词数量

一个网页中的关键词最好只有 1 个，所有内容都围绕这个关键词展开，才能保证关键词密度合理。如果确实有大量关键词需要优化，可以分散写在其他页面并有针对性地优化。最典型的情况是在拥有不同的产品和服务的情况下对每个产品进行单网页优化，而不是罗列在一个首页上。例如，"敦煌旅游"这个大类页面就只针对"敦煌旅游"，而"云南旅游"这个大类页面就只针对"云南旅游"。

B. 控制关键词密度

关键词密度（Keyword Density）就是在一个页面中关键词的数量占该页面中总的词数量的百分比，该指标对搜索引擎的优化起重要作用。关键词密度一般在 3%～5% 较为合适，超过这一标准就有过高或过低之嫌。

具体的实战中作者建议通过分析竞争对手的关键词密度来进行调整。例如，我们计划优化"自驾游"这个关键词，首先在搜索引擎搜索"自驾游"，记录排名靠前的网站，如图 11-12 所示，然后通过站长工具检测这些网站的关键词密度，如图 11-13 所示，可以看出本案例中"自驾游"关键词的密度达到了 8.1%，接下来我们在布局这个关键词的时候也可以尝试将密度控制到这个范围。那么，如何提高关键词密度?

a. 增加关键词出现的次数。作者的建议是将密度控制在一定范围内的同时要尽可能提高关键词出现的次数。这就是所谓的关键词频率。如图 11-13 所示，"自驾游"出现了 206 次。如果我们仅提升密度，而忽略了频率这个概念，也是无法达到预期效果的。

b. 降低页面中非关键词部分的内容。

c. 在正文中适当出现关键词（方法参考下面 D 部分）。

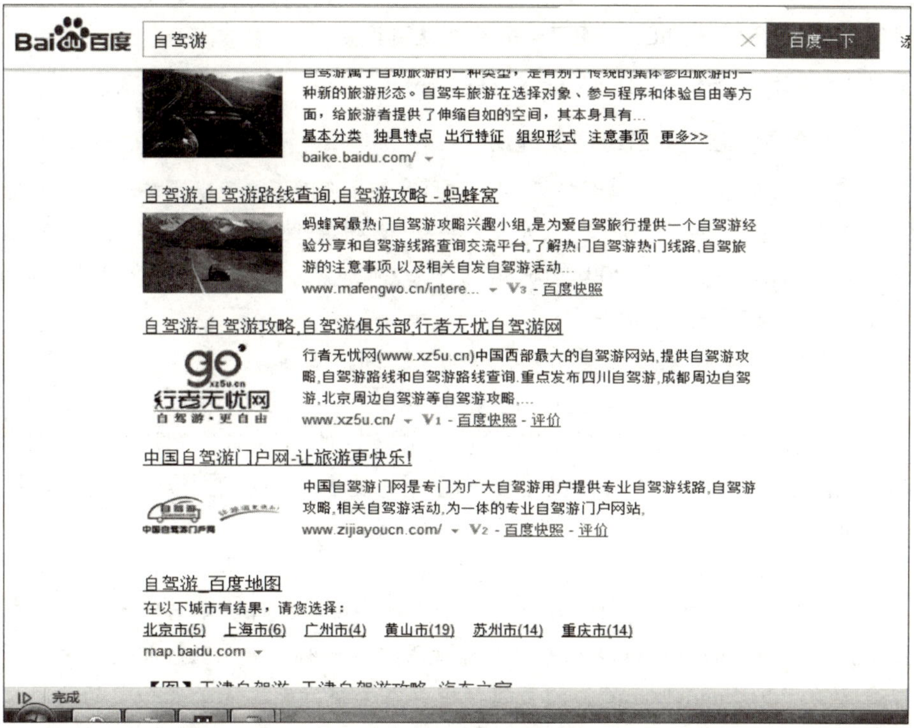

图 11-12　“自驾游”关键词百度搜索引擎搜索结果

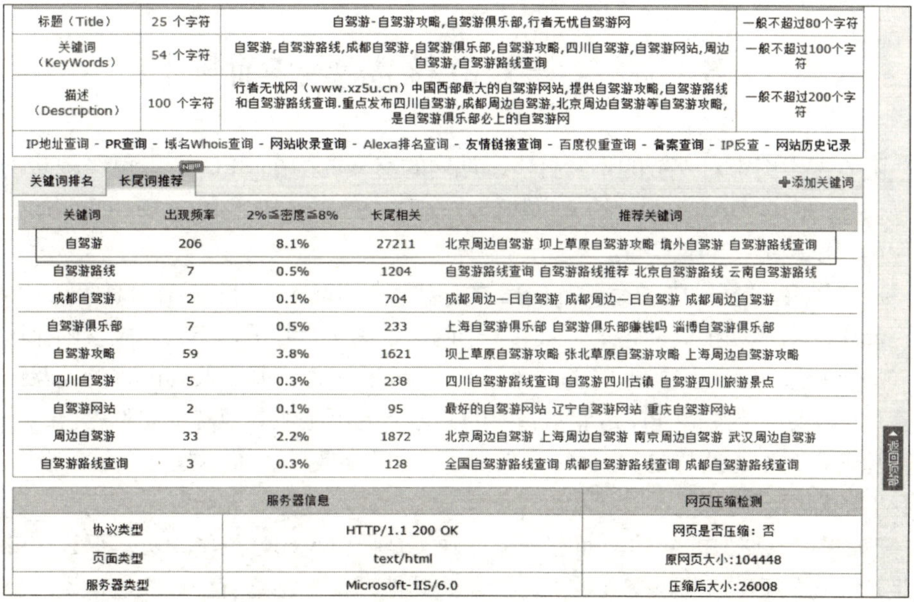

标题（Title）	25 个字符	自驾游-自驾游攻略,自驾游俱乐部,行者无忧自驾游网	一般不超过80个字符
关键词（KeyWords）	54 个字符	自驾游,自驾游路线,成都自驾游,自驾游俱乐部,自驾游攻略,四川自驾游,自驾游网站,周边自驾游,自驾游路线查询	一般不超过100个字符
描述（Description）	100 个字符	行者无忧网（www.xz5u.cn）中国西部最大的自驾游网站,提供自驾游攻略,自驾游路线和自驾游路线查询.重点发布四川自驾游,成都周边自驾游,北京周边自驾游等自驾游攻略,是自驾游俱乐部必上的自驾游网	一般不超过200个字符

IP地址查询 - PR查询 - 域名Whois查询 - 网站收录查询 - Alexa排名查询 - 友情链接查询 - 百度权重查询 - 备案查询 - IP反查 - 网站历史记录

关键词排名　长尾词推荐　NEW　✚添加关键词

关键词	出现频率	2%≦密度≦8%	长尾相关	推荐关键词
自驾游	206	8.1%	27211	北京周边自驾游 坝上草原自驾游攻略 境外自驾游 自驾游路线查询
自驾游路线	7	0.5%	1204	自驾游路线查询 自驾游路线推荐 北京自驾游路线 云南自驾游路线
成都自驾游	2	0.1%	704	成都周边一日自驾游 成都周边一日自驾游 成都周边自驾游
自驾游俱乐部	7	0.5%	233	上海自驾游俱乐部 自驾游俱乐部赚钱吗 淄博自驾游俱乐部
自驾游攻略	59	3.8%	1621	坝上草原自驾游攻略 张北草原自驾游攻略 上海周边自驾游攻略
四川自驾游	5	0.3%	238	四川自驾游路线查询 自驾游四川古镇 自驾游四川旅游景点
自驾游网站	2	0.1%	95	最好的自驾游网站 辽宁自驾游网站 重庆自驾游网站
周边自驾游	33	2.2%	1872	北京周边自驾游 上海周边自驾游 南京周边自驾游 武汉周边自驾游
自驾游路线查询	3	0.3%	128	全国自驾游路线查询 成都自驾游路线查询 成都自驾游路线查询

服务器信息		网页压缩检测
协议类型	HTTP/1.1 200 OK	网页是否压缩：否
页面类型	text/html	原网页大小:104448
服务器类型	Microsoft-IIS/6.0	压缩后大小:26008

返回顶部

图 11-13　“自驾游”关键词在网站中的密度

C．网页代码中的 title、META 标签要认真设置

网页代码中的 title、META 标签（keywords、description）要认真设置。

D．正文内容必须适当出现关键词

a．正文内容必须适当出现关键词，并且“有所侧重”，意指用户阅读习惯形成的阅读优先位置——从上到下，从左至右——成为关键词重点分布位置，包括页面顶部、左侧、标题、正文前 200 字以内。在这些地方出现关键词对排名非常有帮助。用黑体显示，对其排名作用很大。

b．超链接文本可以通过说明文字增加关键词。

c．其他标题行中的文字可以通过文字加粗，英文关键词可以通过大写突显。

d．在图片属性说明文字中添加关键词。搜索引擎不能抓取图片，因此制作网页时在图片属性中加入关键词是对搜索引擎友好的表示。搜索引擎会认为该图片内容与关键词一致，从而有利于排名。

e．域名、路径和文件名可以考虑包含关键词。

Tips：英文网页内容的网站在进行域名选择和网页文件夹命名时可以考虑包含关键词，中文网页的网页命名也可以考虑使用拼音全称，如“敦煌旅游”大类页面可以命名为“dunhuanglvyou”。网页路径中存在全拼，有时能带来一定的访问。

f．可以在页面代码中对有关内容进行注释。

11.8 站内交叉链接需要提前规划

随着搜索引擎对外链的不断打击，站内的交叉链接在 SEO 行业已经越来越被重视。仔细阅读 Brett Tabke 的文章我们才发现，原来在 10 多年前 Brett Tabke 就已经明确了站内链接的重要性。

原文译文：“网站内的交叉链接指的是同一个网站内的链接。在你的网站之内，把高质量的内容互相链接起来。如果一个网页是关于食物的，那么你应该确保这页连向关于苹果的和蔬菜的那些页。尤其对 Google 来说，基于共同内容的相互链接对在你的网站之内分享 PR 是非常重要的。你要的不是使其他网页黯然失色的一个全明星网页，你需要的是 50 个每天吸引一个访客的网页，而不是一个每天吸引 50 个访客的网页。”

“如果你发现你的网站里面有一页，确实是吸引大部分流量的页，那么你就应该把这一页的 PR 值通过交叉链接，分散到其他网页上。这有一点像老话说的分享财富。”

尽管这些内容是针对 Google 搜索引擎提出的，但是随着百度搜索引擎算法的不断升级，站内链接的重要性已经在百度搜索引擎中逐渐凸显，本书的第 12 章中作者还将对 Google 和百度搜索引擎进行深入比对分析。

本书的很多地方作者一再强调，站内的交叉链接一定要提前规划，不能盲目操作。结合前面的内容我们可以得出这样的操作规则：我们准备建设一个网站之初，应该分析这个行业的关键词，总结好关键词后开始着手依据这些关键词准备文章，准备文章的方法可以是寻找编辑、直接撰写，也可以仿写等，这样一来每一个关键词都会找到一个合适的着陆页，然后在发布这些文章的时候将关键词和着陆页的 URL 进行记录。如果在后面发布文章的过程中再次遇到这些关键词，便将这些关键词链接到之前发布的页面。这样便完成了整个网站网页的相互链接。

对于搜索引擎而言，这样操作可以集中权重，方便搜索引擎蜘蛛爬行和索引；对于用户而言，当用户阅读到某一个关键词的时候可以点击了解详细的信息，提升阅读体验。

例如，我们的网站发布了一篇敦煌旅游的文章，其中提到了敦煌的一种小吃驴肉黄面。因为用户并没有吃过这个食物，所以如果没有链接到关于该食物的网页，用户只能跳出网站，到搜索引擎进行搜索。如果在这个关键词上加了链接，用户只需要点击链接即可了解关于该食物的信息。这样既提升了用户体验，也提高了网站的 PV 值。

下面作者总结了一些站内交叉链接需要注意的问题供读者参考。

A．避免错误锚文本建设

SEOer 为了提高关键词在页面中的密度，会使用关键词锚文本内链到相应的页面，提高页面在整站中的权重。如果大量的锚文本链接到页面中，蜘蛛会认为这样的页面是重要的页面，并赋予一定的权重值。

这样的锚文本建设可以提高页面的权重，但是站长往往会采用错误的链接方法。在相同的页面中使用不同的关键词链接到相同的页面，这属于错误的锚文本建设，蜘蛛无法判断哪个关键词才是主关键词，容易导致页面的权重分散，或者让蜘蛛认为是作弊链接。例如，文章内容页出现关键词 1、关键词 2，并同时链接到首页，站长可能是想同时提高这两个关键词的权重，但这样的锚文本建设是不被认可的。站长要避免采用错误的锚文本建设方法。

B．巧妙减少关键词锚文本密度

合理的锚文本布局是完善网站内部结构的重要方法。锚文本的布局往往会导致页面中关键词密度过高，特别是在导航系统中，锚文本会频繁出现会导致关键词堆积。

解决这种问题的方法是比较简单的。导航系统中的锚文字是可以多样变化的，如顶部导航中使用“网站优化”，在首页的其他地方布局时可使用“SEO 优化”。这些细节的变化一般是站长不会注意到的。这样的改版也不会改变网站的主旨，更不会影响网站的用户体验，又可以减少关键词的堆积重复现象，减少关键词的布局密度。

C．提高锚文本的多样性

网站要优化的关键词可能是多样的，这时布局的锚文字也需要是多样的。多样的锚文本布局可以让网站获得更多的长尾关键词，这些长尾关键词还可以给网站带来精准的流量。

例如以上说到的锚文字的变化，相关性锚文字的变化对分类页面来说，可以增加更多的不同关键词的导入流量。同一个页面中可以建立多个锚文本，但是不要同时链接到相同的页面，不同的关键词链接到相应的页面，用真正跟本页面有相关性的导出链接，或者是可以帮助用户了解更多内容的链接。多样性的锚文本建设才能获得更多的浏览量，用户才能阅读更多的页面内容，蜘蛛才能更深入地抓取页面。

D．切忌锚文本作弊优化

自百度推出绿萝算法后，锚文本的外链建设也成为作弊链接之一，大量使用虚假性锚文本会遭到百度的降权处理，锚文本的相关性成为站长要重视的问题。锚文本链接要融入相关内容，一篇和关键词相关的文章中均匀分布的锚文本链接比孤立的链接认可度更高。

在做站外锚文本时候，如果全部锚文本链接是同样的文字也是不行的，搜索引擎认为这是作弊行为。可以适当使用带有主关键词的长尾词来做。同时，站内文章中有大量的锚文本指向首页，或者站外文章有大量的锚文本外链指向网站时，为了避免锚文本的作弊嫌疑，有必要进行锚文本的稀释。这时可以适当增加几个锚文本，指向自己的博客或者其他大型网站。

11.9 开通网站的注意事项

Brett Tabke 关于网站的开通原文译文：“最好不要使用虚拟主机；最好使用你自己的单独的 IP 地址；确保你的网站可以被搜索引擎蜘蛛所索引；所有的网页都应该连向你网站里其他的网页；所有的网页距离主页都不应该超过两次点击；所有

内容页都应该链接回主页；一个在所有页上都存在的菜单系统，应该链接到你的网站上的主要部分。”

“在你完成一个高质量的网站之前，不要把它开通。开通一个不好的网站，比不开通网站更糟糕，你要的是一个从一开始就是优秀的网站。申请登录开放目录，如果你有预算的话，也申请提交到雅虎和其他付费目录。如果没有预算的话，可以试试雅虎的免费提交，但是不要抱太大希望。”

这些文字包含了很多的信息。

首先，它告诉我们不要使用虚拟主机，这一点在本书第 5 章中作者已经进行了详细分析。因为虚拟主机大多数是很多网站共享一个 IP 地址，事实证明搜索引擎在打击网站的时候会记录网站的 IP 信息，如果同一个虚拟主机 IP 下的某一个网站被搜索引擎屏蔽，我们的网站也将受到牵连。

作者建议一定要选择独立 IP 的虚拟主机或者服务器，如果资金较为宽裕，尽量选择独立的服务器或者云服务器。虚拟主机尽管便宜，但即使是独立的 IP 也会遇到很多问题，如有些控件不支持、访问不稳定等。

其次，它告诉我们应该将所有的栏目页和内容页都链接到首页，这就是所谓的集中权重。通常情况下，网站刚刚起步时我们都需要依靠首页的权重获得关键词的排名，栏目页和内容页的关键词排名通常要等网站有了较高的权重之后才能获得。

除此之外，它还告诉我们要保证点击任何页面 2 次就能回到首页，这就是我们前面提到的 F 型或者树型结构。这样的结构既能保证搜索引擎蜘蛛的顺利爬行，也能保证用户访问的流畅性。

最后，它提醒我们网站没有建设成一个高质量的网站之前不要将其开通。作者在 SEO 诊断过程中经常遇到这样的 SEOer，他们未将网站内容甚至栏目建设好，就匆匆将网站上线，理由是让网站尽快被收录，免得耽误时间。这是完全错误的态度。网站上线后的前 3 个月搜索引擎对于一个网站的印象是最重要的，这就和人类见面的第一印象一样。如果第一印象得分不高，那么后面要改变这种印象就要花费很多的努力。

作者的建议是首先准备文章内容，其次规划栏目，最后才是准备优质的服务器上线。上线时要在每个栏目下都发布 5～10 篇文章，这样才能提交给搜索引擎收录，不然搜索引擎蜘蛛爬行进来发现网站没有什么内容，会留下不好的印象。另外，如果我们没有发布文章就尝试让搜索引擎收录的话会有这样的问题——因为没有文章，所以网站首页的关键词密度会很高，搜索引擎进来后会误以为网站作弊。这个问题作者在大量实战中屡次遇到，提醒各位读者一定要多多重视。

11.10　关键知识点 28：网站提交后的快速收录和操作策略

当我们准备完善，在网站的每一个栏目都发布了 5～10 篇文章之后就应该考虑将网站提交给搜索引擎。下面作者总结了一些网站的提交入口供读者参考。

A．搜索引擎网站收录地址

360 搜索引擎登录入口：http://info.so.360.cn/site_submit.html

即刻搜索网站提交入口：http://zz.jike.com/submit/genUrlForm

盘古数据开放平台：http://open.panguso.com/data/resource/url/new

百度搜索网站登录口：http://www.baidu.com/search/url_submit.html

百度单个网页提交入口：http://zhanzhang.baidu.com/sitesubmit

Google 网站登录入口：https://www.google.com/webmasters/tools/submit-url

Google 新闻网站内容：http://www.google.com/support/news_pub/bin/request.py?contact_type=suggest_content&hl=cn

Bing（必应）网页提交登录入口：http://www.bing.com/toolbox/submit-site-url

简搜搜索引擎登录入口：http://www.jianso.com/add_site.html

搜狗网站收录提交入口：http://www.sogou.com/feedback/urlfeedback.php

搜搜（SOSO）网站收录提交入口：http://www.soso.com/help/usb/urlsubmit.shtml

雅虎中国网站登录入口：http://sitemap.cn.yahoo.com/

网易有道搜索引擎登录入口：http://tellbot.youdao.com/report

中搜免费登录服务：http://register.zhongsou.com/NetSearch/frontEnd/free_protocol.htm

MSN 必应网站登录入口：http://cn.bing.com/docs/submit.aspx?FORM=WSDD2

Alexa 网站登录入口：http://www.alexa.com/help/webmasters

TOM 搜索网站登录入口：http://search.tom.com/tools/weblog/log.php

铭万网 B2B（必途）网址登录入口：http://search.b2b.cn/pageIncluded/AddPage.php

蚁搜搜索网站登录入口：http://www.antso.com/apply.asp

快搜搜索网站登录入口：http://www.kuaisou.com/main/inputweb.asp

汕头搜索登录入口：http://www.stsou.com/join.asp

孙悟空搜索网站登录：http://www.swkong.com/add.php

天网网站登录入口：http://home.tianwang.com/denglu.htm

速搜全球登录入口：http://www.suso.com.cn/suso/link.asp

酷帝网站目录提交入口：http://www.coodir.com/accounts/addsite. asp

快搜网站登录入口：http://www.kuaisou.com/main/inputweb.asp

搜猫搜索引擎登录入口：http://test.somao123.com/search/url_submit.php

泽许搜索网站登录入口：http://www.zxyt.cn/guide/?m=adc4&Nsid=a3c6847db163587d&wver=t

一淘网开放搜索申请入口：http://open.etao.com/apply_intro.htm?spm=0.0.0.40.9VF4FQ

B．独立博客收录提交网址

百度博客提交：http://utility.baidu.com/blogsearch/submit.php

博客大全提交：http://lusongsong.com/daohang/login.asp

Google 博客提交：http://blogsearch.google.com/ping

雅虎中国博客提交：http://search.help.cn.yahoo.com/h4_4.html

FeedSky 博客提交：http://www.feedsky.com

搜狗（SoGou）博客提交：http://www.sogou.com/feedback/blogfeedback.php

有道（YoDao）博客提交：http://tellbot.yodao.com/

必应（Bing）博客提交：http://www.bing.com/toolbox/submit-site-url

搜搜博客提交：http://www.soso.com/help/usb/urlsubmit.shtml

C．英文搜索网站收录地址

Dmoz 网站登录入口：http://www.dmoz.org/World/Chinese_Simplified

NetSearch 登录入口：http://intelseek.com/add_url_form.asp

Freewebsubmission.com 搜索引擎批量提交：http://www.freewebsubmission.com/

快速登录 20 个搜索引擎：http://www.trafficzap.com/searchsubmit.php

HotBot 登录入口：http://www.hotbot.com/prefs_filters.asp?prov=Inktomifilter= web

netscape 登录入口：http://about.netscape.com/

AddMe 登录入口：http://www.addme.com/submission/free-submission-start.php

NetSearch 登录入口：http://www.netsearch.org/promo/submit.htm

AddMe 登录入口：http://www.addme.com/s0new.htm

Link it All 登录入口：http://www.that-special-gift.com/ffa/links.html

Voyager 登录入口：http://www.voyagersearch.com/cgi-bin/q/search.cgi?NAVG=AddURL

Gigablast 登录入口：http://www.gigablast.com/addurl

Aeiwei 登录入口：http://www.aeiwi.com/submit.html

Infotiger 登录入口：http://www.infotiger.com/addurl.html

Nationaldirectory 登录入口：http://www.nationaldirectory.com/addurl/

WhatUseek 登录入口：http://www.whatuseek.com/addurl-secondary.shtml

Exactseek 登录入口：http://www.exactseek.com/add.html

Walhello 登录入口：http://www.walhello.com/addlinkgl.html

Scrubtheweb 登录入口：http://www.scrubtheweb.com/addurl.html

D．网址导航站收录申请登录入口大全

hao123 网址收录：http://submit.hao123.com/static/auditSys/wztj.htm

360 网址导航收录入口：http://hao.360.cn/url.html

Google265 上网导航网站提交：http://www.265.com/submit.html

百度网址导航提交入口：http://site.baidu.com/quality/quality_form.php

2345 网址导航申请收录入口：http://www.2345.com/help/submitweb.htm

必应网址导航提交：https://feedback.discoverbing.com/default.aspx?locale=zh-CN&productkey=bingweb&scrx=1

搜狗网址导航收录入口：http://123.sogou.com/about/shoulu.html

博客大全申请收录入口：http://lusongsong.com/daohang/login.asp

QQ 导航网站收录申请规则：http://support.qq.com/cgi-bin/content_...

搜狗网址导航收录申请：http://123.sogou.com/shoulu.html

114 啦网址收录：http://url.114la.com/

金山网址导航收录申请：http://123.duba.net/apply/

瑞星网址导航收录申请：http://hao.rising.cn/catalog/slsq.html

好看 123 网址导航收录申请：http://www.haokan123.com/urlsubmit/url_submit.html

466 傲游网址导航申请收录网站：http://bbs.maxthon.cn/viewthread.php?tid=584498&extra=

1616 网址导航收录：http://www.1616.net/jd/misc/coop.htm

淘网址（tao123）收录申请：http://krq.tao123.com/collectsite/

0460 网站之家收录：http://www.0460.com/member/login.aspx

赶驴啊网站收录提交入口：http://www.ganlva.com/url-submit/

hao123 网站收录规则：http://www.hao123.cn/hezuo.htm

114 网址导航收录申请：http://www.114.com.cn/index.php?view=websubmit

726 网址收录入口：http://www.726.com/url-submit/

1166 网址收录入口：http://www.1166.com/tool/add.html

中商网址导航链接提交：http://www.cb114.cn/apps/about.html

7999 网址收录入口：http://7999.com/misc/coop.htm

369 网址大全新站提交：http://wvw.369.com/us/url.htm

568 网址导航网址提交：http://www.568.cc/abc/website-add.html

找军事网址提交：http://www.zhaojunshi.com/url-submit/

19687 网站大全网址提交：http://www.19687.com/apps/about.html#add

易看网址大全：http://www.ekan123.com/shoulu.htm

1181 网址登陆录：http://link.1181.com/adduser.asp

57616 网址导航登录：http://www.57616.com/apps/about.html#add

Jia123 网址网址提交：http://bbs.jia123.com/index.asp?boardid=2

Tips：一般作者不建议大家去逐个提交网站，这样操作的意义不大。网站能顺利访问并且适当做几个外链，很快就能被发现和收录，而网址导航网站收录新站的可能性不大，一般要等网站有了一定的权重或者知名度才能收录。当然，如果肯花钱也是很容易被收录的。知名网址导航站收录一年的费用一般是 5000～10000 元。这是一笔不小的开支，不过效果是比较明显的，资金充裕的话可以考虑尝试。

新站的收录如果没有提交或者做外链一般需要 7～30 天的时间，如果想加快收录，可以考虑在已经收录网站发布文章的时候加入新站的网址或者链接。这样做的效果是非常明显的。还有就是前面作者提到的，到各大站长工具进行查询，查询的数据会在短期之内留在查询页面，这样搜索引擎抓取这些查询页面的时候就会发现我们的网站，从而爬行收录。

最后我们来看 Brett Tabke 对于这项工作的观点："把主页提交到 Google 等搜索引擎，然后接下来 6 个月就忘了这件事。没错，提交，然后忘了它。"这个观点似乎和我们的认识有点出入，其实这是一种深层次的处理方式。通常我们都是提交之后无时无刻观测收录情况，为此浪费了很多时间，倒不如将这些精力花费在文章质量的提升等实质性的工作上面。

这也是 SEO 的一种境界，不要刻意去关注搜索引擎对网站的收录或者评价，至少在开始的几个月里应该静下心来做该做的事情。这些事情做到了，搜索引擎自然会对网站有不错的评价。这里作者再次提醒大家，本章的核心目标是用 12 个月打造一个成功的网站，绝非教大家简单快速的优化技巧。

因此，本章的所有知识点都是围绕打造成功的网站展开。打造成功的网站一方面需要坚实的 SEO 基础，另一方面需要足够的努力和耐心。这也就是为什么 Brett Tabke 告诉我们"接下来的 6 个月要忘记这件事情"。这 6 个月是网站成长的关键时期，我们要做的不是关注关键词的排名，更不是考虑网站的盈利点，我们要做的仅仅是让网站被搜索引擎和用户喜欢。说到底就是我们要准备高质量的文章，让网站内容丰富起来。

11.11 记录和跟踪

日志分析是 SEO 中非常重要的一个操作。新网站上线可以通过日志查看是否被蜘蛛抓取，网站是否存在 404 错误而进行及时纠错，是否被整站扫描下载等。这只是一些常见的日志用途。通过日志分析还可以得到很多其他的信息。正是因为日志分析如此重要，作者建议大家在选择服务器的时候一定要询问服务器提供商是否支持日志记录。

日志记录的内容分类主要有两大类型，分别是访客访问信息和蜘蛛抓取信息，下面作者就这两种类型信息进行讲解。

A．访客访问信息的内容

以下是一段用户访问记录，内容是 2014 年 7 月 1 日凌晨 12 点 23 分，IP 地址为 222.88.71.11 的用户使用火狐浏览器正常访问了网站的 /hello/seo.html 这篇文章。我们需要注意这条记录信息的几个点：访问网页地址、访问时间、IP 地址、返回状态码。前面几条比较明晰，状态码可能是站长们比较头疼的。

```
2014-07-01 00:23:04 W3SVC50722105 61.155.150.92 GET /hello/
seo.html - 80 - 222.88.71.11 Mozilla/5.0+(Windows+NT+6.1；+WOW64；
+rv:30.0)+Gecko/20100101+Firefox/30.0 200 0 0
```

以下是一条用户访问 404 错误信息（由于网站改版造成的目录及网页文件更改后遗症）。这些信息也有可能被蜘蛛抓取，所以需要向百度提交改版信息或通过 robots 屏蔽或提交死链接来屏蔽蜘蛛的抓取，从而减少页面 404 错误抓取信息。

```
2014-06-30 16:52:52 W3SVC50722105 61.155.150.92 GET/html/
success.html - 80 - 202.108.4.123 Mozilla/4.0+(compatible; +MSIE+7.0;
+Windows+NT+5.1)404 0 64
```

以下是用户用软件批量扫描网站备份文件所造成的 404 错误信息中的一条，很多黑客用这种方法下载网站备份信息从而入侵网站。可以把网站备份信息单独存放到 Web 目录外的其他目录中以预防这种情况发生，也可以通过屏蔽 IP 地址等方法解决。

```
2014-06-20 17:35:10 W3SVC50722105 61.155.150.92 HEAD/www.abc.
```

```
com.rar - 80 - 27.150.236.228 Mozilla/4.0+(compatible; +MSIE+8.0;
+Windows+NT+6.1; +Trident/4.0) 404 0 2
```

B．蜘蛛抓取信息

以下是 Google 机器人对网站中 /hello/seo.html 网页文件的正常抓取信息。

```
2014-06-30 16:00:46 W3SVC50722105 61.155.150.92 GET/hello/
seo.html - 80 - 66.249.64.36 Mozilla/5.0+(compatible; +Googlebot/2.1;
++http://www.google.com/bot.html) 200 0 0
```

以下是百度蜘蛛对网站 /sitemap.xml 网站地图的 304 抓取信息。304 代表着文件无修改，百度服务器已经存放了相同的信息，缓存信息无修改，所以无须更新。

```
2014-07-01 02:47:09 W3SVC50722105 61.155.150.92 GET/sitemap.xml
- 80 - 123.125.71.106 Mozilla/5.0+(compatible; +Baiduspider/2.0;
++http://www.baidu.com/search/spider.html) 304 0 0
```

日志的分析贯穿于 SEO 过程的始终——从分析搜索引擎蜘蛛爬行到观测用户访问网页情况，再到遇到攻击后分析攻击者信息和程序 Bug。作者建议大家一定要认真阅读本章内容，务必掌握日志分析的技巧和方法。这里作者推荐给大家一款非常好用的日志分析软件——光年 SEO 日志分析系统，通过搜索引擎搜索下载即可，界面如图 11-14 所示，使用非常简单。

图 11-14　光年 SEO 日志分析系统

相对于其他日志分析软件，光年 SEO 日志分析系统有很多优点。

首先，这是第一个专门为 SEO 设计的日志分析软件。以前的很多日志分析软件都是顺带分析 SEO 方面的数据，而这个软件里面分析的每一个指标都是为 SEO 设计的，而且很多的分析维度都是其他日志分析软件没有的。这能让我们获取很多非常有用但是以前获取不了的数据。

其次，该软件能分析无限大的日志，而且速度很快。很多日志分析软件在日志大于 2GB 以后都会越来越慢或者无响应，而这个软件能分析无限大的日志，并且每小时能分析 40GB 的日志。这对于需要分析几个月内的日志及要分析几十 GB 的大型网站的日志非常有帮助。

最后，该软件能自动判断日志格式。现在很多的日志分析软件对 Nginx 或者 CDN 日志都不支持，而且对日志记录的顺序都有格式要求。而这个软件没有这么多的限制，它能从日志中自动检测时间、URL、IP 地址等。

11.12 内容的选择

前面我们已经多次提到内容的重要性，而 Brett Tabke 还告诉我们："每天保障一页高质量的、有内容的网页。有实效性的、有主题的文章永远是最好的。避免太多博客型的个人化的东西，应该写更多的普通观众愿意看的文章内容。""每天发布内容"我们之前已经有过讲述，这里不再展开。我们重点来看"时效性"和"有主题的文章永远是最好的"应该如何理解。

Tips: 时效性对于互联网来说是一个非常独特的性质，也恰恰是互联网的魅力所在。关注网易新闻的朋友一定注意到其不断在更新，这也正是为什么网易新闻有那么多用户的原因。互联网永不希望看到老掉牙的东西，因此我们在网站文章的准备上一定要抓住这个原则。例如，我们计划建设一个科技行业的网站，准备的文章就应该紧追当下的科技新闻，如 iPhone 6s 的发布等，如果我们在网站发布 iPhone 5 的信息是无法留住用户的。

接着我们再来看看后面的一句话。为什么要避免在博客里写太多个人化的东西？我们知道，博客的内容一般都是阐述自己的观点，当然这些观点会被某些人群认可，但是我们尝试建设一个独立的网站就要考虑内容被普通用户认可。同样用前面的建设科技行业网站为例，如果我们发布一些关于集成电路或者源代码的内容，受众只能是一些 GEEK，普通的用户很难懂得这些东西，自然也不会再次光顾我们的网站。

11.13 SEO 行业真的存在秘籍吗

很多 SEOer 问过作者这样的问题：到底 SEO 行业有没有诸如“3 天让网站关键词上首页”等的方法？不可否认，SEO 行业确实存在着一些这样的方法，但是使用这样的方法无法打造一个成功的网站，如果使用不当甚至会造成不可挽回的后果。

作者在 SEO 诊断过程中就遇到过一位朋友，他的网站关键词排名一直在第 2 页停滞不前。这样大概持续了 2 个月，最后没有经住诱惑，使用点击器提升排名。开始的一段时间的确让网站关键词排名提升到了第 1 页，但是 1 周之后网站直接被搜索引擎屏蔽。他为这个网站付出了 1 年多的心血，对这样的结果难以接受，但是这就是事实。

正是因为遇到过很多这样的事情，所以本书中作者虽然介绍了一些这样的所谓秘籍，但是大都不建议读者使用。Brett Tabke 针对“秘密武器”也是和作者一样的态度：“离所谓的秘密武器，或者今天有用明天就没用的东西远一点。不要用任何看起来像垃圾的东西，任何不道德的，或任何接近作弊手段的东西。”

11.14 导出链接的控制

网站运营一段时间之后，随着网站权重的提升我们会收到一些交换友情链接的邮件。面对这些邮件我们一定要冷静处理，不要看到对方网站的权重很高或者关键词排名很不错就去交换链接，这样的交换往往会带来不可预估的风险。Brett Tabke 告诉我们：“当你收到交换链接请求的时候，要仔细查看对方的网站，不要轻易就链接回去。通过 Google 查看他们的网站，并看他们的 PR 值。不要链接到有问题的网站和质量不高的网站。确保对方网站和你的类似，是同一个行业的。”

我们都知道，百度搜索引擎没有和 Google 一样明确的 PR 值，所谓的百度权重都是第三方工具依据关键词的排名推算出来的，因此不能作为交换链接的依据。

作者建议可以从这几方面观察。首先是看域名的注册年龄，年龄较长的域名一般比较可信。还有就是对域名的价值进行评估，如使用双拼或者 5 位数字以下的域名建设的网站很少会作弊，因为这样付出的代价会很高。其次是看对方的网站导出的链接网站质量，如果导出的链接网址质量都很高，那么就值得信任。最后还可以分析哪些网站链接到了对方的网站。这个可以借助站长工具（http://link.aizhan.com）

查询，结果如图 11-15 所示。从分析结果我们便可以看出是哪些网站链接到了对方网站，如果这些网站质量都很高，那么也是值得信任的。

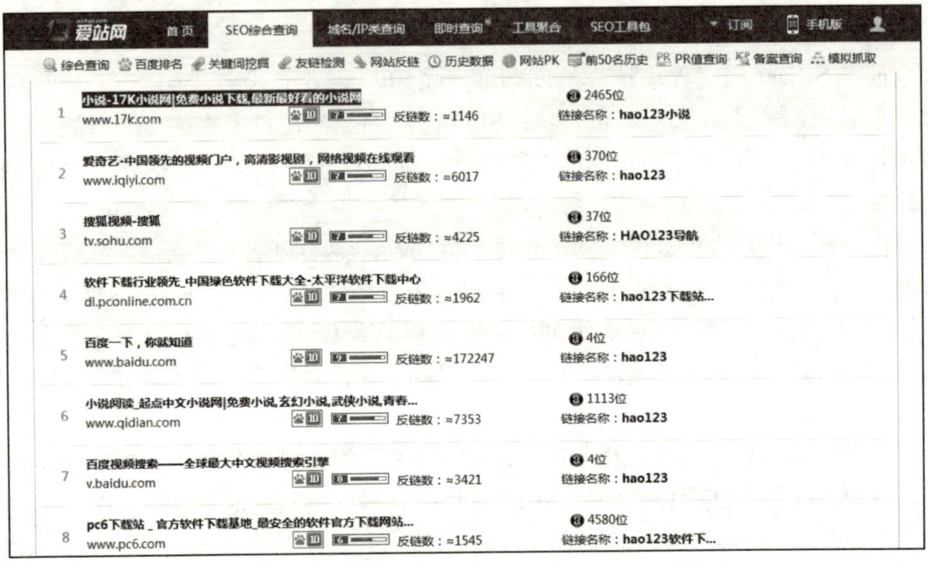

图 11-15　爱站网查询外链

除此之外，Brett Tabke 还提到了一个重要的信息点——要确保对方网站和我们的网站是同一行业，这一点对于当下的外链建设来说尤其重要。在绿萝算法之后，百度搜索引擎开始着手打击外链买卖，一时间很多 SEOer 不知道该如何进行外链的建设。作者的建议是链接文字不要单纯使用目标关键词，可以考虑加入品牌词，链接的网站尽量选择同行业或者有相同目标群体的行业。10 多年前 Brett Tabke 就提出了这样的观点，确实让我们敬佩，这也是作者要引用 Brett Tabke 的这篇文章来展开本章的原因。

11.15　让网站内容丰富起来

一个网站在建好之后是需要进行内容的维护与丰富的。要想让搜索引擎找到我们的网站，要想让客户对我们的网站感兴趣，就需要在网站的建设中让网页的内容丰富起来。那么，如何才能够在网站建设中让网页的内容更丰富呢？

就一个页面的网站设计来说，内容丰富才能使网站更具有说服力和用户亲和力。网站内容丰富不仅是指丰富文字、图片、产品等，还包括外链的丰富。丰富的文字、图片和产品介绍能让客户更好地了解我们的产品，设计独特、有创意的图片和文字还能更好地体现出企业的专业程度与实力水平。

内容丰富的同时还要做到多而不乱。图文并茂，排版清晰，文字通顺合理，用心遣词造句，体现专业权威——都是最基本的要求。

网站内容的丰富主要看以下几个方面。首先让页面的标题更加完美。页面标题的作用不言而喻，搜索引擎给予标题很大的权重。其次让摘要片段更具影响力。就好像看一封信件一样，信封外面的文字在很大程度上决定了我们是否会读下去。因此，我们必须给出一个值得搜索引擎关注的摘要，这就像论文的提纲一样重要。将关键词和文章的主要内容合理组合，放到摘要中，会有意想不到的效果。最后合理撰写描述部分的内容。尽管百度现在变得很聪明，可以抛开描述部分的内容直接抓取页面的有效信息，但是 Google 的索引部分仍然使用标题的描述，所以我们还是要足够重视。

内容一定要和标题相配合且写出新意来。现在互联网最为头痛的事是什么？那就是重复的文章。虽然互联网的资讯每年以几何级的字数增长，可是真正原创内容的增长速度还是很慢的。一方面，这些技术知识本来就受众面小，而且专业性高；另一方面，这些技术大多数是保密的。所以，互联网上流传的文字大多数都是抄来抄去，正如很多文人墨客曾经感叹的“天下文章一大抄”。

的确如此，现在很多小说读起来让人感觉“似曾相识燕归来”，这是因为很多小说都是相互抄袭改编的。不过，如果“抄袭”的手法很巧妙，还能够写出新意，照样能够吸引用户的关注。

下面我们来看 Brett Tabke 关于这个问题的观点：“可以用一些内容丰富你的网站。比如说推荐网页给你的朋友、论坛、邮件列表、电子杂志等。去看一下你本行业的论坛，读得越多越好，直到你读不下去了。”不难看出，Brett Tabke 希望我们首先要去了解网站所属的行业。

之前作者已经多次提到，一般情况下我们尽量考虑建设自己熟悉行业的网站，这样成功的概率会大大提高。如果我们要尝试建设不熟悉的行业网站，就应该在前期做好调研，如浏览该行业的论坛等。只有熟悉一个行业，才能清晰了解这个行业用户的需求，掌握了需求才能明确 SEO 的方向。例如，作者一直都是写程序代码研究 SEO 的，如果要建设这个行业的网站，当然清楚用户的需求，但如果想建设一个旅游网站，就不知道该从何入手了。这个时候就应该浏览同行业的网站或者论坛，这个工作要花费 3～6 个月的时间。

11.16　研究日志文件

网站运行一段时间后，我们就要开始研究日志文件，通过日志文件了解搜索引擎的爬行规律及用户的访问喜好。Brett Tabke 告诉我们："30 到 60 天之后，你应该开始从被登录的地方得到一些访客。仔细看一下，人们是用什么关键词搜索找到你的网站的，是不是有一些很莫名奇妙的关键词组合，为什么人们会用这些关键词找到你的网站呢，有没有什么东西是你所忽视了的呢。很有可能你应该以这些为主题，创建更多的网页。仔细研究你的网站和日志，给搜索引擎需要的网页。搜索引擎会准确告诉你，他们想要什么。你要仔细地看，在你的网站日志当中有一座有待开发的金矿。"

了解这些信息对于下一步的 SEO 是至关重要的。例如，我们建设的是一个旅游网站，研究日志文件后发现有用户通过"敦煌旅游什么时间好"这样的关键词进来，这时候我们就应该注意到用户对于旅游有这样的诉求，后续的文章当中就可以反映出这个关键词。

这样的研究会让我们了解搜索引擎需要什么样的页面，从根本上讲就是用户需要什么样的信息。虽然这样的关键词搜索量非常小，但是优化起来却非常容易。相对于花费巨大的精力优化一个搜索量大的关键词，倒不如花费一些时间去优化这些搜索量小的关键词。依据统计，关键词带来的流量超过 70% 是长尾关键词，通过分析日志将这些关键词积累并优化，会对网站的长远发展起到极其重要的作用。

下面作者总结了研究日志文件的作用和目的，供读者参考。

A. 网站日志研究对于 SEO 的作用

a. 了解搜索引擎抓取网页的问题。

分析搜索引擎爬虫访问情况，我们可以分析出搜索引擎收录网页的一些线索：

搜索引擎最近访问网站的频率是否正常？

搜索引擎比较喜欢访问哪部分网页？

搜索引擎很少访问哪部分网页？

搜索引擎是否访问了一些我们禁止访问的内容？

b. 了解网站内容及链接是否正常。

通过分析服务器返回的状态代码，可分析以下问题：

是否有死链接？

是否有页面元素被误删，如图片、CSS 脚本等？

服务器是否曾出现暂时故障?

是否有临时重定向?

是否有权限控制导致搜索引擎无法抓取数据?

B．网站日志研究对于网站安全的作用

a．了解网站被盗链的情况。

如果有第三方网站调用我们网站的图片、视频或者网页文件，将会浪费我们的服务器资源，通过对日志的研究可以很快发现这种问题。

b．可初步分析网站是否被黑客植入程序。

如果黑客利用网站程序的一些 Bug 植入代码进行攻击破解的话，通过日志分析就有可能找到这种痕迹。

c．可初步分析是否有程序在大量抓取数据。

搜索引擎或者第三方网站如果使用采集程序大量反复采集网站数据，不但会对服务器性能造成严重影响，而且会让我们的资料流转到其他网站上。通过分析日志数据，可以让我们发现这种采集现象。

11.17　6 个月的时候检查提交的网站

6 个月是建设一个网站的重要节点，这个时候我们应该对网站做一次全面的检查。首先应该分析网站的收录情况，看看这 6 个月发布的文章是否被搜索引擎完全收录；其次是检查网站关键词是否有排名；最后应该检查服务器运行是否正常，是否受到过黑客的入侵。

按照作者的经验，一般情况下在 6 个月的时候网站收录已经非常正常，每天发布的文章都能被很快收录，关键词也应该有了一些排名。这样的情况说明网站的发展方式是完全正确的，只需要按照之前的策略稳步前行即可。

但是如果 6 个月的时候网站依旧没有被收录或者被收录的页面非常有限，那么说明网站的文章存在严重的问题，应该赶快调整文章的撰写策略，提高文章的质量。这绝非是危言耸听，直到今天作者在 SEO 诊断中还会遇到 SEOer 疑惑为什么自己的网站建站 6 个月了还只是被收录了首页，分析其原因大多数是出在文章质量上面，还有一种情况是服务器不稳定或者服务器不能被搜索引擎顺利抓取。

如果能将一个网站运营 6 个月，说明我们已经在这个网站上花费了不少的精力，也计划将这个网站打造成一个成功的网站。6 个月后网站进入了稳定期，这个时候不要轻易对网站进行调整或者修改，要做的是每天定时定量更新文章。文章要紧紧抓住用户的需求（因为已经有用户进入网站），这样才能留住每一个用户。经过下面 6 个月的积累，网站会有一大批忠实用户，这些用户对于 1 年之后网站的发展有着非常重要的作用，一方面可以帮助搜索引擎判断网站质量，另一方面可以参与到网站内容的建设中来。

11.18 本章小结

本章中作者借助 Brett Tabke 的诸多观点重新对 SEO 的知识点进行了梳理。因为本章的核心目的是用 12 个月打造一个成功的网站，因此某些知识点可能会和之前提到的矛盾。大家要尝试理解这样的矛盾，这些矛盾也恰恰是现代 SEO 行业的矛盾所在。

我们做每一件事情都有利有弊，SEO 行业也存在这样的现象。急于求成就需要承担一些风险，有些 SEOer 能承担这些风险，但是对于和作者一样的互联网创业者来说，这样的风险很多时候是无法承受的，这也是作者为什么在本书中多次建议大家尽量不要使用一些黑帽手段进行 SEO。抛开金钱的损失不说，光是 SEO 失败时对精神的打击就会让一个刚进入 SEO 行业的人却步。

很多 SEO 培训机构宣称通过学习能在几个月之内月入万元等，不可否认有这样的情况存在，但是对于大多数 SEOer 来说，要实现这一目标需要不懈努力。在这条路上，我们需要不断收获才能拥有继续前进的信心。

第 12 章 SEO 的发展和未来

本章中作者将为大家讲述"6·28 事件"的始末，还会为大家深入解读《Google 排名影响因素调查 2014 年版》，揭秘国内 SEO 和国外 SEO 的区别和联系。

Tips：一些 SEOer 不赞同将 Google 和百度的 SEO 进行比较，认为两者没有什么联系，这是完全错误的看法。相对于百度搜索引擎优化而言，Google 的 SEO 就像是一面镜子，可以让我们看到不一样的思维和见解。

前面提到的 Brett Tabke 的观点就是针对 Google 提出的，尽管之前很多 SEOer 觉得这些观点没有什么意义，但是百度搜索引擎算法的升级让我们认识到这些观点的重要性。畅想未来 SEO，只有敢于挑战的 SEOer 才能不断前行，SEO 也绝非一门技术这样简单。

12.1 深入学习 13：搜索引擎为什么频繁更新算法

要理解搜索引擎为什么频繁更新算法，首先需要明确一个问题：搜索引擎为何在近些年很受用户的欢迎？这个问题要从互联网的发展说起。互联网在最近 10 多年的发展可谓翻天覆地，互联网的信息量更是有了很大的提升。10 多年前一个网址导航站能囊括很多内容，这也就是 hao123 等网址导航网站成功的原因。那个时候，用户对互联网内容的需求不大，进入网址导航网站就能满足需求。

随着网站数量的激增和用户需求的提升，网址导航网站已经远远不能满足这种需求，因此搜索引擎的兴起便自然而然。搜索引擎的优点在于用户只要输入关键词就能检索出需要的内容，这个检索过程就是搜索引擎算法的排序过程。

开始的几年中站长对 SEO 不是特别了解，更不懂得网络营销。作者清楚地记得，那个时代大家都是一味地建站，建音乐站、网摘站、论坛等，很少关注 SEO，当然更谈不上作弊。

后来大家逐渐对 SEO 有了一些深入的了解，很多站长开始意识到在网页上堆砌关键词能获得更好的网站排名，因此黑帽 SEO 手法便很快开始蔓延。一时间各种低质量垃圾网站出现在了搜索引擎的搜索结果中，这样一来，用户便无法从搜索结果中获取需要的信息，影响了用户的体验。长此以往，用户会放弃这样的搜索引擎，这样的局面导致搜索引擎开始不断升级算法。下面我们从几个方面分析现阶段搜索引擎的处境和算法升级的必要性。

当前的主流搜索引擎大多采用第二代搜索技术——关键字检索技术。它是基于数学统计与计算搭建的一个数据检索模型。这一技术指导下的检索逻辑是：关键词搜索请求（用户输入并搜索）→关键字分词匹配（分词计算）→数据库备选页面筛选（搜索主程序）→权重配比排名并反馈（搜索排名程序）→返回用户搜索结果页。

现阶段影响关键字搜索结果主要有 3 个因素。首先是分词算法，尤其类似中文这样语法复杂、容易产生语境歧义的象形语言，现有搜索技术很难精确化地判断用户的检索需求。其次是页面权重。页面权重主要是根据用户实用的反馈数据做基础评判，如站点流量、页面人均访问时间、入站链接数量及质量、域名年龄、服务器稳定性及环境质量等。最后是页面关键词匹配度，页面的标题、描述、关键词定义、语法标签的强调、文字性内容与分词判断结果的匹配，而中文检索同样存在难精确匹配数据库中的网页问题。

因为第二代搜索技术的基础算法结构已定型，所以很容易被网站运营方利用而针对搜索引擎做包装，甚至作弊（如刷流量），针对搜索程序的目标关键词匹配优化，页面内容的翻抄、伪原创，入站链接的购买升值攻击方式获取的外链。这些直接影响检索结果的环节包装作弊成本相对较低，导致很多网站运营方为获取搜索流量而人为干预搜索结果。由于这一弊端无法根除，加之网络页面几何级数的增长，导致关键词检索方式无法更好地为搜索用户提供有价值的资讯和服务。

除此之外，信息量猛增也是导致搜索质量下降的主要原因。互联网正在高速地发展，对应的主要信息载体——网页的数量类似拓扑结构一般几何级数地增长，对搜索引擎硬件环境及搜索检索方式产生了挑战，搜索服务提供商的硬/软件环境的维护成本持续地增长，而搜索收入的增长不能与此成本的增长相对应，导致搜索服务商提供的搜索服务质量无法适应新环境中的搜索需求。

用户语言的复杂化带来的搜索语义判定的难度提升也是导致搜索结果质量下降的原因。互联网的交流越来越广、越来越深，不同语言文化之间的交融碰撞激烈，导致用户的语言结构发生变革，加之网络的造词造句、广告语的创新、输入法软件的误读和拼写错误，导致用户的网络用词发生结构性的变化，而这样的变化会影响网络用户的搜索输入习惯，加大了搜索引擎的分词判定难度，进而影响关键词检索的匹配精准度。

由此可以看出，二代搜索引擎正在面临着互联网的又一次变革，像 Google、百度这样的搜索老大当然不愿意放弃新的机会，但是毕竟负担沉重，无法迈开大步冒险去做变革性的产品。实体产业是这样，互联网更是这样。要想面临新网络环境下用户更加挑剔的检索需求，二代搜索引擎只能在网站权重配比、关键词分词判定语义匹配关键字这两方面着手解决搜索精准度的问题。而在当前的网络技术条件下，语义分析与判定还无法达到与用户（人）的搜索用词语义的高度匹配，除了百度、Google 等在搜索判词过程中的相似相近提示以外，搜索引擎的主要解决办法是对网站的权重分配算法做不断的调整更新。

12.1.1　作者亲历百度“6・28 事件”后的策略调整

虽然百度搜索引擎在过去的几年中都在不断更新算法，但是这个速度远远赶不上垃圾网站的产生速度，很多用黑帽手法建设的网站活跃在搜索结果页面，并且有非常不错的排名。

2012 年 6 月 28 日之前，百度已经发出了很多关于惩罚低质量网站的公告，如图 12-1 所示，但是这并没有引起大家的重视，作者也没有注意。那个时候，作者运营了 5000 个站群，站群都是直接用建站软件建设的，使用的是 WordPress 程序，文章是通过黑豹的站群软件采集发布的。网站的建设时间是 2012 年 4 月，6 月初的时候已经有部分网站关键词开始进入搜索结果第 1 页，正当大家都为之振奋的时候迎来了“6・28”。作者清楚地记得，6 月 29 日早晨我们按照惯例开始发布文章，查询网站排名，但是让人奇怪的是，所有的网站都无法查询收录数量。开始我们还以为是查询软件有问题，便手动到搜索引擎查询，结果如同晴天霹雳，5000 个网站中只有 20 个网站幸存，其他网站全部被搜索引擎屏蔽。

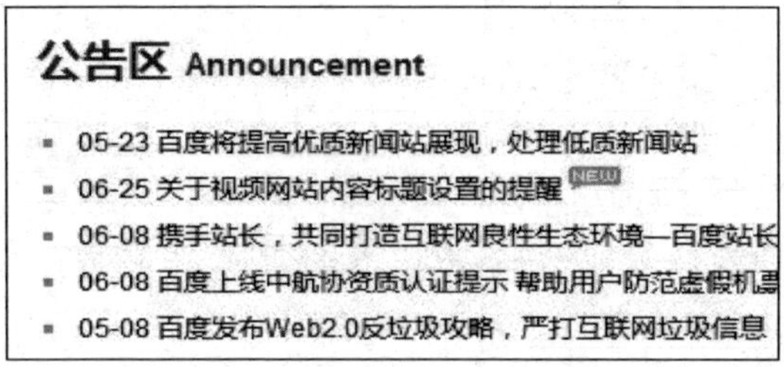

图 12-1　百度站长平台关于处理低质量网站的公告（1）

一时间，整个团队不知道该如何继续，陷入了困境。接下来的几天，作者通过朋友才陆续得知这次的“K 站”是一个很大的行动，很多站群的网站都受到了牵连。没有办法，工作还得继续，接下来的几天我们便开始考虑为什么这些网站会被搜索引擎屏蔽，以及下一步该如何操作。

这个时候作者注意到百度官方针对此次事件发出了官方的解释，如图 12-2 所示。分析这个解释我们知道，百度搜索引擎这次算法的升级主要是针对低质量垃圾网站，尤其是采集内容或者伪原创内容的网站，这样一来我们建设的 5000 个站群被搜索引擎屏蔽也就是意料之中的事情了。

亲爱的站长们：

大家好。

最近网上在沸沸扬扬的讨论6.22和6.28事件，我们觉得有必要在此说明一下发生了什么事情。

为了提升百度用户的搜索体验，让互联网生态圈健康发展，我们在近期更新了部分反作弊策略和特征，这些策略在6月21日晚逐渐生效。本次更新针对低质量站点在搜索结果中展现较多的情况进行了控制；低质量站点是指：无原创，或者伪原创（很少原创内容，大量采集的内容或机器生成/修改的内容）；这部分站点并非为最终用户所设计，而只是为了从搜索引擎获取流量。

由于众所周知的原因，我们无法提供这次更新的策略细节。

在我们的评估中，本次升级将会影响5%的搜索流量。对普通用户来说：搜索体验将得到提升，相比之前，受影响的Query将会呈现出更高质量，更 的结果；对提供优质、原创资源的站长来说，因为我们降低甚至清除了低质量站点的排名，你们将从百度得到更多的流量。

虽然我们的策略已经达到了非常高的准确率，但仍然难免有误伤的情况出现，如果您确信你的站点被错误的处理，请通过http://tousu.baidu.com/webmaster/suggest渠道进行反馈。虽然我们无法对反馈一一进行回复，但对于每一个线上反馈，都会认真仔细的分析，并将分析结果体现到下一次升级中。

在此，重申百度的立场：为网民提供高质量结果；确保互联网生态圈健康发展；因此我们鼓励原创优质内容（意味着更多的流量回报），对于作弊/低质量内容绝不姑息。我们会不停的更新整个排序系统，确保它立场正确。

本次更新是一系列项目的开始，以后百度反作弊策略和数据的重大更新，都会通过站长平台通报；不久之后再见。

百度网页搜索反作弊团队

图 12-2　百度站长平台关于处理低质量网站的公告（2）

接下来作者开始考虑如何才能获得让搜索引擎喜欢的内容。请编辑撰写是不可能的，5000 个网站每天至少需要发布 5000 篇文章，一个人一天最多也就是写 50 篇左右的文章，这个开销是我们无法承担的。之后作者想到了图片转化文字的工具，想到了超星阅读器中大量 PDF 格式的内容，如图 12-3 所示，这样的内容是无法被搜索引擎抓取的。如果借助于图片转化文字工具将这些内容提取出来发布到站群的网站，不是就解决了内容的来源问题吗？一时间整个团队都兴奋起来。

但是这样还是不够的，因为作者留意到公告中百度官方还提出，“部分站点并非为最终用户所设计，而只是为了从搜索引擎获取流量”。这个“设计”到底该从什么地方入手？我们都知道，站群一般都是使用相同的模板，即使更换模板也是使用互联网上现成的模板，这样的模板不光是我们在使用，其他的 SEOer 也在使用，如果搜索引擎发现被屏蔽的网站模板有一定的特征，那么很可能所有使用该模板建站的站群都会受到牵连。

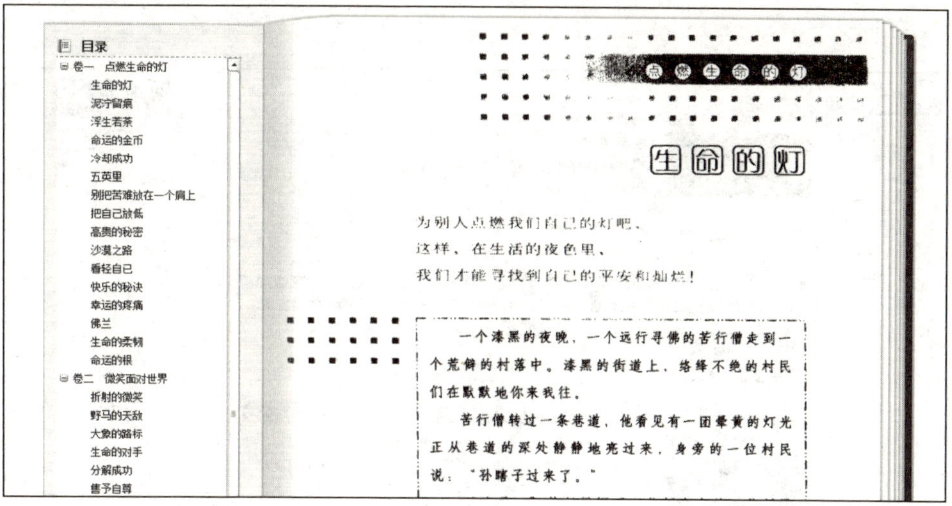

图 12-3　超星阅读器中的内容

这样一来，我们决定对所有的模板都手工来写，保证 5000 个网站的模板都不一样。

做了这两项决定之后，我们就开始了新的建站工作。和预想的一样，这样操作的网站上线 3 天左右的时间就能让关键词排名进入首页。这个经历和操作手法在本书中作者是首次完整、详细揭秘，也正是这样的经历让作者对站群的操作有了很多新的认识。

Tips：SEO 的道路中遇到搜索引擎算法升级并不可怕，可怕的是在算法更新升级后无法找到自己的问题。作者认为，SEO 不是简单地掌握搜索引擎优化的方法，而是要掌握如何找到搜索引擎优化的方法，只有掌握了这种技能，才能在不断发展变化的 SEO 行业持续前进。如果我们只是参与了一个 SEO 培训或者通过一本书籍掌握了当下的 SEO 方法，而不去深入研究这些方法的产生过程，一旦这些方法过期，会让我们无从下手。

12.1.2　未来搜索引擎算法更新预测

随着 SEO 行业的不断发展，未来搜索引擎的算法会慢慢更新，而其中的一个趋势就是网页的排名与用户对网页的反馈建立更深的关系，如 Google+1 功能、Personal Blocklist、百度口碑等都是通过用户反馈搜索结果。如图 12-4 所示，百度口碑的评价结果已经在搜索结果中展示出来。在同样条件的搜索结果排名中，评价高的网站排名要明显高于评价低的网站，这就是搜索引擎依赖用户进行结果排序的有力证据。

图 12-4 “敦煌旅游”关键词百度搜索引擎搜索结果中用户点评影响排名

通过用户的反馈来显示搜索结果中网页的好坏，这也是搜索营销的一种形式。通过 Google 官方测试，未来 Google 排名算法将会更新，而用户对网站的反馈在排名中起的作用将占有一定的份额。

通过用户的反馈改变网站排名的算法，在社会媒体提高搜索排名中也有介绍，而且它产生的根源都是一样的，都是社会性的行为。

通过用户反馈的新算法和 Google 的初衷是一样的，就是降低垃圾搜索结果，提高用户搜索结果的质量，而搜索结果对用户的有用性是 Google 一直追求的方向。

Google 也表示，如果网站的质量高，搜索引擎能找到更好的结果，那么网站将从 Google 获得更多的流量。

未来的搜索将是一场内容质量的较量。只有内容有利于用户，用户给网页一个好的评分或者反馈，才能得到搜索引擎的青睐。这将是搜索引擎算法的一个新起点。

是不是说搜索未来的新算法只有用户反馈这个因素呢？当然不是。就像 PR 一样，不能仅仅当做排名算法的唯一，而是其中的一部分，具体有多大的影响目前没有人知道。

不管以后搜索引擎会怎么变化，对于 SEO 的优化还是必须要做好的。

a. 网站的站内优化，如 WordPress 导航的设置、robots.txt 文件、nofollow 属性、站点地图等。

b. 提高网站权重的做法，如定性锚文本建设、内链建设等。

c. 搭建一个有利于搜索引擎优化的网站结构，合理的网站结构应该是和谐平衡的结构，类似金字塔式的。

d. 站外优化，如友情链接建设、外链建设、站外锚文本的准确性等。

百度在关于 SEO 的建议中写道："SEO 可以帮助将网站中的高质量内容更好地呈现给搜索引擎，SEO 和搜索引擎是良性的共生关系。"如图 12-5 和图 12-6 所示。对于以用户体验的提升为目标的 SEOer 来说，事实也正是如此。然而，目前充斥在互联网上的一些网站的排名仍然是依靠灰帽或黑帽 SEO 手段获得的。百度以保护其核心利益为出发点，不可能放任互联网上大量的优化排名。从百度近两年算法调整的趋势来看，作者猜测，百度针对灰帽及黑帽 SEO 的未来算法调整，将逐渐向以下 10 个方向发展。

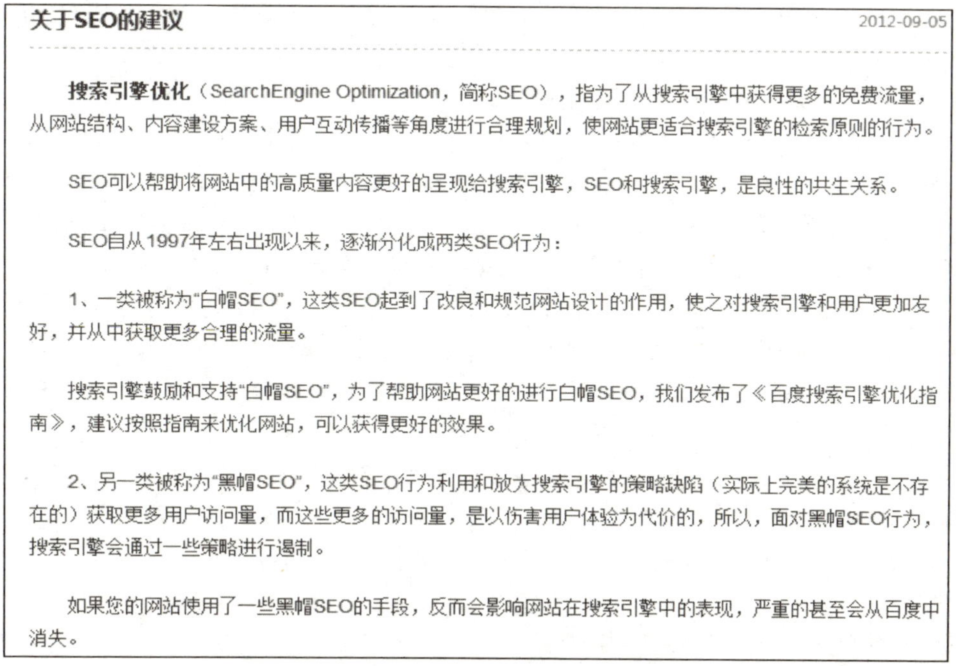

关于SEO的建议　　2012-09-05

搜索引擎优化（SearchEngine Optimization，简称SEO），指为了从搜索引擎中获得更多的免费流量，从网站结构、内容建设方案、用户互动传播等角度进行合理规划，使网站更适合搜索引擎的检索原则的行为。

SEO可以帮助将网站中的高质量内容更好的呈现给搜索引擎，SEO和搜索引擎，是良性的共生关系。

SEO自从1997年左右出现以来，逐渐分化成两类SEO行为：

1、一类被称为"白帽SEO"，这类SEO起到了改良和规范网站设计的作用，使之对搜索引擎和用户更加友好，并从中获取更多合理的流量。

搜索引擎鼓励和支持"白帽SEO"，为了帮助网站更好的进行白帽SEO，我们发布了《百度搜索引擎优化指南》，建议按照指南来优化网站，可以获得更好的效果。

2、另一类被称为"黑帽SEO"，这类SEO行为利用和放大搜索引擎的策略缺陷（实际上完美的系统是不存在的）获取更多用户访问量，而这些更多的访问量，是以伤害用户体验为代价的，所以，面对黑帽SEO行为，搜索引擎会通过一些策略进行遏制。

如果您的网站使用了一些黑帽SEO的手段，反而会影响网站在搜索引擎中的表现，严重的甚至会从百度中消失。

图 12-5　百度站长平台关于 SEO 的建议（1）

SEO是一项重要且复杂的工作，聘请正规的白帽SEO顾问或者SEO公司可以帮助更好的优化您的网站。但是，有一些不道德的SEO会采用一些夸大的宣传欺骗站长，或者使用黑帽SEO手段获取流量，最终导致优化达不到预期效果甚至因为黑帽SEO而带来负面影响。

如果您正准备或者已经聘请SEO公司，请注意以下问题：

1、考查对方是否有稳定的成功案例；

2、确认对方对你网站的更改都遵循《百度搜索引擎优化指南》；

3、制定衡量SEO成果的指标，方便衡量SEO效果；

4、没有人可以保证网站在百度搜索结果排名第一。

SEO可以帮你将网站中的高质量内容更好的呈现给搜索引擎，获取更多流量，但没有人可以保证你的网站排在第一位。

如果大家对SEO的方法还有别的疑问，大家可以到[学院同学汇][学习讨论]《关于SEO的建议》讨论帖中发表自己的看法，我们的工作人员会关注这里并与大家进行探讨。

图 12-6　百度站长平台关于 SEO 的建议（2）

a. 继续削弱不相关性外链的作用。不相关性外链一般来说是较容易得到的，但不相关性外链更多地是为了排名而发布（如门业网站 SEOer 去 SEO 论坛发布外链）。这些外链大多数无法对网站起到积极的作用，故而不应该让这些不相关性外链过多地影响外链发布者的网站的排名。

b. 强化社交网站对网站排名的影响。近年来，社交网站在人们的生活中越来越流行，如开心网、人人网、各大门户微博等。目前由于各种原因，这些网站上的外部链接仍然没有被纳入到算法中，但未来，作者认为搜索引擎将会更加青睐这些网站上的链接，甚至可能超越论坛发链在未来 SEO 外部链接中的比重。

c. 更加注重网站的多元化整合营销。网站的多元化整合营销，将更加被搜索引擎所喜爱。一个网站的多元化整合营销，是网站主重视自身发展与用户体验的表现。同时，既然是宣传网站，也将为网站带来大量的自然外链，而非现今许多 SEOer 仅仅是为了排名而进行的外链发布。

d. 影响网站排名的因素将越来越多。例如，网站在移动领域的表现将可能影响其在 PC 搜索页面中的排名；加大自身技术瓶颈的突破，力求识别图片中的文字、Flash、JS 中等目前技术上无法识别的链接，并将其纳入排名算法。

e. 着重进行个别算法改进，着重打击排名点击软件、买卖链接、群发软件、站群等灰帽或黑帽手段对网站排名的影响。

f. 个性化搜索成趋势。搜索引擎在不断从用户体验的角度进行改进，那么个性化搜索在未来成为现实也不难理解了。

g. UEO 将越来越被重视。UEO 目前对排名的影响不是很明显，但是它带来的用户体验提升是毋庸置疑的，显然网站的 UEO 情况将会越来越被百度重视。

h. 注重链接传播性对网站的影响。外链的流行度说明了这个外链吸引人的程度，它反映了链接的质量。未来百度算法因素中外链的质量将越来越重要。

i. 以内容为主将是王道。百度一方面从用户行为分析网站内容的好坏，另一方面也将努力提升其自身技术，使其越来越智能，如试图分析原创文章的可用性、排版是否美观简洁等。

j. 外链将不仅限于锚文本、文本链接等。网站名字、网站原创内容等信息在其他网站上的流行度，或许在不久的将来也会被纳入排名算法中。

综合来说，未来的 SEO 将更加细化，更加规范，更加多元化。但不管搜索引擎未来如何变化与调整，用心做自己的网站仍是最好的应对方法。一切工作皆以提升用户体验为中心，才能让各位站长的网站在百度算法的一次次调整中立于不败之地。

12.2　搜索引擎未来会重点从哪些方面评估网站

前面作者从各个角度出发，讲述了搜索引擎如何判断网页质量的高低。我们知道，搜索引擎算法在不断更新，或许现在不太重要的元素在未来搜索引擎会加倍重视，当然某些元素或许会被搜索引擎淡化。例如，10 年之前搜索引擎非常重视 keywords 标签，那个年代的 SEO 就是堆砌关键词到 keywords，但是这些年随着算法的升级，keywords 标签已经不再像以前那样被重视。下面作者将详细展开分析，和读者一起探索 SEO 未来的发展方向。

12.2.1　误区 8：外链时代已经结束了吗

有个关于搜索引擎优化的笑话。有一个人问："搜索引擎优化是什么？"一个人回答："是发外链。"这虽然是笑话，但在很多网站的搜索引擎优化中常常会有这样的现象存在。给你 10 万个外链真的能创造出一个神站来吗？以前也许有这个可能，但随着搜索引擎算法的改进，外链在 SEO 中的地位已经有所下降。值得注意的是，外链的操作不当甚至会导致搜索引擎直接屏蔽网站。

Tips：外链是互联网的血液，是链接的一种形式。没有链接，信息是孤立的，结果就是我们什么都看不到。在一个网站内部，许多网页需要相互串连在一起，组成一个完整的信息站点。

外链不是为了网站排名而制定的，很明显是为了更好地满足用户需求和方便用户而存在的。现阶段我们该如何理解外链呢？外链时代真的结束了吗？

a. 关键词排名靠网站内部而非外链。百度重视用户体验，而这种体验正好就是网站内部的体验，与自己的网站外链并没有联系。我们认真分析排名好的网站就会发现，并不是因为它们有很多外链，百度主要是按照网站内部来权衡关键词的排名。

b. 外链起到增进排名的作用。外链在关键词排名中起到增进和推动的作用。如果把一个网站看成一辆汽车，外链充当的则是润滑油的作用，它能够让车运作得更好，但体现汽车速度的还在于整辆车的性能。这一点作者在第 7 章已经详细分析，有疑问的读者可以再次阅读。网站没有外链有时候也是不行的，在互联网中，没有外链就显得“孤立”。作者在 SEO 诊断过程中遇到过建设半年左右的网站没有被搜索引擎收录，原因就是其一直没有做过外链，导致搜索引擎蜘蛛没有办法抓取这个网站。因此，适量的外链有利于搜索引擎蜘蛛的爬行和抓取，并且公道的外链会起到投票作用，每一个外链能够为网站带去权重和加分。

c. 能优化的关键词不需要太多外链。搜索引擎算法改变了我们的做法，能优化上去的关键词外链不需要太多，内部布局和内容做好后，少量的外链就可以产生很好的排名。作者在实战中发现，一般情况下，竞争性较弱的关键词建设 10～20 个外链即可获得不错的排名，没有必要整天去发外链，甚至花钱去购买外链。

d. 靠外链获得排名仅仅是昙花一现并且有风险。一些网站想要提升相关性不高的关键词的排名，首先想到的方法就是操纵外链来推动它的排名，以前这种方法确实行得通，但现在不但无法起到效果，并且可能会让网站处于一定的风险之中。这种通过外链形式做上去的关键词，一定不会稳定，很容易被竞争敌手挤下去。百度搜索引擎明确指出，通过外链的方法来取得排名（包含购买链接、友情链接互换数量太多等）、影响公平竞争原则的网站会受到惩罚。

总体来看，外链时代并没有结束，但是搜索引擎将对网站评价的重点转移到了内容和网站本身的价值上面。作者的建议是 SEO 新手尽量不要尝试使用外链进行 SEO，即使在某些条件下非要使用外链助推关键词获得排名，也要建立在网站内容有价值的基础之上，不然，就算是外链助推网站关键词获得排名也是空中楼阁，很快就会掉下来，甚至会让整个网站受到牵连。本书中关于外链建设的篇幅较少，对外链确实有兴趣的朋友可以线上联系作者进行交流。

12.2.2　除了外链我们还能做些什么

近两年百度搜索引擎更新了绿萝算法等一系列算法，旨在打击一些外链的买卖情况。基于此，很多站长由于失去了外链这一重要的资源变得不知所措了，觉得每天除了给网站更新内容之外，就不知道该怎么做了。

其实除了发布文章我们还有很多事情要做。前面我们了解了很多 SEO 的操作手法，下面作者将这些方法做一个概括性的总结，读者阅读后可以思考一下这些方法自己是否已经掌握。如果对每一个方法都熟练掌握，那么说明你已经进入 SEO 行业。

a. 首先要做好网站的内部优化。既然网站的外部优化不那么好做，那么我们就换个方向，转做网站的内部优化。对于一个好的网站而言，无论是站在用户的角度，还是搜索引擎的角度，内部结构都是很关键的一点，特别是一些比较细节的东西是最容易被大家忽视的，也是影响网站发展的一个很大的隐患。这里我们可以通过建立合适的 404 页面来对用户的行为进行很好的引导。站内优化除了建立 404 页面之外，还有导航的设计、页面模板的设计等。总之，网站的内部结构优化占据了网站优化的重要组成部分。

b. 时刻观察网站的数据变化。对于一个网站而言，网站数据除了每天观察之外，我们还要做到良好的优化，使其数据更好，用户访问得更多、更喜爱我们的网站。其实这个问题涉及网站 PV 值和跳出率。因为我们都知道，一个网站的好坏，往往不是以浏览量的高低来判断，而是网站的 PV 值和转化率。

c. 做好用户体验的反馈工作。因为百度算法的每一次更新和升级都是基于用户体验来进行的，如果站长能够把用户体验做好，那么对网站优化来说将有很大帮助。

12.2.3　搜索引擎喜欢什么样的网站

如何做一个让搜索引擎喜欢的网站？我们要学会换位思考，从搜索引擎蜘蛛的角度去看待一个网站的页面结构，分析蜘蛛在我们的网站爬行时会遇到什么问题，如何解决这些问题才能让我们的网站更适合百度蜘蛛的爬行和抓取。

a. 搜索引擎蜘蛛能不能找到网页。要想让搜索引擎发现我们网站的首页，就必须要有外链连接到我们网站的首页。找到了网站的首页后，蜘蛛就能沿着链接找到网站更深的内容页。因此，网站的结构就要做得比较好，符合逻辑，并且保证网站的页面没有死链。

b. 找到了网站页面后能不能抓取。被百度蜘蛛发现的 URL 是必须可以被搜索引擎抓取的，数据库的动态生成带有相对过多的参数的 URL、Flash、frame 及大量的复制内容等，都可能导致网站被搜索引擎讨厌。如果不希望搜索引擎收录页面的话，可以活用 robots 标签。

c. 提取有用的信息。精简的 HTML 代码、在整个网站合理布局关键词、一些重要标签的撰写、起码的兼容性等可以帮助搜索引擎理解网站的页面内容，提取相对有用的信息。我们要做的就是设计一个清晰的导航系统，这对网站信息架构、用户体验的影响是很大的。SEO 也会越来越成为导航设计所考虑的因素之一。当然，子域名和目录的设置也比较重要。子域名的使用会使网站变得很多，每个子域名的网站变得很小，而目录却可以让一个网站越做越大，所以，一些大型门户站、信息站就是目录得到了充分利用的体现。

d. 了解搜索引擎蜘蛛。当搜索引擎蜘蛛爬行一个网站的时候，它需要爬行的信息首先是站内的结构，因此我们要检查站内结构是否通畅。当蜘蛛爬行网站，看完结构，确认是通畅的，那么它下面要做的就是判断站内信息的新鲜程度，根据信息的新鲜程度进行采集。当蜘蛛把采集到的网站信息带到服务器的时候，服务器会根据文章的价值进行排名处理。

根据这些特性，我们可这样做：

a. 尽量使用静态网站，对动态网站中蜘蛛不能识别的东西做好文字注释。

b. 站内资源尽量原创，重复内容蜘蛛不会收录。

c. 做好适当的关键词、权重网页等信息，不要误导蜘蛛。

d. 蜘蛛会定时爬行网站，网站更新应尽量选在每天的同一时间。

e. 吸引蜘蛛爬行网站。吸引蜘蛛最好的办法是写软文，软文不仅是高质量的外链，也是吸引蜘蛛爬行网站的一种方法。当我们把写好的原创文章发布到一些权重比较高的网站（一般权重高的网站蜘蛛会爬行得比较频繁），蜘蛛爬行时就会发现我们的文章，然后循着软文中的链接地址进入我们的网站。这时蜘蛛开始判断我们的网站资源，然后根据文章的锚链接、关键词抓取网站。

说到这里，作者提醒大家，尽量不要使用伪原创工具。虽然这些工具会节省时间，但是网上大多数软件蜘蛛都已经免疫了，它们有自己的算法，按照算法识别文章是否用机器伪原创了。如果有的话，蜘蛛是照样不会收录文章的。当蜘蛛爬行完网站后，就会把采集到的内容带到服务器进行收录，然后根据站内文章出现的关键词和链接地址进行提高网站排名的工作。蜘蛛爬行的过程如下：

a. 在一些权重比较高的原创网站上发布原创文章，然后在文章的最后加入关键词和链接地址，吸引蜘蛛爬行网站。

b. 蜘蛛进入我们的网站，检查网站相关信息。

c. 蜘蛛爬行查看网站的整体结构是否符合标准。具体标准如下:

①在 title 中嵌入关键词，关键词按从短到长排序。做百度 SEO 就用“_”分隔符，做 Google SEO 就用“,”分隔符。

②meta 中的 keyword 和 description 标签。keyword 中写关键词，而 description 中写描述。

③给网站页面中出现的图片加 alt 标签，在每一幅图片中嵌入一个关键词，尽量简单描述清楚。

④在首页只出现次导航的话不会有提高首页权重的效果。次导航要用关键词命名，每一个关键词要嵌入一个超链接。

⑤有友情链接，即链接一些和本站相关的权重较高的网站。

d. 看完代码后蜘蛛会看网站内容。文章尽量原创，如果不是原创可以手动伪原创，不要用机器进行伪原创就可以了。每天更新文章的时间要固定，慢慢地就可以培养蜘蛛定时爬行网站了。

12.3　深入学习 14：解读《Google 排名影响因素调查 2014 年版》

每年我们都会看到关于 Google 排名影响因素的调查报告，作者在多年的 SEO 工作中发现百度算法的升级总是追随者 Google 算法的更新。例如，早在百度发布绿萝算法之前，Google 就发布了打击外链交易等作弊手段的算法。了解 Google 算法的一些信息对于我们开展百度搜索引擎优化非常重要，这一点也得到了很多 SEO 前辈的认可。因此，本章详细解读《Google 排名影响因素调查 2014 年版》就非常有必要。

12.3.1　深入解读《Google 排名影响因素调查 2014 年版》（1）

每年 Searchmetrics 都会公布 Google 排名影响因素调查，其细致入微的分析一直以来都是 SEO 行业参考学习的对象，无论对 Google 优化还是百度等国内搜索引擎优化都有积极的引导作用。本章作者结合多年实战经验，对此调查报告做详尽的分析。

内容依旧为王，这个也是作者一直极力给大家推荐的，本书在第 4 章就此全面展开分析。这份报告也清晰地展现出拥有高质量相关内容的网站往往能获得更高的排名。这里需要注意一个细节，即什么是“高质量相关内容”。很多 SEOer 一直存在这样的疑惑：“我的网站明明发布的都是原创文章，为什么排名就是不高？为什么别人的网站用的是采集来的文章都比我的排名好？”

单纯从字面来看，“高质量”和“相关内容”，缺少任何一点都会削弱其对网站排名的贡献。深入分析后我们不难看出，搜索引擎的最终目的是让用户找到需要的信息，这个过程中搜索引擎会通过算法剥离一些劣质内容。我们可以试想，如果用户搜索“iPhone”这个词，出现在前列的都是和手机无关的网页，或者都是相同的网页，那么谁还会使用这个搜索引擎呢？

最佳文章字数相比前些年有所提升。SEO 行业曾一致认为 500 字左右的文章就能达到搜索引擎的要求，而在最近的报告中我们看到，975 字的文章更加受到搜索引擎的青睐。

文章中应该包含图片或者视频。随着网速的提高，搜索引擎已经不再把网页大小作为影响排名的因素，相反，搜索引擎更加喜欢内容丰富、图文并茂的网页。毋庸置疑，这样的内容会受到更多用户的青睐。作者在长期的 SEO 实践中做过这方面的测试，在某一篇文章标题后面加上“多图”字样后搜索引擎点击率提高 30%，这一点也充分证实用户更加喜欢内容丰富的网页。

12.3.2 深入解读《Google 排名影响因素调查 2014 年版》（2）

前面我们谈到文章中应该包含图片或者视频内容，除了这些我们还应该注意什么了？下面我们继续展开分析。

通过解读《Google 排名影响因素调查 2014 年版》可以看出，文章正文中相关词的使用也非常重要。前面作者多次提到，锚文本的质量受到很多因素影响。有 SEOer 问作者，为什么自己在网站中使用了锚文本，但是排名一直没有什么起色。

Tips：这里需要注意的是出现锚文本的上下文是否和锚文本相关，还有就是锚文本出现的位置。很多 SEO 探索者提出，搜索引擎会抓取锚文本周围的标签，尤其是 H1、strong 之类的标签，看是否和锚文本有相关性。

举一个简单的例子，我们创建一个卖水果的网站，在网页中提到了一个卖自行车的网站，在发布某一个水果的内容的时候添加了指向自行车网站的锚文本，搜索引擎抓取的时候会将这个网页的 H1 等标签的内容和锚文本进行比对，如果两者没有任何关联，那么锚文本的分量就会大大减弱。

除了这些，本调查报告还提出应该适当做些相关性较强的长尾关键词，还应该保证关键词的多样性，而并非针对单一的关键词进行内容优化。这些建议作者在前面章节中多次提到。一个网站应该注重长尾关键词的建设，这是一个系统工程，不是简单地在发布文章的同时随意插入几个长尾关键词。在建设网站之初，我们就应该有一个详细的规划，在什么页面优化什么样的关键词，给每一个关键词找到着陆页。实际操作的时候要注意“四处一词”，在标题、关键词、描述、正文中都出现长尾关键词。除了这些，我们建议在 H1 中也出现该关键词。网站建设之初，合理地布局长尾关键词所带来的用户量远远大于优化单一的目标关键词带来的用户量。

本报告还提出，保证网站内容的相关性对搜索引擎排名有着重大的影响，这一点也告诉我们应始终把用户体验放到第一位，这是建设一个成功网站的必备条件。如果脱离了这一点，网站迟早会受到搜索引擎的惩罚，这也意味着网站被用户抛弃。随着搜索引擎算法的发展，我们清晰地看到网站排名越来越受到用户行为的影响，搜索引擎依靠收集跳出率等用户行为能准确地判断网页质量。

12.3.3　深入解读《Google 排名影响因素调查 2014 年版》（3）

前面我们谈到了网站内容发布的时候需要注意的一些关键点，接下来我们重点分析一下报告中对网站结构的调查。

在网站加载速度方面，经过调查，用户能承受的最大网站加载时间是 0.99 秒，搜索引擎也将这一点作为评判网站质量的标准。这里需要提醒大家的是，一定要通过工具检测网站在各个地区的打开情况，webkaka.com 能很容易地解决这个问题。作者在 SEO 工作中就遇到过这样的问题，网站在作者所在城市打开非常迅速，但是快照一直不更新，分析后得出结论，是网站在一些地区访问特别慢或者根本无法访问，导致搜索引擎蜘蛛无法正常爬行网页。

第 1 章讨论了保证网站更新频率及保证网站元标签质量与相关性。更新频率的问题作者在第 3 章中已经做了深入阐述，这里我们只做一个简要回顾。搜索引擎网站更新频率一般分为 3 个档次，第 1 个档次是一天一更新，第 2 个档次是一周一更新，大于一周更新的为第 3 档次。我们的建议是按照第 1 个档次执行，至少保证一周一更新，超过一周没有更新的网站不会受到搜索引擎的青睐。

我们这里提到的主要是新站的建设。如果一个网站已经运作 1 年以上并且获得了搜索引擎的认可，那么即使 1 月没有更新也不会受到很大的影响。后面提到的元标签就是我们通常说的 title、description 等标签。现在很多 SEOer 认为，除了 title 之外的 description 等标签已经无法起到明显的效果，但是我们还是建议大家在这些标签上多下功夫，像写广告文案一样进行操作，千万不要随便上线后再改来改去。

最后报告中也提出让大家注重网站内容的建设。对用户没有价值的网站，即使外链再多、网站加载速度再快也没有用。这些正是作者极力推荐给大家的，本书从开始就一直强调内容建设的重要性。一个网站要想通过搜索引擎获得成功，内容起着决定性的作用。在第 2 章我们提到过，想做一个成功的网站，需要准备的不是域名、服务器、外链，而是内容的获得途径。

12.4 关键知识点 29：国内外 SEO 的差别

相对于国外 SEO 来说，国内 SEO 起步较晚，SEO 原先是都是针对 Google 等搜索引擎进行优化的。

Tips：近些年国内出现了 SEO 热潮，出现了大批 SEOer 从业者，不过由于一些原因，导致许多 SEOer 只会中文网站 SEO，忽略或不懂英文 SEO。其实中文 SEO 和英文 SEO 有很多相似之处，这一点在本书中已经多次提到。例如，作者引入 Brett Tabke 的理论，在本章分析影响 Google 排名的因素，都是将国外 SEO 的理论引入国内搜索引擎的优化之中。

本节中作者主要和大家聊聊中文网站 SEO 与英文 SEO 的不同点。

互联网是无界限的，随着互联网的发展和外贸生意带来的巨大利润，英文 SEO 势在必行。现在很多 SEOer 已经开始研究英文网站 SEO 了。通过这种优化方法，可以把外贸公司的业务在海外有力推广。这就是英文网站优化的作用。

a. 所优化的搜索引擎对象不同。中文网站 SEO 面对的搜索引擎首选当然是百度，还有其他一些中文主流搜索引擎，如 sogou.com、so.com 等；英文网站 SEO 面对的主流搜索引擎是 google.com、yahoo.com、bing.com 等。

b. 程序编码语言不同。中文网站采用 GB2312，而英文网站采用 UTF-8。

c. 网站域名选取不同。英文网站的 SEO 一般需要把关键词设置在域名中，外国人喜欢从域名知道网站是干什么的；而中文网站域名主要要素是好记，容易让用户记住，当然域名中带有关键词是最好的。

d. 网站的空间不同。英文网站需要国外空间，看网站的主流客户在哪里；而中文网站则需要国内的服务器空间。地域的差别对网站访问速度是有一定影响的。

e. 网页风格不同。中文网站较花哨，内容多，花样多，如新浪网那样一拉几十版。而英文网站采用西方的阅读格式，如 IBM 和微软的官方网站，风格简单，排版工整，最主要的是内容权威。

f. 推广方式不同。英文站做链接，经常需要到国外的网站进行提交，随便一个中文免费博客或留言簿是不会起作用的。

g. 文章内容上的差别。英文站内容不要求花哨，而是注重功能。外国人的时间观念更强，没有人愿意花费几分钟哪怕几秒钟去看语句不通、重点不突出的垃圾文章。

h. 用户体验上的差别。国外与国内网民在上网习惯上存在着显著的差异。国外侧重工作和生活，而国内侧重娱乐和休闲，需要针对差异作出调整。

i. 网站优化策略不同。英文 SEO，google.com 比较注重链接广泛度，所以英文的 Google 排名更新要缓慢些，周期也长些。中文网站优化主要针对百度，侧重中文分词匹配度，内容的原创与否不是最重要的，所以百度的排名上升快。

12.5　SEO 的未来

SEO 的未来是一个深远的话题，近两年有很多将 SEO“妖魔化”的言论，认为SEO就是通过作弊的手法进行关键词排名的手段。这也引起了很多SEOer对SEO行业的不信任，甚至有一些人认为 SEO 会被淘汰或者最终将没有 SEO。

首先需要明确的是 SEO 并非作弊。SEO 是通过合理的方法让网站能够被搜索引擎和用户喜欢，这不是欺骗搜索引擎或者用户，而是将用户的需求放到第一位。本书中作者一再强调内容对于 SEO 的重要性，也提到了怎样编辑内容和发布内容才能获得理想的排名，这些都是出于搜索引擎的喜欢或者用户的体验。可以试想，如果将一篇没有做任何编辑的文章直接发布出去，这篇文章全部用长句子，很少分段，这样的文章搜索引擎索引非常困难，用户阅读也很吃力，那么我们将其编辑为阅读性更好的文章难道就是作弊吗?

Tips: *在未来 SEO 将更加普及，无论是站长还是企业网站负责人都需要对 SEO 有所了解。前些年很多互联网从业者认为站长就是负责运营网站，程序员就是负责搭建网站，SEOer 就是负责搜索引擎的优化。这样的想法在当前的互联网环境下已经显示出了弊端。如果站长不了解 SEO，就无法在程序员开发网站的时候给出要求和建议；如果程序员不懂 SEO，在编写网站程序的时候没有考虑 SEO，也是非常可怕的事情。这一切已经不是单纯的 SEOer 去做的事情了。*

当然，SEOer 也不能像前些年那样只是单纯地负责搜索引擎优化。SEOer 应该了解 HTML 等知识，了解网站的运营策略。如果连这些都不清楚就开始优化关键词，往往会导致关键词排名不错，但是这些排名带来的流量无法转化为客户。这也就是本书为什么要将 HTML 知识、服务器知识等引入的原因。虽然我们没有必要完全掌握这些理论，但是起码要有所了解。

SEO 的最终目的是将流量转化为客户，并不是单纯地将关键词排到第 1 位。因此，在 SEO 过程中我们要善于思考隐藏在关键词背后的信息，这些关键词被什么样的用户需要，用户搜索这些关键词的目的何在。只有让用户进入网页后能找到自己需要的东西，才能体现网页的价值。

12.6 结束语

在几个月的专心写作之后终于迎来了结束语，作者既感到轻松，也感到肩上责任重大。本书中作者毫无保留地将自己积累多年的 SEO 经验奉献出来，但是由于表达能力有限等原因，在叙述上难免有漏洞出现，恳请各位读者见谅。

现在的 SEO 行业是一个百家争鸣的局面，每一本 SEO 书籍或者是每一个 SEO 培训机构都有自己的一套 SEO 理论体系。尽管作者想尽可能地将 SEO 理论具体化，但某些观点难免有不尽合理之处，也恳请各位同行和前辈不吝赐教。书中的一些观点和理论参考了互联网上的相关文章，在这里一并感谢，感谢这些文章的作者无私地将宝贵的 SEO 经验奉献给大家。

SEO 是一个需要不断实践的工作，书中的一切理论都是建立在实践之上。作者建议大家在阅读完本书后尽快将这些理论推行到实际的工作中，这样才能对书中提到的知识点有更加深入的理解。本书出版后，作者会专门在博客开辟针对书中理论的问答平台，读者可以关注作者的博客（www.axingweb.cn）获取问答平台的具体信息。希望通过此平台和读者有更为深入的交流。